웨스트민스터 다섯 가지 표준문서

웨스트민스터 다섯 가지 표준문서

찍은 날 2019년 8월 23일
펴 낸 날 2019년 8월 30일
2쇄 찍은날 2022년 9월 10일
지 은 이 신원균
펴 낸 이 장상태
펴 낸 곳 디다스코
          서울시 서초구 서초동 1355-3 서초월드오피스텔 1605호
전   화 02-6415-6800
팩   스 02-523-0640
이 메 일 is6800@naver.com

등   록 2007년 4월 19일
신고번호 제2007-000076호
유   통 기독교출판유통 031-906-9191

Copyright@디다스코

ISBN 979-11-89397-04-3

값은 표지에 있습니다.

웨스트민스터
다섯 가지 표준문서

신원균 번역·해설

[1645-1647년 초판]
Westminster Standards

| 웨스트민스터 신앙고백서 |

| 웨스트민스터 대요리문답 |

| 웨스트민스터 소요리문답 |

| 웨스트민스터 정치형태 |

| 웨스트민스터 예배모범 |

디다스코

기독교는 기독교 교리(성경의 가르침)의 토대 위에 존재한다. 그러므로 기독교 교리를 토대로 하지 않는 기독교는 기독교가 아니다. 이 같은 교리의 중대성 때문에 조직신학(교리학)이 존재한다. 역사적 정통적 기독교의 조직신학은 개인의 주관적 신앙이나 사상이나 학적 표명이 아니라 교회의 신조의 학적 석명(釋明)이다.

　조직신학은 교회의 신조를 해석하는 일에 직접적으로 관계하고 있으므로 신조의 해석학이라고 볼 수 있다. 이와 같이 기독교 정통주의 신학의 특징은 성경으로부터 채택된 신앙고백서의 신앙내용에 의하여 신학을 논하는 것이다. 따라서 장로교회의 모든 목사들은 반드시 이 신조를 수용하고 가르칠 것을 서약해야 한다.

　오랫동안 본인에게서 개혁파 신학을 수학하며 신조를 연구해 온 신원균 박사가 정통장로교회의 신앙고백인『웨스트민스터 표준문서』를 펴냈다. 신원균 박사는 석사와 박사 과정 내내 신조를 연구해 왔으며, 한국장로교회 최초로 웨스트민스터 신조에 대한 박사논문을 작성했고, 대신교단 신조 공역본 번역위원장으로 수고한 신조 부분의 전문가다. 그가 이번에 1647년 초판에 기초한 번역과 웨스트민스터 총회 의사록을 토대로 조직신학 관점에서 귀한 번역서와 해설서를 완성했다.

　특히 해설의 각 내용은 박형룡, 박윤선, 최순직 목사로 계승되는 역사적 개혁파 신학과 정통장로교회의 입장에서 설명한 내용이기 때문에 한국교회에 개혁파 신학과 성경신앙을 소개하고 확립하는 데 큰 도움이 되리라 생각한다. 이에 기쁜 마음으로 추천하는 바이다.

　- 故 조석만 박사님은 소천하시기 전에 이 책의 웨스트민스터 표준문서 번역 작업의 감수를 맡아 주셨습니다. 마지막까지 제자의 신학 작업에 도움

과 격려를 주신 귀한 스승님께 감사드립니다(신원균 목사 올림).

故 조석만 박사
(대한신학대학원대학교, 조직신학 석좌교수)

한국교회는 그동안 교회성장과 부흥을 최우선 과제로 삼아 왔다. 그러다 보니 신조(信條)와 교리에 대해서는 무관심했고 소홀히 해왔다. 아니 소홀히 해왔다기보다, 아예 목회자 자신이 교리도 신조도 모른 채 미국의 번영신학에 매몰되어 수단방법을 가리지 않고 숫자적 외형적 성장만을 진리로 여겨 왔다.

이제는 장로교회에 가도 순복음교회나 감리교회와 다를 바가 없고, 감리교회에 가도 장로교회와 같다. 즉, 교단의 벽이 허물어졌다. 더구나 종교다원주의(Religious Pluralism)가 발전되어 성경을 읽고 공자, 맹자의 사상을 설교하고, 성경을 읽고 가톨릭 교리를 설명하는가 하면, 성경을 읽고 불심(佛心)을 말하는 정도로 한국교회 강단은 오염되었다. 더구나 오늘의 한국교회는 번영신학에서 말하는 대로 인간은 자기 마음먹기에 따라서 이리도 되고 저리도 된다는 식의 적극적·긍정적 사고방식이 신앙으로 포장되어 전파되는 실정이다.

이렇게 혼란스럽고 혼탁한 시대에 『웨스트민스터 표준문서』가 나왔다. 금년이 교회개혁(Reformation) 502주년 되는 해이다. 이 책은 우리 신앙 선조들이 그토록 생명 바쳐 지킨 교리를 다시 꼼꼼히 정리하고 해설한 것이다. 개혁자들이 다시 찾은 오직 성경(Sola Scriptura), 오직 믿음(Sola Fide), 오직 은혜(Sola Gratia), 오직 하나님께만 영광(Sola Deo Gloria)을 신앙고백과 교리문답서로 만든 것은 생명 바쳐 진리를 지키기 위함이다.

하나님의 말씀인 성경을 체계화한 것이 신조와 교리인데 웨스트민스터 신앙고백서 이전에, 이미 칼빈의 기독교강요(Institute), 스위스의 헬베틱 고백서(Helvetic Confession), 벨직 신앙고백서(Belgic Confession), 하이델베르크 교리문답(Heidelberg Catechism), 도르트 신경(Dordt Canons) 등이 있었다. 이들은 모두 개혁교회의 위대한 교리들이다.

벨직 신경을 작성한 귀도 드 브레는 이 때문에 46세의 나이로 교수형을 당했다. 도르트 신경을 작성하는 데는 100명의 세계적 학자들이 모여 6개월 동안 154번의 회의를 거쳐야 했고, 이렇게 칼빈주의 5대 교리가 확정되었다. 당대의 최고의 신학자들과 목회자들이 심혈을 기울여 만든 것이다.

웨스트민스터 신앙고백서와 대·소요리문답은 앞서 작성된 역사적 개혁파 신조와 교리 그리고 신학의 바탕 위에 작성되었다. 이 책에는 주관적인 개인의 종교경험을 경고하면서, 신조폐기론이나 신조무용주의를 비판하고, 교회신조의 객관적 학적 석명을 표방했다. 특히 웨스트민스터 신조를 해설하면서 루터주의는 구원론에 대해서 모든 것을 걸었으나, 웨스트민스터 신앙고백서 해설에는 삼위일체 하나님 중심, 하나님의 주권과 영광에 초점을 맞춘 개혁신학을 잘 설명하였다.

이 책은 장로교회의 신학과 신앙을 일일이 성경구절을 들어가며 명쾌히 해설했다. 저자인 신원균 박사는 신학교 교수로서 교리적 해설만을 추구하지 않고, 오랫동안 목양의 현장인 한마음교회에서 신앙 교육에 20년간 적용해 본 실제적 결과물로서 이 책을 내놓았다. 오랜만에 좋은 책이 나왔기에 강력히 추천하며, 모든 교역자와 평신도들의 길잡이가 되었으면 좋겠다.

정성구 박사
(前 총신대 총장, 한국칼빈주의 연구원 원장)

근년 들어 웨스트민스터 신앙고백서에 대한 관심이 높아지는 것은 불행 중 다행이다. 왜냐하면 뿌리도 근거도 정체성도 외면한 채 인간의 필요와 목적만을 향한 신앙으로 변질된 한국교회의 신앙을 성경적·역사적 정통신앙으로 바로 세울 수 있는 역사적 기독교회가 남긴 신앙의 유산이 웨스트민스터 신앙고백이기 때문이다.

신원균 교수는 지금까지 이 고백서를 집중 연구해 온 학자로 한국교회를 위한 역작을 내놓았다. 지금까지 여러 해설서가 나왔지만 이 책이야말로 역사적 기독교회의 정통에 입각한, 그리고 목회를 위한 탁월한 해설서라고 생각한다. 한국교회를 성경적 교회로 회복시킬 수 있는 도구로 사용되기를 간절히 바란다.

신조나 교회의 규범을 번역하는 일은 결코 간단하지 않은 일이다. 게다가 한국교회 안에는 다양한 번역판들이 이미 나와 있다. 그러나 이번에 신원균 교수가 웨스트민스터 회의가 채택한 5가지 문서 전체를 완역했다는 것은 기쁘고 감사할 일이다.

특히 예배 모범이나 정치형태는 충분히 읽혀지고 있지 않은 문서인데, 이 한 권으로 묶어냄으로써 쉽게 접할 수 있도록 했으며, 기존의 번역판들은 대부분 어떤 원본을 사용했는지 불분명해서 사용하는 데 어려움이 있었지만 신앙고백서의 경우 1647년 판을 완역한 것으로 신학적으로 혼탁한 한국교회에 바른 이정표가 될 것이라는 기대가 든다. 이 책의 출간은 한국교회에 큰 기쁨이 될 것이다.

이종전 박사
(대신총회신학연구원 원장)

여기 웨스트민스터 표준문서 5개에 대한 귀한 초판번역과 간략한 해설서가 우리에게 선물로 주어졌습니다. 신원균 박사님께서 대신교단의 뜻을 받들어 웨스트민스터 표준문서를 더 정확히 번역해 내시는 귀한 일에 대신교단 공역본 번역위원장으로 수고하셨는데, 이제 그것에 기초하여 이 표준문서 5개에 대한 좋은 번역과 해설서를 우리에게 선물로 주신 것입니다.

　이런 표준문서 번역과 해설서들이 우리에게 보다 더 많아져야 합니다. 더불어 필요한 것은 각 교회가 이 문서들을 실질적으로 읽고 공부하는 일입니다. 이런 표준문서 번역과 해설서는 그런 공부를 돕는 귀한 기능을 합니다. 미국 웨스트민스터 신학교가 이 신조에 충실한 학교가 되기를 원하였던 것처럼 우리네 교회들도 이 신조와 대·소요리문답이 성경의 가르침을 총괄한 것으로 알고 그것에 충실할 수 있었으면 합니다.

　이러한 신조를 공부하는 것이 결국 성경을 공부하는 것입니다. 이 신조가 모두 성경에 근거해서 작성되었기 때문입니다. 그것이 웨스트민스터 표준문서를 작성하신 분들의 의도였고, 계속해서 이를 자신의 신조로 고백하던 분들의 신념이었습니다. 우리나라에도 그런 분들이 더 많아지기를 바라며, 이 표준문서 번역과 해설서가 그런 일에 도움이 되리라 기대합니다.

이승구 박사
(합동신학대학원대학교, 조직신학)

웨스트민스터 신앙고백서, 대요리문답, 소요리문답, 예배모범, 정치형태(조례) 등 표준문서 5개는 1645-48년에 만들어진 후 지난 400여 년 동안 정통 신앙을 지켜온 대표적인 개혁파 교회의 신앙고백서입니다. 그리고 이 표준문서들은 사도신경으로부터 시작된 지난 2,000년 동안의 수많은 신조와 신앙고백서 가운데 가장 탁월한 고백서로 평가되고 있습니다.

특히 장로교회의 모든 직분자는 임직식에서 성경에 대한 고백 다음으로 표준문서에 대한 다음과 같은 서약을 해야 합니다. "본 장로회 신조와 웨스트민스터 신앙고백서 및 대 소요리문답은 신구약 성경의 교훈한 도리를 총괄한 것으로 알고 성실한 마음으로 받아 믿고 따르겠습니까?" 적어도 장로교회 목사와 직분자가 된다는 것은 이 표준문서를 온전히 받아들이고 지켜가겠다는 서약과 함께 시작합니다. 따라서 이 표준문서를 이해하지 못하거나 받아들이지 못하면 장로교회의 직분자가 될 수 없습니다.

이 표준문서의 중요성은 장로교회 교회법 '서언'(머리말)에 더욱 분명하게 드러나고 있습니다. "대한예수장로회에서 이 아래 기록한 몇 가지 조목을 목사와 강도사와 장로와 집사로 하여금 승인할 신조로 삼을 때에 대한 예수교 장로회를 설립한 모(母) 교회의 교리적 표준을 버리려 함이 아니요, 오히려 찬성함이니 특별히 '웨스트민스터 신도게요서'(信道揭要書)와, '성경 대 소요리문답'은 성경을 밝히 해석한 책으로 인정한 것인즉 우리교회와 신학교에서 마땅히 가르칠 것으로 알며 그중에 성경 소요리문답은 더욱 우리 교회 문답 책으로 채용하는 것이다."

정통신앙과 장로교회의 정의는 성경에 기초한 역사적 '신앙고백주의'라고 말할 수 있습니다. '신앙고백주의'란 성경적 교리들을 기독교 역사 속에서 공교회적으로 고백하고 보존하는 신앙을 말합니다. 따라서 개혁교회와 장로교회의 신학이란 "구주대륙의 칼빈 개혁주의에 영미의 청교도 사상을 가미하여 웨스트민스터 표준에 구현된 신학이며, 한국장로교회의 신학적 전통이란 이 웨스트민스터 표준에 구현된 영미장로교회의 청교도 개혁주의 신학이 한국에 전래되고 성장한 과정이다."라고 박형룡 박사가 지적한 것처럼 웨스트민스터 표준문서에 기초합니다.

이와 같은 개혁파 신학에 대한 정의를 조석만 박사는 자신의 조직신학에서 "신조의 해석학"이라고 설명합니다. "조직신학을 성경신앙의 신학 또는 신조의 해석학이라고 말하게 되는 것이다. 전통신학은 성경이 하나님의 계시진리의 말씀임을 확증하기 위하여 성경으로부터 신조, 신조로부터 신학이라는 원칙에 의하여 기독교의 진리를 규명하고 있다. 성경이 하나님의 계시진리임을 믿는 정통신학자들의 신학은 언제나 성경에서 출발하여 역사적이며 객관적인 공동신앙고백서의 입장을 준수하여 신학을 논하고 다시 성경으로 돌아가서 신학을 확인한다."

오늘날 정통신앙, 개혁파 신학, 장로교회에 대한 정의가 불분명하여 수많은 혼란이 가중되고 있습니다. 우리 선조들은 성경의 가르침을 가장 잘 보존하고 계승한 신학이 바로 개혁파 신학이라고 거듭 강조했고, 개혁파 신학이란 한 개인의 주관적 신학이나 어느 특정한 시기에 초점을 맞춘 신학이 아니라 공교회적 신앙고백에 기초한 신학이라고 정립해 주었습니다. 그리고 그 공교회적 신앙고백 중 가장 우수한 고백서는 웨스트민스터 표준문서라고 지속적으로 강조했습니다. 금번 표준문서 5개의 번역과 간략한 개요 설명이 한국교회 안에 정통신앙과 개혁파 신학을 회복하는 데 초석이 되기를 간절히 소망합니다.

웨스트민스터 표준문서 번역에 사용한 원문은 '1647년 초판'을 기본으로 하였고, 추가적인 부분은 다른 번역본을 사용했습니다. 영어판은 The Confession of Faith, together with the Larger and Lesser Catechismes, London(1658)을 사용하였으며, 라틴판은 CONFESSIO FIDEI(Cambridge, 1659)를 참고하였고, 이외에 P. Schaff, The Creeds of Christendom, vol. 3(Grand Rapids: Baker Book House Co., 1998), Confession of Faith: the Larger and Shorter Catechisms, Scotland(John G. Eccles Printers Ltd., 1983), 미국 정통장로교회(The Orthodox Presbyterian Church) 1788년 수정판(Confession of Faith)을 참고했습니다. 해설은 총회 회의록 The Minutes and Papers of the Westminster Assembly, 1643-1652, 5 vols(ed., C. Van, Dixhoorn, Oxford: 2012)를 참고하였고, 본문이나 각주의 성경구절은 표준문서 원문의 성경구절입니다. 한글번역은 개역한글을 사용했고, 간략한 개요설명은 조직신학과 관련하여 J. 칼빈의 『기독교강요』와 H. 바빙크, C. 핫지, L. 벌콥, 박형룡, 조석만의 조직신학을 토대로 제가 해설했습니다.

미국장로교회 수정판은 1788년과 1903년 판이 있기 때문에 주의가 필요합니다. 1647년 초판의 23장3절(국가의무)과 31장2절(국가 총회 소집권)의 내용은 스코틀랜드 총회가 1647년 승인할 때 "확고한 교회정치체제가 확립되어 있지 않은 교회에게 국한시킨다."라고 한 것처럼 본문 자체의 내용은 성경적 원리로서 충분히 존중해야 합니다. 다만 1788년 미국장로교회가 수정한 두 부분은 장로교에서 수용할 수 있는 내용이기에 부록으로 첨가했습니다.

1788년 수정판은 신조 23장3절 '국가공직자의 의무' 부분을 전체적으로 수정했고, 31장1-2절을 하나로 통합하여 '국가 위정자들의 교회회의 소집권'을 삭제시켰습니다. 하지만 미국장로교회의 1903년 수정판은 제외했습니다. 왜냐하면 이 수정판은 미국장로교회가 신조 34장 "성령"과 35장 "하나님의 사랑의 복음과 선교"를 추가함으로써 오순절파의 성령운동과 알미니안주의 선교론으로 변형됐기 때문입니다. 따라서 신앙고백서 본문은 1647년 초판을 본문으로 하며, 1788년 수정판은 부록으로 첨가하고, 1903년 수정판은 배제했습니다.

저는 한국교회 최초로 웨스트민스터 신앙고백서로 박사학위를 마친 후

대한예수교장로회 대신교단에서 2016-18년에 진행한 웨스트민스터 표준문서 공역본 번역위원장으로 번역작업을 진행했고, 수년간 웨스트민스터 표준문서 강해와 조직신학 수업을 진행하면서 신조와 교리문답을 연구해 왔습니다. 이런 표준문서 연구의 열매로 표준문서 번역과 함께 간략한 개요서를 소개합니다.

이번에 출간하는 표준문서 번역은 한국교회에 웨스트민스터 표준문서를 소개하기 위한 연속적인 작업의 한 부분입니다. 전체적으로 5개의 연구과제를 진행하고 있습니다. 1) 웨스트민스터 신앙고백서 해설집, 2) 웨스트민스터 소요리문답 해설집, 3) 웨스트민스터 표준문서 5개 원문 번역 및 요약, 4) 웨스트민스터 대요리문답 해설집, 5) 웨스트민스터 정치형태(조례)/예배모범 해설집. 현재 5단계 중 3단계까지 마무리되었습니다.

마지막으로 이 책을 출판하기까지 협력해 주신 분들에게 감사드립니다. 항상 개혁주의 교리책들을 출간하도록 동역해 준 한마음개혁교회 성도들에게 감사드립니다. 또한 출판의 모든 과정을 담당해 주신 '디다스코'의 장상태 목사님께 깊은 감사를 드립니다. 교리교육과 관련된 책을 출판하는 것은 한국교회의 미래가 달린 막중한 일입니다. 가볍고 재미있는 책들을 마다하고 교리와 관련된 책들을 사명감 속에서 출판하시는 장상태 목사의 출판사역에 하나님의 위로와 도우심이 있기를 소망합니다.

신원균 목사

(한마음개혁교회 담임목사)

(웨스트민스터 신학회 회장)

(대신총회신학연구원 조직신학 주임교수)

목차

1

웨스트민스터
신앙고백서
요약 해설

잉글랜드 교회의 종교적 배경은 다른 나라와는 달리 국가교회 내지 민족교회로 형성되어 왕조가 종교의 방향을 좌우하는 독특한 특징을 가졌다. 즉 헨리 8세(Henry VIII), 에드워드 6세(Edward VI), 메리 여왕(Mary Tudor), 엘리자베스 1세(Elizabeth I), 제임스 1세(James I), 찰스 1세(Charles I) 등 왕조의 변화에 따라서 기독교와 로마 가톨릭의 세력이 좌우되는 형편이었다.

제임스 1세는 1618년 청교도들의 번성을 막기 위해 소위 "스포츠의 선언"(A Declaration to Encourage Recreations and Sports on the Lord's Day)을 제시하여 목회자들로 하여금 복종하도록 만들었다. 이것은 24시간을 온전히 주일성수하는 청교도들의 신앙관을 파괴하기 위한 정책이었기 때문에 청교도들은 개혁파 신앙을 지키기 위해서 '퍼스의 5개 조항'과 '오락의 책'을 거부하는 저항운동을 펼쳤다.

그러나 1625년 찰스 1세가 윌리엄 로드 주교와 함께 '공동 기도서'를 작성하여 청교도들을 또다시 핍박하면서 감독제의 부활을 꾀했고, 1633년과 1637년에는 '퍼스의 5개 조항', '스포츠의 선언'을 다시 강요하여 주일날에 각종 오락을 행하도록 허용하면서 청교도들을 박해하였다. 찰스 1세는 한 걸음 더 나아가 1636년 로드 주교로 하여금 '교회법전'을 만들게 하여 1637년 이 기도서를 스코틀랜드 전역에서 지킬 것을 강요하였다. 마침내 스코틀랜드 장로교회는 잉글랜드 개혁교회보다 더 빨리 감독제의 도전을 막기 위해서 글라스고 총회를 개최하고 찰스의 요구를 거절할 것을 결의하는 '국민 언약'(National Covenant)을 1638년에 체결하였다.

왕은 곧 스코틀랜드 장로교회와 갈등을 일으키면서 시민전쟁에 부딪혔다. 할 수 없이 왕은 1639년 '단기의회'와 1640년 '장기의회'를 소집하여 의회의 도움을 요청했지만, 오히려 의회는 그 결정을 기각해 버리고 스코틀랜드와 '엄숙한 동맹과 언약'(Solemn League and Covenant)을 1643년 9월 체결한다. 이들은 장로제를 중심으로 양국이 공통적인 신앙고백, 교회정치제도, 예배의식을 만들어서 국가와 교회를 로마 가톨릭제와 감독제와 이들의 신학적 기초가 되는 알미니안주의를 개혁하고자 약속했다.

이러한 배경 속에 엘리자베스 여왕 때 대륙에서 돌아온 개혁주의자들을 중심으로 청교도(Puritanism) 역사가 창출하였다. 이렇게 형성된 청교도는 잉글랜드 국교의 로마 가톨릭적 요소와 국가주의와 민족주의를 개혁하고자 했다. 특히 목사의 부도덕과 기성교회의 타락과 잘못된 교리에 저항할 뿐만 아니라 순수한 개혁주의적 교회정치와 정교분리원칙 및 보다 순수한 성경적 신앙을 수립하려고 하였다.

본 신앙고백서는 이와 같은 시대적인 상황 속에서 작성되었으며, 앞서 설명한 것처럼 그 목적에 있어서 보다 철저한 개혁파 신앙을 형성하려는 목적에서 작성됐다. 특별히 핫지(A.A. Hodge)가 "알미니우스의 사상은 도르트 회의 이후에 계속적으로 영향을 끼쳤으며 당시의 왕실파가 칼빈 사상을 버리고 이 사상을 받아들였으며, 또한 당 시대의 주 세력으로 등장한 로마 가톨릭의 신앙표준서들의 신학적 입장은 알미니우스 사상이다."라고 지적한 것처럼 청교도들은 당대에 주류를 이루고 있던 알미니안주의 사상을 철저히 배격하고 바른 성경적 입장을 세우고자 했다.

이 신앙고백서의 출발은 왕조와 분리된 의회가 1643년 7월 1일부터 1649년 2월 22일까지 신학자 총회를 소집하면서 시작됐다. 의회는 잉글랜드 교회가 하나님의 말씀에 기초한 의식, 권징, 정치를 할 수 있는 한 보다 완전한 개혁을 단행하여 가까이 있는 스코틀랜드 교회나 대륙의 개혁파 교회와 일치케 하도록 하라는 명령을 내렸다.

참석자들은 151명으로 30명의 장로들(상원의원 10명과 하원의원 20명으로 구성된 장로들)과

121명의 목사들로 구성됐으며 대부분 장로교 소속이었다. 이외에도 감독파와 회중파와 에라스티안파(국가주의) 등이 있었다. 스코틀랜드 총회에서는 6명이 참석했으나 투표할 수 있는 결의권은 없고 조언하는 참관 자격이었다. 장로파가 주도적으로 결정했고, 회중파가 참여하다가 나중에는 불참석했고, 나머지 두 파의 영향은 적었다. 실제로 매일 회무에 참석한 인원수는 70명에서 80명 사이로 주로 장로파가 담당했다. 구체적인 회의 일정은 다음과 같다.

1643. 6. 12.	회의 소집법령이 의회에서 최종 통과
1643. 7. 1.	웨스트민스터 교회에서 회의 시작
1643. 9. 25.	의회와 총회가 정식으로 '엄숙한 동맹과 언약'에 서명
1644. 8. 20.	신앙고백서 작성을 위하여 위원회 임명
1644. 11. 8.	총회가 교회정치양식의 최종자료를 의회 제출
1644. 12. 27.	예배모범 최종자료를 의회에 제출
1645. 1. 3.	의회가 공예배를 위한 지침서를 인준
1645. 1. 23.	장로교 교회정치양식 결의안이 의회를 통과
1645. 2. 7.	요리문답 위원회가 발족
1646. 12. 4.	신앙고백서 초안 의회에 제출(증거구절 없음)
1647. 4. 26.	신앙고백서 최종본 의회에 제출(증거구절 포함)
1647. 8. 27.	스코틀랜드 총회가 신앙고백서를 인준
1647. 10. 15.	대요리문답서가 의회에 제출
1647. 11. 25.	소요리문답서가 의회에 제출
1648 3. 22.	영국 하원이 신앙고백서를 승인
1648 4. 14.	대·소요리문답서(성경구절포함) 최종안 의회에 제출
1648. 6. 20.	영국 상원이 신앙고백서를 승인
1648. 7. 24.	영국 하원이 대요리문답서를 승인
1648. 9. 25.	영국 의회가 소요리문답서를 승인
1649. 2. 22.	총의의 최종적인 공식집회
1652. 3. 25.	총회의 공적인 해산

우선 장로파의 특징으로서 이들은 성직자의 평등성을 주장하였고, 개교회는 서로 결합되어 있고, 노회에 종속되며, 노회는 국가적인 총회에 종속된다고 주장했다. 장로정치원리에는 두 가지 주장이 있었다. 하나는 장로교회제도는 하나님의 권리에 의하여 신약성경에 제시된 '유일한'(only) 제도라는 의견이며, 또 다른 하나는 장로교회제도는 단지 신약이 가르치는 교회의 원리들에 가장 잘 일치하는 고유하고 '특별한'(special) 제도라는 의견이다. 결론은 후자인 '특별한'(special) 제도로 결정됐다.

장로파에는 구지(W. Gouge), 트위스(W. Twisse), 가타커(Gataker), 팔머(Palmer), 템플(Temple), 매튜(Matthew), 뉴코맨(Newcomen) 등이 있다. 또한 스코틀랜드 개혁교회의 대표자들도 포함된다. 본래 핸더슨(Alexander Henderson), 더글라스(Robert Douglas), 루터포드(Samuel Rutherford), 길레스피(George Gillespie), 베일리(Robert Baillie) 등이었으나 더글라스는 회의에 불참하였다.

감독파는 회의에 참석하지 않은 아일랜드의 대주교 '우셔'(James Ussher)의 입장을 따라, 감독의 기능을 교훈하고 설교하는 목사보다는 세속 군주처럼 이해하였다. 이들은 웨스트민스터 회의에서 실제로 큰 역할을 하지 못하고 오직 두 명이 참석하였다. 이 분파에는 브로운리그(Brownrigg), 웨스트필드(Westfield), 프라이데우스(Prideaux), 필트리(Dr. Featley) 등이 있다.

독립파는 회중파라고도 하며 이 그룹은 개교회가 외부의 명령을 받지 않는 독립적 자율성을 가진다고 하였고, 물론 이들도 장로파처럼 의무적 연합의 성격은 아니지만 교회들 간에 연합과 국가와의 느슨한 연합도 주장하였다. 특별히 이 그룹에서 활동적이었던 인물들은 소위 "다섯 반대 형제들"이라고 불리는 굳윈(Thomas Goodwin), 나이(Philip Nye), 심프슨(Sidrach Simpson), 버로우즈(Jeremiah Burroughs), 브리지(William Bridge)였다. 그 외에 칼터(Carter), 칼라일(Caryl), 필립(Phillips), 스터리(Sterry) 등이 있다.

에라스티안파는 스위스의 의사이며 신학자인 에라스투스(Thomas Erastus, 1524-1583)의 의견을 따르는 사람들이다. 이들은 교회치리는 오직 국가의 승인에 의하여 실행되어야 한다고 생각했다. 즉, 교회행정은 국가정치의 다스림 아래에 있어야 한다는 것이다. 비록 이들은 소그룹이었지만 의회의 많은 에라스티안주의자들에 의해서 지지를 받았다. 대표적으로 라이트푸트(Lightfoot), 콜맨(Coleman), 샐던

(Selden) 등이다.

웨스트민스터 신앙고백서의 교리적 특징은 먼저 성경에 대한 깊은 사모함과 열정이다. 오직 성경과 함께 생각하고 말하며, 성경이 가는 데까지 가며 멈추는 데서 멈추고자 했던 성경과 동행하는 성경중심 신앙이다. 이런 모습은 33장 전체 중 성경장을 1장에 배치하는 구조에서도 엿볼 수 있다. 기존의 신조들은 1장에 '하나님'을 배치하고 그다음에 '성경' 항목을 다루었지만 본 신앙고백서는 성경을 앞에 두어 '성경(계시)의존신앙'을 더 체계화시켰다.

이런 성경중심의 신앙은 '오직 성경'(Sola Scriptura)과 '전체 성경'(Tota Scriptura)으로 요약되기도 한다. 특히 1646년 초안을 의회에 제출할 당시 신앙고백서는 성경구절이 없는 상태로 완성되었다. 이들은 33개의 각 항목이 어느 특정한 구절에 매이지 않고 신구약 전체 성경을 통해서 살펴지도록 했고, 특히 성경의 문맥과 흐름을 따라서 추론되는 '전체 성경'을 매우 중요시 했다. 비록 1647년 의회의 요구로 최종안이 성경구절이 포함된 상태로 완성되었지만 1646년 초안에서 볼 수 있는 그 정신은 여전히 표준문서 전체를 지배하고 있다.

웨스트민스터 신앙고백서 구조의 장점은 신앙교육의 효과성을 높이기 위해서 교리의 조직성과 체계성과 통일성을 확립한 부분이다. 본 신앙고백서는 각각의 교리적 표현을 위한 단어, 문장, 서술에 있어서 조직적이고 논리적인 배열을 강화했고, 또한 학문적인 체계성의 세밀함을 완성하였다. 통일성 있는 논리적 구조의 배열과 조직신학적 교의체계의 우수성은 기존의 신조들 중 가장 탁월하다.

신앙고백서 전체 33장의 각 주제들은 성경론(1장), 신론(2–5장), 인간론(6–7, 9장), 기독론(8장), 구원론(10–19장), 교회론(20–31장), 종말론(32–33장) 등 7개의 조직신학적 체계로 구성됐다. 이 체계들은 가장 좋은 논리적 순서를 갖추었다. 개별 주제들은 분리되어 있지 않고 창조와 구원이라는 대주제로 모아지며, 형식적 체계는 성경과 신론 중심의 논리적 과정으로 조직화되었다.

논리적이고 체계적인 배열의 가장 큰 장점은 전체 배열이 산만하게 흩어지지 않기 때문에 통일성 있게 핵심을 볼 수 있다는 것이며, 보다 쉽게 교리를 이해할 수 있어서 신앙생활에 실천적으로 적용할 수 있는 것이다. 칼빈이 제네바 신앙고백에서 사도신경, 십계명, 주기도문, 성례, 국가를 논리적인 체계성으로 정립한 이후에, 이 구조를 기본으로 하여 개혁교회 신앙고백서들은 계속 발전해 왔고, 결국 웨스트민스터 신앙고백서에 와서 체계적이고 논리적인 배열의 최고 절정을 이루었다.

　이상과 같이 웨스트민스터 신앙고백서의 역사적 배경과 구조적 특징은 잉글랜드 왕조의 감독제와 또한 신학적으로 알미니안주의를 배격하기 위한 목적도 있으면서 동시에 성경을 가장 잘 가르치기 위한 교육적 목적이었음을 알 수 있다. 결국 본 신앙고백서는 사변적인 교조주의적 성격이 아니라, 교회를 바르게 세우고 보호하기 위한 실천적 목적에서 개혁파 신앙을 체계화시켰다. 즉, 개혁파 신앙의 조직화와 체계화는 신앙의 정체성을 실제적으로 확립하는 힘이었으며, 이런 특징이 구조와 신학 내용 안에 강력하게 표출되었다.

조직 신학	웨스트민스터 신앙고백서		웨스트민스터 대요리문답		웨스트민스터 소요리문답
서 론	1장	성경론(1-10항)	성경	1-6문	1-3문
신 론	2장	삼위일체(1-3항)	삼위일체	7-11문	4-6문
	3장	작정(예정)(1-8항)	신적작정	12-13문	7-8문
	4장	창조(1-2항)	창조	14-17문	8-10문
	5장	섭리(1-7항)	섭리	18-20문	11-12문
인 간 론	6장	타락, 죄와 형벌(1-6항)	타락, 죄	21-29문	13-19문
	7장	은혜언약(1-6항)	언약	30-35문	20문
기 독 론	8장	중보 그리스도(1-8항)	그리스도	36-57문	21-28문
	9장	자유의지(1-5항)	자유의지	149-152문	82-84문
구 원 론	10장	소명(1-4항)	소명	58-61, 67-68 문	29-32문
	11장	칭의(1-6항)	칭의	70-73문	33문
	12장	양자(1항)	양자	74문	34문
	13장	성화(1-3항)	성화	75, 77-78문	35-36문
	14장	신앙(1-3항)	신앙	153, 72-73문	85-86문
	15장	회개(1-6항)	회개	76문	87문
	16장	선행(1-7항)	선행	78문	x
	17장	견인(1-3항)	견인	79-81문	x
	18장	구원의 확신(1-4항)	확신 (신자의 삶)	80-81문	39-107문

교회론	19장	율법(1-7항)	율법	91-98문	39-41문
			십계명	98-152문	41-84문
	20장	자유(1-4항)	자유	x	x
	21장	예배와 안식일(1-8항)	구원유익	153-196문	86-107문
			은혜수단	153-154문	86-88문
			말씀	155-160문	89-90문
			기도	178-186문	98-90문
			주기도문	187-196문	91-107문
	22장	맹세와 서원(1-7항)	맹세, 서원	x	x
	23장	국가의 위정자(1-4항)	국가 위정자	x	x
	24장	결혼과 이혼(1-6항)	결혼과 이혼	x	x
	25장	교회(1-6항)	교회	61-66, 69문	x
	26장	성도의 교통(1-3항)	성도의 교통	65-66,69, 82-83, 86,90문	36-38문
	27장	성례(1-5항)	성례	161-164문	91-93문
			말씀	153-160문	88-90문
	28장	세례(1-7항)	세례	165-167문	94-95문
	29장	주의 만찬(1-8항)	성찬	168-177문	96-97문
	30장	교회의 권징(1-4항)	권징	x	x
	31장	대회와 총회(1-4항)	대회, 총회	x	x
종말론	32장	죽음과 부활(1-3항)	영화	82-86문	37-38문
			부활	84-85, 87-88문	
	33장	최후심판(1-3항)	심판	88-90문	38문

1

웨스트민스터
신앙고백서

제1장

성경에 관하여

1. 비록 본성의 빛과 창조와 섭리의 일들이 사람들로 하여금 핑계할 수 없을 만큼 하나님의 선함과 지혜와 능력을 아주 분명하게 나타내고 있지만,(1) 그것들은 구원에 이르기에 필수적인 하나님과 그분의 뜻에 관한 지식을 충분히 주지 못한다.(2) 그러므로 주님께서는 여러 때에 다양한 방법으로 자신을 계시하며 그의 뜻을 교회에 선포하기를 기뻐하셨다.(3) 또한 그 후에는 진리를 더 잘 보존하고 전파하시기 위하여, 그리고 육신의 부패와 사단과 세상의 악에 대항하여 교회를 보다 더 견고하게 세우고 위로하시기 위하여 그 동일한 진리를 온전히 기록하는 것을 기뻐하셨다.(4) 이것이 성경을 가장 필요하게 만든다.(5) 하나님께서 자신의 백성에게 그의 뜻을 계시하시던 이전의 방법들은 이제 중지되었다.(6)[1]

---

1) 개혁주의는 일반계시와 일반은총은 존중하지만 구원에 대한 지식은 오직 특별계시, 즉 성경을 통해서만 알 수 있다고 제한한다. 특히 구약에 사용하셨던 다양한 신적계시들(꿈, 환상, 음성)은 성경 기록이 완성된 후 중단됐다.

(1) 롬 2:14, 15, 1:19, 20; 시 19:1-3; 롬 1:32, 2:1 (2) 고전 1:21, 2:13-14 (3) 히 1:1 (4) 잠 22:19-21; 눅 1:3, 4; 롬 15:4; 마 4:4, 7, 10; 사 8:19, 20 (5) 딤후 3:15, 16; 벧후 1:19 (6) 히 1:1, 2

2. 성경, 즉 기록된 하나님의 말씀이라는 이름 아래 현재 구약과 신약의 이 모든 책들이 다 포함되니, 그 책들은 다음과 같다.

• 구약 : 창세기, 출애굽기, 레위기, 민수기, 신명기, 여호수아, 사사기, 룻기, 사무엘상, 사무엘하, 열왕기상, 열왕기하, 역대상, 역대하, 에스라, 느헤미야, 에스더, 욥기, 시편, 잠언, 전도서, 아가, 이사야, 예레미야, 예레미야 애가, 에스겔, 다니엘, 호세아, 요엘, 아모스, 오바댜, 요나, 미가, 나훔, 하박국, 스바냐, 학개, 스가랴, 말라기.

• 신약 : 마태복음, 마가복음, 누가복음, 요한복음, 사도행전, 로마서, 고린도전서, 고린도후서, 갈라디아서, 에베소서, 빌립보서, 골로새서, 데살로니가전서, 데살로니가후서, 디모데전서, 디모데후서, 디도서, 빌레몬서, 히브리서, 야고보서, 베드로전서, 베드로후서, 요한1서, 요한2서, 요한3서, 유다서, 요한계시록.

이 모든 책들은 하나님의 영감에 의해 주어진 것으로 신앙과 생활의 규칙이다.(1)

(1) 눅 16:29, 31; 엡 2:20; 계 22:18, 19; 딤후 3:16

3. 보통 외경이라고 부르는 책들은 하나님의 영감으로 기록된 것이 아니므로 성경의 정경에 속하지 않는다. 따라서 이런 책들은 하나님의 교회 안에서 아무런 권위도 없고, 인간의 다른 기록들보다 더 인정되거나 사용되어도

안 된다.(1)

(1) 눅 24:27, 44; 롬 3:2; 벧후 1:21

4. 우리가 마땅히 믿고 순종해야 할 성경의 권위는 어떤 사람이나 교회의 증언에 의한 것이 아니라 진리 그 자체이고, 성경의 저자이신 하나님께 전적으로 의존한다. 따라서 성경은 하나님의 말씀이기 때문에 받아들여야만 한다.(1)

(1) 벧후 1:19, 21; 딤후 3:16; 요일 5:9; 살전 2:13

5. 우리는 교회의 증언으로 감동되거나 인도되어 성경을 최고로 또는 거룩히 존중할 수 있다.(1) 그리고 내용의 신성함, 교리의 유효성,[2] 문체의 장엄성, 모든 부분의 통일성, 모든 영광을 하나님께 돌리는 전체의 목적,[3] 인간구원의 유일한 방법에 대한 충분한 제시, 비교할 수 없는 많은 탁월성, 성경의 전체적 완전성 등은 성경이 하나님의 말씀이라는 것을 충분히 자증하는 증거들이다. 그럼에도 성경의 무오한 진리와 신적 권위에 대한 충분한 납득과 확신은 우리의 마음속에서 말씀에 의해, 말씀과 함께 증거하시는 성령의 내적사역에서 오는 것이다.(2)[4]

---

2) 성경은 단어와 문장의 단순한 소개가 아니라 특정한 주제와 교리를 전달하는 교리적 체계를 갖고 있다. 이런 성경의 독특한 구조를 '교리의 유효성'(efficacy of the doctrine)이라고 한다.

3) "모든 영광을 하나님께 돌리는 전체의 목적"이란 표현은 개혁주의 성경해석의 기준이 되는 중요한 표현이다. 루터파는 이신칭의만을 강조하면서 인간의 구원에 모든 해석의 초점을 맞추지만 개혁파는 구원을 넘어서 성경 전체의 목적은 '하나님께 영광'이라고 고백한다.

4) 하나님을 아는 방법은 오직 '말씀'과 '성령'을 통해서다. 이 둘의 관계를 분리하여 성령만 강조하면 신비주의가 되고, 성경만 강조하면 이성주의가 된다. 그래서 신조는 성령의 내적조명이 '말씀에 의해', '말씀과 함께' 증거한다고 강조했다. 루터파는 '말씀을 통하여'라는 부분 강조하여 죄를 정죄하는 성경의 기능에 초점을 두었지만, 개혁파는 구원 이후에도 '말씀과 함께' 역사하는 성령의 내적조명을 통한 성화적 기능도 강조하였다.

(1) 딤전 3:15 (2) 요일 2:20, 27; 요 16:13, 14; 고전 2:10-12; 사 59:21

6. 하나님 자신의 영광과 인간의 구원과 믿음과 생활에 필요한 모든 일들에 관한 하나님의 전체 결정은 성경 안에 분명히 나타나 있거나, 건전하고 필연적인 추론을 통하여 성경으로부터 이끌어낼 수 있다. 따라서 이 성경에는 어느 때를 막론하고 성령의 새로운 계시나, 또는 인간의 전승에 의해서 어떤 것도 추가될 수 없다.(1) 그럼에도 불구하고 우리는 말씀에 계시된 것들을 이해하여 구원에 이르기 위해서는 성령의 내적 조명이 필요하다는 것을 인정한다.(2) 그리고 우리는 하나님에 대한 예배와 교회정치와 사람의 행동과 사회적 공통규범에 관한 여러 가지 상황들이 있다는 것도 인정한다. 이런 상황들도 항상 순종해야 할 말씀의 일반법칙에 따라 본성의 빛과 그리스도인의 신중한 사려 분별을 통해 규정해야 한다.(3)[5]

(1) 딤후 3:15-17; 갈 1:8, 9; 살후 2:2 (2) 요 6:45; 고전 2:9-12 (3) 고전 11:13, 14; 14:26, 40

7. 성경에 있는 모든 것들은 그 자체로 똑같이 분명한 것도 아니며, 또한 모든 사람에게 똑같이 명확한 것도 아니다.(1) 그러나 구원을 위해 반드시 알아야 하며 믿고 준수해야 할 것들은 성경의 이곳저곳에 매우 명백하게 제시되고 설명되어 있기 때문에 배운 자나 못 배운 자나 통상적인 수단들을 정당하게 사용하면 그것들에 대한 충분한 이해를 얻을 수 있다.(2)

(1) 벧후 3:16 (2) 시 119:105, 130

---

5) 6항은 성경해석의 3대 원칙을 소개한다. 첫째로 문자와 문맥을 통해서 명확하게 드러나는 부분을 찾는 '문자적 해석', 둘째로 신구약 전체의 문맥 속에서 흘러나오는 "건전하고 필연적인 추론"인 '추론적 해석', 셋째로 문자와 추론을 기초로 해서 세부적인 사항들을 구체적으로 적용할 때 필요한 '양심적 해석'(신자의 사려분별)이다.

8. 옛적 하나님 백성의 모국어인 히브리어로 기록된 구약성경과 기록될 당시에 여러 민족의 대부분의 사람들이 알고 있던 헬라어로 기록된 신약성경은 하나님에 의해 직접적으로 영감되었고, 또한 그의 특별한 간섭하심과 섭리에 의해 모든 시대에 순수하게 보존되어 왔으므로 참된 것이다.(1)[6] 그러므로 모든 종교상의 논쟁들에 있어서 교회는 최종적으로 신구약성경에 호소해야 한다.(2) 그러나 성경을 대할 수 있는 권리와 관심을 가지고 하나님을 경외하는 가운데 성경을 읽으며 연구하도록 명령을 받은 모든 하나님의 백성이 성경원어를 알지는 못하기 때문에,(3) 성경은 모든 나라들의 평범한 말로 번역되어야 한다.(4) 그리하면 하나님의 말씀이 그들 가운데 풍성하게 거하여 그들은 하나님을 합당한 방식으로 예배할 수 있고,(5) 또한 성경이 주는 인내와 위로를 통하여 소망을 가질 수 있다.(6)

> (1) 마 5:18 (2) 사 8:20; 행 15:15; 요 5:39, 46 (3) 요 5:39 (4) 고전 14:6, 9, 11, 12, 24, 27, 28 (5) 골 3:16 (6) 롬 15:4

9. 성경 해석의 무오한 규칙은 성경 자체이다. 그러므로 그 의미가 여럿이 아니고 하나인 어떤 성경구절의 참되고 완전한 의미에 의문이 생길 때에는, 보다 더 명확하게 말하는 다른 구절을 통해서 그 뜻을 찾고 깨달아야 한다.(1)[7]

---

6) 성경의 무오성은 '원본'에 대한 무오성이다. 그러나 사본들의 풍성함과 비교 대조를 통해서 원본의 내용을 충분히 보존하였기 때문에 구원을 얻는 데 현재의 사본과 번역 성경으로도 충분하다.

7) 9항은 개혁주의 성경해석원리의 핵심적 표현이다. 이 표현은 "성경이 가는 데까지 가고, 성경이 멈추는 곳에서 멈춘다."는 의미이며, 조직신학적으로 표현하면 문법적 해석, 역사적 해석, 신학적(교리적) 해석이다. 성경 전체는 논리적이고 하나의 체계를 구성하고 있기 때문에 단편적 부분적으로 해석하면 안 되고, '오직 성경'과 '전체 성경' 속에서 해석해야 한다. 이런 해석의 과정과 열매를 가장 잘 정리하고 공적으로 확증한 것이 바로 '사도신경', '웨스트민스터 신앙고백'과 같은 공교회적 신조들이다. 개혁주의는 공교회적 해석 규범을 강조하여 지나친 주관적 해석의 위험을 극복했다.

(1) 벧후 1:20, 21; 행 15:15, 16

10. 종교적인 모든 논쟁들을 결정하고, 교회회의의 모든 결정들과 고대 저자들의 견해들과 사람들의 교리들과 사적인 영들을 분별하고, 우리가 그 판결에 복종해야만 하는 최고의 재판관은 다른 이가 될 수 없고 오직 성경 안에서 말씀하는 성령이시다.(1)[8]

(1) 마 22:29, 31; 엡 2:20; 행 28:25

---

8) 신앙의 원리에서 성경 자체의 완전성만 강조하면 루터파에 빠지고, 성령의 역사만 강조하면 오순절파에 빠진다. 개혁파는 "오직 성경 안에서 말씀하는 성령"의 구조를 갖는다. 즉, 성경과 성령은 구별하되 분리할 수 없이 결합되어 있다.

●

제2장

하나님과 거룩한 삼위일체에 관하여

●

1. 오직 한 분이시며,(1) 살아계시고 참되신 하나님이 계신다.(2) 그분은 존재와 완전함에서 무한하며,(3) 지극히 순수한 영이고,(4) 보이지 않고,(5) 몸이나 지체나,(6) 정욕도 없고,(7) 불변하고,(8) 광대하고,(9) 영원하고,(10) 완전히 이해될 수 없고,(10) 전능하고,(12) 지극히 지혜롭고,(13) 지극히 거룩하고,(14) 지극히 자유하고,(15) 지극히 절대적이며,(16) 자기 자신의 영광을 위해,(17)그 자신의 불변하고 지극히 의로우신 뜻의 결정대로 모든 일을 행하신다.(18) 또한 하나님은 지극한 사랑이며,(19) 은혜롭고, 자비로우며, 오래 참고, 선함과 진리가 풍성하고, 불의와 허물과 죄를 용서하고,(20) 부지런히 그를 찾는 자에게 상을 주시는 분이시며,(21) 그럼에도 불구하고 심판에서 지극히 공의롭고 무서우며,(22) 모든 죄를 미워하고,(23) 범죄자를 분명히 형

벌하시는 분이시다.(24)[9]

(1) 신 6:4; 고전 8:4, 6 (2) 살전 1:9; 렘 10:10 (3) 욥 11:7–9, 26:14 (4) 요 4:24
(5) 딤전 1:17 (6) 신 4:15, 16; 요 4:24; 눅 24:39 (7) 행 14:11, 15 (8) 약 1:17; 말
3:6 (9) 왕상 8:27; 렘 23:23, 24 (10) 시 90:2; 딤전 1:17 (11) 시 145:3 (12) 창
17:1; 계 4:8 (13) 롬 16:27 (14) 사 6:3; 계 4:8 (15) 시 115:3 (16) 출 3:14 (17) 잠
16:4; 롬 11:36 (18) 엡 1:11 (19) 요일 4:8, 16; 요 3:16   (20) 출 34:6, 7 (21) 히
11:6 (22) 느 9:32, 33 (23) 시 5:5, 6 (24) 나 1:2, 3; 출 34:7

2. 하나님께서는 모든 생명과(1) 영광과(2) 선과(3) 복을(4) 자신 안에, 그리
고 스스로 가지고 계신다. 하나님은 홀로 자신 안에서, 그리고 자신에게 전
적으로 충족하셔서 자신이 만드신 어떤 피조물의 도움을 필요로 하지 않
고,(5) 그들로부터 어떤 영광도 얻지 않으며,(6) 다만 그들 안에서, 그들에 의
해서, 그들에게, 또 그들 위에 자기의 영광을 나타내실 뿐이다.[10] 하나님은
모든 존재의 유일한 원천이 되셔서 만물이 주에게서 나오고, 주를 통하여,
주께로 돌아가며,(7) 그는 지극한 주권적인 통치권을 가지고 만물에 의해서,
만물을 위하여, 만물 위에 자기의 기뻐하는 바를 무엇이든지 행하신다.(8)
그의 눈앞에 만물이 드러나고 나타나며,(9) 그의 지식은 무한하고, 무오하
며, 피조물에게 의존하지 않고,(10) 그에게는 무엇이든지 우연한 것이나 불
확실한 것이 없다.(11) 하나님은 그의 모든 계획들과 그의 모든 행위들과 그
의 모든 명령들에 있어서 지극히 거룩하시다.(12) 천사들과 사람들과 다른
모든 피조물은 하나님이 원하시고 기뻐하시는 예배, 봉사, 순종 등 무엇이

---

9) 1항은 하나님의 절대주권적인 성품, 즉 하나님 자신만이 고유하게 가지고 계신 신적 속성을 소개한다.

10) 하나님의 절대주권적인 전능하심을 강조하기 위해서 신앙고백서는 하나님 '자신 안에서'(in), 그리고 '자신에게'(unto)
라는 전치사가 피조물들 '안에서'(in), 그들에 '의해서'(by), 그들'에게'(unto), 그들 '위에'(upon)라는 전치사와 대조를 이루
도록 배치했다. 특히 피조물들을 수단으로 사용하시는 방식에서는 전치사를 4개로 배치하여 통치와 다스림의 범
위를 확대시켰다.

든지 그분에게 드림이 마땅하다.(13)[11]

> (1) 요 5:26 (2) 행 7:2 (3) 시 119:68 (4) 딤전 6:15; 롬 9:5 (5) 행 17:24, 25 (6) 욥 22:2, 3 (7) 롬 11:36 (8) 계 4:11; 딤전 6:15; 단 4:25, 35 (9) 히 4:13 (10) 롬 11:33, 34; 시 147:5 (11) 행 15:18; 겔 11:5 (12) 시 145:17; 롬 7:12 (13) 계 5:12-14

3. 신성(神性)의 통일체 안에 본체와 권능과 영원성에 있어서 하나인 삼위(三位)가 계시니, 곧 성부 하나님, 성자 하나님, 성령 하나님이시다.(1) 성부는 그 누구로부터 난 것이 아니시고, 태어나지도 않으시고, 나오지도 않으신다. 성자는 성부에게서 영원히 나시고,(2) 성령은 성부와 성자에게서 영원히 나오신다.(3)[12]

> (1) 요일 5:7(KJV-하늘에서 증거하는 이가 셋이니, 성부, 성자, 성령이시다. 이 셋은 하나이다); 마 3:16, 17, 28:19; 고후 13:13 (2) 요 1:14, 18 (3) 요 15:26; 갈 4:6

---

11) 2항은 하나님의 절대주권적 속성이 인간과 피조물과 관련하여 어떻게 펼쳐지는가를 소개한다. 특히 전치사를 잘 구별하여 하나님께서 피조물 위에 다스리는 독특성을 강조했다. 따라서 연관된 전치사를 잘 이해해야 한다. 그중에서도 "만물이 주에게서 '나오고'(of), 주를 '통하여'(through), 주께로 '돌아가며'(to)"(롬 11:36)는 소요리문답 1문의 근거구절이면서 동시에 개혁파의 신본주의를 나타낼 때 가장 대표적으로 사용되는 표현이다.

12) 삼위일체 고백에서 핵심은 본질이 동일하신 한 하나님이 계신 것과, 삼위 하나님은 각각 고유하시며, 동등하신 것처럼 창조세계와 관련된 외부의 사역에서 분리됨 없이 항상 함께 일하신다는 내용이 초점이다. 따라서 성부, 성자, 성령의 역사를 분리하거나 어느 한 위만을 강조하면 안 된다.

제3장

하나님의 영원한 작정에 관하여

1. 하나님께서는 영원부터 자기 뜻의 가장 지혜롭고 거룩한 결정으로 일어날 모든 일들을 자유롭게 그리고 변할 수 없게 작정하셨다.(1)[13] 그러나 그것 때문에 하나님은 죄의 조성자(造成者)가 아니시며,(2) 피조물의 의지에 폭력을 가하지도 않으시고[14], 또한 제2원인들의 자유나 우연성을 제거하지 않고 오히려 세우셨다.(3)[15]

> (1) 엡 1:11; 롬 11:33; 히 6:17; 롬 9:15, 18 (2) 약 1:13, 17; 요일 1:5 (3) 행 2:23;

---

13) 신적작정은 선(善)과 악(惡)을 모두 포함한다. 따라서 반드시 죄(罪)의 원인과 인간 의지의 자유성과 책임성을 바르게 표현해야 한다.

14) 신적작정은 죄의 문제까지 포함한 신적결정이며 통치와 다스림이다. 하지만 죄의 원인은 사단과 인간에게 있다.

15) 신적작정은 인간의 행동과 의지까지 포함한 신적결정이다. 하지만 이 작정은 인간 의지의 자유나 우연성을 제거하거나 억압하지 않고 수단으로 사용하신다. 그래서 인간은 의지의 자유로운 책임성을 가지면서도 신적작정의 통치를 벗어날 수 없다.

마 17:12; 행 4:27, 28; 요 19:11; 잠 16:33

2. 하나님께서는 예상되는 모든 상황들 가운데서 장차 일어날 듯한, 그리고 일어날 수 있는 일들을 무엇이든지 다 아시지만,(1) 그럼에도 그는 미래의 일어날 일로, 또는 그런 상황들에서 일어날 것으로 미리 알았기 때문에 어떤 일을 작정하신 것은 아니다.(2)[16]

(1) 행 15:18; 삼상 23:11, 12; 마 11:21-23 (2) 롬 9:11, 13, 16, 18

3. 하나님의 작정으로, 하나님께서는 자기의 영광을 나타내기 위하여 어떤 사람들과 천사들은 영생을 얻도록 예정하셨고,(1) 다른 사람들과 천사들은 영원한 죽음에로 미리 정하셨다.(2)[17]

(1) 딤전 5:21; 마 25:41 (2) 롬 9:22-23; 엡 1:5, 6; 잠 16:4

4. 이렇게 예정되고 미리 정해진 사람들과 천사들은 개별적으로 그리고 불변적으로 계획되었다.[18] 그리고 그들의 수(數)는 분명하고 확정적이어서 더하거나 뺄 수가 없다.(1)

(1) 딤후 2:19; 요 13:18

---

16) 하나님의 미리 아심이라는 '예지'(豫知)는 예정(작정)과 조화통일을 이룬다. 그럼에도 불구하고 신적작정은 예정(작정)을 본질로 한다. 따라서 알미니안주의의 '예지예정'과 개혁파의 '예정예지'는 구별되어야 한다.

17) 성경의 예정론은 선택과 유기 전체를 포함한 '이중예정'이지 선택만 강조하는 '단일예정'이 아니다. 단일예정은 보편 구원의 다른 표현일 뿐이다.

18) 성경의 예정론은 '개별적으로' 그리고 '불변적으로' 정해진 것이지 민족적으로 집단적으로 정해진 것이 아니다. 따라서 구약에서 이스라엘 민족을 집단적으로 임시적 선택을 하셨을지라도 개별적 선택이 취소되거나 중단된 것이 아니다.

5. 인류 중에서 생명에 이르도록 예정된 자들을, 하나님께서는 세상의 기초가 놓이기 전에 그의 영원하며 불변하는 목적과 의지의 비밀한 결정과 선하시고 기뻐하신 뜻에 따라 그리스도 안에서 영원한 영광에 이르도록 선택하셨다.(1) 이 선택은 그들 안에 있는 믿음이나 선행이나 인내를 미리 보고 하신 것이 아니며, 피조물 안에 있는 어떤 것들이 하나님을 움직이게 하는 조건이나 원인이 된 것도 아니며,[19] 오직 그의 값없는 은혜와 사랑으로 말미암은 것이다.(2) 그리고 이 모든 것은 그의 영광스러운 은혜를 찬송하게 하려 하심이다.(3)[20]

> (1) 엡 1:4, 9, 11; 롬 8:30; 딤후 1:9; 살전 5:9 (2) 롬 9:11, 13, 16; 엡 1:4, 9 (3) 엡 1:6, 12

6. 하나님께서는 그 택하신 자들을 영광에 이르도록 정하신 것처럼, 자기 뜻의 영원하고 가장 자유로운 목적을 따라서 그 영광에 이르기 위한 모든 수단들도 미리 정하셨다.(1) 그러므로 택함을 받은 사람들이 아담 안에서 타락하였고,[21] 그리스도에 의해 구속되며,(2) 적절한 때에 역사하시는 그의 성령으로 말미암아 그리스도를 믿도록 유효하게 부르심을 받으며, 칭의되고,

---

19) 예정론의 근원적 원인은 인간의 선행을 '미리 보고 하신 것'이 아니며, 인간의 선행이 하나님을 움직이게 하는 '조건이나 원인이 된 것'도 아니다. 이렇게 예정론을 표현하면 예정론을 말해도 알미니안주의 예정론이 된다.

20) 예정론의 선택을 표현할 때 미확정적, 유보적, 변동적인 것처럼 말하면 알미니안주의 예정론이 된다. 개혁파 예정론은 확정적, 불변적 예정이다.

21) 신조는 '타락 전 선택설'과 '타락 후 선택설' 중 어떤 입장인가? 도르트 신조는 타락 후 선택으로 채택했다(타락한 자들 중에서 선택하시고). 하지만 신조는 이 주제를 둘 다 성경적으로 충분히 수용 가능한 것으로 판단하여 어느 쪽으로도 치우치지 않도록 균형을 유지하려고 했다. 즉, 어떤 부분에서는 타락 전 선택처럼 보이지만 어떤 부분은 타락 후 선택처럼 보이도록 배치했다. 대요리문답이나 소요리문답도 마찬가지다. 본문은 "택함을 받은 사람들이 아담 안에서 타락하였고"(they who are elected, being fallen in Adam, are)라고 타락 전 형태로 번역할 수 있지만(합동 측) "택함 받은 자들, 즉 아담 안에서 타락한 자들"이라고 해서 약간 모호하게 번역할 수도 있고, "아담 안에서 타락하였으나 피택자들은 그리스도로 말미암아 구속함을 받으며"(고신 측)라고 해서 타락 후 선택처럼 번역할 수도 있다. 이 판단은 여러 신학자들마다 다르다. 주류적 판단은 신조가 양쪽을 다 수용하는 혼합 형태를 취했다라고 말한다(바빙크, 벌콥 등).

양자되며, 성화되고,(3) 구원에 이르는 믿음을 통하여 그의 능력으로 보호를 받는다.(4) 오직 택함을 받은 자 외에는,(5) 다른 누구도 그리스도에 의해 구속을 받지 못하고, 유효하게 부르심을 받지 못하고, 칭의와 양자와 성화와 구원을 얻지 못한다.[22]

(1) 벧전 1:2; 엡 1:4, 5, 2:10; 살후 2:13 (2) 살전 5:9, 10; 딛 2:14 (3) 롬 8:30; 엡 1:5; 살후 2:13 (4) 벧전 1:5 (5) 요 17:9; 롬 8:28–39; 요 6:64, 65, 8:47, 10:26; 요일 2:19

7. 인류 중에 그 나머지에 대하여, 하나님은 자신이 기뻐하시는 대로 자비를 베풀기도 하고, 베풀지 않기도 하시는 자기 뜻의 측량할 수 없는 결정을 따라 모든 피조물에 대한 자신의 주권적 능력의 영광을 위하여, 그리고 그의 영광스러운 공의가 찬양받도록 그냥 내버려두기를 기뻐하셨고, 또한 그들이 자기들의 죄로 인해 수치와 진노를 당하도록 작정하기를 기뻐하셨다.(1)

(1) 마 11:25, 26; 롬 9:17, 18, 21, 22; 딤후 2:19, 20; 유 1:4; 벧전 2:8

8. 지극히 신비한 이 예정 교리는 특별히 신중하고 조심스럽게 다루어야 한다.(1) 이는 말씀에 계시하신 하나님의 뜻을 주의하고 그것에 순종하는 사람들이 그들의 유효한 부르심의 확실함으로부터 자신의 영원한 선택을 확신하도록 하기 위함이다.(2) 그리하면 이 교리는 복음을 신실하게 순종하는 모든 자들에게 찬양과 경외심과 하나님을 사모하는 마음을 가지도록 할 것이며,(3) 나아가 겸손과 근면함과 풍성한 위안을 안겨 줄 것이다.(4)

---

22) 개혁파 예정론은 구원의 질서(부르심, 칭의, 양자, 성화 등)를 포함한다. 따라서 이 둘을 분리하면 안 된다. 즉, 구원의 질서들은 반드시 예정론의 원인이나 근거로 설명하지 않고 예정론의 열매로 설명한다.

(1) 롬 9:20, 11:33; 신 29:29 (2) 벧후 1:10 (3) 엡 1:6; 롬 11:33 (4) 롬 11:5, 6, 20; 벧후 1:10; 롬 8:33; 눅 10:20

●

제4장

창조에 관하여

●

1. 성부, 성자, 성령 하나님께서는 자신의 영원한 능력과 지혜와 선하심의 영광을 나타내기 위하여,(1) 태초에 무(無)로부터 세계와 그 안에 있는 보이거나 보이지 않는 만물을 6일 동안에 창조하거나 만들기를 기뻐하셨고,(2) 그 모든 것은 지극히 선하였다.(3)[23]

> (1) 히 1:2; 요 1:2, 3; 창 1:2; 욥 26:13, 33:4 (2) 롬 1:20; 렘 10:12; 시 104:24, 33:5, 6 (3) 창 1장; 히 11:3; 골 1:16; 행 17:24

2. 하나님께서는 다른 모든 피조물을 만든 후에 사람을 남녀로 창조하시

---

23) 신앙고백서는 무(無)에서 유(有)를 창조한 것과, 날을 24시간으로 이해하여 6일 동안 창조한 것은 수용했지만, 지구의 나이나 우주의 나이는 결정하지 않았다. 이 부분은 해석의 다양성을 존중했고, 다만 창조론과 진화론을 혼합하는 '유신진화론'은 반대했다.

되,(1)²⁴ 이성(理性) 있는 죽지 않을 영혼을 가지도록 창조하셨고,(2) 그 자신의 형상을 따라 지식과 의와 참된 거룩을 주셨고,(3) 그들의 마음속에 하나님의 율법을 기록하셨으며,(4) 또 그것을 수행할 능력도 주셨다.(5) 그러나 변할 수 있는 의지의 자유가 있게 하셨기에, 그들은 범죄 할 가능성 아래 있었다.(6) 그들의 마음에 기록된 이 율법 외에도 그들은 선악을 알게 하는 나무의 실과를 먹지 말라는 명령을 받았다.(7) 그들이 이것을 지키는 동안에는 하나님과 교제하며 행복을 누렸고, 피조물을 다스리는 권세를 가졌다.(8)

(1) 창 1:27 (2) 창 2:7; 전 12:7; 눅 23:43; 마 10:28 (3) 창 1:26; 골 3:10; 엡 4:24 (4) 롬 2:14, 15 (5) 전 7:29 (6) 창 3:6; 전 7:29 (7) 창 2:17, 3:8–11, 23 (8) 창 1:26, 28

---

24) 신앙고백서는 '남녀로 창조하시되'라고 하여 남녀의 평등성을 강조했다. 즉, 인간 본성의 본질 자체는 남녀 모두 몸과 영혼을 동일하게 지닌 인간이다. 다만 하나님은 5계명의 창조질서에 따라서 남녀의 기능적 질서적 차이를 두셨다.

●

제5장

섭리에 관하여

●

1. 만물의 창조자이신 위대한 하나님께서는 자기의 가장 지혜롭고 거룩하신 섭리로,(1) 정확 무오한 예지(豫知)와 (2) 자유롭고 변함없는 자기 뜻의 결정에 따라,(3)[25] 자신의 지혜와 능력과 공의와 선함과 자비의 영광이 찬양받도록,(4) 가장 큰 것에서 가장 작은 것에 이르기까지,(5)[26] 모든 피조물들과 행위들과 일들을(6) 보존하고,(7) 인도하고, 처리하고, 통치하신다.[27]

---

25) 신적작정은 하나님의 영원한 의지의 결정이기 때문에 미리 아심이라는 '예지'(豫知)가 고려되지 않는다. 하지만 섭리는 시간과 공간과 인간의 의지를 수단으로 사용하시는 신적작정의 실행이기 때문에 '예지'를 포함할 수 있다. 그래서 섭리에서는 하나님의 뜻이 인간의 태도에 따라서 변하는 것처럼 표현한다.

26) 섭리의 범위는 신적작정처럼 선과 악을 포함한 모든 것이며, 인간의 의지까지 포함한다. 다만 죄의 조성자가 아니며, 인간의 의지를 억압하지 않는 방식으로 통치하신다. 이 조화로움은 신비다. 개혁파 섭리론은 극단적 숙명론도 아니며 인간 의지의 자유만 강조하는 극단적 자유론도 아니다.

27) 섭리의 신비로움을 신조는 4개의 다스림 형태로 소개한다. 창조 질서의 '보존', 인간의지를 자유롭게 사용하시면서 '인도'하고, '처리'하심, 때론 인간의 의지와 역행하는 방식으로 '통치'하신다.

(1) 잠 15:3; 시 104:24, 145:17 (2) 행 15:18; 시 94:8–11 (3) 엡 1:11; 시 33:10, 11 (4) 사 63:14; 엡 3:10; 롬 9:17; 창 45:7; 시 145:7 (5) 마 10:29–31 (6) 단 4:34, 35; 시 135:6; 행 17:25, 26, 28; 욥 38장–41장 (7) 히 1:3

2. 제1원인이신 하나님의 예지와 작정대로 만물은 변함없고 틀림없이 발생하지만,(1) 동일한 섭리에 의해 하나님께서는 만물이 제2원인들의 성질을 따라서 필연적으로, 자유롭게, 우연적으로(2)[28] 일어나도록 정돈하셨다.[29]

(1) 행 2:23 (2) 창 8:22; 렘 31:35; 출 21:13; 신 19:5; 왕상 22:28, 34; 사 10:6, 7

3. 하나님께서는 일반적인 섭리에 있어서 여러 가지 수단을 사용하신다.(1) 그럼에도 불구하고 하나님은 그 수단들 없이,(2) 그것을 초월해서,(3) 또는 그것들에 역행하여(4) 자기의 기뻐하는 대로 자유롭게 일하실 수 있다.[30]

(1) 행 27:31, 44; 사 55:10, 11; 호 2:21, 22 (2) 호 1:7; 마 4:4; 욥 34:10 (3) 롬 4:19–21 (4) 왕하 6:6; 단 3:27

4. 하나님의 전능하신 능력과 측량할 수 없는 지혜와 무한한 선하심은 최초

---

28) 인간은 피조물 중 가장 고차원적 존재이기 때문에 다양한 형태의 섭리 방식이 나타난다. 인간은 창조질서를 필연적으로 지켜야 한다. 이 질서를 어기면 성도라도 피해를 입는다. 인간은 의지를 가지고 있기 때문에 하나님께서는 인간이 신앙과 삶에서 의지를 가지고 자발적으로 자원함으로 자유롭게 책임을 가지고 활동하게 하신다. 그러나 때로는 기적과 같은 우연적인 방식으로 인간의 삶을 통치하신다. 인간은 신비주의처럼 단순한 감정과 감각적 판단에 따라서 사는 것이 아니라 성경의 토대 위에서 이 3가지 원리를 따라서 다스림을 받는다.

29) 제1원인과 2원인은 지나친 스콜라적 표현이 아니라 근원적 원인으로서 하나님과 수단적이며 도구적인 형식적 원인으로서 인간을 차별화한 학문적 표현이다.

30) 시간과 공간 안에서 일어나는 섭리는 이성 있는 인간을 인격적으로 통치하고 다스리는 방식이기 때문에 항상 피조물의 역사를 '수단'으로 사용할 수 있다. 하지만 '수단들 없이'(without), 그것을 '초월해서'(above), 그것들에 '역행하여'(against) 일어날 수도 있다. 신조는 인간을 다스리는 섭리방식을 4가지로 소개한다.

의 타락과 천사들과 사람들의 모든 다른 죄들에까지 영향을 끼치는 그분의 섭리 가운데서 더 분명히 나타난다.(1) 이는 단순한 허용에 의해서가 아니라,(2) 하나님은 그 자신의 거룩한 목적을 위해(3) 다양한 경륜 안에서 가장 지혜롭고 능력 있는 제한과(4) 정돈과 통치를 섭리와 연결되도록 하셨다. 그러나 그 죄악성은 하나님에게서 나오는 것이 아니라 오직 피조물에게서만 나온다. 하나님은 가장 거룩하고 의로우시므로 죄의 조성자가 아니며, 승인자도 아니고, 또한 그렇게 될 수도 없으시다.(5)[31]

> (1) 롬 11:32-34; 삼하 24:1; 대상 21:1; 왕상 22:22, 23; 대상 10:4, 13, 14; 삼하 16:10; 행 2:23, 4:27, 28 (2) 행 14:16 (3) 창 50:20; 사 10:6, 7, 12 (4) 시 76:10; 왕하 19:28 (5) 약 1:13, 14, 17; 요일 2:16; 시 50:21

5. 가장 지혜롭고, 의로우며, 은혜로우신 하나님께서는 때때로 자신의 자녀들을 여러 가지 시험과 그들 자신의 마음의 부패성에 얼마동안 내버려두신다. 그렇게 함으로써 하나님은 전에 범한 그들의 죄들로 인하여 징계하고, 그들에게 숨어 있는 부패한 힘과 그들의 마음의 거짓됨을 깨닫게 하여 그들을 겸손하게 하신다.(1) 그 결과 하나님은 자녀들이 도움을 바라며 하나님을 더 친근하고 끊임없이 의지하게 하며, 그리고 장래의 모든 범죄의 기회에 대하여 경계하기 위해, 또한 여러 가지 다른 의롭고 거룩한 목적들을 위해 그들을 더욱 깨어 있게 하신다.(2)[32]

---

31) 섭리론에서 제일 어려운 부분은 악의 문제, 인간의 의지 문제다. 하나님은 어떻게 악에 물들지 않으면서도 악을 다스릴 수 있는가? 하나님은 어떻게 인간의 의지를 억압하지 않으시면서 동시에 원하시는 대로 통치하시는가? 신조는 악과 인간의지를 '제한'과 '정돈'과 '통치'를 섭리와 연결하는 방식 속에서 이해해야 한다고 고백한다. 하나님은 악을 만드시는 조성자는 아니라도 전능하신 힘으로 악을 '제한'(bounding)하실 수 있고, 자신의 영광으로 쓰이도록 '정돈'(ordering)하실 수 있고, 원하시는 대로 '통치'(governing)하실 수 있기 때문에 악을 허용하신다.

32) 개혁파의 '시험론'(testing)은 단순히 죄 때문에 벌 받는 '형벌론'으로만 취급하지 않는다. 섭리 역사 속에서 4가지 이유가 등장한다. 첫째 죄에 대한 형벌, 둘째 성화적 목적, 셋째 장래의 범죄 경계, 넷째 하나님의 특별한 목적 실행이다. 이 4가지를 복합적으로 적용하고 살피는 방식이다. 신조는 이것을 설명하기 위해서 17장 '견인', 18장 '확신'에서도

(1) 대하 32:25, 26, 31; 삼하 24:1 (2) 고후 12:7-9; 시 73장, 77:1, 10, 12; 막 14:66-72; 요 21:15-17

6. 악하고 불경건한 사람들에 대하여, 전에 범한 죄들로 인해 그들의 눈을 어둡게 하고 마음을 완악하게 하신(1) 의로운 재판장인 하나님께서는 그들의 이해를 밝게 하고 또 그들의 마음에 역사할 은혜를 주지 않으실 뿐만 아니라,(2) 때때로 그들이 이미 가지고 있던 은사들까지도 거두시고,(3) 또한 그들의 부패성이 죄를 짓도록 만드는 여러 대상들에게 그들을 노출시키신다.(4) 그리고 하나님은 악인들 자신의 탐욕과 세상의 유혹과 사단의 능력에 그들을 넘겨주신다.(5) 그리하여 하나님이 다른 사람들의 마음을 부드럽게 하기 위해 사용하시는 수단들에서조차 그들은 자기 자신을 강퍅하게 한다.(6)

(1) 롬 1:24, 26, 28, 11:7, 8 (2) 신 29:4 (3) 마 13:12, 25:29 (4) 신 2:30; 왕하 8:12, 13 (5) 시 81:11, 12; 살후 2:10-12 (6) 출 7:3, 8:15, 32; 고후 2:15, 16; 사 8:14; 벧전 2:7, 8; 사 6:9, 10; 행 28:26, 27

7. 하나님의 섭리는 일반적으로 모든 피조물들에게 미치지만, 가장 특별한 방법으로 그의 교회를 돌보시며, 모든 일들을 교회의 유익이 되도록 처리하신다.(1)

(1) 딤전 4:10; 암 9:8, 9; 롬 8:28; 사 43:3-5, 14

같은 주제를 다루며 욥기서를 중요한 근거구절로 제시한다.

●

제6장
─────

사람의 타락, 죄, 형벌에 관하여

●

1. 사단의 간계와 시험에 의해 유혹을 받은 우리의 첫 조상은 금지된 실과
를 먹음으로 죄를 범하였다.(1)[33] 하나님은 그의 지혜롭고 거룩한 결정에 따
라 그 자신의 영광에로 그것을 정돈할 목적으로 그들의 이 같은 죄를 허용
하기를 기뻐하셨다.(2)[34]

    (1) 창 3:13; 고후 11:3 (2) 롬 11:32

─────────────

33) 6장은 죄의 정의보다 죄의 실제적 역사성을 먼저 다룬다. 창조와 타락의 역사적 사실을 강조하여 상징화, 문학화하
   려는 모든 시도를 차단시켰다. 그리고 죄의 원인은 사단과 인간의 범죄에서 시작한다.

34) 죄는 하나님의 신적작정 외부에 있지 않다. 즉, 죄의 작정은 하나님이 간섭할 수 없는 별도의 영역으로 제외시키면
   안 되고 죄까지 포함한다. 죄에 대한 통치를 극단적으로 강조하면 하나님을 악한 신으로 오해하게 만들고, 반대로
   죄와 상관없는 신처럼 소개하면 무능한 신으로 오해하게 만든다. 그래서 신조는 죄까지 포함하는 신적작정을 말하
   되, 그 작정은 보다 적극적인 형태의 작정이기보다는 '허용적 작정'이라고 구별해서 표현했다. 신적작정은 하나이지
   만 우리에게 드러날 때는 '적극적인 형태'로 때로는 '허용적 형태'로도 나타난다.

2. 이 죄 때문에 그들은 본래의 의(原義)와 하나님과의 교제에서 끊어졌고,(1) 죄로 죽은 자가 되었고,(2)[35] 영혼과 몸의 모든 기능들과 부분들이 전적으로 더럽혀졌다.(3)[36]

(1) 창 3:6-8; 전 7:29; 롬 3:23 (2) 창 2:17; 엡 2:1 (3) 딛 1:15; 창 6:5; 렘 17:9; 롬 3:10-18

3. 그들은 온 인류의 근원이었으므로 이 죄의 죄책이 전가(轉嫁)되었고,(1) 죄로 인한 동일한 죽음과 부패한 본성이 보통의 출생법에 의해 조상으로부터 태어난 그들의 모든 후손들에게 전해졌다.(2)

(1) 창 1:27, 28, 2:16, 17; 행 17:26; 롬 5:12, 15-19; 고전 15:21, 22, 45, 49 (2) 시 51:5; 창 5:3; 욥 14:4, 15:14

4. 이 근원적 부패로 말미암아 그것에 의하여 우리는 모든 선을 전적으로 싫어하고, 선을 행할 수도 없고, 모든 선을 반대하며,(1) 모든 악에 전적으로 기울어져 있으며,(2) 그리하여 모든 자범죄들을 범한다.(3)

(1) 롬 5:6, 8:7, 7:18; 골 1:21 (2) 창 6:5, 8:21; 롬 3:10-12 (3) 약 1:14, 15; 엡 2:2, 3; 마 15:19

5. 이 본성의 부패는 이 세상에 사는 동안 중생(重生)한 자들에게도 남아 있

---

35) 인류의 첫 범죄는 원래의 의(義)을 잃고 하나님과 단절되며 죄로 죽는 형벌을 일으켰다. 이 범죄에 대한 정죄와 형벌적 책임을 '죄책'이라 한다.

36) 개혁파의 부패론은 '전적 부패'(오염)다. 알미니아주의처럼 '부분적 부패'를 말하면 안 된다. 우리는 신앙과 삶 전체에서 하나님을 향하여 갈 수 없을 정도로 전적으로 무능력하고 부패하여 오염됐다. 죄책과 오염은 '원죄'의 핵심요소다.

다.(1)[37] 비록 그 부패함이 그리스도를 통해 용서되고 죽었으나, 부패 자체와 그 부패에서 나오는 모든 행동들은 참으로 그리고 정확히 죄이다.(2)[38]

> (1) 요일 1:8, 10; 롬 7:14, 17, 18, 23; 약 3:2; 잠 20:9; 전 7:20 (2) 롬 7:5, 7, 8, 25; 갈 5:17

6. 원죄와 자범죄, 즉 모든 죄는 하나님의 의로운 율법의 위반이며, 그것에 반대되는 것이기 때문에(1) 그 자체의 성질상 죄인에게 죄책을 가져온다.(2) 이 죄책 때문에 죄인은 하나님의 진노와(3) 율법의 저주에 매이게 되고,(4) 그 결과 모든 비참을 동반하는 영적이고,(5) 현세적이며,(6) 영원한(7) 죽음에 굴복하게 되었다.(8)

> (1) 요일 3:4 (2) 롬 2:15, 3:9, 19 (3) 엡 2:3 (4) 갈 3:10 (5) 엡 4:18 (6) 롬 8:20; 애 3:39 (7) 마 25:41; 살후 1:9 (8) 롬 6:23

---

37) 원죄의 죄책과 오염은 그리스도의 십자가를 통해서 용서된다. 그럼에도 불구하고 오염은 육체의 실제적인 부패들이기 때문에 성도들이라 할지라도 죽을 때까지, 즉 새 몸을 받기까지 성화를 통해서 거룩해져야 한다.

38) "참으로"(truly) 죄라고 하는 것은 죄의 '실제 여부'를 가리키는 것이다. 성도의 죄와 관련해서 죄가 있는가 없는가 하는 논쟁이 생겼고, 이 문제를 해결하기 위해서 신조는 성도에게 발생하는 죄의 실제성을 강조하기 위해서 '참으로' 죄라고 강조했다. 예를 들면 로마 가톨릭이 죄의 본질과 성향을 욕망으로 변형하여 죄가 아닌 것처럼 주장하는 것에 반대하여 신조는 욕망이 아니라 참된 죄, 진짜 죄, 실제적 죄임을 강조했다. "정확히"(properly) 죄라는 것은 '죄의 본질과 성질의 정도'를 가리킨다. 복음주의권에서 첫 번째 부분과 관련해서, 즉 죄의 실제성을 인정하면서도 그 죄의 본질의 정도성에 대해 의문을 품는 자들이 나타났다. 성도에게 발생되는 죄 그 자체는 인정하지만 일정 상태에 이르면 성도들은 완전한 수준에 이르러 죄의 성질이나 정도가 약해질 수 있고, 이런 상태에서 나타나는 죄들은 죄가 아닌 것처럼 여겨질 수 있다는 주장들이 나오기 시작했다. 소위 성도의 성화의 완전성 상태에 도달하면 죄의 성질이나 정도가 거의 없는 수준으로 완성될 수 있다고 생각한 것이다. 예를 들면 알미니안파는 신자의 성화의 완전함을 주장하면서 완전한 성화의 단계에 이를수록 신자는 죄를 짓는 성질과 양과 정도에서 차이가 날 수 있다고 주장했고, 한 걸음 더 나아가 그런 상태에서의 죄는 죄가 아닌 것처럼 말했다. 즉, 죄의 완전성과 온전성에 차이가 난다고 주장했던 것이다. 그래서 신조는 성도가 성화되면 죄의 양과 정도가 현격히 줄어들면서 차이가 날 수 있지만 그렇다고 해서 그 죄 자체의 본질과 성질이 완전히 없어지는 것이 아니라 여전히 남아 있어 '정확히' 죄의 본질과 성질을 유지한다고 강조했다.

●

제7장

사람과 맺은 하나님의 언약에 관하여

●

1. 하나님과 피조물 사이의 간격이 너무 크기 때문에 비록 이성적 피조물들이 창조주이신 하나님께 마땅히 순종해야 할 의무가 있음에도 불구하고, 오직 하나님 편에서 어떤 방식으로든 자발적으로 자신을 낮춰 주시지 않고는 하나님으로부터 복과 상급으로서 어떤 열매도 얻을 수 없다. 하나님은 이것을 언약의 방법으로 나타내시기를 기뻐하셨다.(1)[39]

   (1) 사 40:13-17; 욥 9:32, 33; 삼상 2:25; 시 113:5, 6, 100:2, 3; 욥 22:2, 3;

---

39) 웨스트민스터 신앙고백서는 종교개혁 당시나 이후에 나온 신조 중 언약론을 중요 항목으로 분리해서 강조한 유일한 고백서다. 그만큼 언약론을 매우 중요하게 취급했다. 언약의 본질적 성경은 편무적, 일방적, 주권적이며 은혜적이다. 그러나 언약이 집행되기 위해서는 인간이라는 대상이 필요하며 그들의 의지적 책임도 따라와야 한다. 따라서 언약이 집행되는 형식에서는 쌍무적, 협의적, 조화적이다. 이 순서를 거꾸로 적용하면 안 된다. 그래서 신조는 언약이 본질적으로 하나님이 낮아지셔서 은혜로 베푸신 것이라고 말하면서도 이 은혜를 '언약'(쌍방의 협약, 약속, 계약)의 형태로 나타내셨다고 말한다.

35:7, 8; 눅 17:10; 행 17:24, 25

2. 하나님께서 사람과 맺은 최초의 언약은 행위언약이었다.(1)[40] 하나님은
이 언약에서 완전하고 인격적인 순종을 조건으로(2) 아담에게, 그리고 아담
안에서 그의 모든 후손에게 생명을 약속하셨다.(3)

(1) 갈 3:12 (2) 창 2:17; 갈 3:10 (3) 롬 10:5, 5:12-20

3. 사람은 자신의 타락으로 말미암아 행위언약으로는 스스로 생명을 얻을
수 없게 되었기 때문에, 주님께서는 일반적으로 은혜언약이라고 하는 둘째
언약을 맺기를 기뻐하셨다.(1) 이 언약으로 하나님은 죄인들에게 예수 그리
스도를 통하여 생명과 구원을 값없이 주시되, 그들이 구원을 얻도록 예수님
에 대한 믿음을 요구하셨다.(2) 그리고 하나님은 생명을 얻도록 예정된 모든
사람에게 그들이 자발적으로 믿고자 하며, 또 믿을 수 있도록 하기 위해서
성령을 주실 것을 약속하셨다.(3)[41]

(1) 갈 3:21; 롬 8:3, 3:20, 21; 창 3:15; 사 42:6 (2) 막 16:15, 16; 요 3:16; 롬
10:6, 9; 갈 3:11 (3) 겔 36:26, 27; 요 6:44, 45

4. 이 은혜언약은 성경에서 유언이라는 이름으로 자주 언급되는데, 그것은
유언자 예수 그리스도의 죽음과 영원한 기업과 그리고 이 유산에 속하여 언

---

40) 언약론을 어떻게 표현할 것인지에 대한 많은 논쟁이 있은 후 신앙고백서는 대표적으로 '행위언약'과 '은혜언약'으로
정립했다. 하지만 논의된 다양한 표현들을 존중하는 차원에서 표준문서 전체에 언약에 대한 다양한 표현을 담았다.
'첫째 언약'과 '둘째 언약'(C 7장, L 30, 32문), '생명의 언약'(L 20)과 '새 언약'(S 92문). 특히 '행위언약'을 '생명의 언약'으로 표
현하여 언약의 은혜적 성질을 강조했다.

41) 언약은 택함 받은 자들과 맺은 것이기 때문에 "예정된 모든 사람에게"라는 표현처럼 편무적이고 주권적이며 은혜적
이다. 하지만 언약의 집행은 쌍방 간에 이뤄지는 협약이기에 "그들이 자발적으로 믿고자 하며, 또 믿을 수 있도록 하
기 위해서"라는 표현처럼 인간의 의지적 책임을 억압하지 않으시고 쌍무적 협의적 성격으로 집행하신다.

약으로 상속받는 모든 것을 포함한다.(1)

(1) 히 9:15-17, 7:22; 눅 22:20; 고전 11:25

5. 이 언약은 율법시대와 복음시대에 서로 다르게 집행되었다.(1) 율법 아래에서는 약속들과 예언들과 희생 제물들과 할례와 유월절 양과 유대 백성에게 주어진 다른 모형과 규례들을 따라서 집행되었다. 이 모든 것은 장차 오실 그리스도를 예표하였는데,(2) 성령의 역사를 통하여 약속된 메시아에 대한 신앙으로(3) 선택된 백성들을 가르치며 굳게 세우기에 그 당시로는 충분하고 효과적이었다. 이 메시아를 통해 그들은 온전한 죄 사함과 영원한 구원을 얻었으니, 이것을 구약이라고 부른다.(4)⁴²

(1) 고후 3:6-9 (2) 히 8장-10장; 롬 4:11; 골 2:11, 12; 고전 5:7 (3) 고전 10:1-4; 히 11:13; 요 8:56 (4) 갈 3:7-9, 14

6. 복음 아래에서, 그 복음의 실체이신 그리스도께서 나타나셨을 때,(1) 이 언약이 시행되는 규례들은 말씀의 설교와, 세례와 주의 성찬의 성례전을 시행하는 것이다.(2) 그런데 이 규례들은 수에 있어서 적고, 더 단순하며 외적 영광은 더 적게 집행되어도, 이 언약은 그 규례들 안에서 유대인과 이방인을 포함하는 모든 민족에게(3)⁴³ 더욱더 충분히, 명확히, 그리고 영적으로 효

---

42) 신구약의 차이성과 통일성을 잘 구별해야 한다. 신조는 이 부분을 명확히 정립하기 위해서 율법시대와 복음시대의 구원 경륜의 차이와 일치성으로 구별해 주었다. 특히 구약의 모형, 예표들은 예수님과 연결된 부분만 사용하는 '소극적 모형론'이다. 특히 루터파처럼 구약의 모든 부분을 억지로 예수님의 예표로 적용하는 '적극적 모형론'을 사용하지 않는다. 그렇게 되면 모형과 예표를 거의 언급하지 않는 에스더, 잠언, 야고보서 등이 등한시 된다.

43) 신약시대의 경륜은 '유대인과 이방인들' 모두 동일한 복음의 은혜와 은혜언약의 적용을 받는다. 유대인 구원은 세대주의의 시오니즘처럼 유대인 전체를 말하지 않고 3장 예정론에서 '개별적 예정'을 고백한 것처럼 유대인 중 택함 받은 '개별적 백성'을 말한다.

력 있게 제시되니,(4) 이것을 신약이라고 부른다.(5) 그러므로 본질이 다른 두 개의 은혜언약이 있는 것이 아니라, 단 하나의 동일한 은혜언약이 다양한 경륜으로 나타난 것이다.(6)

(1) 골 2:17 (2) 마 28:19, 20; 고전 11:23-25 (3) 마 28:19; 엡 2:15-19 (4) 히 12:22-27; 렘 31:33, 34 (5) 눅 22:20 (6) 갈 3:14, 16; 행 15:11; 롬 3:21-23, 30; 시 32:1; 롬 4:3, 6, 16, 17, 23, 24; 히 13:8

웨스트민스터 다섯 가지 표준문서

제8장

중보자 그리스도에 관하여

•

1. 하나님께서는 영원한 목적을 가지고 그의 독생자 주 예수를 하나님과 사람 사이의 중보자,(1) 선지자,(2) 제사장,(3) 왕,(4) 교회의 머리와 구주,(5) 만유의 상속자와(6) 세상의 심판자로(7) 택하시고 임명하시기를 기뻐하셨다. 하나님은 영원부터 그리스도에게 한 백성을 그의 후사로 주시고,(8) 때가 되면 그로 말미암아 그의 백성이 구속함을 받고, 부르심을 받아, 칭의되고, 성화되며, 영화롭게 되도록 하셨다.(9)

> (1) 사 42:1; 벧전 1:19, 20; 요 3:16; 딤전 2:5 (2) 행 3:22 (3) 히 5:5, 6 (4) 시 2:6; 눅 1:33 (5) 엡 5:23 (6) 히 1:2 (7) 행 17:31 (8) 요 17:6; 시 22:30; 사 53:10 (9) 딤전 2:6; 사 55:4, 5; 고전 1:30

2. 삼위일체의 두 번째 위격이신 하나님의 아들은 참되고 영원한 하나님이

시고, 성부와 한 본체이시고, 동등하시다. 때가 차매 사람의 본성을 취하시되,(1) 인성에 속하는 모든 본질적 고유성과 공통적 연약성을 가졌으나 죄는 없으시다.(2)[44] 왜냐하면 그는 성령의 능력으로 동정녀 마리아의 몸에(3) 그녀의 본질을 취하여 잉태되셨기 때문이다. 그러므로 온전하고 완전하며 구별되는 두 본성, 곧 신성과 인성이 한 인격 안에서 변화 없이, 혼합 없이, 혼동 없이, 서로 분리될 수 없이 결합되었다.(4)[45] 이분은 참 하나님이시요 참 사람이시나 한 분 그리스도시요, 하나님과 사람 사이에 유일한 중보자이시다.(5)

> (1) 요 1:1, 14; 요일 5:20; 빌 2:6; 갈 4:4 (2) 히 2:14, 16, 17; 4:15 (3) 눅 1:27, 31, 35; 갈 4:4 (4) 눅 1:35; 골 2:9; 롬 9:5; 벧전 3:18, 딤전 3:16 (5) 롬 1:3, 4; 딤전 2:5

3. 주 예수께서는 이렇게 신성과 결합된 그의 인성에 있어서 한량없이 성령으로(1) 성화되고 기름 부음을 받았으며, 그 자신 안에 모든 지혜와 지식의 보화를 가지셨다.(2) 성부께서는 모든 충만이 예수 안에 거하는 것을 기뻐하셨다.(3) 이는 끝까지 그리스도께서 거룩하고, 흠이 없고, 순결하고, 또 은혜와 진리가 충만하여(4) 중보자와 보증인의 직무를(5) 수행할 수 있도록 완전하게 준비하시기 위함이었다. 이 직무는 예수께서 스스로 취한 것이 아니며, 그의 아버지의 부르심에 의한 것이었으니,(6) 성부께서는 모든 능력과

---

44) "인성에 속하는 모든 본질적 고유성과 공통적 연약성을 가졌으나 죄는 없으시다."는 인성의 독특성을 의미한다. '본질적 고유성'과 '공통적 연약성' 때문에 예수님의 인성은 우리와 동일한 참된 인성이다. 즉, 인성은 배고픔과 슬픔과 아픔과 고통을 동일하게 겪으신다. 그러나 우리처럼 죄의 갈등을 겪는 그런 고통은 아니다. 죄가 없으시기 때문에 이런 죄의 갈등과 고민 없이 인성의 '공통적 연약성'만 겪으신다. 그래서 인성의 고난은 신비다.

45) 이성일인격을 표현하는 "신성과 인성이 한 인격 안에서 변화 없이, 혼합 없이, 혼동 없이, 서로 분리될 수 없이 결합되셨다."라는 고백은 칼케돈 신조의 고백을 그대로 수용한 내용이다. 신조가 고백하는 기독론의 이단은 크게 4가지다. 신성부정, 인성부정, 한 인격 부정, 두 본성 부정.

심판을 예수의 손에 맡기시고 그의 직무를 수행하도록 명령하셨다.(7)

> (1) 시 45:7; 요 3:34 (2) 골 2:3 (3) 골 1:19 (4) 히 7:26; 요 1:14 (5) 행 10:38; 히 12:24, 7:22 (6) 히 5:4, 5 (7) 요 5:22, 27; 마 28:18; 행 2:36

4. 주 예수께서는 이 직무를 매우 기꺼이 맡으시고,(1) 이 직무를 수행하기 위해 율법 아래 나서서,(2) 율법을 완전히 성취하셨다.(3) 그는 그의 영혼 안에서(4) 지극히 극심한 괴로움을 직접 받으시고, 그의 몸으로는(5) 극심한 고통을 참고, 십자가에 못 박혀 죽고,(6) 장사되어 사망의 권세 아래 머물러 계셨으나 썩지 않고,(7) 3일 만에 그가 고난 받으셨던 그 동일한 몸으로(8) 죽은 자들 가운데서 살아나서,(9) 그 몸으로 하늘에 올라, 거기서 성부의 우편에 앉아서,(10) 중보 기도를 하시다가,(11) 세상 끝에 사람들과 천사들을 심판하기 위해서 다시 오실 것이다.(12)[46]

> (1) 시 40:7-8; 히 10:5-10; 요 10:18; 빌 2:8 (2) 갈 4:4 (3) 마 3:15, 5:17 (4) 마 26:37, 38; 눅 22:44; 마 27:46 (5) 마 26장-27장 (6) 빌 2:8 (7) 행 2:23, 24, 27, 13:37; 롬 6:9 (8) 요 20:25, 27 (9) 고전 15:3-5 (10) 막 16:19 (11) 롬 8:34; 히 9:24, 7:25 (12) 롬 14:9, 10; 행 1:11, 10:42; 마 13:40-42; 유 1:6; 벧후 2:4

5. 주 예수께서는 영원하신 성령을 통하여 단번에 자신을 하나님께 드리신 그의 완전한 순종과 자신의 희생제사에 의해 그의 아버지의 공의를 충분히 만족케 하셨다.(1)[47] 그리고 그는 성부께서 그에게 주신 모든 자들을 위하여

---

46) 예수님의 중보자로서 신분, 즉 상태는 낮아지심 5개(성육신, 율법에 순종, 고난당함, 십자가 죽음, 장사 됨)와 높아지심 4개(부활, 승천, 우편에 앉으심, 재림) 등 총 9개로 나눠진다.

47) 예수님의 죽음은 '형벌 대리적 속죄'다. 그래서 신앙고백서는 '완전한 순종', '희생제사', '아버지의 공의', '만족'이란 용어를 중요하게 배치했다.

(2) 화목뿐만 아니라 천국의 영원한 유업까지 값을 주고 사셨다.

> (1) 롬 5:19; 히 9:14, 16, 10:14; 엡 5:2; 롬 3:25, 26 (2) 단 9:24, 26; 골 1:19, 20; 엡 1:11, 14; 요 17:2; 히 9:12, 15

6. 비록 그리스도께서 성육신 이후에야 구속사역을 실제적으로 성취하셨을지라도, 구속의 공로와 효력과 축복들이 세상 처음부터 모든 시대에 그 약속들, 모형들, 제사들 안에서, 그리고 그것들에 의하여 선택된 자들에게 계속적으로 전달되었다.[48] 그것들 안에서 그리스도께서는 뱀의 머리를 상하게 할 여자의 후손으로, 세상의 처음부터 죽임을 당한 어린 양으로 계시되고 예표되셨다. 그는 어제나 오늘이나 영원토록 동일하신 분이시다.(1)

> (1) 갈 4:4, 5; 창 3:15, 계 13:8, 히 13:8

7. 그리스도께서는 중보의 사역에 있어서 신성과 인성, 즉 양성 모두에 따라 행동하시는데, 각각의 본성에 의해 각 본성 자체의 고유한 것을 하신다.(1) 그럼에도 그 인격의 통일성 때문에 한 본성에 고유한 것이 성경에서 때때로 다른 본성으로 불리는 그 인격에게 돌려지기도 한다.(2)[49]

> (1) 히 9:14; 벧전 3:18 (2) 행 20:28; 요 3:13; 요일 3:16

---

48) 예수님의 죽음의 대상은 알미니안주의처럼 모든 자들을 위해서 죽으신 '보편속죄'가 아니라 "선택된 자들에게 계속적으로 전달"이라는 고백처럼 택함 받은 자들만을 위해서 죽으신 '제한속죄'다.

49) 신성과 인성은 한 인격 안에 결합해 계시기 때문에 중보사역도 두 본성 모두 하시는 것이며, 그럼에도 각각의 고유성은 보존된다. 따라서 본질이 서로 섞이는 형태처럼 주장하는 루터파의 '속성교류론', 즉 신성을 인성화하거나, 인성을 신성화하는 표현은 적절치 않다. 다만 한 인격 안에 계시기 때문에 제한적으로 두 본성의 교류와 협력에 따라서 신성을 인성처럼, 인성을 신성처럼 표현하는 '위격적 연합'의 '속성교류론'은 가능하다. 예를 들면 "하나님이 자기 피로 사신 교회"(행 20:28)라고 하여 신성이 피 흘리신 것처럼 말할 수 있다.

8. 그리스도께서는 값 주고 사신 모든 자들에게 동일한 구속을 확실하게,(1) 그리고 효력 있게 적용하며 전달하신다. 그는 그들을 위하여 중보하며,(2) 말씀 안에서, 말씀에 의해 구원의 비밀들을 그들에게 계시하며,(3) 그의 성령으로 그들을 효력 있게 설득하여 믿고 순종하게 하신다. 그는 자신의 말씀과 성령에 의해 그들의 마음을 다스리며,(4) 그의 놀랍고 헤아릴 수 없는 경륜에 가장 합당한 방식과 방법들로 그의 전능하신 능력과 지혜로 신자들의 모든 대적들을 정복하신다.(5)

(1) 요 6:37, 39, 10:15, 16 (2) 요일 2:1, 2; 롬 8:34 (3) 요 15:13, 15; 엡 1:7-9; 요 17:6 (4) 요 14:16; 히 12:2; 고후 4:13; 롬 8:9, 14, 15:18, 19; 요 17:17 (5) 시 110:1; 고전 15:25, 26; 말 4:2, 3; 골 2:15

제9장

자유의지에 관하여

1. 하나님께서는 인간의 의지에 본성적 자유를 주셨다. 이 의지는 선이나 악에 강요당하거나 또한 본성의 어떤 절대적 필연성에 의해서 결정되지도 않게 하셨다.(1)[50]

    (1) 마 17:12; 약 1:14; 신 30:19

2. 인간은 무죄 상태에서 선한 것과 하나님을 기쁘게 하는 것을 원하고 행할 자유와 능력을 가졌다.(1) 그러나 그는 변할 수 있기 때문에 그 상태에서 타락할 수도 있었다.(2)

---

50) 인간은 의지를 가진 인격적 존재다. 따라서 이 의지를 어떻게 구분하는가에 따라서 개혁주의와 알미니안주의로 구분되기도 한다. 개혁파는 의지의 상태에 따라서 4개의 형태로 구별한다. 첫째, 타락 전 자유의지 상태. 둘째, 타락 후 노예의지 상태. 셋째, 중생 후 은혜로 유지되는 의지의 자유 상태. 넷째, 영화 후 완전한 의지의 자유 상태.

(1) 전 7:29; 창 1:26 (2) 창 2:16, 17, 3:6

3. 인간은 죄의 상태에로 타락하여 구원을 가져올 만한 그 어떤 영적인 선에 대한 의지의 모든 능력까지도 전적으로 잃어버렸다.(1) 그러므로 본성적 인간은 선을 전적으로 미워하고,(2) 죄 중에 죽어 있어서(3) 자신의 힘으로 스스로를 돌이킬 수 없고, 또한 회개를 준비할 수도 없다.(4)[51]

(1) 롬 5:6, 8:7; 요 15:5 (2) 롬 3:10, 12 (3) 엡 2:1, 5; 골 2:13 (4) 요 6:44, 65; 엡 2:2–5; 고전 2:14; 딛 3:3–5

4. 하나님께서 죄인을 회개시키고 그를 은혜의 상태로 옮기실 때에 하나님은 그를 죄 아래 있던 본성의 멍에에서 해방시키고,(1) 오직 그의 은혜로 말미암아 그가 영적 선을 자유롭게 원하고 행할 수 있게 하신다.(2) 그러나 그의 남아 있는 부패성 때문에 그는 완전하게 선을 원하지 못할 뿐만 아니라, 도리어 악을 원하기도 한다.(3)

(1) 골 1:13; 요 8:34, 36 (2) 빌 2:13; 롬 6:18, 22 (3) 갈 5:17; 롬 7:15, 18, 19, 21, 23

5. 인간의 의지는 영광의 상태에 있을 때만 오직 선만을 행할 수 있도록 완전하고 변함없이 자유롭게 된다.(1)

(1) 엡 4:13; 히 12:23; 요일 3:2; 유 1:24

---

51) 타락 후 인간의 의지는 짐승이 된 것이 아니라 인간이기 때문에 인간으로서의 최소한 인격적 의지를 가지고 있다. 하지만 이 의지는 구원과 선을 위해서 전적으로 무능하고 부패한 의지, 즉 '노예의지'이다. 노예의지를 강조하지 않으면 인간의 의지로 구원을 성취하거나 협력할 수 있다는 자력구원론, 선행구원론이 나온다.

제10장

효력 있는 부르심에 관하여

1. 하나님께서는 생명에 이르도록 예정한 모든 사람을, 그리고 오직 그들만을 그가 정하고 기뻐하는 때에 그의 말씀과 성령을 통해서,(1) 저희가 나면서부터 처해 있는 죄와 죽음의 상태에서 예수 그리스도에 의한 은혜와 구원으로(2) 효력 있게 부르기를 기뻐하셨다.(3) 그리고 그들의 마음이 하나님의 일을 이해할 수 있도록 영적으로 또한 구원에 이르도록 조명하시며,(4) 돌처럼 굳은 그들의 마음을 제하여 버리시고, 살과 같이 부드러운 마음을 주신다.(5) 그리고 그들의 의지를 새롭게 하사, 하나님의 전능하신 능력으로 그들이 선을 향하도록 결단하게 하시고,(6) 또 그들을 예수 그리스도에게로 효력 있게 이끄신다.(7) 그러나 그들은 하나님의 은혜로 인해 자원하여 가장 자유롭게 나온다.(8)[52]

---

52) 10–19장까지는 구원론의 내용이다. 이 구원은 성령 하나님의 은혜로 이뤄지는 것이기 때문에 '성령론'이라고도 한다. 웨스트민스터 신조는 성령론을 따로 구별하지 않고 구원에 대한 내용 속에서 소개했다. 따라서 신조에 성령론

(1) 살후 2:13, 14; 고후 3:3, 6 (2) 롬 8:2; 엡 2:1-5; 딤후 1:9, 10 (3) 롬 8:30, 11:7; 엡 1:10, 11 (4) 행 26:18; 고전 2:10, 12; 엡 1:17, 18(개역개정 19절) (5) 겔 36:26 (6) 겔 11:19; 빌 2:13; 신 30:6; 겔 36:27 (7) 엡 1:19 요 6:44, 45 (8) 아 1:4; 시 110:3; 요 6:37; 롬 6:16-18

2. 이 효력 있는 부르심은 오직 하나님의 값없고 특별한 은혜에서만 나오는 것이요, 사람 안에서 미리 보인 어떤 선행으로 된 것이 결코 아니다(1). 사람은 성령에 의해 살아나고 새롭게 될 때까지(2) 이 부르심에 있어서 전적으로 수동적이다.[53] 이런 성령의 은혜로 사람은 부르심에 응답할 수 있고, 또한 이 부르심 안에서 제공되고 전달된 은혜를 받아들일 수 있다.(3)

(1) 딤후 1:9; 딛 3:4, 5; 엡 2:4, 5, 8, 9; 롬 9:11 (2) 고전 2:14; 롬 8:7; 엡 2:5 (3) 요 6:37; 겔 36:27; 요 5:25

3. 어려서 죽은 택함을 받은 유아들은 그 기뻐하시는 때와 장소와 방법으로 역사하시는 성령을 통하여(1) 그리스도로 말미암아 거듭나고 구원받는다.(2)[54] 그리고 말씀의 사역에 의해 외적으로 부름 받을 수 없는 다른 모든

이 부족하다고 평가하면 안 된다. 최근 웨스트민스터 신조의 성령론이 약하다고 비판하면서 개혁주의 내에서 성령론에 대한 새로운 주제를 추가하려고 하는 시도가 있다. 그러나 "신조의 성령론은 구원론에 맞춰져" 있다. 즉, 오순절파처럼 은사 부분에 초점이 맞춰져 있지 않다. 따라서 신조는 구원 과정에서 일어나는 성령의 놀라운 사역을 풍성하게 다루는 데 초점을 맞춘다. 성령론에 해당되는 구원론이 전체에서 30퍼센트 정도로 해당될 정도로 성령론이 풍성하다. 이외에도 부르심으로 시작하는 구원론의 전 과정은 예정론에 기초한 적용으로 제시하는 것이 개혁파 구원론의 특징이다.

53) 부르심에서 '수동적'이란 표현을 의도적으로 강조했다. 당시 로마 가톨릭이나 알미니안주의자들이 인간의 의지가 구원의 결정적인 근원, 원인처럼 말하면서 인간의지의 능동적 활동을 강조했기 때문이다. 다만 신앙, 회개, 성화 등에서는 본질적으로 이 모두가 은혜이지만 인간의지의 인격적 책임을 '수단'으로 사용하시기 때문에 '능동적'이란 표현을 사용한다.

54) 유아구원에는 3가지 입장이 있다. 1. 모든 유아는 구원받는다. 2. 유아라 할지라도 신앙으로 구원받는다. 3. 유아들 중 택함 받은 유아만 구원받는다. 신조는 세 번째 입장을 성경적인 것으로 고백했다. 그리고 신자들의 유아가 죽으면 은혜언약과 유아세례와 연결하여 구원 받은 것으로 인정했다.

택함 받은 자들도 유아들의 경우와 동일하다.(3)

> (1) 요 3:8 (2) 눅 18:15, 16; 행 2:38, 39; 요 3:3, 5; 요일 5:12; 롬 8:9 (3) 요일 5:12; 행 4:12

4. 택함을 받지 못한 다른 사람들은 비록 그들이 말씀의 사역에 의해 부름을 받으며(1) 성령의 일반적 사역을 어느 정도 받더라도,(2) 그들은 결코 신실하게 그리스도에게 나오지 않으므로 구원을 얻지 못한다.(3)[55] 더욱이 기독교 신앙을 고백하지 않는 사람들은 비록 그들이 본성의 빛과 자기들이 고백하는 종교의 법을 따라 그들의 삶을 매우 부지런히 꾸려 나간다 할지라도, 다른 어떤 방법으로도 결코 구원받을 수 없다.(4) 따라서 그들이 구원을 받을 수 있다고 단언하고 주장하는 것은 매우 해롭고 가증스러운 일이다.(5)

> (1) 마 22:14 (2) 마 7:22, 13:20, 21; 히 6:4, 5 (3) 요 6:64-68, 8:24 (4) 행 4:12; 요 14:6; 엡 2:12; 요 4:22, 17:3 (5) 요이 1:9-11; 고전 16:22; 갈 1:6-8

---

55) "성령의 일반적 사역"(히 6:4, 5)을 맛보는 것은 주로 '성령훼방죄'와 관련된 내용과 연결된다. 성령훼방죄에 대한 3가지 비슷한 경고는 복음서-'성령훼방죄'(마 12:31), 히브리서6장-'회개할 수 없는 죄'(히 6:4), 요한일서 5장-'사망에 이르는 죄'(요일 5:16) 등에서 나타난다. 3개의 성경구절의 문맥은 불신앙에 대한 엄중한 책망과 경고를 하는 내용들이다. 주경학적으로 3개의 구절이 나타나고 있는 문맥의 흐름은 단순한 신앙의 낙심을 책망하는 것이 아니라 의도적이고 완고하며 강팍하게 복음을 거절하고 파괴하려는 자들에 대한 엄중한 책망이다. 전통적으로 개혁주의는 이 구절들에서 적용되는 대상을 신자로 해석하지 않고 바리새인과 사두개인처럼 종교적 외식주의를 표방하며 끝끝내 복음을 거부하는 자들에게 적용했고, 그들은 처음부터 불신앙자이며, 불택자였다고 해석했다.

웨스트민스터 다섯 가지 표준문서

제11장

칭의에 관하여

1. 하나님께서는 효력 있게 부른 사람들을 또한 값없이 칭의하신다.(1) 이는 그들 안에 의를 주입함으로써가 아니라 그들의 죄들을 용서하고, 그들의 인격을 의롭다고 여겨 주며 받아 주시기 때문이다. 즉, 그들 안에 이루어진 어떤 것이나 그들에 의해 행해진 어떤 것 때문이 아니라 오직 그리스도 때문이다. 그리고 믿음 자체나 믿는 행위나 그밖에 어떤 복음적인 순종을 그들의 의로 그들에게 전가(轉嫁)함으로써가 아니라, 그리스도의 순종과 만족을 그들에게 전가시킴으로써 이루어진다.(2)[56] 그들은 믿음으로 말미암아 그리스도와 그의 의를 받아들이고 의지한다. 이 믿음도 그들 자신에게서 나온

---

56) '전가'교리는 개혁파 칭의론의 핵심이다. 우리의 죄가 예수님께 전가되고, 예수님의 의가 우리에게 전가된다. 전가란 우리가 만든 것이 아니라 예수님의 것을 우리에게 돌려주며, 인정해 주며, 여겨 준다는 뜻이다. 전가교리는 이외에 아담의 죄가 모든 후손에게 전가되는 것을 포함하여 '개혁파 3대 전가교리'라고 한다.

것이 아니요 하나님의 선물이다.(3)[57]

(1) 롬 8:30, 3:24 (2) 롬 4:5-8; 고후 5:19, 21; 롬 3:22, 24, 25, 27, 28; 딛 3:5, 7; 엡 1:7; 렘 23:6; 고전 1:30, 31; 롬 5:17-19 (3) 행 10:44; 갈 2:16; 빌 3:9; 행 13:38, 39; 엡 2:7, 8

2. 그리스도와 그의 의를 받아들이고 의지하는 믿음이 칭의의 유일한 수단이다.(1) 그런데 이 믿음은 의롭다고 여김을 받은 사람 안에서 단독으로 있는 것이 아니라, 항상 다른 모든 구원의 은혜들과 함께한다. 그리고 이 믿음은 죽은 믿음이 아니라 사랑으로 역사한다.(2)[58]

(1) 요 1:12; 롬 3:28, 5:1 (2) 약 2:17, 22, 26; 갈 5:6

3. 그리스도께서 그의 순종과 죽으심으로 말미암아 칭의하신 모든 사람들의 죄의 빚을 완전히 갚아 주셨고, 그들을 대신하여 성부의 공의에 합당하고 참되고 충분한 만족을 드리셨다.(1)[59] 그러나 성부께서 그들을 위해 그리스도를 주셨고,(2) 그들 안에 있는 어떤 것 때문이 아니라 그들 대신에 그리스도의 순종과 만족을 값없이 수납하신 만큼,(3) 그들의 칭의는 전적으로 값

---

57) 칭의의 논쟁에서 신조는 제일 먼저 로마 가톨릭의 '주입' 사상을 경고하면서 '전가' 개념을 확립했다. '주입'이란 하나님의 은혜가 일정 부분 인간의 본성에 스며들도록 주입해 주셨다는 의미다. 그래서 인간은 자신의 의지를 사용하여 이 주입된 인간 본성적인 선함과 은혜를 사용하여 선행을 쌓고, 그 선행으로 구원에 협력할 수 있다고 주장한다. 로마 가톨릭의 공로사상, 선행구원의 기초가 되는 교리이기에 주의해야 한다.

58) '사랑으로 역사하는 믿음'이라는 표현은 칭의의 '열매', '결과'로 성화와 선행 등이 나타난다는 것이다. 하지만 로마 가톨릭이나 알미니안주의자들은 '사랑을 동반하는 믿음', '사랑으로 만드는 믿음', '사랑에 의한 믿음'이라고 표현하여 성화가 칭의의 원인인 것처럼 표현한다.

59) 예수님의 십자가 죽으심의 성격은 단순한 사랑의 표현도 아니며, 무서운 형벌의 집행만도 아니다. 신조는 택함 받은 자들의 죗값을 치루기 위한 대속적 사랑, 즉 '형벌 대속적 죽음'의 성격을 강조하기 위해서 형벌과 관련된 '공의', '만족'이란 단어를 사용했고, 대속적 죽음을 강조하기 위하여 '대신하여'라고 했으며, 택한 자들을 위한 죽음을 강조하기 위해서 '그들을 위해서', '그들 대신에', '택하신 모든 사람'(4항)이라고 표현했다.

없이 받은 은혜에서 온 것이다.(4) 이는 하나님의 엄정한 공의와 풍성하신 은혜가 죄인들의 칭의에서 영광 받으시기 위함이다.(5)

(1) 롬 5:8-10, 19; 딤전 2:5, 6; 히 10:10, 14; 단 9:24, 26; 사 53:4-6, 10-12
(2) 롬 8:32 (3) 고후 5:21; 마 3:17; 엡 5:2 (4) 롬 3:24; 엡 1:7 (5) 롬 3:26; 엡 2:7

4. 하나님께서는 영원부터 택하신 모든 사람을 칭의하기로 작정하셨고,(1) 그리스도께서는 때가 차매 그들의 죄 때문에 죽으시고, 그들의 칭의를 위하여 다시 살아나셨다.(2) 그럼에도 불구하고 성령께서 적당한 때에 그리스도를 그들에게 실제로 적용시켜 주기 전까지 그들은 칭의되지 않는다.(3)

(1) 갈 3:8; 벧전 1:2, 19, 20; 롬 8:30 (2) 갈 4:4; 딤전 2:6; 롬 4:25 (3) 골 1:21, 22; 갈 2:16; 딛 3:4-7

5. 하나님께서는 의롭다 함을 받은 사람들의 죄를 계속적으로 용서하신다.(1) 비록 그들이 칭의의 상태로부터 결코 타락할 수 없을지라도,(2) 그러나 자신들의 죄로 말미암아 하나님의 부성적인 노여움 아래에 있을 수 있다.[60] 이 경우에 그들이 자신을 낮추며, 죄를 고백하고, 용서를 구하고, 믿음과 회개를 새롭게 하기 전까지는 하나님의 얼굴의 빛이 그들에게 회복되지 않을 수도 있다.(3)

(1) 마 6:12; 요일 1:7, 9, 2:1, 2 (2) 눅 22:32; 요 10:28; 히 10:14 (3) 시 89:31-33, 51:7-12, 32:5; 마 26:75; 고전 11:30, 32; 눅 1:20

---

60) 칭의는 단회적, 확정적, 불변적, 법정적이다. 따라서 칭의가 인간의 선행이나 의지에 따라서 변동적, 미확정적, 유보적, 점진적인 것처럼 말하면 안 된다. 하지만 성도들은 칭의에서 취소되지는 않지만 성화적 차원에서 이 땅에서 부성적인 책망과 징계는 받을 수 있다.

6. 모든 면에서 구약시대 신자들의 칭의는 신약시대 신자들의 칭의와 하나
이며 동일하다.(1)[61]

    (1) 갈 3:9, 13, 14; 롬 4:22-24; 히 13:8

---

61) 신구약의 칭의를 "하나이며 동일하다"고 강조한 이유는 두 가지 때문이다. 먼저 재세례파처럼 구약은 율법으로 신
    약은 은혜로 칭의 받는다고 주장하는 자들을 배격하기 위해서 칭의는 '하나'임을 강조했다. 다음으로 복음주의 안에
    서 신구약의 칭의는 하나이지만 질적으로 구약은 조금 부족하고 신약의 칭의가 더 효과적이라고 주장하는 자들이
    등장하여 이들을 배격하기 위해서 칭의는 하나이면서 질적으로도 '동일'하다고 강조했다. 신구약 모두 믿음으로 칭
    의 받는 것이 기독교의 구원론이다.

제12장

양자에 관하여

1. 칭의를 받은 모든 사람들을, 하나님께서는 독생자 예수 그리스도 안에서 또한 예수님 때문에 양자(養子)가 되는 은혜에 참여할 수 있도록 허락해 주신다.(1) 양자가 됨으로 그들은 하나님의 자녀의 수에 들어가게 되며, 하나님의 자녀들의 자유와 특권을 누리고,(2) 하나님의 이름이 그들 위에 주어지며,(3) 양자의 영을 받는다(4). 그리고 담대하게 은혜의 보좌 앞에 나아가며,(5) '아바 아버지'라고 부를 수 있고,(6) 불쌍히 여김과(7) 보호를 받으며,(8) 필요한 것을 공급받고,(9) 아버지로서 내리시는 징계를 받지만(10) 결코 버림을 받지 않고,(11) 오히려 구속의 날까지 인침을 받고,(12) 영원한 구원의 상속자로서(13) 약속들을 물려받는다.(14)

(1) 엡 1:5; 갈 4:4, 5 (2) 롬 8:17; 요 1:12 (3) 렘 14:9; 고후 6:18; 계 3:12 (4) 롬 8:15 (5) 엡 3:12; 롬 5:2 (6) 갈 4:6 (7) 시 103:13 (8) 잠 14:26 (9) 마 6:30, 32;

벧전 5:7 (10) 히 12:6 (11) 애 3:31 (12) 엡 4:30 (13) 벧전 1:3, 4; 히 1:14 (14) 히 6:12

제13장

성화에 관하여

1. 효력 있게 부르심을 받고 중생된 자들, 곧 그들 안에 창조된 새 마음과 새 영을 가진 자들은 그리스도의 말씀과 그들 안에 내주하는 성령으로 말미암아(1) 그리스도의 죽음과 부활의 공로를 통하여(2) 실제적으로 그리고 인격적으로 더욱 성화된다.[62] 온 몸을 지배하던 죄의 권세는 파괴되고(3) 그 죄의 여러 가지 정욕들이 점점 더 약해지며 사라진다.(4) 그들은 구원의 모든 은혜 안에서(5) 참된 거룩의 실천을 향하여 점점 더 소생되고 힘을 얻게 된다. 이 거룩함 없이는 아무도 주를 보지 못할 것이다.(6)

---

62) 성화론에서 '실제적으로', '인격적으로' 성화된다고 고백하는 것도 두 대상을 고려한 표현이다. 먼저 성화를 칭의처럼 선언적 법정적 수동적으로 오해하여 성화의 책임을 등한시 하는 자들이 있었기 때문에 신조는 인간의 부패와 오염들이 '실제적으로' '능동적으로' '열매적으로' 변화되어 거룩해지는 것임을 고백하여 성화적 책임을 강조했다. 또한 성화는 내적인 정신적인 마음의 변화만으로 이해하는 자들이 있었기 때문에 이들을 제외시키기 위해서 성화는 몸과 마음에 '전인격적인 변화'로 나타나는 것임을 강조했다.

(1) 요 17:17; 엡 5:26; 살후 2:13 (2) 고전 6:11; 행 20:32; 빌 3:10; 롬 6:5, 6 (3) 롬 6:6, 14 (4) 갈 5:24; 롬 8:13 (5) 골 1:11; 엡 3:16–19 (6) 고후 7:1; 히 12:14

2. 이 성화는 전인격적으로 이루어지나,(1) 이 세상에 있는 동안에는 아직 불완전하다.[63] 사람의 모든 부분에 부패의 잔재들이 여전히 남아 있어(2) 이로부터 계속적이고 화해할 수 없는 싸움이 일어나서 육신은 성령을 거스르고 성령은 육신을 거스른다.(3)

(1) 살전 5:23 (2) 요일 1:10; 롬 7:18, 23; 빌 3:12 (3) 갈 5:17; 벧전 2:11

3. 이 싸움에 있어서, 비록 남아 있는 부패가 잠시 동안 매우 우세할 수도 있으나,(1) 성화케 하시는 그리스도의 영(靈)께서 끊임없이 힘을 공급해 주시므로 중생한 편이 이긴다.(2) 그리하여 성도들은 은혜 안에서 자라면서(3) 하나님을 경외함으로 거룩함을 완성해 나간다.(4)

(1) 롬 7:23 (2) 롬 6:14; 요일 5:4; 엡 4:15, 16 (3) 벧후 3:18; 고후 3:18 (4) 고후 7:1

---

63) 개혁파 성화론은 성질에서 '불완전 성화'다. 하지만 알미니안주의는 인간 의지의 능력을 강조하기 위해서 '완전 성화'를 강조한다.

●

제14장

구원에 이르는 신앙에 관하여

●

1. 선택된 자들의 영혼이 구원에 이르도록 믿는 것을 가능하게 해주는(1) 신앙의 은혜는 그들 마음속에 계시는 그리스도의 영(靈)의 역사이며,(2) 보통 말씀의 사역을 통해서 이루어진다.(3) 신앙은 말씀의 사역과 성례의 시행과 기도에 의해 증가되고 강화된다.(4)⁶⁴

(1) 히 10:39 (2) 고후 4:13; 엡 1:17-19, 2:8 (3) 롬 10:14, 17 (4) 벧전 2:2; 행 20:32; 롬 4:11; 눅 17:5; 롬 1:16, 17

2. 이 믿음으로, 그리스도인은 말씀 가운데 계시된 것은 무엇이든지 참된 것으로 믿는다. 왜냐하면 성경 안에서 말씀하시는 하나님 자신의 권위 때문

---

64) '말씀사역'과 '성례의 시행'과 '기도'는 유형교회에 공적인 질서로 주신 은혜의 3대 수단이다.

이다.(1) 그리스도인은 각 구절에 포함되어 있는 내용에 따라서 각각 다르게 행동하는데, 곧 명령들에 순종하고,(2) 엄중한 경고들에 두려워 떨며,(3) 현세와 내세를 위한 하나님의 약속들을 받아들인다.(4) 그러나 구원하는 믿음의 핵심적 행위들은 은혜언약의 공로에 의한 것인데, 칭의와 성화와 영생을 얻기 위해 오직 그리스도만을 믿고, 받아들이며, 의지하는 것이다.(5)[65]

(1) 요 4:42; 살전 2:13; 요일 5:10; 행 24:14 (2) 롬 16:26 (3) 사 66:2 (4) 히 11:13; 딤전 4:8 (5) 요 1:12; 행 16:31; 갈 2:20; 행 15:11

3. 이 신앙은 정도의 차이가 있어서 약하기도 하고 강하기도 하다.(1)[66] 종종 여러 가지 모양으로 공격을 당하여 약해지기도 하나 마침내 승리한다.(2) 이 신앙은 우리 믿음의 조성자시요 완성자인 그리스도를 통하여(3) 완전한 확신을 얻기까지 여러 면으로 성장해 간다.(4)

(1) 히 5:13, 14; 롬 4:19, 20; 마 6:30, 8:10 (2) 눅 22:31, 32; 엡 6:16; 요일 5:4, 5 (3) 히 12:2 (4) 히 6:11, 12, 10:22; 골 2:2

---

65) 믿음이란 성경의 중요한 교리들을 믿고 신뢰하는 것이며, 동시에 구원과 직접 관련해서는 예수 그리스도에 대한 성경의 교리를 믿고, 의지하고 신뢰하므로 예수님과 인격적인 연합을 이루는 것이다. 신조는 성경의 교리와 예수님은 구별되는 것이지만 분리될 수 없이 연결되어 있음을 강조했다.

66) 부르심, 중생, 칭의는 정도의 차이가 없다. 단회적이며 확정적 성격이기 때문에 모든 택자들에게 동일하게 적용된다. 하지만 신앙은 '정도의 차이'가 존재하여 각각의 성도들에게 다르게 나타난다. 이 둘을 혼동하면 안 된다.

제15장

생명에 이르는 회개에 관하여

●

1. 생명에 이르는 회개는 복음적인 은혜이니,(1) 그리스도를 믿는 신앙의 교리와 마찬가지로 모든 복음의 목사들은 이 교리를 전파해야 한다.(2)

(1) 슥 12:10; 행 11:18 (2) 눅 24:47; 막 1:15; 행 20:21

2. 이 회개에 의해, 죄인은 자기의 죄가 위험할 뿐만 아니라 더럽고 추악한 것이며, 그것이 하나님의 거룩하신 성품과 의로운 율법에 반대되는 것임을 보고 느끼며, 또한 그 죄를 회개하는 사람에게 그리스도 안에 있는 하나님의 자비를 베풀어 주시는 것을 깨달음으로써 자기의 죄를 슬퍼하며 미워한다. 그 결과 그는 죄에서 떠나 하나님께로 돌아오며,(1) 그의 계명들의 모든

길에서 하나님과 동행하는 것을 결심하고 노력한다.(2)[67]

> (1) 시 119:6, 59, 106; 눅 1:6; 왕하 23:25 (2) 겔 18:30, 31, 36:31; 사 30:22;
> 시 51:4; 렘 31:18, 19; 욜 2:12, 13; 암 5:15; 시 119:128; 고후 7:11

3. 비록 회개가 죄에 대한 어떤 만족이나 혹은 죄 용서의 어떤 원인이 될 수
없고,(1) 그것은 그리스도 안에 있는 하나님의 값없는 은혜의 행위이지만,(2)
그러나 모든 죄인에게는 필수적이기 때문에 누구든지 회개하지 않고는 죄
의 용서를 기대할 수 없다.(3)[68]

> (1) 겔 36:31, 32, 16:61-63 (2) 호 14:2, 4; 롬 3:24; 엡 1:7 (3) 눅 13:3, 5; 행
> 17:30, 31

4. 아무리 작은 죄라도 멸망에 해당하지 않는 죄가 없는 것같이,(1) 아무리
큰 죄라도 참으로 회개하는 자들에게 멸망을 가져오는 죄는 없다.(2)[69]

> (1) 롬 6:23, 5:12; 마 12:36 (2) 사 55:7; 롬 8:1; 사 1:16, 18

5. 사람들은 일반적인 회개로 스스로 만족해서는 안 되며, 오히려 자신의

---

67) 회개는 단순한 도덕적 반성이나 슬픈 감정이 아니라 "율법에 반대되는 것임을 보고 느끼는 것"이다. 그리고 회개의
형식은 '죄에서 멀어지는 것'과 '의로 돌아서는 것'으로 나눠진다. 즉, 단지 죄만 아파하는 것이 아니라 의를 향해 결
단하고 나아가는 것까지 포함한다.

68) 회개는 신앙의 요소로서 매우 중요하다. 하지만 회개가 아무리 중요해도 "죄 용서의 어떤 원인"처럼 극단적으로
강조하면 안 된다. 죄 용서의 근원적 원인은 예수님의 피와 공로다. 회개는 신앙의 '수단'이요 '필수적' 책임이다.

69) 로마 가톨릭은 죄의 등급을 나눠서 소(小)죄와 대(大)죄로 구분하며 대죄는 고해성사와 미사를 통해서만 용서받을 수
있는 것처럼 주장하여 사제권 강화시켰다. 개혁파 죄론은 소죄와 대죄의 등급을 거부하고 단지 죄의 정도와 경중
의 차이만을 인정한다. 그래서 신조는 '작은 죄'(sin small)와 '큰(심각한) 죄'(sin great)로 구분하여 죄의 정도를 표현했다.

각각의 죄를 개별적으로 회개하도록 노력하는 것이 모든 사람의 의무다.(1)

(1) 시 19:13; 눅 19:8; 딤전 1:13, 15

6. 누구든지 죄의 용서를 얻기 위해 기도해야 하고, 하나님께 자기의 죄를 개인적으로 고백해야 한다.(1) 그러면 그는 이 간구와 함께 죄를 버림으로 자비를 얻을 것이다.(2) 마찬가지로 형제나 그리스도의 교회를 실족케 한 사람은 자기의 죄를 사적이나 공적인 고백과 애통으로 피해자들에게 자기의 회개를 고백하도록 기꺼이 힘써야 한다.(3) 그리고 이 회개에 근거하여 그 피해자들은 그와 화해해야 하고 또한 그를 사랑으로 받아들여야 한다.(4)

(1) 시 51:4, 5, 7, 9, 14, 32:5, 6 (2) 잠 28:13; 요일 1:9 (3) 약 5:16; 눅 17:3, 4; 수 7:19; 시 51편 (4) 고후 2:8

제16장

선행에 관하여

1. 선행은 오직 하나님께서 자신의 거룩한 말씀으로 명령하신 것이지,(1) 사람이 말씀의 근거 없이 사람들에 의해 맹목적인 열심이나 선한 의도를 구실로 해서 고안해 낸 것이 아니다.(2)

> (1) 미 6:8; 롬 12:2; 히 13:21 (2) 마 15:9; 사 29:13; 벧전 1:18; 롬 10:2; 요 16:2; 삼상 15:21-23

2. 하나님의 계명들에 순종함으로 이루어지는 이 선행은 참되고 살아 있는 신앙의 열매이며 증거들이다.(1)[70] 신자들은 이 선행으로 자기들의 감사를

---

70) 칭의는 선행이나 성화의 원인이며 근거고, 선행이나 성화는 칭의의 열매이며 증거들이다. 이 둘의 관계를 거꾸로 적용하면 '공로사상', '선행구원'이 된다.

웨스트민스터 다섯 가지 표준문서

나타내고,(2) 확신을 굳게 하며,(3) 형제의 덕을 세우고,(4) 복음의 고백을 높이며,(5) 반대자들의 입을 막고,(6) 하나님을 영화롭게 한다.(7) 신자들은 하나님이 지은 바요,(8) 예수 그리스도 안에서 선행을 위하여 창조되었으니, 이는 그들로 하여금 거룩함에 이르는 열매를 맺으며, 마침내 영생을 얻게 하시려는 것이다.(9)

> (1) 약 2:18, 22 (2) 시 116:12, 13; 벧전 2:9 (3) 요일 2:3, 5; 벧후 1:5-10 (4) 고후 9:2; 마 5:16 (5) 딛 2:5, 9-12; 딤전 6:1 (6) 벧전 2:15 (7) 벧전 2:12; 빌 1:11; 요 15:8 (8) 엡 2:10 (9) 롬 6:22

3. 그들이 선을 행할 수 있는 능력은 결코 그들 자신에게서 나온 것이 아니고, 전적으로 그리스도의 영(靈)으로부터 나온다.(1) 그들이 선을 행할 수 있으려면 이미 받은 은혜 외에 그의 기뻐하시는 것을 원하고 행할 수 있도록 그들 안에서 역사하시는 동일한 성령의 실제적 영향이 필요하다.(2) 그렇다고 해서 성령의 특별한 활동이 없이는 어떠한 의무라도 수행할 책임이 없는 것처럼 생각하여 나태해서는 안 된다. 오히려 그들은 자신 안에 있는 하나님의 은혜를 불러일으키는 데 있어서 부지런해야만 한다.(3)[71]

> (1) 요 15:4-6; 겔 36:26, 27 (2) 빌 2:13, 4:13; 고후 3:5 (3) 빌 2:12; 히 6:11, 12; 벧후 1:3, 5, 10, 11; 사 64:7; 딤후 1:6; 행 26:6, 7; 유 1:20, 21

4. 그들의 순종에 있어서 이 세상에서 도달할 수 있는 최고의 경지까지 이르는 사람이라 할지라도 의무 이상으로 행하는 것과 하나님이 요구하시는

---

71) 선행의 근원적이며 본질적 원인은 하나님의 전적인 은총이다. 하지만 성령의 효력 있는 은혜가 언제, 어디서, 어떤 형태로 주어지는지 우리에게 가려져 있다. 따라서 선행은 본질적으로는 은혜이면서도 집행되는 외적 형식에서는 "은혜를 불러일으키는 데 있어서 부지런해야만 한다."라는 표현처럼 인간의 외적 책임을 협력적 '수단'으로 사용하신다. 즉, 선행의 의무와 책임은 듣는 즉시 즉각적으로 행해져야 한다.

것보다 더 많이 행할 수 있는 것은 아니다. 오히려 그들이 의무상 해야 할 많은 일들에 있어서도 훨씬 미치지 못한다.(1)

(1) 눅 17:10; 느 13:22; 욥 9:2, 3; 갈 5:17

5. 우리는 우리의 최고의 선행들을 통해서도 하나님께로부터 죄의 용서나 영생을 공로로 얻을 수 없다. 그 이유는 선한 행위와 장차 올 영광 사이의 큰 불균형과 또한 우리와 하나님 사이에 무한한 간격이 있어서(1) 우리는 그 행위로 하나님을 유익하게 할 수도 없고, 이전 죄의 벌을 갚을 수도 없기 때문이다. 도리어 우리가 할 수 있는 모든 일을 다 했을 때에라도 그저 우리의 의무를 다한 것뿐이요, 다만 무익한 종에 불과하다.(2) 왜냐하면 그것이 선한 행동이라면 성령으로부터 나오지만,(3) 그 행위가 우리에 의해 이루어지면 그것들이 더러워지고 매우 많은 연약함과 불완전으로 뒤섞여서 도저히 하나님의 무서운 심판을 견딜 수 없기 때문이다.(4)

(1) 롬 3:20, 4:2, 4, 6; 엡 2:8, 9; 딛 3:5–7; 롬 8:18; 시 16:2; 욥 22:2, 3, 35:7, 8 (2) 눅 17:10 (3) 갈 5:22, 23 (4) 사 64:6; 갈 5:17; 롬 7:15, 18; 시 143:2, 130:3

6. 그럼에도 불구하고 성도들의 인격이 그리스도를 통해 받아들여졌기 때문에 그들의 선행도 역시 그리스도 안에서 용납된다.(1) 그러나 그 선행들이 이 세상에서 하나님 앞에 전적으로 흠이 없거나 책망할 것이 없기 때문이 아니라,(2) 하나님이 자기 아들 안에서 그 선행을 보시고 비록 거기에 많은 연약함과 불완전함을 동반하고 있지만 진실한 마음으로 행한 선행을 용납

하고 상주기를 기뻐하셨기 때문이다.(3)[72]

(1) 엡 1:6; 벧전 2:5; 출 28:38; 창 4:4; 히 11:4 (2) 욥 9:20; 시 143:2 (3) 히 13:20, 21; 고후 8:12; 히 6:10; 마 25:21, 23

7. 중생하지 못한 사람들이 행한 행위는 비록 그 자체로 보면 그것들이 하나님이 명령하신 것일 수도 있고, 그들 자신에게뿐만 아니라 다른 사람들에게도 유익할 수 있다.(1) 그러나 그 행위들이 신앙으로 정결하게 된 마음에서 나온 것이 아니고,(2) 말씀에 따라 올바른 방식으로 행한 것도 아니며,(3) 또한 하나님께 영광을 돌린다는(4) 올바른 목적을 위해 행한 것도 아니기 때문에 그것들은 죄악이며, 하나님을 기쁘시게 할 수도 없고, 그들로 하여금 하나님의 은혜를 받기에 합당하게도 못한다.(5) 하지만 선행을 게을리 하는 것은 더욱더 죄가 되며, 하나님을 더 진노하시게 한다.(6)

(1) 왕하 10:30, 31; 왕상 21:27, 29; 빌 1:15, 16, 18 (2) 창 4:5; 히 11:4, 6 (3) 고전 13:3; 사 1:12 (4) 마 6:2, 5, 16 (5) 학 2:14; 딛 1:15; 암 5:21, 22; 호 1:4; 롬 9:16; 딛 3:5 (6) 시 14:4, 36:3; 욥 21:14, 15; 마 25:41-43, 45, 23:23

---

72) 상급론에서 양극단을 주의해야 한다. 먼저 모든 것이 은혜라고만 하며 상급개념을 거부하는 '상급폐지론'이다. 다음으로 알미니안주의처럼 인간의 의지를 통해서 선행을 이룬 것에 대한 보상만을 강조하는 '상급우선론'이다. 성경적 상급론은 '은혜적 상급론'이다. 모든 것은 은혜를 통해서 주어지는 것이다. 하지만 하나님께서 성화의 목적으로 이 상급을 허락해 주셨다. 그래서 신조는 "선행을 용납하고 상주기를 기뻐하셨다."라고 고백하여 은혜와 상급 개념을 조화시켰다. 어거스틴은 이 관계에 대해서 "은혜를 주실 것을 명령하시고, 명령하신 것을 은혜로 주옵소서."라고 아름답게 묘사했다.

제17장

성도의 견인에 관하여

1. 하나님께서 그의 사랑하시는 자 안에서 받아들이고, 그의 성령으로 효력 있게 부르시고 거룩하게 하신 자들은 은혜의 상태에서 전적으로 또는 최종 적으로 타락할 수 없다.[73] 도리어 그들은 끝 날까지 그 상태에서 확실히 견디 며, 그리고 영원히 구원받을 것이다.(1)

    (1) 빌 1:6; 벧후 1:10; 요 10:28, 29; 요일 3:9; 벧전 1:5, 9

2. 이 성도들의 견인은 그들 자신의 자유의지에 근거하지 않고, 아버지 하 나님의 변하지 않는 값없는 사랑에서 나오는 선택적 작정의 불변성에 근

---

73) 견인교리는 예정론에 기초를 둔다. 예정된 자들은 성화적 책망과 훈계는 받지만 결코 탈락되거나 다시 지옥으로 버 려지지 않는다. 로마 가톨릭의 연옥사상과 알미니안주의의 중도탈락(조건적, 유보적 선택)을 배격하기 위해서 신조는 '전 적으로 또는 최종적으로' 탈락할 수 없다고 확정한다. '전적으로'(totally)는 질적인 면에서 중도탈락을 거부하는 표현 이며, '최종적으로'(finally)는 시간적인 면에서 중도탈락을 거부하는 표현이다.

웨스트민스터 다섯 가지 표준문서

거한다(1). 또한 예수 그리스도의 공로와 중보의 효력과,(2) 그들 속에 있는 성령과 하나님의 씨의 내주하심과(3)[74] 그리고 은혜언약의 성질에 의존한다.(4) 이 모든 것으로부터 견인의 확실성과 무오성이 일어난다.(5)

> (1) 딤후 2:18, 19; 렘 31:3 (2) 히 10:10, 14, 13:20, 21, 9:12–15; 롬 8:33–39; 요 17:11, 24; 눅 22:32; 히 7:25 (3) 요 14:16, 17; 요일 2:27, 3:9 (4) 렘 32:40 (5) 요 10:28; 살후 3:3; 요일 2:19

3. 그럼에도 성도들은 사단과 이 세상의 유혹과 그들 안에 남아 있는 부패의 우세함과 자신을 보호하는 수단들을 게을리 함으로 극심한 죄에 빠질 수 있으며,(1) 그 결과 얼마 동안 죄에 빠져 있기도 한다.(2) 그때문에 그들은 하나님의 진노를 일으키고,(3) 그의 성령을 슬프게 하며,(4) 그들이 받은 은혜와 위로 중 일부를 빼앗기게 되고,(5) 그들의 마음이 강퍅해지며,(6) 양심은 상처를 입고,(7) 다른 사람을 해치고 넘어지게 하며,(8) 그들 자신에게 일시적 심판을 불러온다.(9)

> (1) 마 26:70, 72, 74 (2) 시 51:14 (3) 사 64:5, 7, 9; 삼하 11:27 (4) 엡 4:30 (5) 시 51:8, 10, 12; 계 2:4; 아 5:2–4, 6 (6) 사 63:17; 막 6:52, 16:14 (7) 시 32:3, 4, 51:8 (8) 삼하 12:14 (9) 시 89:31, 32; 고전 11:32

---

74) '하나님의 씨'는 성령의 내적조명, 믿음, 은혜언약을 말하는 것이 아니라 중생된 성도의 영혼을 말한다. "하나님께로서 난 자마다 죄를 짓지 아니하나니 이는 하나님의 씨가 그의 속에 거함이요 저도 범죄치 못하는 것은 하나님께로서 났음이라"(요일 3:9). 요한일서 3장 9절에서는 성도가 타락하지 않고 죄를 짓지 않는 것은 바로 이 '씨' 때문이라고 한다. 그런데 이 씨는 "하나님께로서 난 자마다"라는 앞 구절을 보면 같은 내용인 것을 알 수 있다. 그리고 뒤 구절인 "하나님께로서 났음이라"는 내용도 역시 반복 내용이다. 9절에서는 '씨'라는 개념을 3번이나 반복하면서 강조한다. 결국 앞과 뒤의 내용을 보면 성령의 은혜로 새롭게 거듭난 자, 즉 '중생한 자'의 특징을 반복 설명하고 있다. 중생의 은혜를 '씨'로 표현한 것이다. 죄악 된 인간 본성이 성령의 거룩케 하심으로 썩지 않고 부패하지 않을 새로운 씨, 새로운 생명, 거룩한 생명, 거룩한 본성으로 다시 태어난 것이다.

제18장

은혜와 구원의 확신에 관하여

1. 위선자들과 중생하지 못한 사람들이 하나님의 은총과 구원을 소유하고 있는 것처럼 거짓된 소망과 육적인 망상으로 헛되게 자기 자신을 속일지라도,(1) 그들의 소망은 사라지고 말 것이다.(2) 그러나 주 예수를 참으로 믿으며 성실하게 그를 사랑하고, 그 앞에서 온전하게 선한 양심을 따라 행하려고 노력하는 사람은 자신들이 은혜의 상태에 있음을 이 세상에서 분명히 확신할 수 있고,(3) 하나님의 영광을 소망하며 즐거워 할 수 있다. 이 소망은 그들을 결코 부끄럽게 만들지 않을 것이다.(4)

> (1) 욥 8:13, 14; 미 3:11; 신 29:19; 요 8:41 (2) 마 7:22, 23 (3) 요일 2:3, 3:14, 18, 19, 21, 24, 5:13 (4) 롬 5:2, 5

2. 이 확신은 헛된 소망에 근거한 단순한 억측이나 그럴듯한 신념이 아니

라,(1) 구원을 약속한 신적 진리와(2) 이 약속을 이루는 그 은혜의 내적 증거에(3) 의한 것이다. 그리고 우리가 하나님의 자녀라는 것을 우리의 영과 함께 증거하시는 양자의 영의 증거 위에 세워진 틀림없는 믿음의 확신이다.(4) 이 성령은 우리의 기업에 대한 보증이니, 이 성령으로 말미암아 우리들은 구속의 날까지 인침을 받는다.(5)

> (1) 히 6:11, 19 (2) 히 6:17, 18 (3) 벧후 1:4, 5, 10, 11; 요일 2:3, 3:14; 고후 1:12
> (4) 롬 8:15, 16 (5) 엡 1:13, 14, 4:30; 고후 1:21, 22

3. 이러한 틀림없는 확신은 신앙의 본질에 속하는 것이 아니기 때문에, 참된 신자는 이 확신을 소유하기까지 오랫동안 기다리고 많은 어려움과 더불어 싸워야만 한다.(1)[75] 그러나 하나님이 그에게 값없이 주신 것들을 깨달을 수 있도록 성령이 힘을 북돋아 주시기 때문에 그는 무슨 특별한 계시 없이도 통상적인 수단들을 옳게 사용함으로써 확신에 이를 수 있다.(2) 그러므로 모든 신자는 자신의 부르심과 택함을 굳게 세우기 위해 전적으로 노력해야 할 의무가 있다.(3) 이렇게 함으로써 그의 마음은 이 확신이 주는 정당한 열매들인 성령 안에서의 평화와 기쁨, 하나님에 대한 사랑과 감사, 그리고 순종의 의무를 행하는 힘과 즐거움으로 더 확장될 수 있다.(4) 이 확신은 사람을 결코 방탕하게 만들지 않는다.(5)

> (1) 요일 5:13; 사 50:10; 막 9:24; 시 88편, 77:1-12 (2) 고전 2:12; 요일 4:13;
> 히 6:11, 12; 엡 3:17-19 (3) 벧후 1:10 (4) 롬 5:1, 2, 5, 14:17, 15:13; 엡 1:3, 4;
> 시 4:6, 7, 119:32 (5) 요일 2:1, 2; 롬 6:1, 2; 딛 2:11, 12, 14; 고후 7:1; 롬 8:1,

---

75) 칼빈이 구원의 확신은 본질적인 것이라고 말할 때는 신앙의 본질적인 내적 믿음과 관련된 표현이다. 신조에서 확신은 비본질적인 것이라고 말할 때는 성화의 과정에서 나타나는 외적 형식인 열매와 관련된 표현이다. 따라서 확신은 문맥과 내용에 따라서 본질적이라고 말하기도 하고 때로는 비본질적이라고 말하기도 한다.

12; 요일 3:2, 3; 시 130:4; 요일 1:6, 7

4. 참된 신자들이라도 구원의 확신이 종종 여러 가지 방법으로 흔들리고, 약해지며, 일시적으로 중단될 수 있다. 이것은 신자들이 구원의 확신을 유지하는 것을 게을리 하고, 양심을 상하게 하고, 성령을 근심하게 하는 특별한 죄에 빠지며, 돌발적이거나 강렬한 유혹을 받으므로, 하나님이 그의 얼굴빛을 거두시는 것과 하나님을 경외하는 자라도 어두움 가운데 걸으며 전혀 빛을 보지 못하게 방임하여 두시기 때문이다.(1) 그러나 신자들은 하나님의 씨와 믿음의 삶과 그리스도와 형제들에 대한 사랑, 그리고 마음의 진실성과 의무를 행하는 양심을 결코 완전히 잃어버리지 않는다. 이 모든 것들로부터 구원의 확신은 성령의 역사로 말미암아 적당한 때에 다시 회복될 수 있으며,(2) 그 과정에서 그들이 완전한 절망에 빠지지 않도록 도움을 받는다.(3)

(1) 아 5:2, 3, 6; 시 51:8, 12, 14; 엡 4:30, 31; 시 77:1-10; 마 26:69-72; 시 31:22, 88편; 사 50:10 (2) 요일 3:9; 눅 22:32; 욥 13:15; 시 73:15, 51:8, 12; 사 50:10 (3) 미 7:7-9; 렘 32:40; 사 54:7-10; 시 22:1, 88편

제19장

하나님의 율법에 관하여

1. 하나님께서는 아담에게 행위언약으로 율법을 주셨다. 이 율법으로 하나님은 아담과 그의 모든 후손들에게 인격적이며, 완전하고, 엄밀하고, 영구한 순종의 의무를 지워 주셨다. 하나님은 사람이 그 법을 완수하면 생명을 주시기로 약속하셨고, 그것을 위반하면 사망을 내리시기로 경고하셨으며, 그리고 이 법을 지킬 수 있는 힘과 능력도 그에게 주셨다.(1)

> (1) 창 1:26, 27, 2:17; 롬 2:14, 15, 10:5, 5:12, 19; 갈 3:10, 12; 전 7:29; 욥 28:28

2. 하나님께서는 이 율법을 아담이 타락한 후에도 계속하여 의(義)에 관한 완전한 법칙이 되게 하셨다. 마찬가지로 하나님은 이 율법을 시내 산에서 십계명으로 주시고 두 돌 판에 새겨 주셨다.(1) 첫 네 계명은 하나님께 대

한 우리의 의무를, 나머지 여섯 계명은 사람에 대한 우리의 의무를 담고 있다.(2)

(1) 약 1:25, 2:8, 10-12; 롬 13:8, 9; 신 5:32, 10:4; 출 34:1 (2) 마 22:37-40

3. 보통 도덕법이라고 하는 이 율법 외에 하나님께서는 아직 미성숙한 교회인 이스라엘 백성에게 여러 예표적 규례를 담고 있는 의식법들을 주기를 기뻐하셨다. 이 의식법은 부분적으로는 그리스도와 그의 은혜들, 행위들, 고난들, 은택들을 예표하는(1) 예배에 관한 것이며, 또한 부분적으로는 도덕적 의무들에 관한 다양한 지침들도 제시하고 있다.(2) 이 모든 의식에 관한 율법은 이제 새로운 약속 아래에서 폐지되었다.(3)[76]

(1) 히 9장, 10:1; 갈 4:1-3; 골 2:17 (2) 고전 5:7; 고후 6:17; 유 1:23 (3) 골 2:14, 16, 17; 단 9:27; 엡 2:15, 16

4. 하나님께서는 정치 조직체인 이스라엘 백성에게 여러 가지 재판법들도 주셨다. 이 법들은 그 백성의 국가와 함께 폐지되었으며, 지금은 그것의 일반적 원칙 외에는 더 이상 지킬 의무가 없다.(1)[77]

(1) 출 21장, 22:1-29; 창 49:10; 벧전 2:13, 14; 마 5:17, 38, 39; 고전 9:8-10

---

76) 모형론, 예표론은 두 가지를 주의해야 한다. 먼저 예표론 사용방식에서 루터파는 이신칭의를 강조하기 위해서 성경 전체를 구속사 중심으로 보고, 이를 위해서 모형론, 예표론을 지나치게 확대하는 '적극적 예표론' 방식을 사용한다. 하지만 개혁파는 예수님과 관련된 부분만 예표론으로 제한하는 '소극적 예표론' 방식을 사용한다. 다음으로 신조는 예표론의 종류에서도 루터파의 '단편적 모형론'처럼 단지 예수님만을 나타내는 것으로 설명하지 않고 칼빈과 같이 '예수님에 관한 것', '예배에 관한 것', '도덕적 의무들에 관한 것' 등 3가지로 나누는 '복합적 모형론'을 제시했다.

77) '일반적 원칙'이란 의식법과 정치법이 중단됐기 때문에 구약적 표현 그대로 오늘날 적용할 수 없고 십계명과 관련된 도덕법적 형태로 적용해야 한다는 것이다. 즉, 오늘날까지 연속적으로 지킬 수 있는 보편적이며 일반적인 규범들을 찾아내서 지키는 것이다. 구약의 의식법과 정치법을 문자 그대로 오늘날 적용하면 율법주의가 된다.

5. 도덕법은 의롭다 함을 받은 사람들뿐만 아니라, 불신자들에게도 영원히 순종해야 할 의무를 요구한다.(1) 그것은 도덕법에 포함된 내용뿐만 아니라, 그 법을 주신 창조주 하나님의 권위의 관점에서 보더라도 그러하다.(2) 그리스도께서도 복음 안에서 이 의무를 조금도 폐지하지 아니하시고 오히려 더욱 강화하셨다.(3)

> (1) 롬 13:8-10; 엡 6:2; 요일 2:3, 4, 7, 8 (2) 약 2:10, 11 (3) 마 5:17-19; 약 2:8; 롬 3:31

6. 비록 참된 신자들은 행위언약으로써의 율법 아래에 있지 않기 때문에 그것으로 의롭다 함을 얻거나 저주를 받는 것은 아니지만,(1) 율법은 불신자들뿐만 아니라 참된 신자들에게도 크게 유익하다. 즉, 그것은 생활의 규범으로써 하나님의 뜻과 신자의 의무를 알게 해주며, 합당하게 걷도록 그들을 인도하고 속박하며,(2) 그들의 본성과 마음과 생활 속에 있는 죄의 오염을 발견하게 한다.(3) 따라서 그들은 이 율법으로 자신을 살펴서 죄를 더욱 깨닫고, 죄 때문에 겸손해지고, 죄를 미워하게 된다.(4) 또한 이 모든 것들로 인해 자기들이 그리스도와 그의 완전한 순종을 소유해야 하는 필요를 보다 더 분명히 깨닫게 된다.(5)[78]

마찬가지로 이 율법은 거듭난 자들에게 그들의 부패를 억제하는 데도 유익하다. 즉, 율법은 죄를 금하게 하고,(6) 율법의 위협들은 비록 그들이 율법에서 경고한 저주로부터 해방되었을지라도 그들의 죄로 인하여 당연히 받을 바가 무엇이며, 죄 때문에 이 세상에서 어떤 환난들을 예상할 수 있는지를 보여 준다.(7) 같은 방식으로 율법의 약속들은 비록 행위언약으로써 율법

---

78) '생활의 규범으로써'라는 표현은 율법의 3용도를 나타내는 개혁파의 중요한 율법개념이다. 율법의 사용 용도는 1용도 '정죄 기능', 2용도 '죄 억제 기능', 3용도 '삶의 규범'으로 나눠진다. 루터파는 이신칭의를 강조하기 위해서는 죄를 지적하여 예수님께로 인도하는 정죄 기능, 즉 1용도를 더 강조했다. 하지만 개혁파는 구원 이후에 율법이 성화의 규범으로 사용되는 특징까지 강조하여 3용도도 강조했다.

에 의해 그들에게 당연히 주어지는 것은 아니지만,(9) 하나님이 우리의 순종을 인정하신다는 것과 순종함으로써 받게 되는 복이 무엇인지를 보여 준다.(8) 따라서 율법이 선을 격려하고 악을 금하고 있기 때문에 사람이 선을 행하고 악을 피한다고 해서 이것이 은혜 아래 있지 않고 율법 아래 있다는 증거가 되지는 않는다.(10)

> (1) 롬 6:14; 갈 2:16, 3:13, 4:4, 5; 행 13:39; 롬 8:1 (2) 롬 7:12, 22, 25; 시 119:4-6; 고전 7:19; 갈 5:14, 16, 18-23 (3) 롬 7:7, 3:20 (4) 약 1:23-25; 롬 7:9, 14, 24 (5) 갈 3:24; 롬 7:24, 25, 8:3, 4 (6) 약 2:11; 시 119:101, 104, 128 (7) 스 9:13, 14; 시 89:30-34 (8) 레 26:1-14; 고후 6:16; 엡 6:2, 3; 시 37:11; 마 5:5; 시 19:11 (9) 갈 2:16; 눅 17:10 (10) 롬 6:12, 14; 벧전 3:8-12; 시 34:12-16; 히 12:28, 29

7. 앞서 언급한 율법의 여러 용도는 복음의 은혜와 대립되는 것이 아니라, 오히려 복음과 잘 조화를 이룬다.(1)[79] 그리스도의 영(靈)이 사람의 의지를 정복하고 힘 있게 하여, 율법에 계시된 하나님의 뜻이 요구하는 것을 사람이 자유롭고, 기쁘게 행하도록 이끌어 주신다.(2)

> (1) 갈 3:21 (2) 겔 36:27; 히 8:10; 렘 31:33

---

79) 구약에도 복음이 존재하며, 신약에도 율법이 존재한다. 율법과 복음은 신구약 전체에서 각각의 역할을 한다. 율법만 강조하면 율법주의에 빠지고, 복음만 강조하면 무(無)율법주의에 빠진다. 율법과 복음은 '대립'관계가 아니라 '조화'(調和)관계다.

제20장

신자의 자유와 양심의 자유에 관하여

1. 그리스도께서 복음 아래 있는 신자들을 위하여 값을 치루고 획득한 자유는 죄책과 하나님의 정죄하시는 진노와 도덕법의 저주로부터의 자유를 말한다.(1) 그 자유는 현재의 이 악한 세상과 사단의 속박, 그리고 죄의 지배와(2) 환란들의 불행과 사망의 쏘는 것, 무덤의 승리와 영원한 멸망으로부터 구출되는 것이며,(3) 신자들이 하나님께 자유롭게 나아가는 것과(4) 노예 같은 두려움이 아니라 자녀 같은 사랑과 자발적인 마음으로 하나님께 순종하는 것이다. 이 모든 것들은 율법 아래 있던 신자들에게도 공통적이었다.(5) 그러나 새 언약 아래서 그리스도인들의 자유는 유대교회가 복종했던 의식법의 멍에로부터의 자유와(6) 은혜의 보좌에 더 가까이 나아가는 자유와(7) 율법 아래 있는 신자들이 통상적으로 참여했던 것보다 더 충만하게 성령 하

나님과 교제하는 자유로 확장되었다.(8)[80]

(1) 딛 2:14; 살전 1:10; 갈 3:13 (2) 갈 1:4; 골 1:13; 행 26:18; 롬 6:14 (3) 롬 8:28; 시 119:71; 고전 15:54–57; 롬 8:1 (4) 롬 5:1, 2 (5) 롬 8:14, 15; 요일 4:18 (6) 갈 3:9, 14 (7) 갈 4:1–3, 6, 7, 5:1; 행 15:10, 11 (8) 히 4:14, 16, 10:19–22 (9) 요 7:38, 39; 고후 3:13, 17, 18

2. 하나님께서 홀로 양심의 주가 되신다.(1) 그는 신앙이나 예배의 문제에서 자신의 말씀에 반대되거나 또는 말씀 밖에 있는 사람들의 교리와 계명으로부터 양심을 자유롭게 하셨다.(2) 그러므로 양심을 떠나서 이런 교리들을 믿는 것이나 이런 계명들에 순종하는 것은 양심의 참된 자유를 배반하는 것이다.(3) 그리고 맹신과 절대적이며 맹목적인 순종을 강요하는 것은 양심의 자유와 이성을 파괴하는 것이다.(4)[81]

(1) 약 4:12; 롬 14:4 (2) 행 4:19, 5:29; 고전 7:23; 마 23:8–10; 고후 1:24; 마 15:9 (3) 골 2:20, 22, 23; 갈 1:10, 2:4, 5, 5:1 (4) 롬 10:17, 14:23; 사 8:20; 행 17:11; 요 4:22; 호 5:11; 계 13:12, 16, 17; 렘 8:9

3. 그리스도인의 자유를 핑계로 삼아 어떤 죄를 범하거나 욕망을 품는 자들은 그것으로 말미암아 그리스도인의 자유의 목적을 파괴한다. 자유의 목적

---

80) 성도는 율법의 정죄 기능인 1용도, 즉 '도덕법의 저주로부터의 자유'하지만, 성화의 기능인 3용도, 즉 '하나님과 교제하는 자유로 확장'된다. 정죄에서는 자유하지만 하나님의 뜻을 실천하고 순종하며 살아야 하는 3용도에서는 여전히 율법 아래 있다. 율법을 무조건 버리면 무율법주의에 빠지고, 율법을 극단적으로 강조하면 율법주의에 빠진다. 신조는 율법을 3가지 기능과 용도로 구별하여 이 차이를 설명했다.

81) 20장부터 이후로는 교회생활과 일반생활에 대한 규범들이 소개된다. 이런 주제들을 다루기에 앞서 '양심의 자유'라는 내용을 먼저 제시한다. 신앙적 '양심의 자유'는 성경을 벗어난 맹종과 맹신의 율법주의도 거부하고, 반대로 자신의 양심의 자유만 강조하며 국가법과 교회법의 질서를 무시하는 무율법주의적 태도도 거부한다. 이런 이유로 장로교의 교회법 8대 원리는 1번 '양심의 자유', 2번 '교회의 자유'를 함께 소개하여 조화를 이루도록 했다.

은 우리가 원수의 손에서 해방되어, 사는 날 동안 두려움 없이 주님 앞에서 거룩하고 의롭게 주님을 섬기는 것이다.(1)

(1) 갈 5:13; 벧전 2:16; 벧후 2:19; 요 8:34; 눅 1:74, 75

4. 하나님께서 제정한 권세들과 그리스도께서 값을 주고 사신 자유는 서로 파괴하기 위한 것이 아니고, 오히려 상호 간에 지지해 주고 보존하는 것이 하나님의 의도다. 따라서 신자의 자유를 핑계로 삼아 그것이 국가적이든 교회적이든 간에 어떤 합법적 권세와 그 권세의 합법적 행사를 반대하는 사람은 누구나 하나님의 규례에 반항하는 것이다.(1) 그들이 본성의 빛과 신앙, 예배, 교제에 관한 기독교의 알려진 원칙들과 경건의 능력에 배치하는 그런 의견들을 발표하거나 또는 그런 행위를 지속하고, 혹은 그 자체의 성질로나 이것들을 발표하고 지속하는 방식에 있어서도 그리스도께서 교회 안에 세우신 외적 평화와 질서를 파괴하는 그릇된 의견과 행위를 한다면,[82] 그런 자들은 교회의 권징과 국가의 권세에(2) 의해 문책을 받거나(3) 고소를 받도록 합법적으로 소환을 받을 수 있다.

(1) 마 12:25; 벧전 2:13, 14, 16; 롬 13:1-8; 히 13:17 (2) 신 13:6-12; 롬 13:3, 4; 요이 1:10, 11; 스 7:23, 25-28; 계 17:12, 16, 17; 느 13:15, 17, 21, 22, 25, 30; 왕하 23:5, 6, 9, 20, 21; 대하 34:33, 15:12, 13, 16; 단 3:29; 딤전 2:2; 사 49:23; 슥 13:2, 3 (3) 롬 1:32; 고전 5:1, 5, 11, 13; 요이 1:10, 11; 살후 3:14; 딤전 6:3-5; 딛 1:10, 11, 13, 3:10; 마 18:15-17; 딤전 1:19, 20; 계 2:2, 14, 15, 20, 3:9

82) 양심의 자유를 토대로 성경해석의 자유성을 지나치게 주장하면서 정당한 교회의 설교를 비판하고 공격하면 당회의 치리를 받을 수 있다. 성경해석의 자유성은 반드시 공교회의 교리적 질서와 조화를 이뤄야 한다. 신조는 이 질서를 강조하기 위해서 '합법적 권세'라는 단어를 반복했다.

●

제21장

종교적 예배와 안식일에 관하여

●

1. 자연의 빛은 만유에 대한 주권과 통치권을 가지고, 선(善)하시며, 만유에게 선을 행하시는 한 분 하나님이 계시다는 것을 보여 준다. 그러므로 사람은 마음을 다하고 목숨을 다하고 온 힘을 다해 하나님을 경외하고, 사랑하고, 찬양하며 부르고, 그분을 신뢰하고 섬겨야 한다.(1) 그러나 하나님께서는 참된 하나님을 예배하는 합당한 방법을 스스로 제정하셨고, 그 자신의 계시된 뜻으로 제한하셨다. 따라서 사람의 어떤 상상들이나 고안들과 사단의 제안에 따라, 또는 보이는 표현이나 성경에 규정되어 있지 않은 어떤 방법을 통해 하나님을 예배해서는 안 된다.(2)[83]

---

83) 개혁주의 예배는 '성경에 규정되어'라는 표현에서 보듯이 하나님이 스스로 제정하신 것으로 예배하는 '규정적(규범적) 원리'를 갖는다. 하지만 루터파는 성경에서 문자적으로 금지한 것 외에는 대부분 자유롭게 허용하는 '허용적 원리'를 따른다.

(1) 롬 1:20; 행 17:24; 시 119:68; 렘 10:7; 시 31:23, 18:3; 롬 10:12; 시 62:8; 수 24:14; 막 12:33 (2) 신 12:32; 마 15:9; 행 17:25; 마 4:9, 10; 신 15:1-20; 출 20:4-6; 골 2:23

2. 종교적 예배는 하나님, 곧 성부, 성자, 성령께 드려야 하며 오직 그분에게 만 드려야 한다.(1) 천사들이나, 성인들이나, 다른 어떤 피조물에게도 예배 해서는 안 된다.(2) 그리고 타락 이후에는 중보자 없이 예배할 수 없는데, 이 중보자는 다른 어떤 이가 아니라 오직 그리스도뿐이시다.(3)

(1) 마 4:10; 요 5:23; 고후 13:14 (2) 골 2:18; 계 19:10; 롬 1:25 (3) 요 14:6; 딤 전 2:5; 엡 2:18; 골 3:17

3. 감사로 드리는 기도는 종교적 예배의 특별한 한 요소로서(1) 하나님께서 모든 사람에게 요구하는 것이다.(2) 기도가 열납되기 위해서는 성자의 이름 으로,(3) 성령의 도우심을 받으며,(4) 하나님의 뜻을 따라, 분별과 경외와 겸 손과 열성과 믿음과 사랑과 인내로써(5) 드려야 하고,(6) 만일 소리를 내어 기도한다면 반드시 알아들을 수 있는 말로 해야 한다.(7)

(1) 빌 4:6 (2) 시 65:2 (3) 요 14:13, 14; 벧전 2:5 (4) 롬 8:26 (5) 시 47:7; 전 5:1, 2; 히 12:28; 창 18:27; 약 5:16, 1:6, 7; 막 11:24; 마 6:12, 14, 15; 골 4:2; 엡 6:18 (6) 요일 5:14 (7) 고전 14:14

4. 기도는 합법적인 것과(1) 현재 살아 있는 모든 자나 이후에 생존할 사람 들을 위해서 해야 한다(2). 반면에 죽은 자들을 위해서나,(3) 사망에 이르는 죄를 범한 것으로 알려진 사람들을 위해서는 기도하지 말아야 한다.(4)

(1) 요일 5:14 (2) 딤전 2:1, 2; 요 17:20; 삼하 7:29; 룻 4:12 (3) 삼하 12:21-23;

눅 16:25, 26; 계 14:13 (4) 요일 5:16

5. 일반적으로 하나님께 드리는 종교적 예배의 모든 요소들은 경건과 경외하는 마음으로 성경을 읽는 것과(1) 건전한 설교와(2) 하나님께 순종하며, 이해, 믿음, 존경함으로 말씀을 양심적으로 듣는 것과(3) 은혜로운 마음으로 시편을 찬송하는 것과(4) 그리고 그리스도께서 제정하신 성례를 올바르게 시행하며 합당하게 받는 것 등이다.(5) 이 밖에 종교적 맹세,(6) 서원,(7) 엄숙한 금식(8) 그리고 특별한 경우에 드리는 감사 등이 있다.(9) 이와 같은 것들은 적당한 때와 기회에 따라 거룩하고 종교적인 태도로 해야 한다.(10)[84]

> (1) 행 15:21; 계 1:3 (2) 딤후 4:2 (3) 약 1:22; 행 10:33; 마 13:19; 히 4:2; 사 66:2 (4) 골 3:16; 엡 5:19; 약 5:13 (5) 마 28:19; 고전 11:23–29; 행 2:42 (6) 신 6:13; 느 10:29 (7) 사 19:21; 전 5:4, 5 (8) 욜 2:12; 에 4:16; 마 9:15; 고전 7:5 (9) 시 107:1–43; 에 9:22 (10) 히 12:28

6. 오늘날 복음시대는 기도나 종교적 예배의 어떤 요소든지 예배가 드려지는 장소나 방향에 매이지 않으며, 그것으로 인해 더 잘 받아들여지는 것도 아니다.(1) 오히려 매일(2) 각 가정에서나(3) 은밀한 곳에서 홀로(4) 그리고 어디서든지,(5) 영과 진리로(6) 하나님께 예배해야 한다. 특히 하나님이 그의 말씀이나 섭리로 부르실 때는 공적집회에서 더욱더 엄숙히 예배해야 하는데,(7) 이런 공적 집회를 부주의하거나 고의적으로 소홀히 하거나 저버리

---

84) 예배의 '규정적 원리'는 로마 가톨릭처럼 '예식서' 중심의 예배는 아니다. 칼빈은 규정적 원리와 관련하여 "저희가 사도의 가르침을 받아 서로 교제하며 떡을 떼며 기도하기를 전혀 힘쓰니라."(행 2:42)라는 말씀을 따라서 '말씀', '성례', '기도', '교제' 등 4가지를 제시했고, 이 토대 위에서 4개를 확대하는 형태로 교회 형편에 따라 몇 가지를 추가할 수 있도록 했다. 신조는 예배에 대한 성경의 근본적인 요소를 조금 더 확대하여 5항에서 제시하는 정도를 소개한다. 하지만 이 요소만 제한하는 것은 아니다. 기본 요소를 중심으로 교회 형편에 따라서 확대할 수 있도록 했다. 그래서 로마 가톨릭처럼 고정된 '예식서'를 제시하지 않고, '예배모범', '예배지침'(Directory)을 제시한 것이다.

지 말아야 한다.

> (1) 요 4:21 (2) 마 6:11 (3) 렘 10:25; 신 6:6, 7; 욥 1:5; 삼하 6:18, 20; 벧전 3:7;
> 행 10:2 (4) 마 6:6; 엡 6:18 (5) 요 4:23, 24 (6) 말 1:11; 딤전 2:8 (7) 사 56:6, 7;
> 히 10:25; 잠 1:20, 21, 24, 8:34; 행 13:42; 눅 4:16; 행 2:42

7. 일반적으로 하나님께 예배하기 위해 적당한 분량의 시간을 구별해 두는
것이 자연의 법칙에 속하는 것처럼, 그의 말씀 안에서도 모든 시대, 모든 사
람에게 구속력 있는 적극적이고, 도덕적이며, 영구적인 명령으로 하나님은
칠일 중에 하루를 안식일로 특별히 정하여 하나님께 거룩하게 지키도록 하
셨다.(1) 이 안식일은 창세로부터 그리스도의 부활까지는 일주일 중 마지막
날이었으나, 그리스도의 부활 이후부터는 일주일 중 첫날로 바뀌어(2) 성경
에서 주의 날이라고 부른다.(3) 이 주일은 세상 끝 날까지 그리스도인의 안
식일로 계속 지켜져야 한다.(4)

> (1) 출 20:8, 10, 11, 사 56:2, 4, 6, 7 (2) 창 2:2, 3; 고전 16:1, 2; 행 20:7 (3) 계
> 1:10 (4) 출 20:8, 10; 마 5:17, 18

8. 이 안식일은 주님께 거룩하게 지켜져야 한다. 이것을 위해서 각자는 마음
을 다해 합당한 준비를 하고, 미리 일상적인 일들을 정돈한 후에, 자신의 행
동과, 말과, 세상적인 직업과 오락들에 대한 생각으로부터 떠나 온종일 거
룩히 안식해야 한다.(1) 나아가 공적이며 사적인 예배와 부득이한 일과[85] 자
비를 베푸는 의무를 위하여 전체 시간을 사용해야 한다.(2)[86]

---

85) 공적인 '부득이한 일'은 국가의 보존과 개인의 생명을 보존하는 특수직업, 즉 공무원, 군인, 경찰, 소방관, 의사 등이
며, 개인적 '부득이한 일'은 자연재해, 사고, 질병 등이다.

86) 5-8항까지의 예배 내용들은 웨스트민스터 예배모범에 더욱 구체적으로 소개한다. 따라서 반드시 신조의 예배론을

(1) 출 20:8, 16:23, 25, 26, 29, 30, 31:15-17; 사 58:13; 느 13:15-19, 21, 22

(2) 사 58:13; 마 12:1-13

이해하기 위해서는 예배모범을 더 보충해서 읽어야 한다.

제22장

합법적 맹세와 서원에 관하여

1. 합법적인 맹세는 종교적 예배의 한 요소로서(1) 정당한 경우에 맹세자가 자신이 확언한 것, 혹은 약속한 것을 증거해 주실 것과, 자신의 맹세가 참인지 거짓인지 판단해 주시도록 하나님께 엄숙히 요청하는 것이다.(2)[87]

    (1) 신 10:20 (2) 출 20:7; 레 19:12; 고후 1:23; 대하 6:22, 23

2. 맹세자는 반드시 오직 하나님의 이름으로만 맹세해야 하고, 맹세에 있어서 하나님의 이름을 전적으로 거룩한 두려움과 존경함으로 사용해야 한다.(1) 그러므로 영화롭고 두려운 그 이름으로 헛되이 경솔하게 맹세하거나,

---

[87] '합법적인 맹세'란 개인적인 신앙고백뿐만 아니라 공적인 신앙고백과 서약을 포함한다. 특히 공적 맹세에는 사도신경이나 웨스트민스터 신앙고백과 같은 공교회적인 신앙고백에 대한 서약도 포함한다. 따라서 장로교회의 직원들은 '성경', '웨스트민스터 신앙고백', '장로정치'에 반드시 서약해야 한다.

그 이름 외에 다른 어떤 것으로 무엇이든지 맹세하는 것은 죄악되고 증오할 만한 일이다.(2) 그러나 맹세는 그 중요한 사안이나 특별한 경우에 있어서 구약에서와 마찬가지로 신약에서도 하나님의 말씀에 의해 보증되었기 때문에,(3) 합법적인 권위로 부과된 합법적인 맹세가 이런 문제들에 있어서 반드시 시행되어져야 한다.(4)⁸⁸

(1) 신 6:13 (2) 출 20:7; 렘 5:7; 마 5:34, 37; 약 5:12 (3) 히 6:16; 고후 1:23; 사 65:16 (4) 왕상 8:31; 느 13:25; 스 10:5

3. 누구든지 맹세하는 자는 그것이 매우 중요하고 엄숙한 행위임을 반드시 신중히 생각해야 하고, 자기가 진리라고 충분히 확신할 수 있는 것 외에는 어떤 것도 함부로 단언해서는 안 된다.(1) 그뿐만 아니라 누구든지 선하고 바른 것, 자신이 옳다고 믿는 것, 자기가 실제로 행할 수 있는 것, 그리고 행하려고 결심한 것 이외의 어떤 것에 대해서도 맹세해서는 안 된다.(2) 그러나 합법적인 권위로 부과한 선하고 옳은 일에 관련된 맹세를 거절하는 것은 죄가 된다.(3)

(1) 출 20:7; 렘 4:2 (2) 창 24:2, 3, 5, 6, 8, 9 (3) 민 5:19, 21; 느 5:12; 출 22:7-11

4. 맹세는 평범하고 일상적인 말로 해야 하고, 애매하거나 모호한 말로 해서는 안 되고,(1) 맹세가 죄를 짓도록 강요해서도 안 된다. 그러나 죄 되지 않은 어떤 것을 맹세했다면, 그것이 비록 자기에게 손해가 될지라도 마땅히

---

88) 맹세는 양극단이 있다. 성경에 없는 규칙을 강조하는 로마 가톨릭과 같은 맹종, 맹신은 옳지 않다. 또한 재세례파처럼 맹세와 같은 질서를 거부하고 신앙과 교회생활의 모든 기준을 자유롭게 결정하는 무한적 자유도 위험하다. 신조는 '합법적인 권위로 부과된 합법적인 맹세'라고 고백하여 성경에 기초하여 교회가 성도들의 신앙과 교회생활의 규범을 세우고 맹세하여 복종하도록 권고하는 것은 옳다고 말한다. 그래서 신조는 '합법적'이라는 표현을 거듭 강조했다. 이 맹세의 원리에 따라서 개혁파 교회는 공교회적 신조에 맹세하고 서약하며 교회법을 지키도록 요구했다.

이행해야 하고,(2) 이단자나 불신자에게 맹세한 것일지라도 깨뜨리지 말아야 한다.(3)

(1) 렘 4:2; 시 24:4 (2) 삼상 25:22, 32–34; 시 15:4 (3) 겔 17:16, 18, 19; 수 9:18, 19; 삼하 21:1

5. 서원은 약속의 맹세와 같은 성질이므로 반드시 맹세와 동일한 종교적 주의함을 가지고 해야 하고, 또한 동일한 신실함으로 서원해야 한다.(1)

(1) 사 19:21; 전 5:4–6; 시 61:8, 66:13, 14

6. 서원은 어떤 피조물에게 하지 말고 오직 하나님께만 해야 한다.(1) 서원이 하나님께 받아들여지기 위해서는 믿음과 의무의 양심으로 해야 하고, 우리가 이미 받은 자비에 대한 감사와 원하는 것을 얻기 위해 자발적으로 서원해야 한다. 그래서 마땅히 해야 할 의무들이나 그 밖의 것들이 서원에 합당하게 이바지한다면, 그리고 이바지하는 동안에, 이 서원으로 우리는 그런 의무들이나 다른 일들에 우리 자신을 더욱더 엄중하게 얽매야 한다.(2)

(1) 시 76:11; 렘 44:25, 26 (2) 신 23:21–23; 시 50:14; 창 28:20–22; 삼상 1:11; 시 66:13, 14, 132:2–5

7. 누구든지 하나님의 말씀에 금지된 것을 서원해서는 안 된다. 그리고 말씀에 명령된 어떤 의무를 방해하거나, 자기 자신의 힘이 미칠 수 없는 것이나, 그것을 이행하는 데 있어서 하나님으로부터 아무런 능력의 약속을 받지 못한 것에 대해 서원해서는 안 된다.(1) 이런 점에서 평생 독신과 청빈과 조직적 복종을 하겠다는 로마교회 수도원의 규칙들에 대한 서원들은 보다 높은 완전한 단계가 아니며, 오히려 그러한 것들은 미신적이며 죄악 된 올무

들이므로 그리스도인들은 누구도 이런 일에 자신을 매이게 하지 말아야 한다.(2)

(1) 행 23:12, 14; 막 6:26; 민 30:5, 8, 12, 13 (2) 마 19:11, 12; 고전 7:2, 9; 엡 4:28; 벧전 4:2; 고전 7:23

웨스트민스터 다섯 가지 표준문서

●

제23장

국가 공직자에 관하여

●

1. 온 세상에서 최고의 주님이자 왕이신 하나님께서는 자신의 영광과 공공의 선(善)을 위해서 하나님 아래에 국가의 공직자들을 세워 백성들을 다스리게 하셨다.[89] 이 목적을 위해 선한 자들을 보호하고 격려하며, 악을 행하는 자를 처벌하도록 칼의 권세로 그들을 무장시키셨다.(1)

(1) 롬 13:1-4; 벧전 2:13, 14

2. 그리스도인들이 이 공직에 부름을 받았을 때 그것을 받아들여 수행하는

---

89) '왕권신수설'은 로마서 13장 1절의 "모든 권세는 다 하나님의 정하신 바라"는 말씀을 극단적으로 강조하여 신적 권위를 남용한 것이며, 반대로 '사회계약설'은 로마서 13장 1절을 거부하는 개념이다. 즉, 근대에 발생한 원리로서 주권은 국민에게 있다고 말하며 시민적 권위만을 강조한다. 성경은 국가 공직자의 권위는 하나님이 세우신다는 신적 권위를 기초로 시작하면서도 그 권위는 무제한 권위가 아니라 하나님의 명령에 복종하며, 국민의 생명과 재산을 보호하는 제한된 권위임을 가르친다.

것은 합법적이다.(1)[90] 그들이 그 직무를 수행할 때는 각 나라의 건전한 법을 따라서 하되, 특별히 경건과 정의와 평화를 반드시 유지해야 한다.(2) 따라서 이 목적을 위해서는 신약시대인 지금도 정당하고 필요한 경우에 합법적으로 전쟁을 수행할 수 있다.(3)[91]

> (1) 잠 8:15, 16; 롬 13:1, 2, 4 (2) 시 2:10–12; 딤전 2:2; 시 82:3, 4; 삼하 23:3; 벧전 2:13 (3) 눅 3:14; 롬 13:4; 마 8:9, 10; 행 10:1, 2; 계 17:14, 16

3. 국가의 공직자들은 말씀과 성례의 집례나 천국열쇠의 권세를 자기들의 것으로 취해서는 안 된다.(1) 그러나 그들은 권위를 가지고 교회 안에서 일치와 평화를 보존해야 하며, 하나님의 진리가 순수하고 완전하게 지켜지도록 하고, 모든 신성모독적인 일과 이단들을 제압하고, 예배와 권징에 있어서 모든 부패와 남용을 막거나 개혁하며, 하나님의 모든 규례들이 적절히 제정되고 집례되고 준수되도록 조치할 의무들을 가진다.(2) 이러한 의무들을 효과적으로 수행하기 위해 공직자는 교회 회의를 소집할 권세와[92] 또한

---

90) 재세례파와 같은 이원론주의는 국가와 문화 전체를 죄악시하여 성도들의 삶을 금욕주의적으로 이끌었다. 하지만 개혁파는 '일반은총'을 인정하기 때문에 국가와 문화 자체를 죄악시 하지 않는다. 반(反)문화주의도 친(親)문화주의도 잘못된 것이며, 개혁주의 문화관은 '일반은총'과 '십계명'을 기준으로 하나님 중심의 문화를 건설하는 것이다.

91) '합법적으로 전쟁'이란 침략전쟁이 아니라 방어적 전쟁을 말한다.

92) 23장 3절(국가의무)과 31장 2절(국가 총회 소집권)의 내용은 각 교단마다 번역의 차이를 나타내는 중요한 차이점이다. 1647년 초판은 23장 3절(국가의무)과 31장 2절(국가 총회 소집권)에서 국가의 의무를 확대하여 총회 소집권까지 허락했다. 하지만 1788년 미국 수정판은 신조 23장 3절 '국가공직자의 총회소집의무' 부분을 전체적으로 삭제하는 형태로 수정했고, 31장 1–2절도 하나로 통합하여 '국가 위정자들의 교회회의 소집권'을 삭제시켰다. 1788년 판은 국가가 총회를 소집하지 못하고 단지 교회를 돕고 보조하는 형태로 국가의 의무를 축소하였다. 따라서 각 교단마다 어떤 표현을 받을 것인지에 따라 국가와 교회관계가 차이를 나타내기도 한다. 즉 합동측은 1788년 수정판을 수용하면서 1647년 초판의 국가관에 약간 부정적이고, 합신측은 1647년판을 수용하면서 1788년 수정판에 약간 부정적 태도를 보인다. 하지만 이 두 입장은 서로 비판적으로 볼 문제가 아니다. 개혁교회에서 이 국가관에 대한 신학적 평가는 둘로 나눠진다. 첫째로 초판은 기독교 국가일 때 충분히 가능한 국가의 종교적 의무를 나타낸 것이며, 둘째로 수정판은 비기독교 국가에서 실천해야 하는 형태로 이해하였다. 이런 판단은 두 입장을 비판하여 한쪽을 선택하는 것이 아니라 각각의 고백이 지역적 형편에 따라서 충분히 서로 상호보충적인 것으로 이해한 것이다. 예를 들면 스코틀랜드 총회가 본 신조를 1647년 승인할 때 "확고한 교회정치체제가 확립되어 있지 않은 교회에게 국한시킨다."라는 제한을 두

거기에 참석할 권세와 그리고 그곳에서 그들에 의해 처리되는 어떤 것이든지 하나님의 마음에 일치하도록 제공할 권세를(3) 가진다.[93]

> (1) 대하 26:18; 마 18:17, 16:19; 고전 12:28, 29; 엡 4:11, 12; 고전 4:1, 2; 롬 10:15; 히 5:4 (2) 사 49:23; 시 122:9; 스 7:23, 25-28; 레 24:16; 신 13:5, 6, 12; 왕하 18:4; 대상 13:1-9; 왕하 24:1-26; 대하 34:33, 15:12, 13 (3) 대하 19:8-11, 29장-30장; 마 2:4, 5

4. 국민의 의무는 공직자를 위하여 기도하고,(1) 그들의 인격을 존중하고,(2) 세금과 그 밖의 공과금을 납부하고,(3) 그들의 합법적인 명령에 따르고, 양심대로 그들의 권위에 복종하는 것이다.(4) 백성들은 공직자가 신앙이 없거나 다른 종교를 가졌다고 하여 공직자의 정당하고 적법한 권위를 인정하지 않거나, 또는 합당한 요구에 불복종해서는 안 된다.(5) 이 의무는 교회의 직분자들도 예외가 되지 않는다.(6) 더욱이 교황은 국가 공직자들이 통치하는 영역에서 공직자나 백성들 중 어느 누구에게도 어떤 권한이나 사법권을 가지지 못하며, 만일 교황이 공직자를 이단으로 정죄하거나 기타 다른 어떤 구실을 붙이더라도 공직자에게 주어진 통치권이나 생명을 결코 빼앗을 수

고 초판을 받아들인 것처럼 장로교회들은 두 입장을 충분히 서로 존중할 수 있다. 따라서 각 장로교단들은 위 스코틀랜드 총회의 입장처럼 초판의 역사적 가치를 존중하면서도 국가의 의무에 대해서는 지역적 형편에 따라서 축소적으로 수용할 수 있는 혼합적 형태를 취하는 것이 좋다.

93) ※ 1788년 미국판 수정 23장 3절 "국가 공직자들이 말씀과 성례의 집례나. 천국열쇠의 권세를 자기들의 것으로 취해서는 안 되며, 조금이라도 믿음의 문제에 간섭해서는 안 된다. 그러나 양육하는 아버지같이 우리 주의 교회를 보호하는 것이 국가 공직자들의 의무다. 이 의무는 어느 한 교파를 다른 교파 이상으로 우대하지 않고, 모든 교역자들이 폭력이나 위험 없이 그들의 신성한 직무들의 각 부분을 이행하기 위해 충분하며, 자유롭고, 의심할 여지가 없는 자유를 누리게 하는 방식으로 이행되어야 한다. 예수 그리스도께서는 그의 교회에 정규적인 정치와 권징을 정하셨으므로 국가의 어떤 법률이라도 그리스도들 중 어느 교파의 자발적인 구성원들 중에서 자신들의 고백과 믿음에 따라 행하는 정당한 정치와 권징을 간섭하거나, 명령하거나, 방해해서는 안 된다. 오히려 국가 공직자들의 의무는 어떤 사람도 종교나 불신앙을 핑계로 박해받는 일이 없고, 어느 누구에게든지 모욕, 폭력, 학대, 상해 등을 가하는 것이 허용되지 않는 효과적인 방식으로 그들의 모든 백성들의 인격과 명예를 보호하는 것과 모든 종교적 혹은 교회적 집회들이 방해나 소란 없이 개최될 수 있도록 질서를 유지하는 것이다."

없다.(7)⁹⁴

(1) 딤전 2:1, 2 (2) 벧전 2:17 (3) 롬 13:6, 7 (4) 롬 13:5; 딛 3:1 (5) 벧전 2:13, 14, 16 (6) 롬 13:1; 왕상 2:35; 행 25:9–11; 벧후 2:1, 10, 11; 유 1:8–11 (7) 살후 2:4; 계 13:15–17

---

94) 개혁파의 교회와 국가관은 대립이나 분리관계가 아니라 두 왕국론, 영역주권론, 정교분리의 원칙 및 상호협조적 관계다. 로마 가톨릭은 교회가 국가를 지배하려는 방식이며, 반대로 국가가 교회를 지배하려는 방식도 존재한다(에라스티안주의). 재세례파는 극단적 대립과 분리를 주장한다.

웨스트민스터 다섯 가지 표준문서

제24장

결혼과 이혼에 관하여

1. 결혼은 한 남자와 한 여자 사이에 해야 한다. 누구든지 한 남자가 동시에 한 사람 이외의 아내를 가진다든지, 한 여자가 동시에 한 사람 이외의 남편을 가지는 것은 불법이다.(1)

    (1) 창 2:24; 마 19:5, 6; 잠 2:17

2. 결혼은 남편과 아내가 서로 돕기 위해,(1) 합법적인 자녀를 통한 인류의 증가와 거룩한 자손을 통한 교회의 증가를 위해,(2) 그리고 음행을 막기 위해 제정되었다.(3)

    (1) 창 2:18 (2) 말 2:15 (3) 고전 7:2, 9

3. 판단력을 가지고 동의를 표시할 수 있는 모든 사람들이 결혼하는 것은 합법적이다.(1) 그러나 오직 주님 안에서 결혼을 하는 것은 그리스도인의 의무다.(2) 따라서 참된 개혁파 신앙을 고백하는 성도는 불신자들이나, 교황주의자들이나, 기타 우상숭배자들과 결혼해서는 안 된다. 경건한 사람들은 생활에 있어서 현저히 악한 사람이나 저주받은 이단에 계속 빠져 있는 사람과 결혼하여 부당한 멍에를 같이 짊어지지 말아야 한다.(3)

> (1) 히 13:4; 딤전 4:3; 고전 7:36-38; 창 24:57, 58 (2) 고전 7:39 (3) 창 34:14; 출 34:16; 신 7:3, 4; 왕상 11:4; 느 13:25-27; 말 2:11, 12; 고후 6:14

4. 결혼은 말씀에서 금지한 친인척(親姻戚) 관계의 범위 안에서 이루어져서는 안 된다.(1) 이런 근친상간적인 결혼들은 인간의 어떤 법이나, 당사자들의 동의로도 그 사람들이 남편과 아내로서 함께 살 수 있도록 결코 합법화될 수 없다.(2) 남자는 자기 자신의 가까운 혈족뿐 아니라, 자기 아내의 가까운 혈족 중 그 누구와도 결혼해서는 안 된다. 또 여자도 자기 자신의 가까운 혈족과 결혼할 수 없는 것과 같이, 자기 남편의 가까운 혈족 중 그 누구와도 결혼해서는 안 된다.(3)

> (1) 레 18장; 고전 5:1; 암 2:7 (2) 막 6:18; 레 18:24-28 (3) 레 20:19-21

5. 약혼한 후에 간음이나 음행을 범한 사실이 결혼 전에 발견되면, 순결한 측에서 그 약혼을 파기할 수 있다.(1) 결혼 후에 간음한 경우에는 순결한 측에서 이혼 소송을 제기하는 것이 적법하고, 이혼 후에는 죄를 범한 측을 죽은 것으로 간주하여(2) 다른 사람과 결혼할 수 있다.(3)[95]

---

95) 로마 가톨릭은 절대 이혼 및 재혼금지, 세속주의는 자유선택원리. 장로교회는 간음과 유기의 조건 속에서 제한적인 이혼과 재혼을 허락한다.

웨스트민스터 다섯 가지 표준문서

(1) 마 1:18-20 (2) 마 5:31, 32 (3) 마 19:9; 롬 7:2, 3

6. 비록 인간의 부패함은 하나님께서 결혼으로 짝지어 준 것을 부당하게 나누려는 근거들을 수없이 제시하지만, 오직 간음이나, 혹은 교회나 국가공직 자조차도 대책을 마련할 수 없는 고의적인 별거 외에는 어떤 것도 결혼의 연합을 파기할 충분한 사유가 되지 못한다.(1)⁹⁶ 그런 경우 이혼을 할 때에는 공적인 법적 절차를 따라야 하고, 당사자들이 자신의 사건을 다룸에 있어서 자신들의 의사나 재량대로 처리해서는 안 된다.(2)

(1) 마 19:6, 8, 9; 고전 7:15 (2) 신 24:1-4

---

96) '고의적인 별거'의 범위를 어디까지 생각할 것인지는 성경의 문자적 내용뿐만 아니라 신구약 전체의 추론을 통해서 교회법으로 규정할 수 있고, 또한 오늘날 국가와 사회적 문화 속에서 상식적으로 이해되는 일반은총적 범위 내에서 판단할 수 있다.

●

제25장

교회에 관하여

●

1. 보이지 않는 공(公)교회 또는 보편적 교회는 과거나 현재나 미래에 있어서 머리이신 그리스도 아래 하나로 모이는 택함 받은 백성들의 전체로 구성된다.[97] 이 교회는 그리스도의 신부요, 몸이며, 만물 안에서 만물을 충만하게 하시는 분의 충만이다.(1)

> (1) 엡 1:10, 22, 23, 5:23, 27, 32; 골 1:18

2. 보이는 교회 역시 복음 아래서 공(公)교회 또는 보편적 교회인데, 이전의 율법 아래에 있던 것과 같이 한 민족에 한정된 것이 아니며, 전 세계적으로

---

[97] '공(公)교회'(Catholic church)라는 번역은 '사'(私)적 교회의 반대 표현이다. 'Catholic'이라는 단어를 단지 모임을 뜻하는 '공'(共)교회로 번역하지 않고 공적인 성격을 강조하는 '공'(公)교회로 번역했다. 즉, 교회는 단지 신자들의 공동체, 모임이 아니라 하나님의 부르심으로 택함 받아 하나님 나라를 건설하는 공적인 특별한 백성들이라는 뜻이다.

참된 믿음을 고백하는 모든 자들과,(1) 그들의 자녀들로 구성된다.(2)[98] 이 교회는 주 예수 그리스도의 나라이고,(3) 하나님의 집이자 가족이며,(4) 이 교회를 떠나서는 정상적인 구원의 가능성이 없다.(5)[99]

> (1) 고전 1:2, 12:12, 13; 시 2:8; 계 7:9; 롬 15:9-12 (2) 고전 7:14; 행 2:39; 겔 16:20, 21; 롬 11:16; 창 3:15, 17:7 (3) 마 13:47; 사 9:7 (4) 엡 2:19, 3:15(개역개정 14절) (5) 행 2:47

3. 그리스도께서는 세상 끝 날까지 이 세상에 있는 성도들을 모으고 완전케 하기 위해서 이 보이는 공교회에 목사와 말씀과 하나님의 규례를 주셨다. 이 일을 위해 그리스도께서는 자신의 약속을 따라 그 자신의 임재와 성령으로 그것들을 효력 있게 하신다.(1)

> (1) 고전 12:28; 엡 4:11-13; 마 28:19, 20; 사 59:21

4. 이 공교회가 때로는 더 잘 보이기도 하고 때로는 잘 안 보이기도 한다.(1) 이 공교회에 속하는 각 교회들이 얼마나 더 또는 덜 순결하게 복음의 교리를 가르치고 수용하는 것과 규례(성례)들을 시행하는 것과 공적 예배를 행하

---

98) '공(公)교회'란 하나의 교회를 뜻한다. 하나님의 교회는 여러 개가 있는 것이 아니라 오직 그리스도의 몸 된 하나님의 백성들 전체이기 때문에 하나. 그러나 이 땅에서 보이는 유형교회도 질서적으로 최소한의 하나 됨을 유지한다. 그래서 교회는 개별적 교회로만 혼자서 존재할 수 없고 최소한 교단적 하나 됨을 유지해야 한다. 이 때문에 신조는 유형교회도 하나라고 고백한다.

99) 이 표현은 유형교회의 중요성을 강조하는 말이다. 칼빈이 유형교회는 성도를 양육하고 돌보며 보호하는 어머니와 같다고 언급한 것처럼 성도들은 유형교회를 통해서 구원의 표시인 세례와 은혜언약의 표시인 성찬과 영의 양식인 말씀을 설교를 통해서 얻는다. 이 모든 것은 오직 유형교회를 통해서만 공급된다. 이처럼 유형교회는 성경적 질서와 체계를 갖추면 구원의 시작을 돕고 성도들의 성장을 일으킨다. 따라서 이런 교회질서를 무시하고 무교회주의자처럼 혼자 신앙생활하면 안 된다. 로마 가톨릭은 이 표현을 남용하여 계급적이고 교권적인 사제권을 강화시켰다. 반대로 재세례파는 로마 가톨릭에 대한 반발로 모든 유형교회적 질서를 무시했다. 이 양극단은 주의해야 한다.

는가에 따라서 더 순결하거나 혹은 덜 순결하다.(2)[100]

　　(1) 롬 11:3, 4; 계 12:6, 14 (2) 계 2장-3장; 고전 5:6, 7

5. 하늘 아래에 있는 가장 순결한 교회라도 혼합되고 오류에 빠질 수 있다.(1) 그리고 어떤 교회는 그리스도의 교회가 아니라 사단의 모임(會)이 될 정도로 타락하기도 했다.(2) 그럼에도 불구하고 이 땅에는 하나님의 뜻을 따라 그분을 예배하는 교회가 항상 있을 것이다.(3)

　　(1) 고전 13:12; 계 2장-3장; 마 13:24-30, 47 (2) 계 18:2; 롬 11:18-22 (3) 마
　　16:18; 시 72:17, 102:28; 마 28:19, 20

6. 주 예수 그리스도 외에 교회의 머리는 없다.(1) 로마교황은 어떠한 의미로도 교회의 머리가 될 수 없다. 오히려 로마교황은 적그리스도요, 죄악의 사람이며, 멸망의 아들이며, 교회 안에서 그리스도를 대항하여 또한 하나님이라고 불리는 모든 것을 대항하여 자신을 높이고 있다.(2)

　　(1) 골 1:18; 엡 1:22 (2) 마 23:8-10; 살후 2:3, 4, 8, 9; 계 13:6

---

100) 신조는 교회의 표지를 칼빈의 입장과 같이 '말씀'과 '성례'로 제시했다. 특히 말씀의 전파를 '복음의 교리'(the doctrine
　　of the gospel)로 표현하여 '교리'라는 개념을 더 강조했다. 즉, 단순히 설교한다고 해서 그것이 진정한 교회의 표지가
　　아니라 기독교의 핵심적인 복음적 교리들을 가르쳐야 진정한 교회의 표지다.

제26장

성도의 교제에 관하여

1. 성령에 의해 그리고 믿음으로 머리이신 예수 그리스도에게 연합된 모든 성도들은 그의 은혜, 고난, 죽음, 부활, 영광에서 그분과 교제한다.(1) 성도들은 사랑으로 서로 연합됐기 때문에 각자가 받은 은사와 은혜를 함께 나누며,(2) 사람의 내적으로나 외적으로나 상호 간에 유익하게 하는 의무를 공적으로 또는 사적으로 수행해야 할 책임이 있다.(3)[101]

> 1) 요일 1:3; 엡 3:16-19; 요 1:16; 엡 2:5, 6; 빌 3:10; 롬 6:5, 6; 딤후 2:12 (2) 엡 4:15, 16; 고전 12:7, 3:21-23; 골 2:19 (3) 살전 5:11, 14; 롬 1:11, 12, 14; 요일 3:16-18; 갈 6:10

---

101) 성도의 교제는 단순한 친교를 말하는 것이 아니다. 먼저 개인적으로는 '내적으로나 외적으로나', 즉 영적인 것과 물질적인 것을 서로 협력하고 돕는다. 다음으로는 '공적으로 또는 사적으로' 수행한다. 즉, 개별적으로도 돕지만 공적인 질서를 통해서도 협력한다. 특히 '공적인 교제'는 '예배적 교제', '성찬식의 교제', '교회정치 질서적 교제'를 포함한다. 전통적으로 '성찬'(the Lord's Supper)이란 단어는 '교제'(Communion)로 표현됐다.

2. 신앙고백에 의해서, 성도들은 하나님께 드리는 예배와 상호 덕을 세우는 영적 봉사를 행함에 있어서, 또한 그들의 각양 능력들과 필요에 따라 물질로 서로 돕는 일에 있어서도 거룩한 친교와 교통함을 계속 유지하도록 묶여져 있다.(1)[102] 이 교제는 하나님이 기회를 주시는 대로 어디에서나 주 예수의 이름을 부르는 모든 사람에게까지 확장되어야 한다.(2)

> (1) 히 10:24, 25; 행 2:42, 46; 사 2:3; 고전 11:20 (2) 행 2:44, 45; 요일 3:17; 고후 8장-9장; 행 11:29, 30

3. 성도들이 그리스도와 더불어 가지는 이 교제는 어떤 방식으로든 그들이 그리스도의 신성의 본질에 참여하는 자가 되는 것이 아니요, 또한 어떤 측면에서도 그리스도와 동등하게 되는 것도 아니다.[103] 이 두 가지 중 어느 것을 주장해도 불경건하고 망령된 일이다.(1) 성도로서 그들 상호 간의 교제는 각자의 재산과 소유에 대해서 가지고 있는 권리나 소유권을 빼앗거나 침해하지 않는다.(2)

> (1) 골 1:18, 19; 고전 8:6; 사 42:8; 딤전 6:15, 16; 시 45:7; 히 1:8, 9 (2) 출 20:15; 엡 4:28; 행 5:4

---

102) 성도들의 교제는 반드시 '신앙고백에 의해서' 일치를 이룬다. 교인들의 신앙이 제각기 다르고 행동의 규범도 일치되지 않으면 무질서가 팽배하여 유형교회를 이룰 수 없고, 성도의 교제도 불가능하다. 따라서 성도의 교제가 이뤄지기 위해서 신조는 성경에 대한 바른 해석과 믿음의 고백을 일치시킬 수 있는 '신앙고백'에 의한 일치를 제시한다. 이 신앙고백은 공교회적 신앙고백으로 표출되며, 개혁교회들은 '3품'(하이델베르크 요리문답, 벨직 신조, 도르트 신조)을 규범으로 하고, 장로교회에서는 웨스트민스터 신앙고백을 규범으로 한다.

103) '교제'라는 단어는 그리스도와의 연합을 표현할 때도 사용한다. 하지만 '교제'는 '신성의 본질'에 참여하는 '본질적 연합'이 아니라 예수님과 성도들의 '인격적인 연합'과 교제다.

•

제27장

성례에 관하여

•

1. 성례는 하나님께서 직접 제정하신(1) 은혜언약의 거룩한 표시(標)이자 인침(印)이며,(2)[104] 그리스도와 그의 은총들을 나타내고 그분 안에 있는 우리의 유익을 확신하게 하며,(3) 교회에 속한 자들과 세상의 나머지 사람들 사이에서 보이는 구별을 준다.(4) 그리고 성례는 성도들로 하여금 하나님의 말씀을 따라 그리스도 안에서 하나님을 섬기는 일에 엄숙히 참여하게 한다.(5)

(1) 마 28:19; 고전 11:23 (2) 롬 4:11; 창 17:7, 10 (3) 고전 10:16, 11:25, 26; 갈 3:17, 27 (4) 롬 15:8; 출 12:48; 창 34:14 (5) 롬 6:3, 4; 고전 10:16, 21

---

104) 성례는 은혜언약을 상징적으로 나타내고 드러내기 때문에 '표시'라고 부른다. 그러나 단지 기념적 수준의 표시가 아니라 은혜언약의 내용을 보증하고 확증하고 제시하기 때문에 '인호', '인침'이라고 한다.

2. 모든 성례에는 표와 표시하는 실제 내용 사이에 영적관계, 즉 성례전적 연합이 있다.[105] 그러므로 한편의 명칭과 효과들은 다른 편에도 돌려진다.(1)

    (1) 창 17:10; 마 26:27, 28; 딛 3:5

3. 올바르게 시행된 성례 안에서 혹은 그 성례로 인하여 나타난 은혜는 성례 안에 있는 어떤 능력에 의해 주어지는 것이 아니다.[106] 성례의 효과도 그것을 시행하는 사람의 경건이나 의도에 의존하는 것도 아니며,(1) 오히려 성령의 역사와(2) 성례를 제정한 하나님의 말씀에 달려 있다.[107] 그 말씀은 성례 시행의 권한을 부여하는 명령과 성례를 합당하게 받는 사람에게 주는 유익에 대한 약속을 담고 있다.(3)

    (1) 롬 2:28, 29; 벧전 3:21 (2) 마 3:11; 고전 12:13 (3) 마 26:27, 28; 28:19, 20

4. 우리 주 그리스도께서 복음 안에서 제정하신 성례는 오직 두 가지인데, 곧 세례와 주의 성찬이다. 그중 어느 것도 합법적으로 임직 받은 말씀을 맡은 목사 외에 그 누구도 시행할 수 없다.(1)[108]

---

105) '성례전적 연합'이란 상징과 그 실체가 조화롭게 연결된다는 뜻이다. 성례는 로마 가톨릭의 화체설처럼 그 자체가 예수님의 살과 피로 변화되는 '직접적인 연합'이 아니며, 또한 상징과 그 실체가 아무 관련성도 없는 '단순한 기념'도 아니다. 상징들을 성경의 명령을 따라서 잘 사용하고 성령의 도우심을 구하면 성례의 실체가 주어진다. 즉, 성경이 허락한 범위와 내용만큼은 상징과 실체가 긴밀하게 결합되어 있다.

106) '성례 안에서'란 성례가 시행될 때 '그 안에서' 누리는 은혜를 말하며, '그 성례로 인하여'란 '성례 후에도' 계속해서 성례 때문에 주어지는 열매적 은혜를 말한다.

107) 로마 가톨릭은 '성례 그 자체'가 은혜의 본질이라고 말하고, 재세례파는 성례에 참여하는 '개인의 신앙과 믿음'이 은혜의 본질이라고 말한다. 하지만 개혁파는 '성령의 역사'와 성례를 제정한 '하나님의 말씀'에 달려 있다고 말한다.

108) '합법적으로 임직 받은 말씀을 맡은 목사'는 남자 목사만을 의미한다.

(1) 마 28:19; 고전 11:20, 23, 4:1; 히 5:4

5. 구약의 성례들도 그것이 상징하고 표현하는 영적인 일들은 본질에 있어서 신약의 성례와 동일하다.(1)

(1) 고전 10:1-4

제28장

세례에 관하여

1. 세례는 예수 그리스도께서 제정하신 신약의 성례이다.(1) 그것은 세례 받는 자를 보이는 교회에 엄숙하게 가입시키기 위한 것뿐만이 아니라,(2) 그에게 은혜언약,(3) 그리스도에게 접붙임,(4) 중생,(5) 죄 사함,(6) 그리고 새 생명 가운데서 행하게 하기 위해,(7) 예수 그리스도를 통해 자신을 하나님께 드리는 표시와 인침이 되게 한다. 이 성례는 그리스도 자신이 제정하신 것이기 때문에 세상 끝 날까지 그의 교회 안에서 지속되어야 한다.(8)

   (1) 마 28:19 (2) 고전 12:13 (3) 롬 4:11; 골 2:11, 12 (4) 갈 3:27; 롬 6:5 (5) 딛 3:5 (6) 막 1:4 (7) 롬 6:3, 4 (8) 마 28:19, 20

2. 이 성례에서 사용하는 외적 요소는 물이다. 이 물로 세례를 받는 자는 합법적으로 부름을 받은 복음의 목사에 의해, 성부와 성자와 성령의 이름으로

세례를 받아야 한다.(1)

    (1) 마 3:11; 요 1:33; 마 28:19, 20

3. 세례 받는 자를 물속에 담그는 것이 꼭 필요한 것은 아니고, 세례 받는 자의 머리에 물을 붓든지 뿌림으로써 세례를 올바르게 시행할 수 있다.(1)[109]

    (1) 히 9:10, 19–22; 행 2:41, 16:33; 막 7:4

4. 그리스도께 신앙과 순종을 실제적으로 고백하는 자들뿐만 아니라,(1) 부모가 다 믿거나 어느 한 편만 믿는 부모의 유아들도 역시 세례를 받을 수 있다.(2)

    (1) 막 16:15, 16; 행 8:37, 38 (2) 창 17:7, 9; 갈 3:9, 14; 골 2:11, 12; 행 2:38, 39; 롬 4:11, 12; 고전 7:14; 마 28:19; 막 10:13–16; 눅 18:15

5. 이 성례를 모독하거나 소홀히 여기는 것은 심각한 죄이다.(1) 그러나 세례를 안 받았다고 하여 그 사람이 거듭날 수 없거나 구원을 받을 수 없다든가,(2) 또는 세례를 받은 모든 자들이 다 의심의 여지없이 중생되었다고 할 만큼 세례에 은혜와 구원이 분리될 수 없게 결합된 것은 아니다.(3)[110]

---

109) 신조는 세례의 방법과 관련하여 다양한 방식들을 허용한다. 물속에 담그는 침례뿐만 아니라 약식형태인 물을 붓거나 뿌리는 세례도 가능하다. 장로교회는 대부분 물을 뿌리는 '세례'를 선호한다.

110) 세례와 구원과의 관계는 3가지 입장이 있다. 로마 가톨릭은 세례와 구원을 100퍼센트 일치시킨다. 신비주의는 세례와 구원을 분리시켜서 물세례를 무시한다. 장로교회는 세례와 구원이 성경에서 허락하는 범위만큼 성례전적으로 결합됐다고 고백한다. 따라서 성경이 약속한 질서를 따라서 신앙고백 후에 세례를 받으면 충분히 신자의 외적 표시로 쓰인다.

(1) 눅 7:30; 출 4:24-26 (2) 롬 4:11; 행 10;2, 4, 22, 31, 45, 47 (3) 행 8:13, 23

6. 세례의 효과는 세례가 거행되는 그 시간에만 국한되지 않는다.(1) 그럼에도 불구하고 이 성례를 바르게 시행하면 약속된 은혜가 제공될 뿐만 아니라, 어른이든 유아이든 간에 그 은혜에 속해 있는 자들에게 하나님 자신의 뜻의 결정에 따라 그가 지정한 때에 성령으로 말미암아 실제적으로 나타나고 주어진다.(2)[111]

(1) 요 3:5, 8 (2) 갈 3:27; 딛 3:5; 엡 5:25, 26; 행 2:38, 41

7. 세례의 성례는 누구에게든지 단 한 번만 베풀어져야 한다.(1)

(1) 딛 3:5

---

111) 로마 가톨릭은 세례의 효과와 은혜를 시간과 공간에 제한시켜서 세례를 주는 사제권을 강화시켰다. 재세례파나 신비주의는 외적 세례의 효과를 등한시 하거나 부정하고 제2의 성령세례나 신비체험을 더 강조했다. 하지만 개혁파는 세례의 효과가 시간과 공간을 초월하여 "실제적으로 나타나고 주어진다."라고 강조하여 물세례의 중요성과 가치를 높였다.

●

제29장

주의 성찬에 관하여

●

1. 우리 주 예수께서 배신당하시던 밤에 주의 성찬이라고 불리는 자기의 몸과 피에 관한 성례를 그의 교회에서 세상 끝 날까지 지키도록 제정하셨다. 이것은 그의 죽음으로 인한 자신의 희생을 계속적으로 기념하기 위해, 참된 신자들에게 미치는 그 희생의 모든 혜택을 인치기 위해, 그리스도 안에서 그들의 영적 양육과 성장을 위해 제정하신 것이다. 또한 그들이 주님께 빚지고 있는 모든 의무들을 더 잘 이행하도록 하기 위해, 그리고 그리스도의 신비한 몸의 지체로서 그리스도와의 교제와 그들 상호 간의 교제의 매는 줄과 보증이 되도록 제정하신 것이다.(1)

   (1) 고전 11:23-26, 10:16, 17, 21, 12:13

2. 이 성찬에서 그리스도께서는 산 자나 죽은 자의 죄 사함을 위해 성부에

게 바쳐지는 것이 아니고, 어떤 실제적인 희생제사가 드려지는 것도 결코 아니다.(1) 다만 이것은 그리스도께서 스스로 자신을 십자가에서 단번에 바친 것을 기념하는 것일 뿐이며, 그때문에 하나님께 드릴 수 있는 모든 찬양의 영적 감사일 뿐이다.(2)[112] 그러므로 로마 가톨릭 교회의 소위 미사라고 부르는 제사는 택함 받은 자들의 모든 죄를 위해 드린 유일한 화목제물이신 그리스도의 단 하나의 유일한 희생제사에 대해 가장 가증스럽고 해로운 것이다.(3)[113]

(1) 히 9:22, 25, 26, 28 (2) 고전 11:24-26; 마 26:26, 27 (3) 히 7:23, 24, 27, 10:11, 12, 14, 18

3. 주 예수께서는 이 규례에서 그의 목사들이 백성들에게 성례 제정의 말씀을 선언하도록 명하셨다. 또한 목사들이 기도하고, 떡과 포도주의 요소들에 축사하여 일반적인 용도로부터 거룩한 용도로 성별(聖別)하고, 떡을 취하여 떼며, 잔을 들어 그들 자신들도 역시 참여할 뿐만 아니라, 성찬에 참여하는 자들에게도 떡과 잔을 나누어 주도록 하셨다.(1) 그러나 이때 그 모임에 참석치 않은 자들에게는 그 누구에게도 나누어 주지 말 것을 명령하셨다.(2)

(1) 마 26:26, 27, 28; 막 14:22-24; 눅 22:19, 20; 고전 11:23-26 (2) 행 20:7; 고전 11:20

4. 사적인 미사들, 즉 사제로부터 혹은 그 밖의 사람에게서 이 성찬을 홀로

---

112) '실제적인 희생제사'처럼 성찬을 사용하면 로마 가톨릭의 미사가 된다. 희생제사는 단 한 번 십자가에서 드려졌기 때문에 지금의 성찬은 '찬양의 영적 감사'이다.

113) 전통적으로 종교개혁 이후 모든 개혁파 교회들은 로마 가톨릭의 '미사'를 우상숭배로 평가했다. "제80문 : 성만찬은 로마 가톨릭의 미사와 어떻게 다릅니까? 답 : … 그러므로 미사는 단번에 드리신 예수 그리스도의 희생제사를 근본적으로 부인하는 것이며 저주받을 우상숭배인 것입니다."(하이델베르크 요리문답)

받거나,(1) 또는 회중들에게 잔을 주지 않거나,(2) 떡과 포도주를 숭배하거나, 이 숭배를 위해서 그것을 높이 들어 올려 이리저리 행진을 하거나, 어떤 종교적 사용을 핑계로 삼아 그것들을 보관하는 일이 있다면 이와 같은 모든 행동은 이 성례의 본질과 그리스도의 제정원리에 반대되는 일이다.(3)

(1) 고전 10:6 (2) 막 14:23; 고전 11:25-29 (3) 마 15:9

5. 그리스도께서 정하신 용도를 위해서 바르게 성별된 이 성례의 외적 요소들은 참으로 그러나 오직 성례적으로만 십자가에 못 박히신 주님과 관계를 갖는다.(1) 따라서 그 요소들은 종종 그것들이 나타내고 있는 그리스도의 몸과 피라는 이름으로 불린다. 그럼에도 불구하고 그것들은 본질과 성질에 있어서 전과 같이, 오직 그대로 떡과 포도주로 여전히 남아 있다.(2)[114]

(1) 마 26:26-28 (2) 고전 11:26-28; 마 26:29

6. 떡과 포도주의 본질이 사제의 성별 또는 다른 방법으로든지 그리스도의 몸과 피의 본질로 변한다는, 소위 화체설이라고 불리는 교리는 비성경적이며, 상식과 이성에도 모순된다. 그것은 성례의 성질을 뒤엎고, 과거나 현재에 있어서도 여러 가지 미신과 엄청난 우상숭배의 원인이다.(1)

(1) 행 3:21; 고전 11:24-26; 눅 24:6, 39

7. 합당하게 성찬에 참여하는 자는 성례에서 보이는 요소들에 외적으로 참

---

114) 신조는 로마 가톨릭의 화체설을 배격하는 데 많은 비중을 두었다. 떡과 포도주는 그 자체의 물질적인 '본질'(substance)에 있어서나 그 물질의 속성인 '성질'(nature)에 있어서도 전과 같이, '오직'(only) 하나의 성질을 가지며, 물질이 있던 '그대로'(truly) '진짜' 떡과 포도주로 여전히 남아 있다.

여하며,(1) 또한 믿음으로 말미암아 내적으로 참여하며, 실제로 그리고 참으로 참여한다. 그러나 물질적으로나 육체적으로 받는 것이 아니라, 영적으로 십자가에 못 박히신 그리스도와 그의 죽음에서 오는 모든 은혜를 받고 먹는 것이다. 이때 그리스도의 몸과 피가 떡과 포도주 안에, 함께, 혹은 아래에 물질적으로나 육체적으로 있는 것이 아니다.[115] 다만 그 요소들 자체가 그것들의 외적 감각에 감지되는 것같이 이 성례에서 그리스도의 몸과 피는 실제로, 그러나 영적으로 신자들의 믿음에 임재한다.(2)[116]

   (1) 고전 11:28 (2) 고전 10:16

8. 비록 무지하고 악한 사람들이 이 성찬에서 외적 요소들을 받는다 해도 그들은 그 요소들이 표시하는 실체를 받지 못한다. 오히려 그들은 합당치 않게 성찬에 참여하므로 주님의 몸과 피를 범하는 죄를 지으며, 그들 자신의 파멸을 초래한다. 그러므로 모든 무지하고 불경건한 사람들은 주님과 함께 교제를 즐기기에 합당하지 않다. 따라서 그들은 주의 성찬에 참석할 자격이 없고, 또 그리스도께 심각한 죄를 범하지 아니하였을지라도 무지하고 불경건한 상태로 남아 있는 동안에는 이 거룩한 신비에 참여할 수 없고,(1) 참여가 허락되어질 수도 없다.(2)

   (1) 고전 11:27-29; 고후 6:14-16 (2) 고전 5:6, 7, 13; 살후 3:6, 14, 15; 마 7:6

---

115) 루파의 공재설은 이성일인격의 혼돈에서 발생한다. 루터파는 그리스도의 인성이 신성에 흡수되거나 속성 간의 본질적 결합이 일어나서 제3의 성질이 되는 것처럼 주장했고, 그 결과 인성이 신성화되어 눈에 보이지는 않는 형태로 떡과 포도주 '안에', '함께', 혹은 '아래에' 물질적으로나 육체적으로 존재할 수 있다고 말한다.

116) 개혁파의 영적임재설은 기독론에서 '이성일인격'을 믿기 때문에 인성이 편재할 수 없다고 말한다. 따라서 그리스도의 몸과 피는 여전히 하늘에 계신다. 따라서 영적임재설은 성경의 약속에 기초하여 성령의 도우심으로 신자들이 믿음으로 참여할 때 하늘에 계신 그리스도의 몸에 참여하는 신비적 연합과 교제를 말한다. 그래서 성찬은 단순한 기념이 아니라 그리스도의 몸에 '실제로'로 참여하는 은혜가 있다. 그러나 이 연합은 "영적으로 신자들의 믿음에 임재"하는 것이다.

제30장

교회의 권징에 관하여

1. 교회의 왕이자 머리이신 주 예수 그리스도께서는 국가 공직자와는 구별하여 교회 직원들의 손에 정치를 제정해 주셨다.(1)

> (1) 사 9:6, 7; 딤전 5:17; 살전 5:12; 행 20:17, 28; 히 13:7, 17, 24; 고전 12:28; 마 28:18-20

2. 교회 직원들에게 천국의 열쇠가 맡겨져 있다.[117] 이 열쇠의 효력으로 교회 직원들은 각각 죄를 정하기도 하고, 용서할 수도 있으며, 회개하지 않는 자에게는 말씀과 권징으로 천국을 닫는 권세를 갖는다. 그리고 그들은 회개

---

[117] "내가 천국열쇠를 네게 주리니"(마 16:19)라는 말씀에서 천국열쇠의 권한은 권징론과 관련해서 가장 오래된 논쟁이다. 로마 가톨릭은 사제들에게 주어졌다고 말하고, 독립파나 회중파는 성도들 자신에게 주어졌다고 말한다. 장로교회는 '교회 직원들에게' 주어졌다고 고백한다. 즉, 당회, 노회, 총회가 그 권징의 열쇠를 갖는다.

한 죄인에게는 필요에 따라 복음의 사역과 권징의 사면을 통해서 천국을 열어 줄 권한을 갖는다.(1)

    (1) 마 16:19, 18:17, 18; 요 20:21-23; 고후 2:6-8

3. 교회의 권징은 범죄한 형제를 바로잡고 다시 얻기 위하여, 다른 사람들이 같은 죄를 범하는 것을 막기 위하여, 공동체 전체에 퍼질 누룩을 없애기 위하여, 그리스도의 명예와 복음의 거룩한 고백을 옹호하기 위하여 필요하다. 그리고 만약 하나님의 언약과 그 언약의 인침들이 악하고 완고한 범죄자들로 말미암아 더럽혀지는 대로 버려둔다면 마땅히 그 교회에 주어질 하나님의 진노를 막기 위해서도 권징은 필요하다.(1)

    (1) 고전 5장; 딤전 5:20; 마 7:6; 딤전 1:20; 고전 11:27-34; 유 1:23

4. 이 목적을 더 효과적으로 달성하기 위하여 교회의 직원들은 범죄의 성격과 범죄자의 과실을 고려하여 훈계, 주의 성찬 참여의 일시적 정지, 교회로부터의 출교를 시켜야 한다.(1)[118]

    (1) 살전 5:12; 살후 3:6, 14, 15; 고전 5:4, 5, 13; 마 18:17; 딛 3:10

---

118) 권징의 3단계는 교회법에 따라서 좀 더 세부적으로 나눠진다. 훈계는 목사의 개인적 훈계, 당회적 비밀 훈계, 공개 훈계이며, 수찬정지는 1-2회 정도의 단기 정지와 6-12회나 그 이상의 장기 정기가 있다. 출교는 예배만 참석하는 소극적 출교와 예배와 모든 성도의 교제를 중지시키는 적극적 출교가 있다.

●

제31장

총회와 공의회에 관하여

●

1. 교회의 보다 나은 정치와 건덕을 위하여 일반적으로 총회와 공의회라고 불리는 회의체가 마땅히 있어야 한다.(1)[119]

(1) 행 15:2, 4, 6

2. 국가 공직자는 종교적인 일들에 관하여 의논이나 조언을 하기 위해 목사들과 그 밖의 적합한 인물들의 총회를 합법적으로 소집할 수 있다.(1)[120] 그

---

119) ※ 1788년 미국판 수정, 1647년판 2절을 수정하여 1절로 통합함. "1. 교회의 보다 나은 정치와 건덕을 위하여 흔히 총회와 공의회라고 불리는 회의들이 마땅히 있어야 한다. 파괴를 위해서가 아니라 건덕을 위해서 그리스도께서 그들에게 주신 권세와 그 직분의 효력으로 이러한 회의를 결정하고, 그들이 교회의 유익을 위하여 마땅하다고 판단하는 대로 자주 이것들을 소집하는 것은 각 교회의 목회자들과 다른 치리자들에게 속한다."

120) 1647년 초판의 국가 총회소집권은 국가가 교회를 지배하는 방식의 소집권이 아니다. 정교분리와 상호협조의 원칙 아래서 교회의 어려움을 돕고 협조하기 위한 범위에서 소집권을 말한다. 즉 교회를 돕고 교회와 '함께'(with) 협력하

러나 국가 공직자가 교회에 대해 공적인 적대행위를 할 경우에는 그리스도
의 목사들이 그 직무상의 효력에 따라 그들 스스로, 또는 그들의 교회로부
터 위임받은 적합한 대표들(장로)과 함께 별도로 모여 회의할 수 있다.(2)

　　(1) 사 49:23; 딤전 2:1, 2; 대하 19:8-11, 대하 29장-30장; 마 2:4, 5; 잠 11:14
　　(2) 행 15:2, 4, 22, 23, 25

3. 총회와 공의회는 신앙에 관한 논쟁들과 양심의 문제들을 결정하고, 하나
님께 드리는 공적 예배와 교회의 정치를 더 질서 있게 하기 위한 규칙과 지
침을 확정하고, 잘못된 교회 정치에 대하여 고소를 접수하고 그 고소들을
권위 있게 재판한다. 이 재판에서 발표한 법령이나 결정들은 그것이 하나님
말씀에 일치한다면 존경과 복종으로 받아야 하는데, 그것들이 하나님 말씀
에 일치하기 때문만이 아니라 그것들을 제정한 권세 때문에라도 말씀에서
명하신 하나님의 규례로서 존경과 복종으로 받아들여야 한다.(1)[121]

　　(1) 행 15:15, 19, 24, 27-31, 16:4; 마 18:17-20

4. 사도시대로부터 모든 총회와 공의회는 전체회의나 개별회의를 막론하
고 과오를 범할 수 있고, 실제로 여러 번 오류를 범하였다. 그러므로 회의들
은 신앙과 생활의 규칙으로 여겨져서는 안 되고, 신앙과 생활의 도움으로

는 권한이지 교회 '위에'(over) 군림하기 위한 권한도 아니요, 교회 '안에'(in)에서 모든 것을 운영하고 결정하는 권한
도 아니다. 이 소집권은 항상 23장 3항에서 "국가의 공직자들은 말씀과 성례의 집례나 천국열쇠의 권세를 자기들
의 것으로 취해서는 안 된다."라고 말하는 부분과 조화를 이루어야 한다.

121) 당회, 노회, 총회와 같은 회의체의 권위는 성경에 기초한 결정을 할 때 권위가 있다는 것을 말하면서도 동시에 하나
님께서 회의체에게 권위를 위임해 주셨다는 '신적 권위'(Jus Divinum)를 말한다. '신적 권위'만 극단적으로 강조하면 로
마 가톨릭의 사제권이 된다. 그래서 신조는 '성경에 일치'할 때라는 전제 조건을 제시한다. 하지만 신적 권위를 무시
하고 제거하면 회의체는 단지 조언하고 의견을 제시하는 기구로 축소된다. 그 결과 교회는 교회법을 정하고 치리할
수 있는 사법권이 없어지고 무질서에 빠진다.

사용되어야 한다.(1)[122]

(1) 엡 2:20; 행 17:11; 고전 2:5 고후 1:24

5. 총회나 공의회는 교회적인 사건 이외에는 어떠한 일도 처리하거나 결정할 수 없다.[123] 다만 비상시국의 경우에는 겸손한 청원으로 하고, 또한 국가 공직자가 요청하는 경우에는 양심에 따라 조언하되, 그 이외에는 국가와 관련된 사회적 일에 간섭해서는 안 된다.(1)

(1) 눅 12:13, 14; 요 18:36

---

122) '규칙'(rule)이란 근원적이고 본질적인 1차 권위를 말한다. 따라서 규칙이 될 수 있는 유일한 권위는 오직 성경뿐이다. '도움'(help)이란 규칙을 보조하고 돕는 의미를 말한다. 따라서 '도움'이란 신앙과 생활의 제2의 규칙이란 의미다. '도움'이란 단어를 잘못 오해하여 회의와 회의의 결정들이 성경에 일치함에도 성도 자신의 판단에 따라서 필요하지 않다고 여겨 버릴 수 있는 보조 수단처럼 여기면 안 된다.

123) 교회와 국가의 관계는 어느 한쪽이 지배하는 지배관계도 아니며, 반대로 전혀 신경 쓰지 않는 무시나 회피주의도 아니고, 대립과 갈등관계도 아니다. 교회와 국가는 영역주권에 따라 각각의 의무와 책임을 침해하지 않으면서도 하나님의 말씀 앞에서 서로 협력하고 돕는 상호협력적 정교분리관계다.

제32장

사람들의 사후 상태와 죽은 자들의 부활에 관하여

1. 인간의 몸은 죽은 후에 흙으로 돌아가 썩어 버리지만,(1) 그들의 영혼은 죽거나 자는 것이 아니라[124] 죽지 않는 본질을 가지고 있으므로 죽은 후에는 그것을 주신 하나님께로 즉시 돌아간다.(2) 그때 의인들의 영혼은 완전히 거룩해져서 지극히 높은 하늘로 영접되어, 거기서 그들의 몸이 온전히 구속될 때까지 기다리며(3) 빛과 영광 가운데서 하나님의 얼굴을 본다.[125] 그리고 악인들의 영혼은 지옥에 던져져, 거기서 고통과 극심한 어두움 중에 남아 대심판의 날까지 갇혀 있다.(4) 성경은 몸으로부터 분리된 영혼들을 위하여

---

124) 죽은 후 영혼의 존재를 부정하거나 잔다거나 무의식 상태에 빠진다는 '영혼수면설', '영혼멸절설' 등은 비성경적이다. 죽은 후 인간 영혼은 여전히 존재하며, 의식도 여전히 가진다.

125) "몸이 온전히 구속될 때까지 기다리며"는 '중간 상태'를 의미한다. 중간 상태란 성도가 죽은 후 영혼만 존재하는 임시적 상태를 말한다. 하지만 '연옥'과 같은 '중간 장소'는 부정한다.

이 두 장소 외에 아무것도 인정하지 않는다.

> (1) 창 3:19; 행 13:36 (2) 눅 23:43; 전 12:7 (3) 히 12:23; 고후 5:1, 6, 8; 빌 1:23 행 3:21; 엡 4:10 (4) 눅 16:23, 24; 행 1:25; 유 1:6, 7; 벧전 3:19

2. 마지막 날에, 살아 있는 자들은 죽지 않고 변화될 것이다.(1) 그리고 이미 죽은 자들 모두는 비록 몸이 다른 성질들을 가질지라도, 결코 다른 몸이 아닌 이전과 동일한 몸으로 부활하여 다시 그들의 영혼과 영원히 결합될 것이다.(2)[126]

> (1) 살전 4:17; 고전 15:51, 52 (2) 욥 19:26, 27; 고전 15:42-44

3. 불의한 자들의 몸은 치욕당하기 위해서 그리스도의 능력으로 부활할 것이나, 의로운 자들의 몸은 영광을 얻기 위해 성령으로 말미암아 부활하여 그리스도 자신의 영광스러운 몸을 닮게 될 것이다.(1)

> (1) 행 24:15; 요 5:28, 29; 고전 15:43; 빌 3:21

---

126) 부활의 몸은 "신령한 몸으로 다시 사나니"(고전 15:44)라는 말씀처럼 현재의 몸과는 '다른 성질'들을 가질지라도, 결코 다른 몸이 아닌 이전과 '동일한 몸'이다.

제33장

최후심판에 관하여

1. 하나님께서는 예수 그리스도로 말미암아 의(義)로써 세상을 심판할 날을 정하시고,(1) 성부의 모든 권세와 심판을 그에게 맡기셨다.(2)[127] 그날에는 배교한 천사들이 심판을 받을 뿐만 아니라,(3) 이 세상에 살았던 모든 사람들도 그들의 생각과 말과 행실들을 설명하기 위해서, 또 그들의 몸으로 선을 행했든 악을 행했든 간에 그들의 행한 일에 따라 보응을 받기 위해서 그리스도의 심판대 앞에 서게 될 것이다.(4)[128]

---

127) 개혁파의 종말론은 단순한 시간적 최후심판이 아니라 신적작정과 섭리 속에서 하나님의 뜻을 성취하는 '섭리론적 종말론'이다. 처음과 마지막 전체, 창조와 종말 전체를 작정하시고 성취하는 것이기에 '시원적(始原的) 종말론'이라 한다. "또 내게 말씀하시되 이루었도다 나는 알파와 오메가요 처음과 나중이라"(계 21:6).

128) 신조는 1,000년 왕국을 어떻게 해석할 것인지에 대해서는 침묵한다. 종교개혁 이후로 1,000년을 지나치게 문자적으로 시간적으로 유대주의적으로 해석하는 세대주의적인 천년왕국론자들을 거부해 왔다. 세대주의는 후대에 발생했지만 그 초기 모델은 초대교회에도, 종교개혁시대에도 존재했다. 그러나 전천년주의, 후천년주의, 무천년주의와 같은 방식들은 서로 존중할 수 있도록 본문에 담지 않고 침묵했다.

(1) 행 17:31 (2) 요 5:22, 27 (3) 고전 6:3; 유 1:6; 벧후 2:4 (4) 고후 5:10; 전 12:14; 롬 2:16, 14:10, 12; 마 12:36, 37

2. 하나님께서 이날을 정하신 목적은 택한 자들의 영원한 구원에 있어서는 그의 자비의 영광을 나타내시고, 또한 악하고 불순종하는 버림받은 자들의 영원한 파멸에 있어서는 하나님의 공의의 영광을 나타내시기 위함이다.[129] 그때에 의인들은 영생에 들어가서 주님 보좌 앞에서 나오는 기쁨과 위로를 충만히 받을 것이지만, 그러나 하나님을 모르고 예수 그리스도의 복음을 순종하지 않은 악인들은 영원한 고통에 던져져서 주님의 보좌와 그의 영광스러운 권세로부터 쫓겨나 영원한 파멸로 형벌을 받게 될 것이다.(1)

(1) 마 25:31-46; 롬 2:5, 6, 9:22, 23; 마 25:21; 행 3:19; 살후 1:7-10

3. 그리스도께서 장차 심판의 날이 있으리라는 것을 우리에게 분명히 확신시키신 것은 모든 사람들을 죄로부터 멀어지게 하고, 역경에 처한 경건한 사람들이 큰 위로를 받게 하기 위함이었다.(1) 다만 그리스도께서는 언제 다시 오실지를 알지 못하도록 그날을 사람들에게 숨겨두셨는데, 이는 사람들로 하여금 모든 육적인 안도감을 떨쳐버리고 항상 깨어 있고, 또 언제든지 "주 예수여 오소서, 속히 오소서. 아멘"이라고 말할 수 있도록 준비하기 위함이다.(2)

(1) 벧후 3:11, 14; 고후 5:10, 11; 살후 1:5-7; 눅 21:7, 28; 롬 8:23-25 (2) 마 24:36, 42-44; 막 13:35-37; 눅 12:35, 36; 계 22:20

---

129) 개혁파의 종말론은 '섭리론적 종말론', '시원적(始原的) 종말론'이기 때문에 33장 최후심판도 예정론적 관점으로 마감한다. 최후심판은 "택한 자들의 영원한 구원"과 "악하고 불순종하는 버림받은 자들"에 대한 예정의 성취다. 신조는 이 목적을 강조하기 위해서 '택자'(the elect)와 '유기자'(the reprobate)를 대조시켰고, 특히 예정론에서 '유기(遺棄)'라는 가장 강한 표현을 종말론에 배치했다. 참고로 3장 작정론(예정론)에서는 '다른 사람들은 미리 정하셨다'(others foreordained), '그 나머지에 대하여'(The rest of mankind), '그냥 내버려두기를'(to pass by)이라는 표현으로 소개한다.

2-3

웨스트민스터
대 · 소요리문답
요약 해설

1) 웨스트민스터 대 · 소요리문답의 역사적 배경

웨스트민스터 신앙고백서와 대 · 소요리문답은 서로 분리되어 있지 않고 하나의 구
조와 틀을 가지고 있다. 신앙고백서는 성경 전체의 교리적 주제들을 체계화하고 논리
화하여 신앙의 중요 개념들을 정립해 주었고, 대요리문답은 이 개념들을 보충 설명하
는 주석적 역할을 담당했다. 마지막으로 소요리문답은 아이들 교육용으로 사용하고
자 하는 목적도 있었지만, 동시에 앞서 소개한 개혁파 신앙의 중요 개념들을 더 축약
하여 암송할 수 있도록 전달력을 높였다.

대요리문답 작업에는 캠브리지 대학의 부총장이요 신학 교수였던 터크니(Dr.
Anthony Tuckney) 목사의 공로가 컸다. 대요리문답은 다른 어떤 교리문답도 따르기 어
려운 묻고 대답하는 교리문답적 기술을 발휘한 역작이다. 대요리문답서는 제네바 교
리문답이나 하이델베르크 요리문답처럼 사도신조를 한 문장씩 설명하는 방식 대신

에 조직신학의 형식을 따라 기독교 교리를 보다 더 체계적이고 논리적으로 이해할 수 있도록 하였다. 즉, 신학의 전 체계를 대중적이면서도 목회적인 형식으로 표현해 놓은 것이 큰 특징이다.

대요리문답은 주로 성인과 목사의 교리교육과 설교에 도움을 주기 위하여 작성했다. 특히 웨스트민스터 신앙고백의 각 조항을 더욱 자세하게 주석하는 성격을 가지고 있어서 그 가치가 매우 크다. 이러한 대요리문답은 제임스 우셔(James Ussher)의 입장을 가장 많이 반영한 것으로 평가된다. 우셔는 웨스트민스터 회의에 참석하도록 두 번이나 초대를 받았으나 참여하지 못했다. 그럼에도 그가 작성한 교리문답들의 성경적인 해석은 웨스트민스터 교리문답 작성에 영향을 끼쳤다. 특히 우셔의 대요리문답 중 그의 율법에 대한 이해, 즉 도덕법으로서의 십계명에 대한 특징은 칼빈의 신학적 기초를 잘 드러내 주고 있다.

소요리문답은 대요리문답의 주제를 간략하게 정리해서 아이들의 교육용으로 작성됐다. 소요리문답 작성 위원회의 소집책임도 역시 터크니 목사가 맡고 있었다. 그러나 대요리문답을 간략하게 압축하고 세심하게 논리적인 답변을 구사한 것은 왈리스(John Wallis) 목사였다. 이 요리문답은 매우 탁월해서 당시 장로교회, 회중교회, 침례교회(칼빈주의적)에서도 채택하였다.

그 탁월성을 백스터(R. Baxter) 목사는 다음과 같이 표현했다. "내가 본 것들 중 최상의 요리문답이요, 기독교 신앙과 교리를 가장 잘 요약해 놓은 요리문답이며, 정통 사상을 가르치고 있는지를 시험해보기에 가장 적합한 요리문답이다." 또한 칼라일리(Thomas Carlyle)는 현대의 유물주의를 반대하면서 "나는 나이가 들어갈수록 내가 어렸을 때 배운 이 요리문답서의 제1문으로 되돌아가고 있다. 그리고 그 의미를 점점 더 심오하고 자세하게 묻게 된다. 사람의 제일 되는 목적이 무엇인가? 하나님을 영화롭게 하고 그를 영원토록 기쁘시게 하는 것입니다."라고 극찬하였다.

이 요리문답들은 교회 정치와 권징을 생략하고 있는 것이 특징이다. 이 부분은 '정치형태(조례)'과 '예배모범'으로 분리해서 설명했다. 대 · 소요리문답들은 1647년 가을에 심사와 승인을 받기 위해 의회로 보내졌으며, 에딘버러 총회는 1648년 7월 20일에 대요리문답을, 7월 28일에는 소요리문답을 각각 승인하면서, 이 두 요리문답서는 "하나님의 말씀과 일치하며, 공인된 교리, 예배, 권징, 교회 정치에 위배된 것이 전혀 없다."라고 선언했다. 이 결정 사항은 1649년 2월 7일 스코틀랜드 의회에서 비준을 받기도 했다.

2) 웨스트민스터 대 · 소요리문답의 구조 특징

정통교회의 성경해석원리를 모르는 많은 사람들은 자기의 생각과 판단을 따라서 자유롭게 성경을 해석한다. 이런 자유로운 성경읽기와 해석은 수많은 의미와 내용을 만들어 내며, 마침내 본문의 의미를 알 수 없게 하는 해석의 미로에 빠지게 만든다. 교회는 이단들과 지나치게 개인적으로 성경을 곡해하는 오류로부터 올바른 성경해석의 규칙을 마련해 주기 위해 초기부터 '사도신경', '니케아 신경'이라는 공적인 교회의 해석규범을 마련해 주었다.

교회가 공적으로 고백한 성경해석의 규범은 "너는 그리스도 예수 안에 있는 믿음과 사랑으로써 내게 들은바 바른 말을 본받아 지키고"(딤후 1:13)라는 말씀에서 보듯이 '신앙'과 '사랑'이라는 2개의 원칙이다. 첫째로 성경은 하나님께 대한 신앙을 가르치고 있기 때문에 항상 성경을 읽고 해석할 때는 하나님이 누구시며, 그 하나님을 어떻게 믿을 수 있는지를 배우는 방식으로 해석해야 한다. 이 신앙에 대한 내용을 가장 잘 요약해 놓은 것이 '사도신경'이다.

둘째로 성경은 하나님께서 창조주이심을 알려 주고, 그 하나님께서 피조물을 만드신 목적을 가르치고 있기 때문에 반드시 하나님이 인간에게 요구하는 의무를 드러내는 방식으로 해석해야 한다. 이 의무에 대한 내용을 가장 잘 요약해 놓은 것이 '십계명'과 '주기도문'이다. 이와 같은 대 · 소요리문답의 사도신경, 십계명, 교회, 주기도문의 전체 4개 구조는 기독교 신앙생활의 핵심이 되는 '신앙', '생활', '교회', '기도'를 요약해 놓은 기독교의 초석들이다.

대 · 소요리문답의 전체 구조는 성경의 구조를 따라 신앙과 의무라는 2가지 형태로 구성됐다. 대요리문답 1–6문(大), 소요리문답 1–3문(小)까지의 서론을 제외하고 첫째는 7–90문(大), 3–38문(小)까지 소개되는 하나님께 대한 신앙이며, 둘째는 91–196문(大), 39–107문(小)까지 소개되는 하나님이 인간에게 요구하는 의무이다. '신앙'과 '의무'로 성경 전체를 이해하는 방식은 "예수께서 가라사대 네 마음을 다하고 목숨을 다하고 뜻을 다하여 주 너의 하나님을 사랑하라 하셨으니, 이것이 크고 첫째 되는 계명이요, 둘째는 그와 같으니 네 이웃을 네 몸과 같이 사랑하라 하셨으니, 이 두 계명이 온 율법과 선지자의 강령이니라."(마 22:37-40)는 말씀에 기초한다. 이 원리는 칼빈이 기독교강요에서 성경해석의 원리로 '창조주와 구속주 하나님'을 제시한 것에서도, 또한 웨스트민스터 대요리문답 121문에서 "종교의 요약을 담고 있는 창조와 구속의 두 가지 큰 혜택"이라고 표현하는 것에서도 잘 나타나고 있다.

신앙과 의무로 나뉘는 두 개의 큰 구조는 대 · 소요리문답에서 '신앙', '생활'(십계명), '교회', '기도'(주기도문)라는 4개의 구조로 세분화되었다. 첫째로 신앙에 대한 부분은 7-90문(大), 3-38문(小)에서 전통적으로 사도신경을 통해서 가르쳐 오던 부분을 '성경'→'하나님'→'죄'→'예수님'→'구원'→'교회'→'종말'이라는 7개의 조직신학 교리 구조로 체계화했다. 둘째로 생활에 대한 부분은 91-153문(大), 39-87문(小)에서 '십계명'을 설명했고, 셋째로 교회에 대한 부분은 154-177문(大), 88-97문(小)에서 '말씀', '세례', '성찬'을 설명했고, 마지막으로 기도에 대한 부분은 178-196문(大), 98-107문(小)에서 '주기도문'을 설명했다.

대 · 소요리문답의 구조의 독특성은 개혁파 교회의 3개 교리문답과 비교하면 더 선명하다. 제네바 교리문답은 373문, 하이델베르크 요리문답은 129문, 웨스트민스터 소요리문답은 107문으로 점점 축소되고 있음을 알 수 있다. 이것은 교리 내용이 방대해지면 논리적 요약이 희미해질 수 있기 때문에 후대로 갈수록 핵심적인 교리를 좀 더 조직적으로 요약해서 교리문답의 본질적 특성인 간략성과 역동성과 교육적 효과성을 높이고자 했던 것이다.

이런 특징 외에도 칼빈은 우선 4개의 주제를 기독교 신앙의 핵심적인 요소로 정립했으며, 하이델베르크 요리문답에서는 비참, 구원, 감사라는 소제목으로 이 4개의 주제를 구원과정의 논리적 형태로 발전시킨 것이 큰 특징이다. 그리고 웨스트민스터 소요리문답도 4개 구조를 토대로 하여 교리체계를 발전시켰음을 확인할 수 있다.

하지만 사도신경을 두 교리문답처럼 직접 설명하는 방식이 아니라, 사도신경의 내용을 논리적인 교리체계로 조직화해서 설명했고, 십계명과 주기도문은 교회론의 내용으로 분리시켜서 조직신학적인 7개 구조 형태로 정립시켰다.

이런 차이점을 샤프는 다음과 같이 정확히 설명해 주었다. "하이델베르크 요리문답은 사도신경을 교리해설의 기초로 내세우며, 일상적인 용어를 그대로 사용한다. 장로교의 체제에서 볼 때 명확성이 떨어지기도 하지만 더 많은 포용력을 갖춘 주관적인 요리문답이라 할 수 있다. 반면에 웨스트민스터 요리문답은 사도신경을 부록으로 첨부시키면서 과거 신조들의 역사적 순서를 새로운 논리적인 교리체계로 대치했다. 또한 객관적이고 비인격적이며, 요약된 형태의 답변을 취하는 학문적인 교리 용어를 사용하며, 정의의 간결성, 명확성, 정확성이 특징이다."

결국 3개의 교리문답은 사도신조, 십계명, 주기도문, 성례라는 핵심적 원리를 동일하게 공유하면서도 자신의 시대와 지역에 적용하면서 다양성을 발전시켰던 것이기 때문에 차이점은 다양성의 차이지 근본적인 차이점이 아니다. 따라서 이런 구조의 발전은 스콜라적 사변주의를 확대시킨 것이 아니라, 오히려 신앙교육의 실천적 효과를 높이기 위한 교리체계화의 발전 과정이라 할 수 있다.

이와 같은 발전적 차이점은 주제를 다루는 방식에서도 알 수 있다. 즉 예정론이 제네바 교리문답과 하이델베르크 요리문답에서는 전체 내용 안에 스며들어 있어서 선명하게 나타나지 않거나 언급을 축소하고 있다. 그러나 대 · 소요리문답에서는 작정과 섭리의 항목을 통해서 예정론을 중요한 신앙 내용으로 발전시켰다.

이상과 같이 체계적인 논리구조의 발전과 확대를 통해서 웨스트민스터 대 · 소요리문답은 7개의 조직신학 구조로 발전시킴으로써 기독교의 핵심 교리들을 더욱 정확하게 가다듬으며 개념화하였고, 더불어 신앙교육의 실천성과 효과성을 높여 주었다.

2

웨스트민스터
대요리문답

Q 1. 사람의 첫째 되고 가장 높은 목적은 무엇인가?

답: 사람의 첫째 되고 가장 높은 목적은 하나님을 영화롭게 하는 것과(1) 그를 영원토록 온전히 즐거워하는 것이다.(2)[130]

(1) 롬 11:36; 고전 10:31 (2) 시 73:24–28; 요 17:21–23

Q 2. 하나님께서 계시다는 것이 어떻게 나타나는가?

답: 사람 안에 있는 본성의 빛과 하나님께서 지으신 만물이 하나님이 계시다는 것을 분명히 나타낸다.(1) 그러나 하나님의 말씀과 성령만이 사람들로 하여금 구원을 얻도록 하나님을 충분히 그리고 효과적으로 나타내신다.(2)[131]

(1) 롬 1:19, 20; 시 19:1–3; 행 17:28 (2) 고전 2:9, 10; 딤후 3:15–17; 사 59:21

Q 3. 하나님의 말씀은 무엇인가?

답: 신약과 구약 성경이 하나님의 말씀이며,(1) 신앙과 순종을 위한 유일한 규칙이다.(2)

(1) 딤후 3:16; 벧후 1:19–21 (2) 엡 2:20; 계 22:18, 19 (3) 사 8:20; 눅 16:29–31; 갈

---

130) '목적'이란 인생의 최종 목적을 의미하기도 하지만 1문은 궁극적으로 하나님 신적 목적이 무엇인가를 묻고 있다. 인간의 존재와 자연 창조와 섭리의 궁극적 목적은 하나님의 신적작정을 통해서 하나님의 영광을 드러내려는 것이다. 따라서 "오직 하나님께 영광"이라는 목표가 신앙의 본질이요, 인간의 존재 목적이다.

131) 2–4문은 기독교의 근본적인 신 인식원리, 즉 하나님을 아는 방법을 소개한다. 오직 '말씀'과 '성령'이다. 성령의 내적조명은 반드시 성경과 함께, 성경을 통해서 나타나는 것이지 오순절파의 주장처럼 성령의 역사만 따로 나타나지 않는다.

1:8, 9; 딤후 3:15, 16

Q 4. 성경이 하나님의 말씀이라는 것은 어떻게 알 수 있는가?

답: 성경은 그 장엄함과(1) 순수함에(2) 의해서, 모든 부분들의 일치와(3) 모든 영광을 하나님께 돌리는 전체의 목적에 의해서,(4) 또한 죄인들을 깨닫게 하여 회개시키며 신자들을 위로하고 격려하여 구원에 이르게 하는 그 빛과 능력에 의하여 그 자체가 하나님의 말씀임을 명백하게 나타낸다.(5) 그러나 성경에 의해서, 성경과 함께 사람의 마음에 증거하시는 성령 하나님만이 성경이 하나님의 말씀임을 완전히 설득할 수 있다.(6)

(1) 호 8:12; 고전 2:6, 7, 13; 시 119:18, 129, 140 (2) 시 12:6 (3) 행 10:43, 26:22 (4) 롬 3:19, 27 (5) 행 18:28; 히 4:12; 약 1:18; 시 19:7–9; 롬 15:4; 행 20:32 (6) 요 16:13, 14; 요일 2:20, 27 요 20:31

Q 5. 성경이 제일 중요하게 가르치는 것은 무엇인가?

답: 성경이 제일 중요하게 가르치는 것은 사람이 하나님에 관하여 믿어야 할 것과 하나님께서 사람에게 요구하시는 의무다.(1)[132]

(1) 딤후 1:13

사람이 하나님에 대하여 마땅히 믿어야 할 것

Q 6. 성경이 하나님에 대하여 알려 주는 것은 무엇인가?

답: 성경은 하나님이 어떤 분이신지와(1) 신성의 위격들과(2) 하나님의 작정

---

132) 개혁주의 성경해석의 근본원리를 제시한다. 하나님 사랑과 이웃 사랑은 십계명의 요약이며, 십계명은 성경 전체를 해석하는 원리다. 또한 십계명은 '창조주'와 '구속주' 하나님을 소개한다. 따라서 창조의 역사를 다루는 일반사와 인간 구원의 문제를 다루는 구속사의 두 주제는 항상 균형을 이뤄야 한다. 구속사가 중요하지만 일반사를 배제한 채 강조하면 루터파처럼 이신칭의만을 강조하는 구원론 중심의 해석이 될 수 있다.

과(3) 그 작정의 실행하심을 알려 준다.(4)

(1) 히 11:6 (2) 요일 5:17 (3) 행 15:14, 15, 18 (4) 행 4:27, 28

Q 7. 하나님은 어떤 분이신가?

답: 하나님은 영이시며,(1) 존재,(2) 영광,(3) 복되심,(4) 완전함에서(5) 본래
부터 그리고 스스로 무한하며, 자족하며,(6) 영원하고,(7) 불변하며,(8) 불
가해하고,(9) 어디든지 계시고,(10) 전능하시다.(11) 또한 하나님은 모든 것
을 아시며,(12) 지극히 지혜롭고,(13) 지극히 거룩하며,(14) 지극히 공의롭
고,(15) 지극히 자비하고 은혜로우며, 오래 참고, 선함과 진실함이 충만하시
다.(16)[133]

(1) 요 4:24 (2) 출 3:14; 욥 11:7-9 (3) 행 7:2 (4) 딤전 6:15 (5) 마 5:48 (6) 창 17:1 (7)
시 90:2 (8) 말 3:6; 약 1:17 (9) 왕상 8:27 (10) 시 139:1-13 (11) 계 4:8 (12) 히 4:13; 시
147:5 (13) 롬 16:27 (14) 사 6:3; 계 15:4 (15) 신 32:4 (16) 출 34:6

Q 8. 하나님 한 분 외에 다른 신들이 있는가?

답: 살아 계시고 참되신 하나님은 오직 한 분뿐이시다.(1)

(1) 신 6:4; 고전 8:4, 6; 렘 10:10

Q 9. 하나님의 신성(神性) 안에 몇 위(位)가 계시는가?

답: 하나님의 신성 안에 삼위(三位)가 계시니, 곧 성부와 성자와 성령이시다.
이 삼위는 참되고 영원한 한 분 하나님이시며, 각 위격의 고유성은 구별되
지만 본체가 동일하고 능력과 영광은 동등하시다.(1)[134]

---

133) 개혁주의 신관의 핵심 요약이다. '하나님은 영이시다'라는 뜻은 하나님은 스스로 존재하시며 절대주권을 가지고
원하시는 모든 것을 창조하고 다스리시는 전지전능하신 절대신이라는 뜻이다.

134) '삼위일체' 고백은 동일본질이신 한 하나님과 삼위 하나님을 균형 있게 고백하는 것이 핵심이다. 어느 쪽으로도 치
우쳐서는 안 되고, 한 하나님과 삼위를 동시에 고백하고 강조해야 한다. 일체이신 한 분 하나님이라고 할 때 '수'에
있어서도 '한 분'(one)이시며 또한 단일한 신성인 '동일본질'(the same in substance)이시기도 하다. 표준문서 전체는 'one'

(1) 요일 5:7(KJV); 마 3:16, 17; 마 28:19; 고후 13:14; 요 10:30

Q 10. 하나님의 신성 안에 있는 삼위의 구별된 고유성은 무엇인가?

답: 영원부터 성부의 고유성은 성자를 낳으심이며,(1) 성자의 고유성은 성부에게서 태어나심이며,(2) 성령의 고유성은 성부와 성자로부터 나오심이다.(3)[135]

(1) 히 1:5, 6, 8 (2) 요 1:14, 18 (3) 요 15:26; 갈 4:6

Q 11. 성자와 성령이 성부와 동등한 하나님이시라는 것은 어떻게 나타나는가?

답: 성경은 오직 하나님께만 어울리는 이름들과(1) 속성들과(2) 사역들과(3) 예배를(4) 성자와 성령에게 돌림으로 성자와 성령이 성부와 동등한 하나님이심을 명백히 나타낸다.

(1) 사 6:3, 5, 8; 요 12:41; 행 28:25; 요일 5:20; 행 5:3, 4 (2) 요 1:1; 사 9:6; 요 2:24, 25; 고전 2:10, 11 (3) 골 1:16; 창 1:2 (4) 마 28:19; 고후 13:13

Q 12. 하나님의 작정이란 무엇인가?

답: 하나님의 작정이란 자신의 뜻의 결정에 속한 지혜롭고, 자유로우며, 거룩한 행동이다.(1) 그것으로 하나님께서는 일어날 모든 일들, 특히 천사들과 사람들에 관한 것들을 영원부터 자신의 영광을 위해 불변하게 미리 결정하셨다.(2)[136]

과 'same'을 균형 있게 소개한다.

135) '삼위'에 대한 바른 고백은 성부, 성자, 성령 하나님을 어느 쪽으로 치우치지 않고 동시에 균형 있게 고백하는 것이다. 이것과 함께 3가지 고백이 핵심이다. 첫째로 삼위는 위격이 서로 다른 분, 둘째로 다르지만 동등하신 분, 셋째로 그럼에도 종속적 차이는 아닐지라도 질서적 차이성은 존재하신다. 그래서 성부는 삼위격의 시작이라고 말할 수 있다.

136) 신적작정에는 작은 일과 큰 일, 선과 악을 포함한 모든 역사가 포함된다. 하나님은 죄의 조성자는 아닐지라도 죄를

(1) 엡 1:11; 롬 11:33, 9:14, 15, 18 (2) 엡 1:4, 11; 롬 9:22, 23; 시 33:11

Q 13. 하나님께서 천사들과 사람들에 관하여 특별히 작정하신 것은 무엇인가?

답: 하나님께서는 때가 차면 나타날 그의 영광스러운 은총을 찬양하도록 자신의 순전한 사랑에서 나온 영원불변한 작정으로 말미암아 어떤 천사들을 영광으로 선택하시고,(1) 또한 그리스도 안에서 어떤 사람들을 영원한 생명으로 선택하시되, 그 수단들까지도 선택하셨다. 한편 하나님은 그의 주권적 능력과 자신의 기뻐하는 대로 은총을 베푸시기도 하고, 또는 거두시기도 하는 그의 뜻의 신비한 결정에 따라서 자신의 공의의 영광에 대한 찬양을 받고자 나머지 천사들과 사람들은 그들의 죄에 대하여 벌을 받도록 그냥 내버려 두셨고, 불명예와 진노 아래 있도록 미리 결정하셨다.(2)[137]

(1) 딤전 5:21; 엡 1:4–6; 살후 2:13, 14 (2) 롬 9:17, 18, 21, 22; 마 11:25, 26; 딤후 2:20; 유 1:4; 벧전 2:8

Q 14. 하나님께서는 자신의 작정을 어떻게 성취하시는가?

답: 하나님께서는 무오한 미리 아는 지식과 자유롭고 불변하는 자신의 뜻의 결정을 따라 창조와 섭리로 그의 작정을 성취하신다.(1)

(1) 엡 1:11

Q 15. 창조의 일은 무엇인가?

답: 창조의 일은 하나님이 태초에 그의 능력의 말씀으로 6일 동안에 그 자신을 위하여 아무것도 없는 데서 세계와 그 안에 있는 모든 것을 만드신 것이

통치, 정돈, 다스리는 분이다. 여기서 개혁주의의 신본주의, 하나님 중심의 신관과 세계관이 나온다.

137) 예정론은 반드시 쌍방예정, 즉 선택과 유기가 포함되어야 한다. 유기를 제외하고 선택만 강조하는 일방(단일)예정은 보편구원을 주장하는 알미니안주의 예정론이다.

다. 그 지으신 모든 것이 지극히 선하였다.(1)[138]

(1) 창 1장; 히 11:3; 잠 16:4

Q 16. 하나님께서는 천사들을 어떻게 창조하셨는가?

답: 하나님께서는 모든 천사들을(1) 죽지 않고,(2) 거룩하며,(3) 지식이 뛰어나고,(4) 능력이 강대하며,(5) 하나님의 명령을 따라 일을 수행하며, 하나님의 이름을 찬양하는(6) 영(靈)들로(7) 창조하셨다. 그러나 하나님은 그들을 변할 수 있게 지으셨다.(8)

(1) 골 1:16 (2) 마 22:30 (3) 마 25:31 (4) 삼하 14:17; 마 24:36 (5) 살후 1:7 (6) 시 104:4 (7) 시 103:20, 21 (8) 벧후 2:4

Q 17. 하나님께서는 사람을 어떻게 창조하셨는가?

답: 하나님께서는 다른 모든 피조물을 만드신 후에, 사람을 남자와 여자로 창조하셨다.(1) 하나님은 남자의 몸을 땅의 흙으로 지었고,(2) 여자는 남자의 갈비뼈로 지었으며,(3) 그리고 그들에게 살아 있고 이성적이며 죽지 않는 영혼을 주셨다.(4) 또한 하나님은 그들을 지식과(5) 의로움과 거룩함에서(6) 그자신의 형상대로(7) 만들었고, 하나님의 법을 그들의 마음속에 기록하며,(8) 그것을 성취할 수 있는 힘을 주시고,(9) 피조물에 대한 통치권을 주셨다.(10) 그러나 하나님은 그들을 타락할 수도 있게 지으셨다.(11)[139]

(1) 창 1:27 (2) 창 2:7 (3) 창 2:22 (4) 창 2:7; 욥 35:11; 전 12:7; 마 10:28; 눅 23:43 (5) 골 3:10 (6) 엡 4:24 (7) 창 1:27 (8) 롬 2:14, 15 (9) 전 7:29 (10) 창 1:28 (11) 창 3:6; 전 7:29

---

138) 성경적 창조론은 무(無)에서 창조하는 절대창조론이다. 따라서 진화론이나, 진화론과 창조론을 반반 혼합한 유신진화론은 비성경적이다.

139) 남녀는 모두 하나님의 형상으로 창조되어 본질상 동등한 인격체이다. 하지만 남녀의 질서적 차이와 구별은 있다.

Q 18. 하나님의 섭리란 무엇인가?

답: 하나님의 섭리란 그의 모든 피조물에 대한 그의 가장 거룩하고,(1) 지혜로우며,(2) 능력 있는 보존하심과(3) 통치하심이며,(4) 그 자신의 영광을 위해(5) 모든 피조물들과 그들의 행동을 정돈하시는 것이다.(6)**140**

(1) 시 145:17 (2) 시 104:24; 사 28:29 (3) 히 1:3 (4) 시 103:19 (5) 롬 11:36; 사 63:14 (6) 마 10:29-31; 창 45:7

Q 19. 천사들에 대한 하나님의 섭리는 무엇인가?

답: 하나님께서는 자신의 섭리로 천사들 중 일부가 자발적으로 그리고 회복될 수 없이 죄와 멸망으로 타락하게 허용하셨는데,(1) 그 과정과 그들의 모든 죄들은 하나님 자신에게 영광이 돌아가도록 제한하고 정돈하셨다.(2) 그리고 하나님은 나머지 천사들을 거룩하고 복되게 세우시고,(3) 하나님의 능력과 자비와 공의의 시행을 위하여 그의 기쁘신 뜻대로(4) 그들 모두를 사용하신다.(5)

(1) 유 1:6; 벧후 2:4; 히 2:16; 요 8:44 (2) 욥 1:12; 마 8:31 (3) 딤전 5:21; 막 8:38; 히 12:22 (4) 왕하 19:35; 히 1:14 (5) 시 104:4

Q 20. 창조된 본래의 상태에 있던 인간에 대한 하나님의 섭리는 무엇이었는가?

답: 창조된 본래의 상태에 있던 인간에 대한 하나님의 섭리는 그를 낙원에 두고, 그것을 돌보도록 하며, 그에게 땅의 열매를 먹도록 자유를 주신 것이다.(1) 하나님은 피조물들을 인간의 통치하에 두고,(2) 인간 상호간의 도움을

---

140) 섭리는 신적작정을 집행하는 하나님의 통치원리다. 따라서 섭리의 범위도 작은 일과 큰 일, 선과 악 전체에 해당된다. 알미니안주의처럼 인간의 의지나 악의 문제를 제외하면 하나님은 무능력한 하나님이 된다. 따라서 개혁주의는 악에 대해서 하나님을 죄의 조성자나 원인자처럼 말하지는 않지만, 죄를 통치하고 다스리는 허용적 작정과 허용적 섭리를 고백하여 전 역사를 다스리는 절대주권자로서 하나님을 고백한다.

위해 결혼을 제정하고,(3) 인간이 그와 교제할 수 있게 하며,(4) 안식일도 제정해 주셨다.(5) 그리고 인격적이며 완전하고 영속적인 복종을 조건으로 생명나무를 보증으로 삼아 사람과 더불어 생명의 언약을 맺고,(6) 선악을 알게 하는 나무 열매를 먹는 것을 사망의 형벌로 금지하셨다.(7)[141]

(1) 창 2:8, 15, 16 (2) 창 1:28 (3) 창 2:18 (4) 창 1:26-29, 3:8 (5) 창 2:3 (6) 갈 3:12; 창 2:9 (7) 창 2:17

Q 21. 인간은 하나님이 창조한 처음의 상태를 계속 유지하였는가?

답: 자유의지를 가진 우리 인류의 첫 조상은 사단의 유혹을 통하여 금지된 열매를 먹음으로 하나님의 계명을 범했으며, 그 결과 창조된 무죄의 상태로부터 타락하였다.(1)

(1) 창 3:6-8, 13; 전 7:29; 고후 11:3

Q 22. 모든 인류가 그 첫 범죄에서 타락했는가?

답: 인류의 대표자인 아담과 맺은 계약은 오직 그 자신만을 위한 것이 아니라 그의 후손들도 위한 것이므로, 보통의 출생에 의해서(1) 아담으로부터 태어난 모든 인류는 그 첫 범죄에서 아담 안에서 범죄했으며, 그와 함께 타락하였다.(2)[142]

(1) 행 17:26 (2) 창 2:16, 17; 롬 5:12-20; 고전 15:21, 22

Q 23. 그 타락은 인류를 어떤 상태에 빠지게 했는가?

답: 그 타락은 인류를 죄와 비참의 상태에 빠지게 했다.(1)

---

141) 인류에게 주신 가장 큰 복은 첫째로 하나님의 형상으로 창조해 주신 것이며, 둘째로 '행위언약'을 맺어 주신 것이다. 선악과 명령은 인류가 모든 것을 누리되, 절대로 침범할 수 없는 것이 있게 하여 하나님이 주인이심을 가르치는 신앙의 표지였다.

142) 아담 안에서, 함께 모든 후손은 죄에 참여한다. 아담은 인류의 언약적 대표이기 때문에 그의 모든 죄가 후손에게 전가되었다. '안에서'와 '함께'는 언약의 대표성과 죄의 전가를 소개하는 개혁주의의 중요한 표현이다.

(1) 롬 5:12, 3:23

Q 24. 죄는 무엇인가?

답: 죄는 이성적인 피조물에게 규칙으로 주어진 하나님의 율법을 순종함에 어떤 것이라도 부족한 것이나 불복하는 것이다.(1)[143]

(1) 요일 3:4; 갈 3:10, 12

Q 25. 인간이 타락한 상태의 죄악성은 무엇인가?

답: 인간이 타락한 상태의 죄악성은 아담이 범한 첫 범죄의 죄책과(1) 그가 창조되었을 때 받은 의로움의 상실과 본성의 부패이다. 이로 인하여 그는 영적으로 선한 모든 것을 완전히 싫어하며, 행할 수도 없고, 거역하고, 모든 악에 전적으로 그리고 계속적으로 기울어진다.(2) 이것을 보통 원죄라고 하며, 이 원죄로부터 모든 자범죄들이 나온다.[144]

(1) 롬 5:12, 19 (2) 롬 3:10-19; 엡 2:1-3; 롬 5:6, 8:7, 8; 창 6:5; 약 1:14, 15; 마 15:19

Q 26. 원죄는 우리의 첫 조상으로부터 그들의 후손들에게 어떻게 전달되는가?

답: 원죄는 자연적인 출생에 의해 우리의 첫 조상으로부터 그들의 후손들에게 전달된다. 따라서 우리 첫 조상으로부터 이런 방식으로 나온 모든 후손들은 죄 중에 잉태되어 태어나게 된다.(1)[145]

(1) 시 51:5; 욥 14:4, 15:14; 요 3:6

---

143) 죄의 정의는 물질적인 것이 아니라 하나님과의 도덕관계에서 다룬다. 즉, 죄는 더러운 물질이 아니라 하나님의 약속을 깨뜨린 도덕적 인격관계의 파괴이다.

144) 죄는 원죄와 자범죄로 나눠지며, 원죄는 죄책과 오염으로 나눠진다. 죄책은 하나님의 정죄와 진노를 받은 형벌적 책임을 말하며, 죄의 본질적 핵심이며, 사법적이고 법적인 선고다.

145) 원죄, 즉 아담의 범죄로 발생한 첫 죄는 언약적 대표자로 범죄한 것이기에 모든 후손들에게 동일한 죄책과 오염을 전가시킨다. 그래서 모든 인류는 타락하고 부패한 죄인이 되었다.

Q 27. 타락이 인류에게 어떤 비참을 가져왔는가?

답: 타락은 인류에게 하나님과의 교제상실과 그의 진노와 저주를 가져왔다.(1) 그리하여 우리는 본질상 진노의 자녀가 되었고,(2) 사단에게 매인 노예가 되었으며,(3) 공의에 따라 이 세상과 오는 세상에서의 모든 형벌을 받아 마땅하다.(4)

(1) 창 3:8, 10, 24 (2) 엡 2:2, 3 (3) 딤후 2:26 (4) 창 2:17; 애 3:39; 롬 6:23; 마 25:41, 46; 유 1:7

Q 28. 이 세상에서 받는 죄의 형벌은 무엇인가?

답: 이 세상에서 받는 죄의 형벌은 내적으로는 어두운 마음,(1) 타락한 지각,(2) 강한 유혹,(3) 강퍅한 마음,(4) 양심의 공포,(5) 악한 정욕이다.(6) 외적으로는 우리 때문에 피조물들에게 임한 하나님의 저주와(7) 죽음 그 자체를 포함하여,(8) 우리 몸과 명예와 재산 및 인간관계, 그리고 직업들에서 우리에게 내리는 모든 재앙들이다.(9)

(1) 엡 4:18 (2) 롬 1:28 (3) 살후 2:11 (4) 롬 2:5 (5) 사 33:14; 창 4:13; 마 27:4 (6) 롬 1:26 (7) 창 3:17 (8) 롬 6:21, 23 (9) 신 28:15-17

Q 29. 오는 세상에서 받을 죄의 형벌은 무엇인가?

답: 오는 세상에서 받을 죄의 형벌은 하나님의 위로하시는 임재에서 영원히 분리되는 것과 영혼과 육체가 함께 끊임없이 영원한 지옥 불에서 받게 되는 가장 비참한 고통들이다.(1)[146]

(1) 살후 1:9; 막 9:43, 44, 46, 48; 눅 16:24

---

146) 죄에 대한 형벌은 몸과 영혼이 고통 받는 영원한 지옥의 형벌이다. 따라서 영혼수면설이나 영혼멸절설 등을 제시하여 실제적이고 문자적인 지옥개념을 약화시키면 안 된다.

Q 30. 하나님께서는 모든 인류를 죄와 비참의 상태에서 멸망하도록 버려두셨는가?

답: 하나님께서는 모든 인류를 일반적으로 행위언약이라고 불리는 첫 언약을 위반하여(1) 타락한 죄와 비참의 상태에서 멸망하도록 버려두지 아니하셨다.(2) 오히려 하나님은 순전한 사랑과 자비로 자신이 선택한 자들을 거기에서 구출하시어 일반적으로 은혜언약이라고 불리는 둘째 언약에 의해 그들을 구원의 상태로 이끄셨다.(3)

(1) 갈 3:10, 12 (2) 살전 5:9 (3) 딛 3:4-7; 갈 3:21; 롬 3:20-22

Q 31. 은혜언약은 누구와 맺은 것인가?

답: 은혜언약은 두 번째 아담인 그리스도와 함께, 그분 안에서, 또한 그의 후손인 모든 택한 자들과도 맺은 것이다.(1)

(1) 갈 3:16; 롬 5:15-21; 사 53:10, 11

Q 32. 하나님의 은혜가 둘째 언약에 어떻게 나타났는가?

답: 하나님의 은혜가 둘째 언약에 다음과 같이 명백히 나타났다. 하나님은 죄인들에게 중보자를 값없이 제공하시고,(1) 중보자를 통하여 구원과 생명을 주셨다.(2) 그리고 하나님은 죄인들로 하여금 중보자와 연합할 조건으로 믿음을 요구하시며,(3) 다른 모든 구원의 은혜와 함께(4) 그 믿음이(5) 그들 안에서 역사하도록 택하신 모든 자들에게 성령을(6) 약속하시고 주셨으며,(5) 그리하여 택함을 받은 사람들로 하여금 거룩하게 순종하도록 하신다.(7) 이러한 순종은 하나님께 대한 그들의 믿음과(8) 감사가(9) 참되다는 증거요, 하나님이 그들을 구원에 이르도록 정하신 구원의 길이다.(10)[147]

(1) 창 3:15; 사 42:6; 요 6:27 (2) 요일 5:11, 12 (3) 요 3:16, 1:12 (4) 갈 5:22, 23 (5) 고

---

147) 은혜언약은 예정론에 기초해서 일어난다. 따라서 은혜언약을 통한 모든 구원의 질서들도 선택자들을 대상으로 이뤄지는 하나님의 은혜다.

후 4:13 (6) 잠 1:23 (7) 겔 36:27 (8) 약 2:18 (9) 고후 5:14, 15 (10) 엡 2:18

Q 33. 은혜언약은 항상 동일한 방식으로 시행되었는가?

답: 은혜언약은 항상 동일한 방식으로 시행되지 않았다. 즉, 구약은 신약과 다르게 시행되었다.(1)

(1) 고후 3:6-9

Q 34. 은혜언약은 구약에서 어떻게 시행되었는가?

답: 은혜언약은 구약에서 약속들,(1) 예언들,(2) 제사들,(3) 할례,(4) 유월절,(5) 그리고 기타 예표와 의식들에 의해 시행되었다. 그것들은 모두 앞으로 오실 그리스도를 예표하였고, 그 당시에는 선택된 자들에게 약속된 메시아에 대한 신앙을 일으키는 데 충분하였다.(6) 그들은 이 메시아로 말미암아 완전한 죄 사함과 영원한 구원을 얻었다.(7)[148]

(1) 롬 15:8 (2) 행 3:20, 24 (3) 히 10:1 (4) 롬 4:11 (5) 고전 5:7 (6) 히 8장-10장, 11:13
(7) 갈 3:7-9, 14

Q 35. 은혜언약은 신약에서 어떻게 시행되는가?

답: 신약에서는 그 실체인 그리스도께서 나타나심으로 동일한 은혜언약이 말씀의 설교와(1) 세례와(2) 성찬의 성례를(3) 시행함으로 시행되었으며, 또한 지금도 여전히 시행되어야 한다. 이런 방식으로 은혜와 구원이 모든 나라에 더욱더 완전하고, 분명하며, 효과 있게 나타난다.(4)[149]

---

148) 구약은 예표와 모형들이 있기 때문에 신약과 차이가 있다. 하지만 예수 그리스도를 믿음으로 칭의 받는 구원원리는 본질상 동일하다. 이 차이성과 동일성을 잘 구별해야 구약과 신약을 혼동하지 않는다. 차이점만을 강조하면 구약은 구원이 없었던 것처럼 말하는 세대주의가 되고, 동일성만을 강조하면 구약을 문자 그대로 적용하려는 유대교적 율법주의에 빠진다.

149) 신약의 은혜언약 형식들이 수적으로 작고 적을지라도 결코 무시하면 안 된다. 오히려 복잡한 구약의 형식들이 단순화되어 더 잘 신앙생활에 집중할 수 있도록 도와 주셨다. 그래서 본문은 '완전하고', '분명하며', '효과 있게'라고 강조한다. 따라서 구약의 외적 형식들을 함부로 신약에 끌어오려고 하면 신구약의 차이성을 무시하는 일이 벌어

(1) 막 16:15 (2) 마 28:19, 20 (3) 고전 11:23-25 (4) 고후 3:6-9; 히 8:6, 10, 11; 마 28:19

Q 36. 은혜언약의 중보자는 누구신가?

답: 은혜언약의 유일한 중보자는 주 예수 그리스도이시다.(1) 그는 성부와 한 본체이고, 동등하신 하나님의 영원한 아들로서(2) 때가 차매 사람이 되셨고,(3) 과거나 지금이나 영원토록 한 인격에 완전히 구별된 두 본성을 가진 하나님이요 사람이시다.(4)[150]

(1) 딤전 2:5 (2) 요 1:1, 14, 10:30; 빌 2:6 (3) 갈 4:4 (4) 눅 1:35; 롬 9:5; 골 2:9; 히 7:24, 25

Q 37. 하나님의 아들인 그리스도께서는 어떻게 사람이 되셨는가?

답: 하나님의 아들인 그리스도께서는 참된 몸과 이성 있는 영혼을 그 자신에게 취하심으로 사람이 되셨다.(1) 그는 성령의 능력으로 동정녀 마리아의 몸에 잉태되어, 그녀의 본질을 가지고, 그녀에게서 탄생하셨으나,(2) 죄는 없으시다.(3)[151]

(1) 요 1:14; 마 26:38 (2) 눅 1:27, 31, 35, 42; 갈 4:4 (3) 히 4:15; 히 7:26

Q 38. 왜 중보자가 반드시 하나님이어야 했는가?

답: 중보자가 반드시 하나님이어야 했던 이유는 그가 하나님의 무한한 진노와 사망의 권세 아래 빠지는 것으로부터(1) 그의 인성을 보존하며, 지키고,

---

질 수 있다.

150) 칼케돈 신조의 이성일인격 내용을 요약했다. 신성과 인성이 한 인격에 각각의 고유성을 가지고 결합해 계신다. 따라서 두 본성을 분리하거나 섞여 있는 것처럼 이해하거나 말하면 안 된다.

151) 예수님은 참된 인성을 취하셨다. 인성을 잠시 빌리거나 입으신 것이 아니라 영원히 취하신 것이다. 그리고 그 인성은 우리와 동일한 인성임에도 불구하고 절대로 다른 인류처럼 죄를 가지지 않으신다. 왜냐하면 성령으로 잉태되셨기 때문이다.

그의 고난과 순종과 중보에 가치와 효력을 주기 위해서이다.(2) 또한 하나님의 공의를 만족시키며,(3) 하나님의 은총을 얻고,(4) 자기 사람들을 값 주고 사며,(5) 그들에게 그의 성령을 주고,(6) 그들의 모든 적을 정복하여,(7) 그들을 영원한 구원에 이르게 하셔야 했기 때문이다.(8)

(1) 행 2:24, 25; 롬 1:4, 4:25; 히 9:14 (2) 행 20:28; 히 9:14, 7:25-28 (3) 롬 3:24-26 (4) 엡 1:6 (5) 마 3:17 (5) 딛 2:13, 14 (6) 갈 4:6 (7) 눅 1:68, 69, 71, 74 (8) 히 5:8, 9, 9:11-15

Q 39. 왜 중보자가 반드시 사람이어야 했는가?

답: 중보자가 반드시 사람이어야 했던 이유는 그가 우리의 본성을 향상시키며,(1) 율법에 복종하고,(2) 우리의 본성을 가지고 우리를 위하여 고난을 받고, 간구하며,(3) 우리의 연약함을 긍휼히 여기시기 위함이었다.(4) 그리하여 우리가 양자되고,(5) 위로를 받아 은혜의 보좌로 담대히 나아갈 수 있도록 하시기 위함 때문이다.(6)[152]

(1) 히 2:16 (2) 갈 4:4 (3) 히 2:14 (4) 히 7:24, 25 (5) 히 4:15 (6) 갈 4:5; 히 4:16

Q 40. 왜 중보자가 반드시 한 인격을 가진 하나님이시며 사람이셔야 했는가?

답: 하나님과 사람을 화목하게 해야 할 중보자가 반드시 그 자신이 하나님과 사람이어야 할 뿐 아니라 한 인격이셔야 했던 이유는 신성과 인성의 각기 고유한 사역들이 우리를 위해 전인격의 사역으로 하나님께 받아들여지고,(1) 또한 우리로 의지하게 하기 위함 때문이다.(2)

(1) 마 1:21, 23, 3:17; 히 9:14 (2) 벧전 2:6

---

152) 예수님이 사람이 되셔야 하는 근원적 원인은 우리의 죗값을 대신 짊어지고 십자가의 형벌을 감당하시기 위함이다. 인류는 원죄의 죄책 때문에 반드시 죽어 지옥의 형벌을 받아야 한다. 이 죗값을 치루기 위해서 사람이 되셔서 대신 십자가에서 죽으신 것이다.

Q 41. 우리의 중보자가 왜 '예수'라고 불리셨는가?

답: 우리의 중보자는 그가 자신의 백성들을 저희 죄들로부터 구원하시기 때문에 예수라고 불리셨다.(1)

(1) 마 1:21

Q 42. 우리의 중보자가 왜 '그리스도'라고 불리셨는가?

답: 우리의 중보자가 그리스도라고 불리셨던 이유는 그분이 한량없이 성령으로 기름부음을 받고(1) 성별되셨기 때문이다. 또한 낮아지고 높아진 상태에서 자신의 교회를 위한 선지자,(2) 제사장,(3) 왕의 직무를(4) 시행하도록 모든 권위와 능력이 온전히 부여되셨기 때문이다.(5)

(1) 요 3:34; 시 45:7 (2) 행 3:21, 22; 눅 4:18, 21 (3) 히 5:5-7, 4:14, 15 (4) 시 2:6; 마 21:5; 사 9:6-11 (5) 요 6:27; 마 28:18-20

Q 43. 그리스도께서는 어떻게 선지자의 직무를 수행하시는가?

답: 그리스도께서는 성도들의 건덕과 구원에 관한 모든 일에 있어서(1) 성령과 말씀에 의해(2) 하나님의 온전한 뜻을(3) 다양한 시행방식으로(4) 모든 시대의 교회들에게(5) 계시하심으로써 선지자의 직무를 수행하신다.

(1) 행 20:32; 엡 4:11-13; 요 20:31 (2) 벧전 1:10-12 (3) 요 15:15 (4) 히 1:1, 2 (5) 요 1:18

Q 44. 그리스도께서는 어떻게 제사장의 직무를 수행하시는가?

답: 그리스도께서는 자기 백성들의 죄들을 위한 화목제물이 되기 위하여(1) 자신을 흠 없는 희생제물로 하나님께 단번에 드림으로,(2) 그리고 그들을 위해 계속적인 간구를 행함으로(3) 제사장의 직무를 수행하신다.

(1) 히 2:17 (2) 히 9:14, 28 (3) 히 7:25

Q 45. 그리스도께서는 어떻게 왕의 직무를 수행하시는가?

답: 그리스도께서는 구별된 백성들을 세상으로부터 자신에게로 불러내고,(1) 저들에게 사역자들과(2) 법과(3) 권징을 두고, 이런 방편에 의해 백성들을 보이는 방식으로 다스려(4) 왕의 직무를 행하신다. 그리스도는 택함받은 자들에게(5) 구원의 은총을 주시며, 그리고 그들이 순종하면 상을 주고,(6) 범죄하면 징계하며,(7) 그들이 시험을 당하고 고난을 당할 때 그들을 보존하고, 도우며,(8) 그들의 원수를 제압하고, 정복하신다.(9) 그리고 그 자신의 영광과(10) 백성들의 유익을 위하여(11) 모든 만물을 능력 있게 처리하신다. 또한 하나님을 알지 못하고 복음을 순종치 않는 나머지 사람들에게 원수를 갚음으로 왕의 직무를 행하신다.(12)

(1) 행 15:14-16; 사 55:4, 5; 창 49:10; 시 110:3 (2) 엡 4:11, 12; 고전 12:28 (3) 사 33:22 (4) 마 18:17, 18; 고전 5:4, 5 (5) 행 5:31 (6) 계 22:12, 2:10 (7) 계 3:19 (8) 사 63:9 (9) 고전 15:25; 시 110:1, 2 (10) 롬 14:10, 11 (11) 롬 8:28 (12) 살후 1:8, 9; 시 2:8, 9

Q 46. 그리스도의 낮아지신 신분은 무엇인가?

답: 그리스도의 낮아지신 신분은 잉태와, 출생, 삶, 죽음, 그리고 죽음 이후 부활 전까지 우리를 위하여 스스로 자신의 영광을 비우고 종의 형상을 취하여 비천한 형편에 처하신 것이다.(1)[153]

(1) 빌 2:6-8; 눅 1:31; 고후 8:9; 행 2:24

Q 47. 그리스도께서는 잉태와 출생에서 어떻게 자신을 낮추셨는가?

답: 그리스도께서는 영원부터 성부의 품에 있는 하나님의 아들이셨으나, 때가 차매 그는 비천한 신분의 여자의 몸에 잉태되어, 그녀에게서 출생하여, 사람의 아들이 되었고, 또한 보통의 비천보다 더 낮은 환경에 처함으로 잉

---

153) 예수님의 비하(卑下)는 보통 5가지로 나눈다. 성육신, 율법에 복종, 고난 받으심, 십자가에 죽으심, 장사됨.

태와 출생에서 자신을 낮추셨다.(1)

(1) 요 1:14, 18; 갈 4:4; 눅 2:7

Q 48. 그리스도께서는 그의 삶에서 어떻게 자신을 낮추셨는가?

답: 그리스도께서는 세상에 살면서 스스로 율법에 복종하셨고,(1) 율법을 완전히 성취함으로 자신을 낮추셨다.(2) 그리고 인간의 본성에 공통적인 것이든 특별히 그의 비천한 상태에 수반되는 고유한 것이든 간에, 세상의 모욕들과(3) 사단의 유혹들,(4) 그리고 그의 몸이 연약함을(5) 겪음으로써 자신을 낮추셨다.[154]

(1) 갈 4:4 (2) 마 5:17; 롬 5:19 (3) 시 22:6; 히 12:2, 3 (4) 마 4:1-12; 눅 4:13 (5) 히 2:17, 18; 히 4:15; 사 52:13, 14

Q 49. 그리스도께서는 그의 죽음에서 어떻게 자신을 낮추셨는가?

답: 그리스도께서는 가룻 유다에게 배신당하고,(1) 제자들에게도 버림당하며,(2) 세상의 모욕과 배척을 받고,(3) 빌라도에게 정죄 받고,[155] 박해자들에게 고난당함으로(4) 자신을 낮추셨다. 또한 죽음의 공포와 흑암의 권세와 싸우며, 하나님의 무거운 진노를 느끼고 견디셨고,(5)[156] 자기 생명을 속죄제물로 내어놓고,(6) 고통과 수치와 저주받은 십자가의 죽음을 당함으로(7) 그리스도는 그의 죽음에서 자신을 낮추셨다.

---

154) 그리스도의 고난은 신비다. 비록 인간의 본성에 공통적인 것에서 고난 받으시고 우리와 동일하게 아픔을 겪으셨지만, 그럴지라도 우리처럼 죄 때문에 갈등을 겪으시거나 고난을 겪으시는 것이 아니다. 그분의 고난은 우리와 동일하지만 그럼에도 우리와 동일하지 않는 신비의 영역이다. 이 균형을 유지하지 못하고 한쪽으로 치우치면 고난의 신비가 깨진다.

155) 빌라도의 재판은 역사적 사실도 포함하지만 하나님의 심판, 즉 하늘 심판의 공적인 재판을 상징적으로 나타낸다. 하나님의 심판대에서 그리스도는 무죄하심에도 우리를 위해 죄인으로 선고를 받으셨다.

156) 제네바 교리문답, 하이델베르크 요리문답에 있는 "지옥에 내려가시고"라는 부분이 본 교리문답에서는 의미를 해설하는 형태로 설명됐다. 즉, 실제적으로 지옥에 가신 것이 아니라 인간의 죄 때문에 지옥과 같은 죽음의 고통, 공포, 하나님의 진노를 겪으셨다는 상징적 개념으로 설명했다.

(1) 마 27:4 (2) 마 26:56 (3) 사 53:2, 3 (4) 마 27:26–50; 요 19:34 (5) 눅 22:44; 마 27:46 (6) 사 53:10 (7) 빌 2:8; 히 12:2; 갈 3:13

Q 50. 그리스도께서 죽은 후에 자신을 낮추신 일은 무엇인가?

답: 그리스도께서 죽으신 후에 자신을 낮추신 일은 장사되고(1) 제3일까지 죽은 자의 상태와 사망의 권세 아래 계속 계신 것이다.(2) 이 일을 가리켜 사도신경에서는 "지옥에 내려가시며"라고 표현하였다.[157]

(1) 고전 15:3, 4 (2) 시 16:10; 행 2:24–27, 31; 롬 6:9; 마 12:40

Q 51. 그리스도의 높아지신 신분은 무엇인가?

답: 그리스도의 높아지신 신분은 그의 부활,(1) 승천,(2) 성부의 우편에 앉으심,(3) 그리고 세상을 심판하기 위해 다시 오심이다.(4)

(1) 고전 15:4 (2) 막 16:19 (3) 엡 1:20 (4) 행 1:11, 17:31

Q 52. 그리스도께서는 부활에서 어떻게 높아지셨는가?

답: 그리스도께서 부활에서 높아지신 것은 죽었음에도 불구하고 죽음이 그를 가둘 수 없었기 때문에 썩음을 당하지 않으셨으며,(1) 고난 받으신 바로 그 몸을 가졌는데, 그 몸은 육체의 본질적인 성질을 그대로 가진 몸이었지만,(2) 그러나 죽을 수밖에 없거나 세상 사람들에게서 공통적으로 볼 수 있는 연약함을 갖지 않으신 것이다. 바로 이 몸은 그의 영혼과 참으로 연합하여(3) 3일 만에 죽은 자 가운데서 자신의 힘으로 다시 살아나셨다.(4) 이 부활로 그리스도는 자신이 하나님의 아들이심을 선포하셨으며,(5) 하나님의 공의를 만족시켰고,(6) 죽음을 이기고, 죽음의 권세를 가진 자를 정복하셨

---

157) 로마 가톨릭은 연옥에 가신 것으로, 루터파는 실제 지옥에 가서서 승리를 선포한 것으로, 성공회는 낙원에 가신 것으로, 개혁파는 상징적으로 해석한다. 즉, 지옥과 같은 죽음의 고통을 맛보셨다는 뜻이다. 인간의 죄는 지옥의 고통을 맛볼 정도로 악하고 참혹한 것이다. 따라서 이 고백은 인간의 죄의 심각성과 비참함을 강조하는 중요성을 가진다. 1894년에 수록됐던 한국장로교 사도신경의 내용이 현재는 누락돼 있다.

다.(7) 그리하여 산 자와 죽은 자의 주가 되셨다.(8) 그뿐 아니라 그리스도
는 이 모든 것을 교회의 머리되신(9) 공인(公人)으로서(10) 신자들의 칭의와
(11) 은혜의 중생을(12) 위하여, 원수와 싸울 때 돕기 위하여,(13) 그리고 마지
막 날에 그들을 죽음에서 다시 살리실 것을 확증하기 위하여 행하셨다.(14)

(1) 행 2:24, 27 (2) 눅 24:39 (3) 롬 6:9; 계 1:18 (4) 요 10:18 (5) 롬 1:4 (6) 롬 8:34 (7)
히 2:14 (8) 롬 14:9 (9) 엡 1:20, 22, 23; 골 1:18 (10) 고전 15:21, 22 (11) 롬 4:25 (12) 엡
2:1, 5, 6; 골 2:12 (13) 고전 15:25-27 (14) 고전 15:20

Q 53. 그리스도께서는 승천에서 어떻게 높아지셨는가?

답: 그리스도께서 승천에서 높아지신 것은 부활 후에 자주 그의 제자들에게
나타나서 그들과 대화하고, 그들에게 하나님의 나라에 관한 일들을(1) 말씀
하며, 그들에게 모든 나라에서 복음을 전파하라는 사명을 주셨던 것이다.(2)
그리고 부활 후 사십 일이 되는 날에 우리의 본성을 가지고 우리의 머리되
신(3) 주님은 원수들을 이기고,(4) 사람들이 보는 가운데 지극히 높은 하늘로
올라가셨다. 이는 거기서 사람들을 위한 선물을 받고,(5) 우리로 그곳을 사
모하게 하며,(6) 또한 우리가 살 장소를 예비하기 위함이다.(7) 그곳은 주님
자신이 지금 계시는 곳이요, 세상 끝 날에 재림할 때까지 주님은 그곳에 계
속 계실 것이다.(8)[158]

(1) 행 1:2, 3 (2) 마 28:19, 20 (3) 히 6:20 (4) 엡 4:8 (5) 행 1:9-11; 엡 4:10; 시 68:18
(6) 골 3:1, 2 (7) 요 14:3 (8) 행 3:21

Q 54. 그리스도께서는 하나님 우편에 앉음으로 어떻게 높아지셨는가?

답: 그리스도께서 하나님 우편에 앉음으로 높아지신 것은 하나님이요 사람
이신 그가 하나님 아버지의 최고의 총애를 받고,(1) 모든 충만한 기쁨과(2)

---

158) 승천 교리는 더 이상 우리의 육체적 눈으로 그리스도를 볼 수 없다는 고백도 포함한다. 인성은 장소적으로 이동하
셨기 때문에 재림 전까지는 직접 보거나 환상이나 꿈 등을 통해서 절대로 볼 수 없다.

영광과(3) 하늘과 땅에 있는 만물을 다스리는 권세를(4) 받으신 것이다. 그리고 그리스도가 자기 교회를 모으고, 지키며, 그들의 원수들을 정복하고, 그분의 목사들과 백성들에게 은사와 은혜를 주시며,(5) 또한 그들을 위해 간구하시는 것에서 높아지셨다(6).

(1) 빌 2:9 (2) 행 2:28; 시 16:11 (3) 요 17:5 (4) 엡 1:22; 벧전 3:22 (5) 엡 4:10-12; 시 110:1 (6) 롬 8:34

Q 55. 그리스도께서는 어떻게 우리를 위해서 간구하시는가?

답: 그리스도께서는 땅에서 행하신 그의 순종과 희생의 공로에 의지하여(1) 우리 인간의 본성을 가지고 끊임없이 하늘에 계신 아버지 앞에 나타나며,(2) 그 공로가 모든 신자들에게 적용되도록 자신의 뜻을 선포함으로 간구하신다.(3) 또한 그리스도는 성도를 대적하는 모든 정죄들에 답변하며,(4) 저희가 날마다 실패함에도 불구하고 은혜의 보좌에 담대하게 나아가게 하며,(5) 그들에게 양심의 평안을 주고,(6) 그들의 인격과 봉사를 받음으로 간구하신다.(7)

(1) 히 1:3 (2) 히 9:12, 24 (3) 요 3:16, 17:9, 20, 24 (4) 롬 8:33, 34 (5) 히 4:16 (6) 롬 5:1, 2; 요일 2:1, 2 (7) 엡 1:6; 벧전 2:5

Q 56. 그리스도께서는 세상을 심판하기 위한 재림에서 어떻게 높아지시는가?

답: 그리스도께서 세상을 심판하기 위한 재림에서 높아지심은 사악한 사람들에게 불공정하게 재판받고 정죄되었던(1) 그분이 큰 능력을 가지고,(2) 자기와 성부의 영광을 충만히 나타내며, 그의 모든 거룩한 천사들을 거느리고,(3) 공의로 세상을 심판하기 위하여(4) 큰 외침과 천사장의 호령과 하나님의 나팔소리와(5) 함께 마지막 날에 다시 오시는 것이다.

(1) 행 3:14, 15 (2) 마 24:30 (3) 눅 9:26; 마 25:31 (4) 살전 4:16 (5) 행 17:31

Q 57. 그리스도께서는 중보하심으로 무슨 유익을 획득하셨는가?

답: 그리스도께서는 그의 중보로 은혜언약에 속한 다른 모든 유익과(1) 함께 구속을 획득하셨다.(2)

(1) 고후 1:20 (2) 히 9:12

Q 58. 우리는 어떻게 그리스도께서 획득하신 유익에 참여하는가?

답: 성령 하나님께서 특별한 역사에 의해(1) 이 혜택을 우리에게 적용함으로 (2) 우리는 그리스도께서 획득하신 유익에 참여할 수 있다.

(1) 딛 3:5, 6 (2) 요 1:11, 12

Q 59. 누가 그리스도를 통한 구속에 참여하는가?

답: 구속은 그리스도께서 그들을 위하여 값을 치르고 사신 모든 성도들에게 확실하게 적용되며, 효력 있게 전달된다.(1) 그들은 때가 이르면 성령에 의해 복음을 통하여 그리스도를 믿을 수 있게 된다.(2)[159]

(1) 엡 1:13, 14; 요 6:37, 39, 10:15, 16 (2) 엡 2:8; 고후 4:13

Q 60. 복음을 들어본 적이 없어서 예수 그리스도를 알지도 못하고 믿지도 않는 사람들이 본성의 빛에 따라 삶으로 구원을 얻을 수 있는가?

답: 복음을 들어본 적이 없어서(1) 예수 그리스도를 알지도 못하고(2) 믿지도 않는 사람들은 결코 본성의 빛이나(3) 그들이 믿는 종교의 법을 따라(4) 아무리 열심히 산다고 하더라도 구원을 얻을 수 없다.(5) 이는 그의 몸인 교회의 유일한 구원자이신(6) 그리스도밖에는 그 누구에게도 구원이 없기 때문이다.(7)

---

159) 구속의 대상은 세상 모든 자들이 아니라, 선택된 자들에게 제한된다. '제한속죄'는 예정론으로 시작되는 개혁주의 구원론의 중요한 특징이다. 그리고 예수님을 영접하는 원리도 오직 성령의 조명과 말씀을 통해서만 일어난다. 이 둘을 분리하면 신비주의나 지식주의에 빠진다.

(1) 롬 10:14 (2) 살후 1:8, 9; 엡 2:12; 요 1:10–12 (3) 요 8:24; 막 16:16 (4) 고전 1:20–24 (5) 요 4:22; 롬 9:31, 32; 빌 3:4–9 (6) 행 4:12 (7) 엡 5:23

Q 61. 복음을 듣고 교회 안에서 생활하는 사람들은 다 구원을 얻는가?

답: 복음을 듣고 유형(有形)교회에서 생활하는 사람들이 다 구원을 얻을 수 있는 것은 아니고, 다만 무형(無形)교회의 진정한 회원만이 구원을 얻는다.(1)[160]

(1) 요 12:38–40; 롬 9:6; 마 22:14, 7:21; 롬 11:7

Q 62. 유형교회란 무엇인가?

답: 눈에 보이는 유형교회는 세계의 모든 시대와 모든 장소에서 참된 믿음을 고백하는 모든 사람들과(1) 그들의 자녀들로 구성된 공동체이다.(2)[161]

(1) 창 17:7; 고전 1:2, 12:13; 롬 15:9–12; 계 7:9; 시 2:8 (2) 행 2:39; 시 22:27–31, 45:17; 마 28:19, 20; 사 59:21; 고전 7:14; 롬 11:16

Q 63. 유형교회의 특권은 무엇인가?

답: 유형교회가 갖는 특권은 하나님의 특별한 돌봄과 통치 아래 있는 것과,(1) 모든 원수들의 반대에도 불구하고 모든 시대에 있어서 보호를 받고, 보존되는 것이며,(2) 성도들의 교제와 구원의 보통수단들을 즐기는 것이다.(3) 그리고 이것은 복음의 사역을 통하여 유형교회의 모든 회원들에게 누구든지 그를 믿으면 구원을 얻고, 그에게 오는 자를 한 사람도 버리지 않겠

---

160) 개혁주의 교회론은 무형교회를 본질로 하면서도 유형교회를 존중하는 균형을 갖춘다. 따라서 무형교회만 강조하면 무교회주의에 빠지고 유형교회만 강조하면 로마 가톨릭처럼 교권주의에 빠진다.

161) 웨스트민스터 신앙고백은 25장 교회에서 무형교회를 먼저 소개한다. 하지만 교리문답은 유형교회를 먼저 소개한다. 이처럼 구조에 있어서도 상호 보완하여 무형교회와 유형교회 중 어느 것도 축소되거나 무시되지 않게 했다.

다고(4) 증언하시는 그리스도에 의한 은혜의 초청을 누리는 특권이다.(5)[162]

(1) 사 4:5, 6; 딤전 4:10 (2) 시 115:1, 2, 9; 사 31:4, 5; 슥 12:2-4, 8, 9 (3) 행 2:39, 42 (4) 시 147:19, 20; 롬 9:4; 엡 4:11, 12; 막 16:15, 16 (5) 요 6:37

Q 64. 무형교회란 무엇인가?

답: 무형교회는 머리되시는 그리스도 아래서 하나로 모였으며, 모이고 있고, 장차 모일 택함 받은 모든 백성들이다.(1)[163]

(1) 엡 1:10, 22, 23; 요 10:16, 11:52

Q 65. 무형교회 회원들은 그리스도로 인해 무슨 특별한 혜택을 누리는가?

답: 무형교회 회원들은 그리스도로 인해 은혜와 영광중에 그분과의 연합과 교제를 누린다.(1)

(1) 요 17:21; 엡 2:5, 6; 요 17:24

Q 66. 선택받은 자가 그리스도와 연합하는 것은 무엇인가?

답: 선택받은 자가 그리스도와 연합하는 것은 하나님의 은혜의 역사인데,(1) 이것으로 그들은 영적으로, 그리고 신비적으로, 그러면서도 실제적이며, 그리고 나눌 수 없이 그들의 머리와 신랑이신 그리스도에게 결합된다.(2) 이 연합은 그들의 효력 있는 부르심에서 이루어진다.(3)[164]

---

162) 유형교회는 신앙고백을 한 성도들과 자녀들이 함께하여 조직과 질서를 갖춰 일정한 신앙공동체를 형성한 조직체를 말한다. 특별히 교회에 속한 권리를 '특권'이라고 소개함에 주의해야 한다. 교회에 속하는 것은 하나님의 백성으로 살아가는 보호와 혜택을 누리는 고유한 특권이요 특별한 혜택이다. 이런 특권이 유형교회에도 주어졌다. 따라서 유형교회의 일원으로 소속되는 것은 가장 큰 영광이요 위로이며 기쁨이기에 성도들은 자신들의 교회를 소중하게 여겨야 한다.

163) 성경적 교회론은 예정론을 토대로 이뤄진다. 오직 택함 받은 백성들 전체가 교회의 본질이다. 건물은 결코 교회의 본질이 아니다. 사도신조에서는 교회의 본질을 거룩한 공교회와 성도의 교제로 고백하였다.

164) 교회를 통해서 베푸시는 그리스도와의 연합은 로마 가톨릭이 주장하는 것처럼 물질적인 결합이 아니다. 오히려 '영적인' 연합니다. 또한 신비주의자들이 주장하는 것처럼 종교체험적인 결합이 아니라 '실제적인' 전인격적 연합

(1) 엡 1:22, 2:6–8 (2) 고전 6:17; 요 10:28; 엡 5:23, 30 (3) 벧전 5:10; 고전 1:9

Q 67. 효력 있는 부르심이란 무엇인가?

답: 효력 있는 부르심이란 하나님의 전능하신 능력과 은혜의 일인데,(1) 이 것은 택함 받은 자를 향한 값없고 특별한 사랑에서 나온 것이며, 성도들에 게는 하나님이 그들을 택하도록 할 아무런 근거가 없는 것이다.(2) 하나님은 그가 정한 때에 자신의 말씀과 성령을 통하여 그들을 예수 그리스도에게로 부르시고 이끄시며,(3) 그리고 구원받도록 그들의 마음을 깨닫게 하며,(4) 그 들의 의지를 새롭게 하고, 능력 있게 결심하도록 하신다.(5) 그래서 그들이 비록 죄로 죽었음에도 불구하고 그의 부르심에 기꺼이 그리고 자유롭게 응 답할 수 있게 하며, 그 부르심을 통하여 제공하고 전달한 은혜를 받아 영접 할 수 있게 하신다.(6)[165]

(1) 요 5:25; 엡 1:18–20; 딤후 1:8, 9 (2) 딛 3:4, 5; 엡 2:4, 5, 7–9; 롬 9:11 (3) 고후 5:20; 고후 6:1, 2; 요 6:44; 살후 2:13, 14 (4) 행 26:18; 고전 2:10, 12 (5) 겔 11:19; 겔 36:26, 27; 요 6:45 (6) 엡 2:5; 빌 2:13; 신 30:6

Q 68. 택함을 받은 자만이 효력 있는 부르심을 받는가?

답: 택함을 받은 모든 자들, 오직 그들만이 효력 있는 부르심을 받는다.(1) 비 록 선택받지 못한 사람들이 말씀사역에 의해(2) 외적으로 부름을 받을 수도 있고, 그리고 가끔 부름을 받으며 성령의 일반역사를 어느 정도 누릴 수 있 을지라도,(3) 그들에게 제공된 은혜를 고의적으로 소홀히 하고 경멸하기 때 문에 그들은 당연히 자신들의 불신앙에 버려져서 결코 예수 그리스도에게

이다. 그래서 이 연합은 '신비적인' 놀라운 연합인 것이다.

165) 개혁주의 구원론 전체는 예정론으로부터 출발한다. 택함 받은 자들에게 부르심을 통해서 말씀과 성령으로 구원하 신다. 알미니안주의처럼 회개와 신앙을 앞세워 인간의지의 결단만이 구원의 본질과 근원적 원인인 것처럼 주장하 지 않는다.

진실로 나아오지 못한다.(4)

(1) 행 13:48 (2) 마 22:14 (3) 마 7:22, 13:20, 21; 히 6:4-6 (4) 요 12:38-40; 행 28:25-27; 요 6:64, 65; 시 81:11, 12

Q 69. 무형교회의 성도들이 그리스도와 함께 갖는 은혜의 교제란 무엇인가?

답: 무형교회의 성도들이 그리스도와 함께 갖는 은혜의 교제란 그들의 칭의,(1) 양자,(2) 성화, 그리고 이 세상에서 그리스도와의 연합을 나타내는 다른 모든 것에서 그들이 그의 중보로 인한 공덕에 참여하는 것이다.(3)[166]

(1) 롬 8:30 (2) 엡 1:5 (3) 고전 1:30

Q 70. 칭의는 무엇인가?

답: 칭의는 하나님께서 죄인들에게 값없이 주시는 은혜의 행위이다(1). 이것으로 하나님은 죄인들의 모든 죄들을 용서하시고, 자신이 보기에 그들의 인격을 의롭다고 여기어 받아 주신다.(2) 칭의는 결코 그들 안에 있는 어떤 노력이나 그들에 의해 행해진 어떤 일로 된 것이 아니라,(3) 다만 그리스도의 온전한 순종과 충분한 만족이 하나님에 의해 죄인들에게 전가(轉嫁)되고,(4) 또한 그들이 오직 믿음으로만(5) 받아들임으로 인한 것이다.[167]

(1) 롬 3:22, 24, 25, 4:5 (2) 고후 5:19, 21; 롬 3:22, 24, 25, 27, 28 (3) 딛 3:5, 7; 엡 1:7
(4) 롬 5:17-19, 4:6-8 (5) 행 10:43; 갈 2:16; 빌 3:9

---

166) 구원론의 본질은 칭의, 양자, 성화이다. 즉, 구원은 신비주의자들이 말하는 뜨거운 체험이나 자유주의자들이 말하는 사회 정치적 정의나 발전이 아니라 죄로부터 구원받는 칭의와 하나님의 자녀가 되는 것과, 거룩함으로 자라가는 것이다.

167) 이신칭의는 지난 500년 동안 공격받았다. 최근에도 새관점학파가 유보적 칭의, 선행적 칭의를 주장하고 있기에 주의해야 한다. 성경적 칭의는 예수님의 순종과 희생을 통해서 은혜로 주어지는 것이며, 믿음으로 받는 것이다. 따라서 개혁파 칭의론은 사법적, 법정적, 단회적, 확정적 칭의론이다.

Q 71. 칭의가 어떻게 하나님의 값없는 은혜의 행위인가?

답: 비록 그리스도께서 그의 순종과 죽음으로써 칭의되는 자들을 위하여 하나님의 공의를 정당하고 참되며 충분하게 만족시켰지만,(1) 하나님께서는 그들에게 요구하셨던 만족을 한 보증인에게서 받으시고,(2) 이 보증인으로 자기 독생자를 제공하여 그의 의를 그들에게 돌려주셨다.(3) 그리고 그들의 칭의를 위해 그들에게 믿음 이외에 아무것도 요구하지 않으셨고,(4) 그 믿음 또한 그의 선물이므로(5) 그들의 칭의는 그들에게 주신 값없는 은혜이다.(6)[168]

(1) 롬 5:8–10, 19 (2) 딤전 2:5, 6; 히 10:10; 마 20:28; 단 9:24, 26; 사 53:4–6, 10–12; 히 7:22; 롬 8:32; 벧전 1:18, 19 (3) 고후 5:21 (4) 롬 3:24–25 (5) 엡 2:8 (6) 엡 1:7

Q 72. 칭의를 받는 믿음이란 무엇인가?

답: 칭의를 받는 믿음은(1) 하나님의 말씀과(2) 성령으로(3) 죄인의 마음속에 역사하는 구원의 은혜이다. 이것으로 죄인은 자신의 죄와 비참을 깨달으며, 자신을 비롯하여 다른 아무 피조물도 자신을 그의 상실된 상태에서 회복할 능력이 없음을 깨달아,(4) 복음이 말하는 약속이 진리임을 인정할 뿐만 아니라,(5) 죄를 용서받기 위하여,(6) 그리고 구원을 얻도록 하나님 앞에서 의롭다고 여김을 받고 용납되기 위하여 말씀에 계시된 그리스도와 그의 의(義)를 받아들이고 의지한다.(7)

(1) 히 10:39 (2) 롬 10:14, 17 (3) 고후 4:13; 엡 1:17–19 (4) 행 2:37, 16:30; 요 16:8, 9; 롬 5:6; 엡 2:1; 행 4:12 (5) 엡 1:13 (6) 요 1:12; 행 16:31, 10:43 (7) 빌 3:9; 행 15:11

Q 73. 믿음이 하나님 앞에서 죄인을 어떻게 칭의 받게 하는가?

답: 믿음이 하나님 앞에서 죄인을 칭의 받게 하는 것은 믿음에 항상 함께하

---

168) 이신칭의는 '전가'교리가 핵심이다. 우리의 죄가 예수님께 전가되고, 예수님의 의가 우리에게 전가된다. 이것을 이중전가라고 한다.

는 다른 은혜나 그 열매인 선행 때문이 아니며,(1) 또한 믿음의 은혜나 믿음에서 오는 어떤 행위가 칭의를 위해 죄인에게 전가되기 때문도 아니고,(2) 단지 믿음은 죄인이 그리스도와 그의 의를 받아 적용하는 수단이기 때문이다.(3)[169]

(1) 갈 3:11; 롬 3:28 (2) 롬 4:5, 10:10 (3) 요 1:12; 빌 3:9; 갈 2:16

Q 74. 양자란 무엇인가?

답: 양자로 삼는 것은 그의 독생자 예수 그리스도 안에서, 또는 예수님 때문에(1) 하나님이 거저 주시는 은혜의 행위이다.(2) 이것으로 하나님께서는 칭의를 받은 모든 사람을 자신의 자녀의 수효에 들게 하시고,(3) 그의 이름을 그들에게 주며,(4) 자기 아들의 영을 그들에게 주고,(5) 아버지의 부성적 보호와 다스림을 받게 하신다.(6) 또한 하나님의 아들들이 갖는 자유와 온갖 특권을 누리게 하고, 모든 약속의 상속자로 삼고, 영광중에서 그리스도와 함께하는 공동상속자가 되게 하신다.(7)

(1) 엡 1:5; 갈 4:4, 5 (2) 요일 3:1 (3) 요 1:12 (4) 고후 6:18; 계 3:12 (5) 갈 4:6 (6) 시 103:13; 잠 14:26; 마 6:32 (7) 히 6:12; 롬 8:17

Q 75. 성화란 무엇인가?

답: 성화란 하나님의 은혜의 역사인데, 이것으로 하나님께서는 창세전에 거룩하게 하시려고 택하신 자들이 때가 되매 성령의 강력한 역사를 통하여(1) 그리스도의 죽음과 부활의 적용을 받게 하신다.(2) 그 결과 하나님은 자신의 형상대로 그들의 전인격을 새롭게 하시고,(3) 생명에 이르는 회개의 씨와 그 밖에 다른 구원의 은혜들을 그들의 마음속에 두고,(4) 그 모든 은혜들을 일

---

169) 믿음은 칭의 받기 위한 핵심적 수단, 도구이지 근본적 원인이 아니다. 알미니안주의는 믿음을 지나치게 강조하여 칭의의 본질적 원인처럼 강조한다. 로마 가톨릭과의 칭의 논쟁은 선행이나 은혜이냐의 차이며, 알미니안주의와의 칭의 논쟁은 믿음을 수단으로 보느냐 원인으로 보느냐의 차이다. 따라서 믿음은 중요함에도 구원의 '원인'인 것처럼 극단적으로 강조하면 안 되고, '수단'으로서 강조해야 한다.

으켜 주고, 증가하고, 강화하여,(5) 그들로 하여금 점점 더 죄에 대하여 죽게 하고, 새로운 생명에 대하여 살게 하신다.(6)

(1) 엡 1:4; 고전 6:11; 살후 2:13 (2) 롬 6:4-6 (3) 엡 4:23 (4) 행 11:18 (5) 유 1:20; 히 6:11, 12; 엡 3:16-19; 골 1:10, 11 (6) 롬 6:4, 6, 14; 갈 5:24

Q 76. 생명에 이르는 회개란 무엇인가?

답: 생명에 이르는 회개란 하나님의 성령과(1) 말씀에(2) 의해서 죄인의 마음속에 이뤄지는 구원의 은혜이다.(3) 이것으로 죄인은 자기 죄들의 위험성뿐만 아니라,(4) 그 죄의 더러움과 추악함을 보고, 느끼고, 통회한다.(5) 또한 죄인은 통회하는 자에게 그리스도 안에서 베푸시는 하나님의 긍휼을 깨닫게 됨으로(6) 자기 죄들을 몹시 슬퍼하고(7) 미워하여(8) 그 모든 죄들을 떠나 하나님께로 돌아와(9) 새로운 순종의 모든 길에서 하나님과 함께 끊임없이 동행하기로 결심하고 노력한다.(10)

(1) 슥 12:10 (2) 행 11:18, 20, 21 (3) 딤후 2:25 (4) 겔 18:28, 30, 32; 눅 15:17-18; 호 2:6, 7 (5) 겔 36:31; 사 30:22 (6) 욜 2:12, 13 (7) 렘 31:18, 19 (8) 고후 7:11 (9) 행 26:18; 겔 14:6; 왕상 8:47, 48 (10) 시 119:6, 59, 128; 눅 1:6; 대하 23:25

Q 77. 칭의와 성화는 어떤 점에서 다른가?

답: 비록 성화는 칭의와 분리할 수 없는 관계에 있지만,(1) 그 둘은 서로 다르다. 하나님께서는 칭의에서 그리스도의 의를 전가시켜 주며,(2) 성화에서는 성령이 은혜를 주입하시어 신자로 하여금 실천할 수 있는 능력을 주신다.(3) 또한 칭의로는 죄를 용서해 주고,(4) 성화로는 죄를 이기게 하신다.(5) 그리고 칭의를 통해서는 보복하는 하나님의 진노에서 모든 신자를 평등하게 해방하시되, 현세에서 이를 완성하시어 그들이 다시 정죄에 떨어지지 않게 하신다.(6) 그러나 성화를 통해서는 모든 신자 간에 평등하지도 않고,(7) 현세

에서 결코 완성될 수도 없으며,(8) 다만 완성을 향해서 자라날 뿐이다.(9)[170]

(1) 고전 6:11, 1:30 (2) 롬 4:6, 8 (3) 겔 36:27 (4) 롬 3:24, 25 (5) 롬 6:6, 14 (6) 롬 8:33, 34 (7) 요일 2:12–14; 히 5:12–14 (8) 요일 1:8, 10 (9) 고후 7:1; 빌 3:12–14

Q 78. 신자들이 성화를 완전히 성취할 수 없는 것은 왜 그런가?

답: 신자들이 성화를 완전히 성취할 수 없는 것은 그들의 모든 부분에 죄의 잔재가 남아 있기 때문이며, 성령을 거슬러 싸우는 끊임없는 육신의 정욕 때문이다. 이 때문에 신자들은 종종 시험에 들어 좌절하며 여러 가지 죄들에 빠지고,(1) 그들의 모든 영적인 봉사에서 방해를 받는다.(2) 그래서 신자들이 최선을 다해 행한 일이라도 하나님의 목전에는 불완전하고 더러운 것이 된다.(3)[171]

(1) 롬 7:18,23; 막 14:66–72; 갈 2:11, 12 (2) 히 12:1 (3) 사 64:6; 출 28:38

Q 79. 참된 신자들이 그들의 불완전함과 그들이 빠진 여러 가지 유혹들과 죄들 때문에 은혜의 상태에서 타락할 수 있지 않은가?

답: 참된 신자들은 하나님의 변함없는 사랑,(1) 그들에게 견인을 주시려는 하나님의 작정과 언약,(2) 그리스도와의 나눌 수 없는 연합,(3) 그들을 위한 그리스도의 계속적인 간구,(4) 그들 안에 거하는 성령과 하나님의 씨로 인하여(5) 전적으로나 최종적으로 은혜의 상태에서 떨어져 나갈 수 없을 뿐만 아니라,(6) 하나님의 능력에 의해서 믿음으로 구원에 이르기까지 보존된

---

170) 칭의론 논쟁은 로마 가톨릭이나 새관점학파처럼 칭의와 성화를 동일하게 취할 때 선행구원, 공로사상 등이 나온다. 반대로 둘을 별개로 완전 분리시키면 성도의 윤리와 성화를 무시하는 극단적 칭의주의가 된다. 개혁주의는 칭의와 성화를 '구별'하되 둘을 '분리'시키지 않는 방식이다. 즉, 칭의가 성화의 원인이며, 성화는 칭의 열매로 취급한다.

171) 개혁파 성화론은 불완전성화론이다. 알미니안주의와 웨슬레주의는 완전성화를 강조하여 지나친 성결의 완전함을 강조하며 또 다른 율법주의로 치우친다.

다.(7)[172]

(1) 렘 31:3 (2) 딤후 2:19; 히 13:20, 21; 삼하 23:5 (3) 고전 1:8,9 (4) 히 7:25; 눅 22:32
(5) 요일 3:9, 2:27 (6) 렘 32:40; 요 10:28 (7) 벧전 1:5

Q 80. 참된 신자들은 그들이 은혜의 상태에 있음과 구원에 이르기까지 그 안에서 견인될 것을 틀림없이 확신할 수 있는가?

답: 그리스도를 진실로 믿고 그분 앞에서 모든 선한 양심으로 행하고자 노력하는 자들은(1) 특별한 계시가 없어도 하나님의 약속의 진리에 근거한 믿음에 의해서, 또한 생명의 약속을 주신 그 은혜들을 스스로 분별할 수 있도록 하시며(2) 그들이 하나님의 자녀인 것을 그들의 영과 함께 증거하시는 성령에 의해서도(3) 그들이 은혜의 상태에 있음과 구원에 이르기까지 그분 안에서 견인될 것을 틀림없이 확신할 수 있다.(4)

(1) 요일 2:3 (2) 고전 2:12; 요일 3:14, 18, 19, 21, 24, 4:13, 16; 히 6:11, 12 (3) 롬 8:16
(4) 요일 5:13

Q 81. 모든 참된 신자들은 그들이 지금 은혜의 상태에 있음과 장차 구원받을 것을 항상 확신하는가?

답: 은혜와 구원의 확신이 신앙의 본질에 속한 것이 아니므로(1) 참된 신자들도 확신에 이르기까지 오랜 시간이 걸릴 수 있으며,(2) 이러한 확신을 누린 후에도 다양한 질병, 죄, 유혹, 배반 등으로 인하여 확신이 약화되거나 일시적으로 중단될 수도 있다.(3) 그러나 성령 하나님이 완전한 절망에 빠지지 않도록 항상 함께하시고 돌보시기 때문에 참된 신자들은 결코 버려지지 않는다.(4)

(1) 엡 1:13 (2) 사 10:10; 시 88:1-3, 6, 7, 9, 10, 13-15 (3) 시 77:1-12; 아 5:2, 3, 6; 시

---

172) 성화론에서 성도의 연약함과 잘못을 심각하게 책망할 수 있다. 하지만 알미니안주의와 같이 다시 지옥에 떨어지는 것처럼 작정과 예정이 파괴되는 방식으로 책망하면 안 된다.

31:8–12, 22:1 (4) 요일 3:9; 욥 13:15; 시 73:15, 23; 사 54:7–10

Q 82. 무형교회 회원들이 그리스도와 함께 누리는 영광의 교제란 무엇인가?

답: 무형교회 회원들이 그리스도와 함께 누리는 영광의 교제란 현세에도 있고,(1) 죽음 후 즉시 일어나는 것이지만,(2) 마침내 부활과 심판 날에 완성되는 것이다.(3)

(1) 고후 3:18 (2) 눅 23:43 (3) 살전 4:17

Q 83. 무형교회 회원들이 현세에서 그리스도와 함께 누리는 영광의 교제란 무엇인가?

답: 무형교회 회원들은 그들의 머리이신 그리스도의 지체이므로 현세에서 그리스도와 함께 영광의 첫 열매를 누리며, 그분 안에서 그가 소유하신 영광에 참여하게 되며,(1) 그리고 그의 보증으로 하나님의 사랑과(2) 양심의 평화와 성령의 기쁨과 영광의 소망을(3) 누리게 된다. 반면에 악인들에게는 하나님의 복수하시는 진노와 양심의 공포와 심판에 대한 두려움 등이 따르는데, 이것들은 악인들이 죽은 후에 받을 고통의 시작이다.(4)

(1) 엡 2:5, 6 (2) 롬 5:5; 고후 1:22 (3) 롬 5:1, 2, 14:17 (4) 창 4:13; 마 27:4; 히 10:27; 롬 2:9; 막 9:44

Q 84. 모든 사람이 다 죽을 것인가?

답: 죽음은 죄의 값이 위협하는 것이므로(1) 한 번 죽는 것은 모든 사람에게 정해진 것인데,(2) 그것은 모든 사람이 죄를 범했기 때문이다.(3)

(1) 롬 6:23 (2) 히 9:27 (3) 롬 5:12

Q 85. 죄의 값이 사망이라면 의로운 사람은 그리스도 안에서 죄 사함을 받았는데도 왜 죽음에서 구원을 받지 못하는가?

답: 의인들은 마지막 날에 죽음 자체에서 구원받을 것이며, 비록 죽어도 사

망의 쏘는 것과 저주에서 구원받는다.(1) 그러므로 그들이 죽더라도 그 죽음은 하나님의 사랑에서(2) 비롯되어 죄와 비참에서 그들을 완전히 해방시켜 주시려는 것이며,(3) 또한 죽음 후에 들어가는 영광중에서 그리스도와 함께 더 깊은 교제를 갖게 해주시려는 것이다.(4)

(1) 고전 15:26, 55-57; 히 2:15 (2) 사 57:1, 2; 왕하 22:20 (3) 계 14:13; 엡 5:27 (4) 눅 23:43

Q 86. 무형교회 회원들이 죽은 직후에 그리스도와 더불어 누리게 되는 영광의 교제란 무엇인가?

답: 무형교회 회원들이 죽은 직후에 그리스도와 더불어 누리게 되는 영광의 교제란 그들의 영혼이 그때에 완전히 거룩하게 되어,(1) 지극히 높은 하늘에 영접되고,(2) 거기서 빛과 영광중에 하나님의 얼굴을 바라보면서(3) 그들의 몸의 완전한 구속을 기다리는 것이다.(4) 그들의 몸은 비록 죽어 있어도 그리스도에게 계속 연합되어 있으며,(5) 마치 잠자리에서 잠자듯 무덤 속에서 마지막 날에 자신들의 영혼과 다시 연합할 때까지 쉬고 있다.(6) 그러나 악인의 영혼들은 죽을 때 지옥에 던져지고, 거기서 고통과 깊은 흑암 중에 머물러 있는 한편, 그들의 몸은 부활과 심판의 큰 날까지 마치 감옥에 갇힌 것처럼 무덤 속에 갇혀 있다.(7)[173]

(1) 히 12:23 (2) 고후 5:1, 6, 8; 빌 1:23; 행 3:21; 엡 4:10 (3) 요일 3:2; 고전 13:12 (4) 롬 8:23; 시 16:9 (5) 살전 4:14 (6) 사 57:2; 욥 19:26, 27 (7) 눅 16:23, 24; 행 1:25; 유 1:6, 7

---

173) 개인적 죽음 이후 성도의 영혼은 그리스도와 함께 하고 몸은 부활의 날까지 땅에서 썩어진다. 이렇게 영혼만 최후 심판 때까지 존재하는 방식을 '중간상태'라고 한다. 하지만 천국과 지옥 외에 연옥을 말하는 로마 가톨릭의 '중간장소'는 비성경적이다.

Q 87. 우리는 부활에 대하여 무엇을 믿어야 하는가?

답: 우리는 마지막 날에 의인이나 불의한 자를 불문하고 죽은 자들이 모두 부활할 것임을 믿는다.(1) 그러나 그때에 살아 있는 사람들은 순식간에 변화될 것이다. 그리고 무덤 속에 있는 죽은 자들은 바로 그 몸이 그들의 영혼과 영원히 연합되어 그리스도의 권능으로 다시 살아날 것이다.(2) 의인의 몸은 그리스도의 영(靈)에 의하여 그리고 그들의 머리되신 그리스도의 부활의 공로로 능력 중에 신령하고 썩지 않는 몸으로 다시 일어나서 그의 영광스러운 몸과 같이 될 것이다.(3) 그러나 악인의 몸은 진노하는 심판주이신 그리스도에 의하여 부끄러운 부활을 맞이할 것이다.(4)

(1) 행 24:15 (2) 고전 15:51-53; 살전 4:15-17; 요 5:28, 29 (3) 고전 15:21-23, 42-44; 빌 3:21 (4) 요 5:27-29; 마 25:33

Q 88. 부활 직후에 어떠한 일이 일어날 것인가?

답: 부활 직후에 천사들과 사람들에 대한 전체적이고 최후적인 심판이 있을 것이다.(1) 그러나 그날과 그때는 아무도 모르니, 이는 모두 깨어 기도하면서 주님의 오심을 항상 준비하게 하려 함이다.(2)

(1) 벧후 2:4, 6, 7, 14, 15; 마 25:46 (2) 마 24:36, 42, 44; 눅 21:35, 36

Q 89. 심판의 날에 악인에게는 무슨 일이 있을 것인가?

답: 심판의 날에 악인은 그리스도의 좌편에 놓일 것이다.(1) 그리고 명백한 증거와 그들 자신의 양심의 충분한 확증에 근거하여(2) 그들에게 두려우면서도 공정한 정죄의 선고가 내려질 것이다.(3) 또한 하나님의 은혜로운 임재하심과 그리스도와 그의 성도들과 그의 모든 천사들과 더불어 누리는 영화로운 교제로부터 쫓겨나, 멀리 지옥으로 던져져, 거기서 몸과 영혼 모두가 마귀와 그 사자들과 함께 받는 말로 다할 수 없는 고통의 형벌을 영원히 받을 것이다.(4)

(1) 마 25:33 (2) 롬 2:15, 16 (3) 마 25:41-43 (4) 눅 16:26; 살후 1:8, 9

Q 90. 심판 날에 의인은 어떻게 될 것인가?

답: 심판 날에 의인은 구름 속으로 그리스도에게 끌어올려져 그의 우편에 놓일 것이며,(1) 거기서 공적으로 인정받고, 무죄선언을 받아,(2) 버림받은 천사들과 사람들을 그리스도와 함께 심판하고,(3) 하늘에 영접될 것이다.(4) 거기서 그들은 영원무궁토록 모든 죄와 비참에서 온전히 그리고 영원히 해방될 것이며,(5) 도저히 상상도 할 수 없는 기쁨으로 충만할 것이다.(6) 그리고 셀 수 없는 많은 성도들과 천사들과 함께 어울리며,(7) 특히 하나님 아버지와 우리 주 예수 그리스도와 성령을 영원토록 직접 대면하고 즐기며,(8) 또한 몸과 영혼이 영원토록 완전히 거룩하고 행복하게 될 것이다. 이것이 곧 보이지 않는 교회에 속한 성도들이 부활과 심판 날에 그리스도와 더불어 영광중에 누리게 될 완전하고 충만한 교제이다.[174]

(1) 살전 4:17 (2) 마 25:33; 마 10:32 (3) 고전 6:2, 3 (4) 마 25:34, 46 (5) 엡 5:27; 계 14:13 (6) 시 16:11 (7) 히 12:22, 23 (8) 요일 3:2; 고전 13:12; 살전 4:17, 18

우리는 하나님에 대하여 믿을 바가 무엇인가에 대해 성경이 중요하게 가르치는 것을 보았으니, 이제 사람의 의무에 대해 성경이 요구하는 것이 무엇인지에 대해 알아보아야 한다

Q 91. 하나님께서 사람에게 요구하시는 의무는 무엇인가?

답: 하나님께서 사람에게 요구하시는 의무는 그의 계시된 뜻에 순종하는 것

---

174) 종말에 그리스도를 영접하는 방식은 '휴거'개념이 아니다. 이 개념은 세대주의자들이 문자적 개념으로 제시한 들어올림 현상이다. 구름은 영광스러운 임재를 상징적으로 말하는 것이며, '끌어올려져'라는 말은 단순한 공간적 이동을 말하는 것이 아니라 택자들을 하나로 모으시는 구원의 위대함을 말한다. 종말에서 개혁파는 현 우주의 새로운 갱신을 통한 신천신지를 말하며, 루터파는 전멸 후에 새 창조를 강조한다.

이다.(1)

(1) 롬 12:1, 2; 미 6:8; 삼상 15:22

Q 92. 하나님께서 사람에게 그의 순종의 규칙으로 제일 처음 무엇을 계시하셨는가?

답: 선악을 알게 하는 나무의 실과를 먹지 말라고 하신 특별한 명령 외에 무죄한 상태에 있는 아담과 그 안에 있는 모든 인류에게 계시하신 순종의 규칙은 도덕법이었다.(1)[175]

(1) 창 1:26, 27; 롬 2:14, 15, 10:5; 창 2:17

Q 93. 도덕법은 무엇인가?

답: 도덕법은 인류에게 선포된 하나님의 뜻이다. 이것은 영혼과 몸의 전인격적인 성향과 모습에 있어서,(1) 또한 하나님과 사람에게 빚지고 있는 거룩함과 의로움의 모든 의무를 이행함에 있어서,(2) 각자가 개인적으로, 완전히, 영구히, 이 법을 준수하고 순종하도록 지시하고 명령하신 하나님의 뜻이다. 그리고 이 명령을 지키면 생명을 주기로 약속하셨지만, 그것을 위반하면 죽는다고 위협하셨다.(3)[176]

(1) 신 5:1-3, 31, 33; 눅 10:26, 27; 갈 3:10; 살전 5:23 (2) 눅 1:75; 행 24:16 (3) 롬 10:5; 갈 3:10, 12

---

175) 개혁주의는 율법에 대한 특별한 이해를 가지고 있다. 기독교 역사는 율법과 복음의 관계를 어떻게 이해하는가에 따라서 나눠진다. 첫째로 대립관계로 보는데, 이들은 주로 복음만 강조한다. 둘째로 동일관계로 보는데, 이들은 신약도 구약율법과 동일하다고 생각하여 율법주의를 강조한다. 셋째로 조화통일관계이다. 즉, 개혁파 입장으로서 율법과 복음은 각각의 용도가 있고, 서로 조화를 이룬다. 따라서 구약에도 복음이 존재하고, 신약에도 율법이 존재한다. 율법과 복음은 둘 다 중요하며 각각의 목적에 따라서 사용된다.

176) 율법의 형식은 '의식법'과 '사회법'과 '도덕법'이다. 또한 이 율법의 사용 용도는 1용도-정죄, 2용도-죄 억제, 3용도-삶의 규범으로 나눠진다.

Q 94. 타락한 후에도 도덕법이 사람에게 유용한가?

답: 타락한 후에는 아무도 도덕법에 의하여 의와 생명에 이를 수 없다.(1) 그러나 도덕법은 불신자나 중생한 사람에게 각각 특별히 유용한 것처럼 모두에게도 공통적으로 매우 유용하다.(2)

(1) 롬 8:3; 갈 2:16 (2) 딤전 1:8

Q 95. 도덕법이 모든 사람에게 어떻게 유용한가?

답: 도덕법은 모든 사람에게 하나님의 거룩한 성품과 뜻과(1) 그들이 따라 행해야 할 사람의 의무를(2) 알게 하는 데 유용하다. 또한 도덕법은 그들이 이를 지키는 데 무능함과 그들의 본성과 마음과 생활이 죄악으로 오염되어 있음을 깨닫게 하며,(3) 그들로 하여금 그들의 죄와 비참을 느껴 겸손케 하여,(4) 그리스도와 그의 완전한 순종이 자신들에게 필요하다는 것을 보다 더 분명히 깨닫게 하는 데 도움이 된다.(5)[177]

(1) 레 11:44, 45, 20:7, 8; 롬 7:12 (2) 미 6:8; 약 2:10, 11 (3) 시 19:11, 12; 롬 3:20, 7:7 (4) 롬 3:9, 23 (5) 갈 3:21, 22; 롬 10:4

Q 96. 도덕법이 특별히 불신자들에게 어떻게 유용한가?

답: 도덕법은 불신자들의 양심을 일깨워 장차 올 진노를 피하게 하고,(1) 그들을 그리스도에게로 오게 하는 데 유용하다.(2) 그리고 그들이 죄의 상태와 죄의 길에 계속 머물러 있을 경우에 그들로 하여금 핑계할 수 없게 하여(3) 죄의 저주 아래 있게 한다.(4)[178]

(1) 딤전 1:9, 10 (2) 갈 3:24 (3) 롬 1:20, 2:15 (4) 갈 3:10

---

177) 율법의 1용도는 죄인에게 죄를 지적하여 그리스도에게 인도하는 '몽학선생'의 역할을 말한다. 즉, 죄를 정죄하여 복음으로 초대하는 종교적 용도를 가진다.

178) 율법의 2용도는 불신자의 양심에 심겨져 죄를 억제하는 사회적 용도를 말한다.

Q 97. 도덕법이 특별히 중생한 자들에게는 어떻게 유용한가?

답: 중생하여 그리스도를 믿는 자들은 행위언약인 도덕법에서 해방되었기에(1) 이것으로 칭의를 받거나(2) 정죄되지 않는다.(3) 그러나 모든 사람들에게 공통된 일반적 용도 외에도 특별한 유용함이 있다. 도덕법은 이 법을 친히 완성하시고 그들을 대신하여 또한 그들의 유익을 위해서 저주를 받으신 그리스도와 그들이 얼마나 밀접한 관계가 있는지를 보여 준다.(4) 따라서 도덕법은 그들로 하여금 더욱더 감사하도록 북돋울 뿐만 아니라,(5) 순종의 법칙인 도덕법을 더욱 조심하여 따름으로 이 감사를 열매 맺게 한다.(6)[179]

(1) 롬 6:14, 7:4, 6; 갈 4:4, 5 (2) 롬 3:20 (3) 갈 5:23; 롬 8:1 (4) 롬 7:24, 25; 갈 3:13, 14; 롬 8:3, 4 (5) 눅 1:68, 69, 74, 75; 골 1:12-14 (6) 롬 7:22, 12:2; 딛 2:11-14

Q 98. 도덕법은 요약적으로 어디에 들어 있는가?

답: 도덕법은 십계명에 요약적으로 들어 있다. 십계명은 시내 산에서 하나님이 음성으로 말씀하고 두 돌 판에 친히 써 주신 것으로(1) 출애굽기 20장에 기록되어 있다. 첫 네 계명에는 하나님께 대한 우리의 의무와 나머지 여섯 계명에는 사람에 대한 우리의 의무를 담고 있다.(2)[180]

(1) 신 10:4; 출 34:1-4 (2) 마 22:37-40

---

179) 율법의 3용도는 신자에게 성화의 규범으로 사용되는 신앙적 용도를 말한다. 율법은 비록 구원의 수단은 아닐지라도 복음으로 구원받은 후 거룩함으로 자라가기 위한 성화의 도구로 쓰인다. 따라서 성화의 기능으로 율법의 3용도를 강조하는 것이 칼빈주의 율법론의 중요한 특징이다.

180) 십계명을 도덕법으로 이해하여 율법의 3용도 적용하는 방식은 개혁주의의 중요한 기독교 윤리의 토대다. 모든 교리문답마다 사도신경 뒤에 십계명을 배치하여 기독교윤리, 성화, 기독교문화관을 가르쳤다. 따라서 십계명을 모르면 성도들이 삶을 어떻게 살아야 하는지를 모르는 일이 벌어진다. 십계명은 율법의 형식을 가지고 있기 때문에 역사 속에서 3가지로 나타난다. 첫째로 극단적으로 강조하는 율법주의, 둘째로 복음만 강조하는 무율법주의, 셋째로 성도의 삶의 규범으로 강조하는 도덕법원리다.

Q 99. 십계명을 바로 이해하기 위해서는 어떠한 규칙들을 준수해야 하는가?

답: 십계명을 바로 이해하기 위해서는 다음의 규칙들을 준수해야 한다.[181]

① 율법은 완전하므로, 누구나 전인격적으로 그 의를 충분히 따르고 영원토록 온전히 순종하여 모든 의무를 철두철미하게 끝까지 완수하여야 하며, 무슨 죄를 막론하고 가장 작은 죄라도 금한다.(1)

② 율법은 신령하므로, 말과 행동과 태도뿐만 아니라 이해와 의지와 감정과 기타 영혼의 모든 능력들에까지 미친다.(2)

③ 다양한 관점에서 하나이며 동일한 것이 여러 계명들 가운데 요구되거나 금해지고 있다.(3)

④ 어떤 의무를 행하도록 명하는 곳에는 그와 반대되는 죄를 금하고 있고,(4) 어떤 죄를 금한 곳에는 그와 반대되는 의무를 명한 것이 함축되어 있다.(5) 그러므로 어떤 약속이 덧붙여져 있으면 거기에는 그와 반대되는 경고가 포함되어 있으며,(6) 어떤 경고가 덧붙여진 곳에는 그와 반대되는 약속이 포함되어 있다.(7)

⑤ 하나님이 금하신 것은 언제라도 해서는 안 되며,(8) 하나님이 명하신 것은 언제나 우리의 의무이다.(9) 하지만 모든 특수한 의무는 언제나 행해야 하는 것은 아니다.(10)

⑥ 한 가지 죄나 의무 아래 같은 종류의 죄를 모두 금하거나, 같은 종류의 의무를 모두 명령한다. 거기에는 그 모든 원인, 수단, 기회, 모양 및 그것들에 이르는 자극도 모두 포함한다.(11)

⑦ 우리의 지위를 따라 우리에게 금하거나 명령된 일이라면, 다른 사람들도 그 지위와 의무에 따라서 이를 피하거나 행하도록 도와 줄 의무가 우리에게 있다.(12)

---

181) 8가지를 4가지로 요약하면 다음과 같다. 1. 명시적 문자적 내용 찾기―긍정과 부정 명령 상호교차 적용. 2. 복합적으로 여러 계명 적용 찾기―10개를 종합적으로 적용. 3. 반대되는, 부딪치는 특별명령 찾기―우선순위로 적용(차선책 원리). 4. 일반윤리는 보편 상식적 적용

⑧ 다른 사람들에게 명령된 것도 우리의 지위와 사명에 따라 그들을 도와야 할 의무가 있고,(13) 다른 사람들에게 금한 일에도 그들과 함께 동참하지 않도록 조심할 의무가 우리에게 있다.(14)

(1) 시 19:7; 약 2:10; 마 5:21, 22 (2) 롬 7:14; 신 6:5; 마 22:37-39, 5:21, 22, 27, 28, 33, 34, 37-39, 43, 44 (3) 골 3:5; 암 8:5; 마 15:4-6; 잠 1:19; 딤전 6:10; 엡 4:28 (4) 사 58:13; 마 4:9, 10, 15:4-6 (5) 마 5:21-25; 엡 4:28 (6) 신 6:13; 잠 30:17 (7) 렘 18:7, 8; 출 20:7; 시 15:1, 4, 5, 24:4, 5 (8) 욥 13:7, 8; 롬 3:8; 욥 36:21; 히 11:25 (9) 신 4:8, 9 (10) 마 12:7 (11) 마 5:21, 22, 27, 28, 15:4-6; 히 10:24, 25; 살전 5:22, 23; 갈 5:26; 골 3:21 (12) 출 20:10; 레 19:17; 창 18:19; 수 24:15; 신 6:6, 7 (13) 고후 1:24 (14) 딤전 5:22; 엡 5:11

Q 100. 십계명에서 어떠한 특별한 것들을 우리는 생각해야 하는가?

답: 우리는 십계명에서 머리말과 십계명 자체의 내용과 계명을 보다 더 강화하기 위하여 그중 어떤 것에 첨부된 몇 가지 이유들을 생각해야만 한다.

Q 101. 십계명의 머리말은 무엇인가?

답: 십계명의 머리말은 "나는 너를 애굽땅, 종 되었던 집에서 인도하여 낸 네 하나님 여호와로라."(1) 하신 말씀에 포함되어 있다. 여기서 하나님은 여호와로서 영원불변하며, 전능한 하나님으로 자기의 주권을 나타내셨다.(2) 또한 하나님은 자기의 존재를 자기 자신 안에 스스로 소유하고,(3) 그의 모든 말씀과(4) 하시는 일에(5) 따라 존재를 나타내셨다. 그리고 하나님은 옛날에 이스라엘과 언약을 맺은 것과 같이 자기의 모든 백성과 언약을 맺은 하나님이시며,(6) 이스라엘을 애굽의 종살이에서 건져낸 것과 같이 우리를 영적 노예의 속박에서 구출한 것을 나타내셨다.(7) 그러므로 우리는 오직 그분만을 우리의 하나님으로 의지하고, 그의 모든 계명을 지켜야만 한다.(8)

(1) 출 20:2 (2) 사 44:6 (3) 출 3:14 (4) 출 6:3 (5) 행 17:24, 28 (6) 창 17:7; 롬 3:29 (7) 눅 1:74, 75 (8) 벧전 1:15-18; 레 18:30, 19:37

Q 102. 하나님께 대한 우리의 의무를 포함하는 첫 네 계명의 대강령은 무엇인가?

답: 하나님께 대한 우리의 의무를 포함한 첫 네 계명의 대강령은 우리의 마음을 다하여, 목숨을 다하고, 힘을 다하며, 뜻을 다하여, 우리 주 하나님을 사랑하라는 것이다.(1)

(1) 눅 10:27

Q 103. 제1계명은 무엇인가?

답: 제1계명은 "너는 나 외에는 다른 신들을 네게 두지 말라"이다.(1)

(1) 출 20:3

Q 104. 제1계명이 명령하는 의무는 무엇인가?

답: 제1계명이 명령하는 의무는 하나님만이 홀로 참되신 하나님이시며, 우리의 하나님이심을 알고, 인정하며,(1) 따라서 그분만을 생각하고,(2) 묵상하고,(3) 기억하고,(4) 높이고,(5) 존경하고,(6) 경배하고,(7) 택하고,(8) 사랑하고,(9) 사모하고,(10) 경외함으로,(11) 그분만을 합당하게 예배하고, 영화롭게 하라는 것이다.(12) 또한 하나님을 믿고,(13) 의지하고,(14) 바라고,(15) 기뻐하고,(16) 즐거워하고,(17) 그에 대한 열심을 품고,(18) 그를 부르고, 모든 찬송과 감사를 드리고,(19) 전인격적으로 그에게 완전히 순종하고, 복종하며,(20) 그를 기쁘시게 하기 위하여 범사에 조심하고,(21) 만일 무슨 일에든지 그분을 노엽게 하였으면 슬퍼하며,(22) 하나님과 겸손히 동행하라는 것이다.(23)

(1) 대상 28:9; 신 26:17; 사 43:10; 렘 14:22 (2) 말 3:16 (3) 시 63:6 (4) 전 12:1 (5) 시 71:19 (6) 말 1:6 (7) 사 45:23 (8) 수 24:15, 22 (9) 신 6:5 (10) 시 73:25 (11) 사 8:13 (12) 시 95:6, 7; 마 4:10; 시 29:2 (13) 출 14:31 (14) 사 26:4 (15) 시 130:7 (16) 시 37:4 (17) 시 32:11 (18) 롬 12:11; 민 25:11 (19) 빌 4:6 (20) 렘 7:23; 약 4:7 (21) 요일 3:22 (22) 렘

31:18; 시 119:136 (23) 미 6:8[182]

Q 105. 제1계명이 금지하는 죄들은 무엇인가?

답: 제1계명이 금지하는 죄들은 하나님을 부인하거나 모시지 않는 무신론,(1) 참된 하나님과 함께 혹은 그 대신에 다른 신을 두거나 유일신보다 여러 신들을 섬기거나 예배하는 우상숭배,(2) 하나님을 하나님으로 그리고 우리의 하나님으로 모셔 고백하지 않고,(3) 1계명이 요구하는 하나님께 마땅히 드릴 것을 무엇이든지 제거하거나 소홀히 하는 것,(4) 그에 대한 무지,(5) 망각,(6) 오해,(7) 그릇된 의견들,(8) 무가치하고 악한 생각들,(9) 그의 비밀들을 감히 호기심으로 캐내려는 것,(10) 모든 신성 모독,(11) 하나님을 미워하는 것,(12) 자기 사랑,(13) 자아 추구,(14) 우리 마음과 의지 혹은 정서를 과도히 무절제하게 다른 일들에 두고, 전적으로 혹은 부분적으로 하나님에게서 떠나게 하는 것,(15) 헛된 맹신,(16) 불신앙,(17) 이단,(18) 그릇된 믿음,(19) 불신뢰,(20) 절망,(21) 완악함,(22) 심판에 대한 무감각,(23) 돌같이 굳은 마음,(24) 교만,(25) 뻔뻔스러움,(26) 육에 속하는 안일함,(27) 하나님을 시험하는 것,(28) 불법적인 수단을 쓰는 것,(29) 불법적 수단을 의지하는 것,(30) 육적 기쁨과 즐거움,(31) 부패하고 맹목적이며 무분별한 열심,(32) 미지근함과,(33) 하나님의 일에 대한 무감각,(34) 하나님에게서 멀어짐과 배교하는 것,(35) 성자들이나 천사들 혹은 다른 피조물에게 기도하거나 종교적 예배를 드리는 것,(36) 마귀와의 모든 계약을 맺고 의논하는 것,(37) 마귀의 제안에 귀를 기울이는 것,(38) 사람들을 우리의 신앙과 양심의 주로 삼는 것,(39) 하나님과 그의 명령을 경시하고 멸시하는 것,(40) 성령을 거역하고 근심되게 하는 것,(41) 그의 섭리들에 대해서 불만하고 참지 못하며, 우리에게 임하

---

182) 1계명은 절대적이고 배타적인 요구를 제시한다. 즉, 기독교의 하나님만이 유일하신 신이고 다른 종교에서 말하는 신들은 전부 가짜라는 선언이다. 기독교만이 살아 계시고 참된 하나님을 말하며, 참된 진리를 소개하기 때문에 1계명은 하나님에 대한 절대성과 주권성을 강조한다. 특히 1계명 설명에서는 '하나님이심을 알고'가 가정 먼저 제시된다. 성경을 통해서 하나님을 바르게 아는 교리적 지식으로부터 모든 신적 지식이 세워지기 때문이다.

는 재난들에 대하여 어리석게 하나님을 비난하는 것,(42) 우리의 선함과 우리가 소유하거나, 혹은 할 수 있는 선행에 대한 찬사를 행운이나,(43) 우상이나,(44) 우리 자신이나,(45) 또는 어떤 다른 피조물에게(46) 돌리는 것이다.

(1) 시 14:1; 엡 2:12 (2) 렘 2:27, 28; 살전 1:9 (3) 시 81:11 (4) 사 43:22-24 (5) 렘 4:22; 호 4:1, 6 (6) 렘 2:32 (7) 행 17:23, 29 (8) 사 40:18 (9) 시 50:21 (10) 신 29:29 (11) 딛 1:16; 히 12:16 (12) 롬 1:30 (13) 딤후 3:2 (14) 빌 2:21 (15) 요일 2:15, 16; 삼상 2:29; 골 3:2, 5 (16) 요일 4:1 (17) 히 3:12 (18) 갈 5:20; 딛 3:10 (19) 행 26:9 (20) 시 78:22 (21) 창 4:13 (22) 렘 5:3 (23) 사 42:25 (24) 롬 2:5 (25) 렘 13:15 (26) 시 19:13 (27) 습 1:12 (28) 마 4:7 (29) 롬 3:8 (30) 렘 17:5 (31) 딤후 3:4 (32) 갈 4:17; 요 16:2; 롬 5:2; 눅 9:54, 55 (33) 계 3:16 (34) 계 3:1, 2 (35) 겔 14:5; 사 1:4, 5 (36) 롬 10:13, 14; 호 4:12; 행 10:25, 26; 계 19:10; 마 4:10; 골 2:18; 롬 1:25 (37) 레 20:6; 삼상 28:7, 11; 대상 10:13, 14 (38) 행 5:3 (39) 고후1:24 (40) 신 32:15; 삼하 12:9; 잠 13:13 (41) 행 7:51 (42) 시 73:2, 3, 13-15, 22; 욥 1:22 (43) 삼상 6:7-9 (44) 단 5:23 (45) 신 8:17; 단 4:30 (46) 합 1:16

Q 106. 제1계명에 있는 '나 외에'라는 말씀이 특별히 가르치는 것은 무엇인가?

답: 제1계명에 있는 '나 외에' 혹은 '내 앞에서'라는 말씀은 만물을 보고 계신 하나님께서 우리가 어떤 다른 신을 두려는 죄에 대해서 특별히 주목하고, 불쾌하게 여기신다는 것을 가르친다. 그러므로 이 표현은 이런 죄를 범하지 못하게 막으며, 또한 다른 신을 두는 것이 가장 파렴치한 도발 행위로써 주를 격노케 한다는 것을 보여 줄 뿐 아니라,(1) 우리가 주를 섬기는 일에 무엇을 하든지 그의 목전에서 하도록 설득시키는 논증이 된다.(2)

(1) 겔 8:5, 6; 시 44:20, 21 (2) 대상 28:9

Q 107. 제2계명은 무엇인가?

답: 제2계명은 "너를 위하여 새긴 우상을 만들지 말고, 또 위로 하늘에 있는

것이나 아래로 땅에 있는 것이나 땅 아래 물속에 있는 것의 어떤 형상도 만들지 말며, 그것들에게 절하지 말며, 그것들을 섬기지 말라. 나 네 하나님 여호와는 질투하는 하나님인즉, 나를 미워하는 자의 죄를 갚되 아버지로부터 아들에게로 삼사 대까지 이르게 하거니와 나를 사랑하고 내 계명을 지키는 자에게는 천 대까지 은혜를 베푸느니라."이다.(1)

(1) 출 20:4-6

Q 108. 제2계명이 명령하는 의무는 무엇인가?

답: 제2계명이 명령하는 의무는 하나님께서 자기 말씀 안에 제정하신 종교적 예배와 규례를 받아, 준수하고, 순전하게 그리고 완전하게 지키라는 것이다.(1) 특별히 그리스도의 이름으로 드리는 기도와 감사이며,(2) 말씀을 읽음과 전함과 들음이며,(3) 성례의 집례와 받음이며,(4) 교회 정치와 권징,(5) 성직과 그것의 유지,(6) 종교적 금식,(7) 하나님의 이름으로 맹세하는 것과 (8) 그에게 서원하는 것,(9) 모든 거짓된 예배를 부인하고, 미워하며, 반대하는 것,(10) 각자의 지위와 사명에 따라 거짓된 예배와 모든 우상숭배의 기념물들을 제거하라는 것이다.(11)[183]

(1) 신 32:46, 47; 마 28:20; 행 2:42; 딤전 6:13, 14 (2) 빌 4:6; 엡 5:20 (3) 신 17:18, 19; 행 15:21; 딤후 4:2; 약 1:21, 22; 행 10:33 (4) 마 28:19; 고전 11:23-30 (5) 마 18:15-17, 16:19; 고전 5장, 12:28 (6) 엡 4:11, 12; 딤전 5:17, 18; 고전 9:7-15 (7) 욜 2:12, 13; 고전 7:5 (8) 신 6:13 (9) 사 19:21; 시 76:11 (10) 행 17:16, 17; 시 16:4 (11) 신 7:5; 사 30:22

---

183) 2계명은 개혁파의 예배원리인 '규정적 원리'를 소개한다. 즉, 성경적 예배는 하나님께서 제시한 예배로 제한한다는 원리다. 반대로 루터파 예배는 '허용적 원리'로서, 성경이 금지하지 않은 것은 허용된 것으로 판단하여 다양한 예배 형식을 허용한다.

Q 109. 제2계명이 금지하는 죄들은 무엇인가?

답: 제2계명이 금지하는 죄들은 하나님께서 친히 제정하지 않으신 어떤 종교적 예배를 고안하고,(1) 의논하며,(2) 명령하고,(3) 사용하고,(4) 어떤 모양으로든지 인정하는 것들이다.(5) 또한 거짓 종교를 용납하는 것과(6) 삼위(三位) 하나님 전부나 혹은 그중 어느 한 위(位)의 형상이라도 내적으로 우리 마음속에 가지든지, 또는 외적으로 아무 피조물의 어떤 형상이나 모양으로 만든 것이며,(7) 이 형상 자체나 혹은 이 형상 안에서(8) 그리고 이 형상을 통하여 하나님을 예배하는 모든 일이며,(9) 거짓 신들의 형상을 만들고,(10) 그들을 예배하거나 또는 그것들에 속한 것을 섬기는 것이며,(11) 우리 자신들이 만들고 취하든지,(12) 전통을 따라서 사람들로부터 받았든지 간에(13) 옛 제도,(14) 풍습,(15) 경건,(16) 선한 의도, 혹은 다른 어떤 구실의 명목으로(17) 예배에 추가하거나 삭감하여(18) 하나님의 예배를 부패케 하는(19) 미신적 고안들,(20) 성직매매,(21) 신성모독,(22) 하나님이 정하신 예배와 규례들에 대한 모든 태만과(23) 경멸,(24) 방해,(25) 반대하는 것이다.(26)[184]

(1) 민15:39 (2) 신 13:6-8 (3) 호 5:11; 미 6:16 (4) 왕상 11:33, 12:33 (5) 신 12:30-32 (6) 신 13:6-12; 슥 13:2, 3; 계 2:2, 14, 15, 20, 17:12, 16, 17 (7) 신 4:15-19; 행 17:29; 롬 1:21-23, 25 (8) 출 32:5 (9) 단 3:18; 갈 4:8 (10) 출 32:8 (11) 왕상 18:26, 28; 사 65:11 (12) 시 106:39 (13) 마 15:9 (14) 벧전 1:18 (15) 렘 44:17 (16) 사 65:3-5; 갈 1:13, 14 (17) 삼상 13:11, 12; 삼상 15:21 (18) 신 4:2 (19) 말 1:7, 8, 14 (20) 행 17:22; 골 2:21-23 (21) 행 8:18 (22) 롬 2:22; 말 3:8 (23) 출 4:24-26 (24) 마 22:5; 말 1:7, 13 (25) 마 23:13 (26) 행 13:44, 45; 살전 2:15, 16

---

184) 2계명의 형상금지 범위는 삼위 하나님 모두에게 적용된다. 특히 예수님조차도 그림이나 조각 등으로 형상화하면 안 된다. 삼위일체의 신비는 그림이나 형상으로 나타낼 수 없다. 또한 교리문답은 선한 의도, 즉 신앙 교육적 목적이나 실천적인 실용성을 제시한 형상 사용도 금지한다. 그래서 "이 형상 자체나 혹은 이 형상 안에서(in) 그리고 이 형상을 통하여(through)" 예배하거나 신앙교육하지 말라고 엄히 금지시켰다.

Q 110. 제2계명을 더 잘 지키게 하려고 여기에 첨가된 이유들은 무엇인가?

답: 제2계명을 더 잘 지키게 하려고 첨가된 이유들은 다음의 말씀에 포함되어 있다. 곧 "나 네 하나님 여호와는 질투하는 하나님인즉 나를 미워하는 자의 죄를 갚되 아버지로부터 아들에게로 삼사 대까지 이르게 하거니와 나를 사랑하고 내 계명을 지키는 자에게는 천 대까지 은혜를 베푸느니라."(1)고 한 것이다. 이 이유들은 우리에 대한 하나님의 주권과 우리 안에 있어야 할 합당한 순종을 나타내는 것 외에도,(2) 자기에게 드려지는 예배에 대한 하나님의 뜨거운 열정을 나타내며,(3) 우상숭배자들을 영적으로 간음하는 자로 여겨 보복하는 하나님의 진노를 나타내기도 한다.(4) 그리고 하나님은 이 계명의 범죄자들을 하나님을 미워하는 자들로 간주하여 여러 시대에 이르기까지 그들을 형벌한다고 경고하시고,(5) 반대로 그것을 준수하는 자들은 그를 사랑하고 자신의 계명을 지키는 자들로 여기어 여러 세대에 이르기까지 그들에게 자비를 주겠다고 약속하셨다.(6)[185]

(1) 출 20:5, 6 (2) 시 45:11; 계 15:3, 4 (3) 출 34:13, 14 (4) 고전 10:20-22; 렘 7:18-20; 겔 16:26, 27; 신 32:16-20 (5) 호 2:2-4 (6) 신 5:29

Q 111. 제3계명은 무엇인가?

답: 제3계명은 "너는 네 하나님 여호와의 이름을 망령되게 부르지 말라 여호와는 그의 이름을 망령되게 부르는 자를 죄 없다 하지 아니하리라."이

---

185) 추가된 약속은 그림, 조각 등 형상으로 예배하는 모든 행위에 대한 엄중한 경고를 제시한다. 754년 콘스탄티노플 회의에서 '성상 반대 결의'는 예수님의 그림, 조각상 등은 칼케돈 신조의 이성일인격 교리에 어긋나기에 교회에서 사용할 수 없음을 결정했다. 그러나 787년 2차 니케아회의에서는 형상 허용 결정을 내렸다. 그 핑계로 형상 사용은 숭배(latria)는 아니지만 존경(dulia)의 방식으로 문맹자와 성도들을 위한 보조교육으로 유익하다고 결정했다. 이 핑계는 로마 가톨릭이 그대로 수용했고, 오늘날 교회 안에서도 예수님을 그림이나 이미지, 만화로 나타낼 때 가장 많이 드는 핑곗거리다. 하이델베르크 요리문답은 이런 보조용 방식으로 형상을 사용하는 것도 금지했다. "제98문 : 그렇다면 그 형상들을 교회에서 학습보조 교재로 사용하는 것도 안 됩니까? 답 : 그렇습니다. 우리가 하나님보다 더 현명해지려고 해서도 안 됩니다. 하나님께서는 말 못하는 우상에 의해서가 아니라 살아 있는 말씀의 전파를 통해서 자기 백성들이 가르침 받기를 원하십니다."

다.(1)

(1) 출 20:7

Q 112. 제3계명이 명령하는 것은 무엇인가?

답: 제3계명이 명령하는 것은 하나님의 이름, 그의 칭호, 속성,(1) 규례,(2) 말씀,(3) 성례,(4) 기도,(5) 맹세,(6) 서약,(7) 제비뽑기,(8) 그의 사역과(9) 그 외에 자기 자신을 나타내시는 것은 무엇이든지 하나님의 영광과(10) 우리 자신과(11) 남들의 유익을 위하여(12) 거룩한 고백과(13) 책임 있는 대화로써(14) 생각,(15) 묵상,(16) 말,(17) 글(18) 등에 있어서 거룩하게, 그리고 경외함으로 사용하라는 것이다.

(1) 마 6:9; 신 28:58; 시 29:2, 68:4; 계 15:3, 4 (2) 말 1:14; 전 5:1 (3) 시 138:2 (4) 고전 11:24, 25, 28, 29 (5) 딤전 2:8 (6) 렘 4:2 (7) 전 5:2, 4-6 (8) 행 1:24, 26 (9) 욥 36;24 (10) 고전 10:31 (11) 렘 32:39 (12) 벧전 2:12 (13) 벧전 3:15; 미 4:5 (14) 빌 1:27 (15) 말 3:16 (16) 시 8:1, 3, 4, 9 (17) 골 3:17; 시 105:2, 5 (18) 시 102:18

Q 113. 제3계명이 금지하는 죄들은 무엇인가?

답: 제3계명이 금지하는 죄들은 하나님의 이름을 명령한 대로 사용하지 않고,(1) 그 이름을 무지하게,(2) 헛되이,(3) 불경하게, 모독적으로,(4) 미신적으로,(5) 혹은 악하게, 언급함으로 남용하는 것, 그의 칭호, 속성,(6) 규례,(7) 혹은 사역을(8) 모독과(9) 위증(10)으로 사용하는 것, 또는 죄악 된 저주,(11) 맹세,(12) 서원과(13) 제비뽑기로(14) 남용하고, 합법적인 맹세와 서원을 어기는 것과(15) 오히려 불법적인 맹세와 서원을 지키며,(16) 하나님의 작정과(17) 섭리에(18) 대하여 불평하고, 항변하며,(19) 이를 호기심으로 파고들거나,(20) 잘못 적용하는 것이며, 하나님의 말씀이나 그것의 어느 부분을 잘못 해석하거나,(21) 잘못 적용하고,(22) 혹은 어떤 방식으로 곡해하여(23) 신성을 모독하는 농담,(24) 호기심적이며 무익한 질문, 헛된 말다툼이나 혹은 거짓된 교리를 지지하는 것,(25) 마술(26) 또는 죄악 된 정욕과 행위를 위하여

피조물이나 하나님의 이름 아래 포함되어 있는 어떤 사물을 남용하는 것이며,(27) 하나님의 진리와 은혜 및 방법들을 훼방하고,(28) 경멸하고,(29) 욕하고,(30) 혹은 교활하게 반대함이며,(31) 외식과 악한 목적으로 신앙을 고백하는 것이며,(32) 하나님의 이름을 부끄러워하거나,(33) 불안해하고,(34) 지혜롭지 못하고,(35) 열매가 없고,(36) 해로운 행위에 의하여(37) 그 이름에 수치를 돌리거나 그 이름을 배반하는 것(38)이다.[186]

(1) 말 2:2 (2) 행 17:23 (3) 잠 30:9 (4) 말 1:6, 7, 12, 3:14 (5) 삼상 4:3–5; 렘 7:4, 9, 10, 14, 31; 골 2:20–22 (6) 왕하 18:30, 35; 출 5:2; 시 139:20 (7) 시 50:16, 17 (8) 사 5:12 (9) 왕하 19:22; 레 24:11 (10) 슥 5:4, 8:17 (11) 삼상 17:43; 삼하 16:5 (12) 렘 5:7, 23:10 (13) 신 23:18; 행 23:12, 14 (14) 에 3:7, 9:24; 시 22:18 (15) 시 24:4; 겔 17:16, 18, 19 (16) 막 6:26; 삼상 25:22, 32–34 (17) 롬 3:5, 7, 6:1, 2 (18) 전 8:11, 9:3; 시 39편 (19) 롬 9:14, 19, 20 (20) 신 29:29 (21) 마 5:21–48 (22) 겔 13:22 (23) 벧후 3:16; 마 22:24–31 (24) 사 22:13; 렘 23:34, 36, 38 (25) 딤전 1:4, 6, 7; 딤전 6:4, 5, 20; 딤후 2:14; 딛 3:9 (26) 신 18:10–14; 행 19:13 (27) 딤후 4:3, 4; 롬 13:13, 14; 왕상 21:9, 10; 유 1:4 (28) 행 13:45; 요일 3:12 (29) 시 1:1; 벧후 3:3 (30) 벧전 4:4 (31) 행 13:45, 46, 50, 4:18, 19:9; 살전 2:16; 히 10:29 (32) 딤후 3:5; 마 23:14, 6:1, 2, 5, 16 (33) 막 8:38 (34) 시 73:14, 15 (35) 고전 6:5, 6; 엡 5:15, 16 (36) 사 5:4; 벧후 1:8, 9 (37) 롬 2:23, 24 (38) 갈 3:1, 3; 히 6:6

Q 114. 제3계명에 첨가된 이유들은 무엇인가?

답: 제3계명에 첨가된 이유들은 "네 하나님 여호와"와 "여호와는 그의 이름을 망령되게 부르는 자를 죄 없다 하지 아니하리라."(1)라고 하신 말씀이

---

186) 3계명은 십계명 중 제일 어려운 내용을 담고 있다. 여호와의 이름을 함부로 부르지 말라는 것은 신앙과 예배의 자세와 태도를 가르친다. 하나님을 대할 때 엄숙함과 경외감과 존경을 가져야 한다. 그 이름뿐만 아니라 자신을 계시하시는 성경 및 신앙의 많은 도구들도 경건하게 사용하라는 뜻을 담고 있다. 특히 "말씀이나 그것의 어느 부분을 잘못 해석하거나, 잘못 적용하고, 혹은 어떤 방식으로 곡해하여"라는 부분에서 보듯이 3계명은 성경해석에 대한 바른 자세와 태도까지 포함한다.

웨스트민스터 다섯 가지 표준문서

다. 이 말씀이 3계명에 첨가된 이유는 하나님은 주와 우리 하나님 여호와시기 때문에 우리는 그의 이름을 모독하거나, 어떤 방식으로든지 악용해서는 안 된다는 것이다.(2) 이 계명을 범한 자들이 비록 사람들의 비난과 형벌은 피할 수 있을지라도,(3) 하나님은 그들을 결코 사면하거나 용서하지 않으실 것이고, 그들로 하여금 하나님의 의로운 심판을 결단코 피하지 못하게 하실 것이다.(4)

(1) 출 20:7 (2) 레 19:12 (3) 겔 36:21-23; 신 28:58, 59; 슥 5:2-4 (4) 삼상 2:12, 17, 22, 24, 3:13

Q 115. 제4계명은 무엇인가?

답: 제4계명은 "안식일을 기억하여 거룩히 지키라. 엿새 동안은 힘써 네 모든 일을 행할 것이나, 일곱째 날은 네 하나님 여호와의 안식일인즉 너나 네 아들이나 네 딸이나 네 남종이나 네 여종이나 네 가축이나 네 문안에 머무는 객이라도 아무 일도 하지 말라. 이는 엿새 동안에 나 여호와가 하늘과 땅과 바다와 그 가운데 모든 것을 만들고 일곱째 날에 쉬었음이라. 그러므로 나 여호와가 안식일을 복되게 하여 그날을 거룩하게 하였느니라"(1)이다.

(1) 출 20:8-11

Q 116. 제4계명이 명령하는 것은 무엇인가?

답: 제4계명이 모든 사람에게 명령하는 것은 하나님께서 말씀 안에 제정한 때들, 특별히 칠일 중에 하루 온종일을 그분께 성결하게 하거나 거룩하게 지키는 것이다. 이날은 창세로부터 그리스도의 부활까지는 일곱째 날이었으나, 그 후부터는 매주 첫 날이 되어 세상 끝 날까지 이렇게 계속될 것이다. 이것이 기독교의 안식일인데,(1) 신약에서 주일이라고 부른다.(2)[187]

---

187) 십계명 중 유일하게 4계명은 문자적 표현과 내용의 구별을 요구한다. 문자적 표현은 구약시대에 주어졌기에 '안식일'로 표현했지만, 신약에서는 안식일의 본질과 핵심은 예수님의 부활이기 때문에 내용은 '주일'의 의미를 담고

(1) 신 5:12–14; 창 2:2, 3; 고전 16:1, 2; 행 20:7; 마 5:17, 18; 사 56:2, 4, 6, 7 (2) 계 1:10

Q 117. 안식일 혹은 주일은 어떻게 해야 성결해지는가?

답: 안식일 혹은 주일은 온 종일을 거룩하게 쉼으로 성결해진다.(1) 죄악 된 일을 그칠 뿐 아니라, 다른 날에 합당한 세상일이나 오락까지도 그만두어야 하되,(2) 부득이 한 일과 자선사업에 쓰는 것을 제외하고는,(3) 모든 시간을 공적이며 사적으로 예배하는 일에 드리는 것을 기쁨으로 삼아야 한다.(4) 이 목적을 위하여 우리는 마음을 준비할 것이며, 세상일을 미리 부지런히 절제 있게 정리하고 적절히 처리하여 주일의 의무에 보다 더 자유로이 또는 적절 하게 행할 수 있게 해야 한다.(5)[188]

(1) 출 20:8, 10 (2) 출 16:25–28; 느 13:15–22; 렘 17:21, 22 (3) 마 12:1–13 (4) 사 58:13; 눅 4:16; 행 20:7; 고전 16:1, 2; 사 66:23; 레 23:3 (5) 출 20:8; 눅 23:54, 56; 출 16:22, 25, 26, 29; 느 13;19

Q 118. 가장과 다른 윗사람들을 향해 안식일을 지키라는 명령이 왜 특별히 주 어졌는가?

답: 가장과 다른 윗사람들을 향해 안식일을 지키라는 명령이 특별히 주어 진 것은 그들 스스로 안식일을 지킬 의무가 있을 뿐만 아니라, 그들의 통솔 아래 있는 모든 사람들로 안식일을 지키게 할 의무가 있기 때문이며, 또한 그들 자신의 일로 아랫사람들의 안식일을 방해하는 일이 흔히 있기 때문이 다.(1)

(1) 출 20:10; 수 24:15; 느 13:15, 17; 렘 17:20–22; 출 23:12

있다. 따라서 교리문답은 안식일과 주일의 상관관계를 잘 이해할 수 있도록 두 표현을 상호 교차적으로 사용했다.

188) 주일의 시간은 24시간 전체다. 공적인 부득이한 일에는 국가를 운영하고 시민들의 생명을 지키는 공무원, 군인, 경 찰, 의사, 소방관 등이며, 사적인 경우는 자연재해, 사고, 질병 등의 특수한 경우들이다.

Q 119. 제4계명이 금지하는 죄들은 무엇인가?

답: 제4계명이 금지하는 죄들은 명령된 의무 중에 어느 것이라도 실천하지 않는 것과(1) 이 의무를 부주의하고, 태만하고, 무익하게 이행함이다.(2) 또한 그 의무들에 대해서 싫증을 내고, 게으름을 피우거나, 그 자체로서 죄 된 일을 하는 것이며,(3) 그리고 세상의 일과 오락에 대하여 불필요한 행동, 말, 생각 등을 하는 것으로 그날을 더럽히는 것이다.(4)

(1) 겔 22:26 (2) 행 20:7, 9; 겔 33:30-32; 암 8:5; 말 1:13 (3) 겔 23:38 (4) 렘 17:24, 27; 사 58:13

Q 120. 제4계명을 더 잘 지키게 하려고 첨가한 이유들은 무엇인가?

답: 제4계명을 더 잘 지키게 하려고 첨가한 이유들은 다음과 같다. 첫째, "엿새 동안은 힘써 네 모든 일을 행할 것이라"(1) 하신 말씀에 있듯이 하나님이 7일 중 6일을 우리 자신의 일들을 돌보게 허락하시고, 자기 자신을 위해서는 하루만을 남겨두신 이 계명의 공평성이다. 둘째, "일곱째 날은 네 하나님 여호와의 안식일"(2)이라고 말씀하셔서 이날에 대해 특별한 예의를 갖추도록 주의를 촉구하신 것이다. 셋째, "엿새 동안 하늘과 땅과 바다와 그 가운데 모든 것을 만들고 일곱째 날에 쉬신"이라고 하셔서 하나님이 친히 모범을 보이신 것이다. 넷째, "그러므로 나 여호와가 안식일을 복되게 하여 그날을 거룩하게 하였느니라"(3)라는 말씀에 나타나듯이 하나님은 이날을 자기를 섬기는 거룩한 날로 성별하셨을 뿐만 아니라, 우리가 이날을 거룩히 지킬 때 그것을 우리에게 복을 주시는 수단으로 정하심으로써 안식일을 복되게 하신 것이다.

(1) 출 20:9 (2) 출 20:10 (3) 출 20:11

Q 121. 제4계명의 첫머리에 왜 '기억하라'는 말이 있는가?

답: 제4계명의 첫 머리에 기억하라는 말이 있는 것은(1) 한편으로는 안식일

을 기억함으로 오는 큰 혜택 때문인데, 우리가 '기억함'으로 이날을 지키려고 준비하는 일에 도움을 받으며,(2) 안식일을 지킴으로 다른 모든 계명을 지키는 데 도움이 되고,(3) 또한 종교의 요약을 담고 있는 창조와 구속의 두 가지 큰 혜택을 계속하여 감사히 기억할 수 있기 때문이다.(4) 다른 한편으로는 우리가 흔히 이날을 쉽게 잊어버리기 때문이며,(5) 그리고 우리 안에 이날에 대한 본성의 빛이 보다 적기 때문에 '기억하라'고 하셨다.(6) 따라서 우리는 다른 때에 합당한 일이라도 안식일에는 우리의 본래의 자유를 제재해야 한다.(7) 안식일은 칠일 중에 단 한 번만 오고 여러 가지 세상의 일들이 그 사이에 오기 때문에 우리들의 마음은 이날에 대한 생각으로부터 빼앗겨 이날을 준비하거나 이날을 거룩히 하는 일에 방해를 받는다.(8) 그리고 사단은 그의 도구들을 가지고 필사적으로 이날의 영광을 지워 버릴 뿐만 아니라, 심지어 이를 기억하지 못하게 하여 모든 불신앙과 불경건을 초래하기 때문에 '기억하라'고 하신다.(9)[189]

(1) 출 20:8 (2) 출 16:23; 눅 23:54, 56; 막 15:42; 느 13:19 (3) 시 92:13, 14; 겔 20:12, 19, 20 (4) 창 2:2, 3; 시 118:22, 24; 행 4:10, 11; 계 1:10 (5) 겔 22:26 (6) 느 9:14 (7) 출 34:21 (8) 신 5:14, 15; 암 8:5 (9) 애 1:7; 렘 17:21, 22, 23; 느 13:15–23

Q 122. 사람에 대한 우리의 의무를 포함하는 나머지 여섯 가지 계명의 대강령은 무엇인가?

답: 사람에 대한 우리의 의무를 포함하는 나머지 여섯 가지 계명의 대강령은 우리 이웃을 내 몸같이 사랑하며,(1) 남에게 대접을 받고자 하는 대로 우리도 남을 대접하라는 것이다.(2)

---

189) 개혁파, 청교도들의 주일신앙은 '주일성수' 개념이다. 주일성수란 24시간 온종일을 엄숙하고 경건하고 엄밀하게 주일을 지키는 것이다. 그리고 주일을 통해서 배워야 하는 신앙의 핵심은 "종교의 요약을 담고 있는 창조와 구속의 두 가지 큰 혜택"이다. 창조와 구속은 성경 전체를 해석하는 원리이기도 하다. 칼빈은 기독교강요에서 성경전체를 창조주와 구속주로 하나님을 소개한다. 인간 구원만 강조하는 구속사 중심의 해석은 한쪽으로 치우친 해석이기에 주의해야 한다. 개혁주의는 항상 창조와 구속이라는 두 구조로 성경 전체를 해석한다.

(1) 마 22:39 (2) 마 7:12

Q 123. 제5계명은 무엇인가?

답: 제5계명은 "네 부모를 공경하라. 그리하면 네 하나님 여호와가 네게 준 땅에서 네 생명이 길리라"이다.(1)

(1) 출 20:12

Q 124. 제5계명에 있는 부모는 누구를 뜻하는가?

답: 제5계명에 있는 부모는 육신의 부모뿐만 아니라,(1) 연령과(2) 은사에 있어서(3) 모든 윗사람과 특히 가정,(4) 교회,(5) 국가(6)에서 하나님의 규례에 의하여 우리 위에 세워진 권위의 자리에 있는 자들을 뜻한다.[190]

(1) 잠 23:22, 25; 엡 6:1, 2 (2) 딤전 5:1, 2 (3) 창 4:20-22, 45:8 (4) 왕하 5:13 (5) 왕하 2:12, 13:14; 갈 4:19 (6) 사 49:23

Q 125. 윗사람들을 왜 부모라 칭해야 하는가?

답: 윗사람들을 부모라 칭함은 한편으로는 그들이 아랫사람들에게 모든 의무를 가르쳐 육신의 부모와 같이 저희의 여러 가지 관계에 따라 아랫사람들을 사랑과 부드러움으로 대하게 하고,(1) 다른 한편으로는 아랫사람들로 하여금 마치 그들 자신의 부모에게 하듯 자기 윗사람들에 대한 의무를 더욱더 큰 의욕과 즐거움으로 행하도록 하기 위함이다(2).

(1) 엡 6:4; 고후 12:14; 살전 2:7, 8, 11; 민 11:11, 12 (2) 고전 4:14-16; 왕하 5:13

---

190) 5계명은 기독교윤리에서 가장 우선적이고 앞선 계명이다. "모든 권세는 다 하나님의 정하신 바라"(롬 13:1)는 말씀처럼 창조질서와 권위 개념을 가르친다. 또한 권위란 국가, 교회, 직장, 가정 등 각 질서의 영역에서 복종과 순종을 요구한다. 따라서 무질서와 불복종은 창조질서를 깨뜨리는 심각한 죄라고 엄중히 경고한다.

Q 126. 제5계명의 일반적 범위는 무엇인가?

답: 제5계명의 일반적 범위는 아랫사람, 윗사람 혹은 동등한 사람들로서 상호 관계에 속에서 서로가 지고 있는 의무를 행하는 것이다.(1)

(1) 엡 5:21; 벧전 2:17; 롬 12:10

Q 127. 아랫사람들이 윗사람들에게 어떻게 존경을 표시해야 하는가?

답: 아랫사람들이 윗사람들에게 표시해야 할 존경은 마음과(1) 말과(2) 행동에(3) 있어서 모든 합당한 존경과 그들을 위한 기도와 감사와(4) 그들의 덕행과 은혜를 본받음과(5) 그들의 합법적인 명령과 훈계에 즐거이 순종함과(6) 그들의 징계에 마땅히 복종하는 것이다.(7) 그리고 그들의 여러 계급과 그들의 지위의 성질에 따라 윗사람들의 인격과 권위에 충성하고,(8) 변호하며,(9) 지지함과(10) 아울러 그들의 약점을 짊어지고 이를 사랑으로 덮음으로써(11) 그들과 그들의 다스림에 명예가 돌아갈 수 있도록 해야 한다.(12)

(1) 말 1:6; 레 19:3 (2) 잠 31:28; 벧전 3:6 (3) 레 19:32; 왕상 2:1; (4) 딤전 2:1, 2 (5) 히 13:7; 빌 3:17 (6) 엡 6:1, 2, 5-7; 벧전 2:13, 14; 롬 13:1-5; 히 13:17; 잠 4:3, 4, 23:22; 출 18:19, 24 (7) 히 12:9; 벧전 2:18-20 (8) 딛 2:9, 10 (9) 삼상 26:15, 16; 삼하 18:3; 에 6:2 (10) 마 22:21; 롬 13:6, 7; 딤전 5:17, 18; 갈 6:6; 창 45:11, 47:12 (11) 벧전 2:18; 잠 23:22; 창 9:23 (12) 시 127:3-5; 잠 31:23

Q 128. 아랫사람들이 윗사람에 대하여 범하는 죄들은 무엇인가?

답: 아랫사람들이 윗사람들에게 범하는 죄들은 그들에게 명령된 의무를 소홀히 함과(1) 합법적인 권고와(2) 명령과 징계에도(3) 불구하고 그들의 인격과(4) 지위를(5) 시기하고,(6) 경멸하며,(7) 반역하는 것이며,(8) 저주하고 조롱하는 것과(9) 그리고 그들과 그들의 다스림에 치욕과 불명예를 주는 그런

모든 난처하고도 불미스러운 태도들이다.(10)[191]

(1) 마 15:4-6 (2) 삼상 2:25 (3) 신 21:18-21 (4) 출 21:15 (5) 삼상 10:27 (6) 민 11:28, 29 (7) 삼하 15:1-12 (8) 삼상 8:7; 사 3:5 (9) 잠 30:11, 17 (10) 잠 19:26

Q 129. 아랫사람들에 대하여 윗사람들에게 명령된 것은 무엇인가?

답: 윗사람들에게 명령된 것은 하나님으로부터 받은 능력과 그들이 서 있는 인류관계에 따라서 그들의 아랫사람들을 사랑하고,(1) 그들을 위하여 기도하고,(2) 축복하며,(3) 그들을 가르치고,(4) 권고하고, 훈계하며,(5) 잘하는 자들을 격려하고,(6) 칭찬하고,(7) 포상하며,(8) 잘못하는 자들을 바로잡고,(9) 책망하고, 징계하며,(10) 그들을 보호하고 영혼과(11) 몸에(12) 필요한 모든 것을 공급하는(13) 것이며, 그리고 정중하고, 지혜롭고, 거룩하고, 모범적인 태도로 하나님께 영광을 돌리고,(14) 스스로를 명예롭게 함으로써,(15) 하나님이 그들에게 주신 권위를 보존하는 것이다.(16)

(1) 골 3:19 (2) 삼상 12:23; 욥 1:5 (3) 왕상 8:55, 56; 히 7:7; 창 49:28 (4) 신 6:6, 7 (5) 엡 6:4 (6) 벧전 3:7 (7) 벧전 2:14; 롬 13:3 (8) 에 6:3 (9) 롬 13:3, 4 (10) 잠 29:15; 벧전 2:14 (11) 엡 6:4 (12) 딤전 5:8 (13) 욥 29:12-17; 사 1:10, 17 (14) 딤전 4:12; 딛 2:3-5 (15) 왕상 3:28 (16) 딛 2:15

Q 130. 윗사람들의 죄들은 무엇인가?

답: 윗사람들의 죄들은 명령된 의무를 소홀히 하는 일 외에,(1) 자기 자신들의(2) 명예,(3) 안일, 유익, 혹은 기쁨을(4) 과도히 추구함과 불법한 일이나,(5) 아랫사람들에게 힘에 지나친 일을 하라고 명령함이며,(6) 악한 일을 권하고,(7) 격려하거나,(8) 찬성함이며,(9) 선한 일을 못하게 말리며, 낙심시

---

191) 5계명의 권위 보존 개념은 전 사회를 보존하고 지키는 중요한 질서 원리다. 따라서 아랫사람은 양심의 저항을 함부로 사용하여 권위를 훼손하면 안 된다. 권위에 복종하는 질서는 "사환들아 범사에 두려워함으로 주인들에게 순복하되 선하고 관용하는 자들에게만 아니라 또한 까다로운 자들에게도 그리하라"(벧전 2:18)는 말씀처럼 까다롭고 거친 지도자들까지 포함한다. 특히 성도들과 관련하여 국가 위정자의 종교, 성격, 신념은 불복종의 이유가 되지 않는다.

키거나 반대함이며,(10) 그들을 부당하게 징계함이며,(11) 잘못된 일과 유혹
과 위험에 그들을 부주의하게 노출시키고, 방치하며,(12) 그들을 노하도록
격동시키는 것이며,(13) 혹은 어떤 모양으로든지 그들을 욕되게 하거나, 불
공평, 무분별, 가혹, 혹은 태만한 행동으로 그들의 권위를 떨어지게 하는 것
이다.(14)[192]

(1) 겔 34:2-4 (2) 빌 2:21 (3) 요 5:44, 7:18 (4) 사 56:10, 11; 신 17:17 (5) 단 3:4-6; 행
4:17, 18 (6) 출 5:10-18; 마 23:2, 4 (7) 마 14:8; 막 6:24 (8) 삼하 13:28 (9) 삼상 3:13
(10) 요 7:46-49; 골 3:21; 출 5:17 (11) 벧전 2:18-20; 히 12:10; 신 25:3 (12) 창 38:11,
26; 행 18:17 (13) 엡 6:4 (14) 창 9:21; 왕상 12:13-16, 1:6; 삼상 2:29-31

Q 131. 동등한 사람들의 의무는 무엇인가?

답: 동등한 사람들의 의무는 서로의 존엄과 가치를 존중하며,(1) 서로 경의
를 표하며,(2) 피차 받은바 은사들과 높아짐을 자기 자신의 것처럼 기뻐하는
것이다.(3)

(1) 벧전 2:17 (2) 롬 12:10 (3) 롬 12:15, 16; 빌 2:3, 4

Q 132. 동등한 사람들 사이의 죄들은 무엇인가?

답: 동등한 사람들 사이의 죄들은 요구된 의무를 소홀히 하는 일 외에,(1) 서
로의 가치를 평가절하하고,(2) 서로의 은사를 질투하고,(3) 피차의 높아짐과
번영함을 기뻐하지 않고,(4) 서로 남의 탁월함을 빼앗고자 하는 것이다.(5)

(1) 롬 13:8 (2) 딤후 3:3 (3) 행 7:9; 갈 5:26 (4) 민 12:2; 에 6:12, 13 (5) 요삼 1:9; 눅
22:24

---

192) 5계명은 예외적으로 '저항' 개념을 허용한다. 저항은 국가와 시민, 교회와 국가 관계에서 허락되는데, 먼저 시민저
항은 정책별로 국가법과 교회법이 허락하는 범위 내에서 양심의 저항을 할 수 있다. 교회저항은 신앙을 금지하거
나 기독교적 가치를 훼손할 때 국가법과 교회법의 범위 내에서 허용된다. 이 저항원리는 "베드로와 요한이 대답하
여 가로되 하나님 앞에서 너희 말 듣는 것이 하나님 말씀 듣는 것보다 옳은가 판단하라"(행 4:19)는 말씀에 기초한다.

Q 133. 제5계명을 잘 지키도록 첨가된 이유는 무엇인가?

답: 제5계명에 첨가된 이유는 "네 하나님 여호와가 네게 준 땅에서 네 생명이 길리라"이다.(1) 이것은 하나님의 영광과 그들 자신의 선을 위해 사용되는 범위 내에서 이 계명을 지키는 모든 사람에게 주시려는 장수와 번영의 확실한 약속이다.(2)[193]

(1) 출 20:12 (2) 신 5;16; 왕상 8:25; 엡 6:2, 3

Q 134. 제6계명은 무엇인가?

답: 제6계명은 "살인하지 말라"이다.(1)

(1) 출 20:13

Q 135. 제6계명이 명령하는 의무는 무엇인가?

답: 제6계명이 명령하는 의무는 우리 자신과(1) 다른 사람들의(2) 생명을 보존하기 위해 주의 깊은 연구와 합법적 노력을 다하라는 것이다. 그것은 누구의 생명이든지 부당하게 빼앗아 가려는 모든 사상과 목적에 대항하고,(3) 모든 격분을 억제하고,(4) 그런 모든 기회와(5) 유혹과(6) 습관을 피하는 것이다.(7) 또한 폭력에 대한 정당방위와,(8) 하나님의 징계를 참아 견디는 것,(9) 마음을 평온하게 함과(10) 영혼을 즐겁게 함과(11) 식사와(12) 음료와(13) 약과(14) 수면과(15) 노동과(16) 오락을(17) 절제 있게 사용하고, 자비로운 생각,(18) 사랑,(19) 긍휼,(20) 온유, 부드러움, 친절,(21) 화평,(22) 부드럽고 예의 있는 말과 행동,(23) 관용, 화평한 자세, 가해자에 대한 관용과 용서, 악을 선으로 갚음과(24) 곤궁에 빠진 자들을 위로하고 돕는 것과 죄 없는 자를

---

193) 5계명에 순종할 때 주어지는 혜택은 '장수'와 '번영'이라는 삶의 실제적 열매들이다. 5계명은 인간 삶의 중요한 토대요 울타리이기 때문에 순종할 때 실제적인 삶의 혜택들을 얻게 된다. 다만 기복주의하고 다른 것은 무한정의 복을 약속한 것이 아니라 하나님과 우리와 이웃의 선을 위한 목적에 제한된다.

보호하고, 변호하는 것이다.(25)[194]

(1) 엡 5:28, 29 (2) 왕상 18:4 (3) 렘 26:15, 16; 행 23:12, 16, 17, 21, 27 (4) 엡 4:26 (5) 삼하 2:22; 신 22:8 (6) 마 4:6, 7; 잠 1:10, 11, 15, 16 (7) 삼상 24:12, 26:9-11; 창 37:21, 22 (8) 시 82:4; 잠 24:11, 12; 삼상 14:45 (9) 약 5:7-11; 히 12:9 (10) 살전 4:11; 벧전 3:3, 4; 시 37:8-11 (11) 잠 17:22 (12) 잠 25:16, 27 (13) 딤전 5:23 (14) 사 38:21 (15) 시 127:2 (16) 전 5:12; 살후 3:10, 12; 잠 16:26 (17) 전 3:4, 11 (18) 삼상 19:4, 5, 22:13, 14 (19) 롬 13:10 (20) 눅 10:33, 34 (21) 골 3:12, 13 (22) 약 3:17 (23) 벧전 3:8-11; 잠 15:1; 삿 8:1-3 (24) 마 5:24; 엡 4:2, 32; 롬 12:17, 20, 21 (25) 살전 5:14; 욥 31:19; 마 25:35, 36; 잠 31:8, 9

Q 136. 제6계명이 금지하는 죄들은 무엇인가?

답: 제6계명이 금지하는 죄들은 공적 재판(1)이나 합법적인 전쟁(2) 혹은 정당방위(3) 외에 우리 자신이나(4) 다른 사람들의(5) 생명을 빼앗는 모든 행동들이다. 또한 합법적이며 필요한 생명 보존의 수단들을 소홀히 하거나, 철회하는 것,(6) 악한 분노,(7) 증오심,(8) 질투,(9) 복수심,(10) 모든 과도한 격분,(11) 마음을 산란하게 하는 모든 염려와,(12) 식사, 술,(13) 노동(14) 및 오락을(15) 무절제하게 사용함과 격동시키는 말과(16) 억압,(17) 다툼,(18) 구타, 상해,(19) 무엇이든지 다른 사람의 생명을 파괴하는 행동들이다.(20)[195]

(1) 민 35:31, 33 (2) 렘 48:10; 신 20:1-20 (3) 출 22:2, 3 (4) 행 16:28 (5) 창 9:6 (6) 마 25:42, 43; 약 2:15, 16; 전 6:1, 2 (7) 마 5:22 (8) 요일 3:15; 레 19:17 (9) 잠 14:30

---

194) 6계명은 생명존중원리를 가르친다. 이 가르침은 두 가지에 기초한다. 첫째로 인간은 하나님의 형상으로 창조됐다는 것이며, 둘째로 생명의 주인은 하나님이시라는 것이다. 따라서 사적인 목적으로 절대로 남의 생명을 해치면 안된다.

195) 6계명은 합법적인 전쟁을 허락한다. 국민의 생명과 교회를 보호하기 위해서 필요한 경우 국가 공직자는 전쟁을 명령할 수 있고, 이때 신자가 전쟁에 참여하는 것은 성경적이다. 이 외에도 6계명에는 예외적으로 '정당방위'를 허용한다. 자신과 가족과 이웃의 생명을 지키기 위해서 외부의 폭력을 막으려다 발생하는 정당한 폭력은 허용된다. 하지만 이 정당방위는 항상 국가법과 교회법이 허용하는 범위 내에서 조절돼야 한다.

(10) 롬 12:19 (11) 엡 4:31 (12) 마 6:31, 34 (13) 눅 21:34; 롬 13:13 (14) 전 12:12, 2:22, 23 (15) 사 5;12 (16) 잠 15:1, 12:18 (17) 겔 18:18; 출 1:14 (18) 갈 5:15; 잠 23:29 (19) 민 35:16–18, 21 (20) 출 21:18

Q 137. 제7계명은 무엇인가?

답: 제7계명은 "간음하지 말라"(1)이다.

(1) 출 20:14

Q 138. 제7계명이 명령하는 의무는 무엇인가?

답: 제7계명이 명령하는 의무는 몸, 생각, 감정,(1) 말과(2) 행동에(3) 있어서 정결, 우리 자신들과 다른 사람들의 순결을 보존하는 것,(4) 눈과 모든 감각들에 대한 조심,(5) 절제,(6) 정결한 친구와의 사귐,(7) 단정한 복장,(8) 독신의 은사가 없는 자들의 결혼,(9) 부부의 사랑과(10) 동거,(11) 우리의 소명에 대한 신실한 노력,(12) 모든 경우의 부정을 피함과 그 시험들을 저항하는 것이다.(13)[196]

(1) 살전 4:4; 욥 31:1; 고전 7:34 (2) 골 4:6 (3) 벧전 2:3 (4) 고전 7:2, 35, 36 (5) 욥 31:1 (6) 행 24:24, 25 (7) 잠 2:16–20 (8) 딤전 2:9 (9) 고전 7:2, 9 (10) 잠 5:19, 20 (11) 벧전 3:7 (12) 잠 31:11, 27, 28 (13) 잠 5:8; 창 39:8–10

Q 139. 제7계명이 금지하는 죄들은 무엇인가?

답: 제7계명이 금지하는 죄들은 명령된 의무들을 소홀히 하는 것 외에,(1) 간

---

196) 7계명은 부부 안에서 합법적으로 행해지는 성(性)적 연합은 거룩하고 소중한 선물이라고 가르친다. 다만 합법적이지 않은 성적 연합은 악한 것임을 경고한다. 따라서 성(性)적 연합을 인권이나 성평등으로 주장하며 지나치게 세속적인 자유를 강조해도 문제지만, 반대로 극단적 금욕주의를 제시해도 안 된다. 초대교회 때 영지주의나, 중세시대의 로마 가톨릭처럼 성(性)을 더러운 것이라고 비판하면 "미혹케 하는 영과 귀신의 가르침을 좇으리라 하셨으니… 혼인을 금하고 식물을 폐하라 할 터이나"(딤전 4:1–3)라는 말씀에서 경고하듯이 가정과 삶을 파괴하는 악한 가르침이 된다.

통, 음행,(2) 강간, 근친상간,(3) 동성연애, 모든 비정상적인 정욕,(4) 모든 부정한 상상과 생각, 의도, 감정,(5) 모든 부패하고 추잡한 대화, 혹은 그것에 귀를 기울이는 것,(6) 음탕한 표정,(7) 뻔뻔스럽고 경솔한 행동, 단정치 못한 옷차림,(8) 합법적 결혼의 금지와(9) 불법적 결혼의 시행,(10) 매춘을 허용하고, 용납하며, 보존하며, 방문하는 것,(11) 독신 생활에 얽매이는 서원,(12) 결혼의 부당한 지연,(13) 동시에 한 사람 이외의 아내나 남편을 가지는 것,(14) 부당한 이혼(15) 혹은 버림,(16) 게으름, 탐식, 술 취함,(17) 음란한 친구와의 교제,(18) 음탕한 노래와 서적과 그림과 춤과 연극을 즐기는 것과(19) 우리들 자신이나 다른 사람들에게 음란을 자극시키는 것이나 음란의 행위를 하는 모든 것들이다.(20)

(1) 잠 5:7 (2) 히 13:4; 갈 5:19 (3) 삼하 13:14; 고전 5:1 (4) 롬 1:24, 26, 27; 레 20:15, 16 (5) 마 5:28, 15:19; 골 3:5 (6) 엡 5:3, 4; 잠 7:5, 21 (7) 사 3:16; 벧후 2:14 (8) 잠 7:10 (9) 딤전 4:3 (10) 레 18:1-21; 막 6:18; 말 2:11, 12 (11) 왕상 15:12; 왕하 23:7; 신 23:17, 18; 레 19:29; 렘 5:7; 잠 7:24-27 (12) 마 19:10, 11 (13) 고전 7:7-9; 창 38:26 (14) 말 2:14, 15; 마 19:5 (15) 말 2:16; 마 5:32 (16) 고전 7:12, 13 (17) 겔 16:49; 잠 23:30-33 (18) 창 39:10; 잠 5:8 (19) 엡 5:4; 겔 23:14-16; 사 23:15-17, 3:16; 막 6:22; 롬 13:13; 벧전 4:3 (20) 왕하 9:30; 렘 4:30; 겔 23:40

Q 140. 제8계명은 무엇인가?

답: 제8계명은 "도둑질하지 말라"(1)이다.

(1) 출 20:15

Q 141. 제8계명이 명령하는 의무는 무엇인가?

답: 제8계명이 명령하는 의무는 사람과 사람 사이의 계약과 거래에 있어서 진실하고, 신실하며, 공정하게 행하는 것과(1) 각자에게 마땅히 주어야 할 것을 주는 것이며,(2) 정당한 소유주로부터 불법하게 점유한 물건을 반환할 것이며,(3) 우리들의 능력과 다른 사람들의 필요에 따라 아낌없이 주기도 하

고, 빌려주는 것이며,(4) 이 세상의 재물들에 대한 우리의 판단과 의지와 애착을 절제하는 것이며,(5) 우리의 생명 유지에 필요하고 편리하며 형편에 맞는 것들을 얻고,(6) 보존하며, 사용하고, 처리하려는 주의 깊은 생각과 연구를 하는 것이며,(7) 정당한 직업과(8) 그것에 근면한 것이며,(9) 검소함과(10) 불필요한 소송과 보증을 서는 일이나 기타 그와 같은 채무들을 피하는 것과 (11) 우리들 자신의 것뿐만 아니라,(12) 다른 사람들의 부와 재산을 획득하며, 보존하고, 증진하기 위하여 모든 정당하고 합법적인 수단으로 노력하는 것이다.(13)[197]

(1) 시 15:2, 4; 슥 7:4, 10; 8:16, 17 (2) 롬 13:7; 레 6:2-5 (3) 눅 19:8, 6:30, 38 (4) 요일 3:17; 엡 4:28; 갈 6:10 (5) 딤전 6:6-9; 갈 6:14 (6) 잠 27:23, 24; 전 2:24, 3:12, 13; 딤전 6:17, 18; 사 38:1; 마 11:8 (7) 딤전 5:8 (8) 고전 7:20; 창 2:15; 창 3:19 (9) 엡 4:28; 잠 10:4 (10) 요 6:12; 잠 21:20 (11) 고전 6:1-9 (12) 잠 6:1-6, 11:15 (13) 레 25:35; 신 22:1-4; 출 23:4, 5; 창 47:14, 20; 빌 2:4; 마 22:39

Q 142. 제8계명이 금지하는 죄들은 무엇인가?

답: 제8계명이 금지하는 죄들은 명령된 의무들을 소홀히 하는 일 외에,(1) 도둑질,(2) 강도,(3) 납치,(4) 장물소유,(5) 사기행위,(6) 저울과 치수를 속이는 것,(7) 땅의 경계표를 부당하게 옮기는 것,(8) 사람들 사이에 맺어진 계약이나 위탁의 일들에 대한 불공정과,(9) 불성실한 것,(10) 억압,(11) 착취,(12) 고리대금,(13) 뇌물,(14) 소송 남용,(15) 불법적으로 공유지를 사유지화하는 것과 주민들을 추방하는 것,(16) 물가 인상을 위한 매점,(17) 불법적인 직업,(18)

---

197) 8계명은 직업소명, 노동명령을 소개한다. 노동명령은 "생육하고 번성하여 땅에 충만하라, 땅을 정복하라, 바다의 고기와 공중의 새와 땅에 움직이는 모든 생물을 다스리라 하시니라"(창 1:28)에 기초한다. 노동도 7계명의 성(性)처럼 더럽거나 악한 것이 아니라 우리의 가정과 교회와 국가를 보존하는 창조질서의 중요한 수단이다. 특히 8계명은 국가법과 교회법의 범위 내에서 노동과 자본을 통한 합법적인 부의 소유와 증식까지 허락한다. "부와 재산을 획득하며, 보존하고, 증진하기 위하여 모든 정당하고 합법적인 수단으로 노력하는 것"라는 표현에서 나타나듯이 불법적인 수단들은 금지되지만 합법적 범위 내에서는 정당한 투자들이 허용된다. 따라서 은행제도, 보험, 주식, 부동산의 경제 원리들은 성경적으로 허용된다.

우리의 이웃에게 속한 것을 빼앗거나 억류하는 것, 우리들 자신을 부유하게 하는 다른 모든 부당하고 악한 방법들과(19) 탐욕,(20) 세상 재물을 과도하게 소중히 여기고 좋아하는 것이며,(21) 그것을 얻어 보존하고 사용함에 있어서 의심하고 괴롭게 하는 염려와 노력,(22) 타인의 번영에 대한 질투,(23) 게으름,(24) 방탕, 낭비적 노름과 다른 방법으로 우리들의 재산에 손해를 끼쳐서(25) 하나님이 우리에게 주신 재물의 바른 사용과 위안을 갖지 못하게 하는 행동들이다.(26)[198]

(1) 약 2:15, 16; 요일 3:17 (2) 엡 4:28 (3) 시 62:10 (4) 딤전 1:10 (5) 잠 29:24; 시 50:18 (6) 살전 4: (7) 잠 11:1, 20:10 (8) 신 19:14; 잠 23:10 (9) 암 8:5; 시 37:21 (10) 눅 16:10–12 (11) 겔 22:29; 레 25:17 (12) 마 23:25; 겔 22:12 (13) 시 15:5 (14) 욥 15:34 (15) 고전 6:6–8; 잠 3:29, 30 (16) 사 5:8; 미2:2 (17) 잠 11:26 (18) 행 19:19, 24, 25; (19) 욥 20:19; 약 5:4; 잠 21:6 (20) 눅 12:15 (21) 딤전 6:5; 골 3:2; 잠 23:5; 시 62:10 (22) 마 6:25, 31, 34; 전 5:12 (23) 시 73:3, 37:1, 7 (24) 살후 3:11; 잠 18:9 (25) 잠 21:17, 23:20, 21, 28:19 (26) 전 4:8, 6:2; 딤전 5:8

Q 143. 제9계명은 무엇인가?

답: 제9계명은 "네 이웃에 대하여 거짓 증거 하지 말라"이다.(1)

(1) 출 20:16

Q 144. 제9계명이 명령하는 의무는 무엇인가?

답: 제9계명이 명령하는 의무는 사람과 사람 사이에 진실과(1) 우리 자신이나 우리 이웃의 명예를 보존하고, 증진하며,(2) 진실을 위하여 나서서 이

---

198) 8계명은 합법적인 노동과 투자를 허락하지만 불법적이며 악한 노동과 투기들은 금지한다. 따라서 국가법과 교회법에서 허락하는 노동과 투자의 개념을 잘 정립해야 한다. 오늘날 경제원리 속에서 특히 조심해야 하는 것들은, 불법적 투기, 복권, 다단계 등이며, 사유재산을 비판하며 공유재산만을 강조하는 극단적 분배와 평등 개념들이다. 교리문답에서 "불법적으로 공유지를 사유지화하는 것과 주민들을 추방하는 것"은 중세시대에 귀족들이 공유지를 사유화하기 위해서 주민들을 내쫓고 땅을 가로채는 행위들을 금지하는 것을 말한다.

를 옹호하며,(3) 재판과 정의의 문제에 있어서나 다른 어떤 일에 있어서라도 진심으로,(4) 성실하게,(5) 자유롭게,(6) 명백하게,(7) 온전하게(8). 진실만을 말하는 것이며,(9) 우리의 이웃을 사랑으로 평가하며,(10) 그들의 명예를 사랑하며, 바라고, 기뻐하며,(11) 그들의 연약함을 슬퍼하고,(12) 덮어 주며,(13) 그들의 재능과 장점들을 기꺼이 인정하고,(14) 그들의 결백을 변호하며,(15) 그들에 관한 좋은 소문을 쾌히 받아들이고,(16) 나쁜 소문에 대해서는 인정하기를 원하지 않으며,(17) 고자질하는 자, 아첨하는 자,(18) 비방하는 자들을 제지시키고,(19) 우리들 자신의 명예를 사랑하고 보호하여, 필요한 때에는 이를 변호하며,(20) 합법적 약속을 지키며,(21) 어떤 것이든지 참되고, 정직하고, 사랑스럽고, 좋은 평판이 있는 것들을 배우고 실천하는 것이다.(22)[199]

(1) 슥 8:16 (2) 요 3:12 (3) 잠 31:8, 9 (4) 시 15:2 (5) 대하 19:9 (6) 삼상 19:4, 5 (7) 수 7:19 (8) 삼하 14:18–20 (9) 레 19:15; 잠 14:5, 25; 고후 1:17, 18; 엡 4:25 (10) 히 6:9; 고전 13:7 (11) 롬 1:8; 요이 1:4, 요삼 1:3, 4 (12) 고후 2:4, 12:21 (13) 잠 17:9; 벧전 4:8 (14) 고전 1:4, 5, 7; 딤후 1:4, 5 (15) 삼상 22:14 (16) 고전 13:6, 7 (17) 시 15:3; 잠 25:23 (18) 잠 26:24, 25 (19) 시 101:5 (20) 잠 22:1; 요 8:49 (21) 시 15:4 (22) 빌 4:8

Q 145. 제9계명이 금지하는 죄들은 무엇인가?

답: 제9계명이 금지하는 죄들은 진실과 우리 자신이나 이웃이 지니고 있는 명예를(1) 해치는 것인데, 특히 공적 재판에서(2) 거짓 증거를 제공하고,(3) 위증을 시키며,(4) 고의적으로 나서서 악한 소송을 변호하고, 진실을 외면하고 억압하며,(5) 불의한 판결을 하고,(6) 악을 선하다 하고 선을 악하다 하

---

199) 9계명은 정직함을 통해서 이뤄지는 명예와 신용의 가치를 제시한다. 정직함은 자기 자신이 어떤 사람인지를 인격적으로 드러내 보이는 중요한 수단이며, 가정, 직장, 교회, 국가 모두에서 정상적 생활을 유지하도록 하는 삶의 수단이다. 거짓말을 반복하여 신용과 신뢰를 잃어버리면 그 사람의 인격적 품위도 떨어지고, 주변의 모든 사람들과의 관계가 악화되어 삶의 붕괴를 맞이할 수 있다. 이처럼 정직함은 삶의 뿌리요 기초이면서도 신앙적으로도 신앙고백, 세례, 성찬, 맹세, 서원 등의 모든 신앙적 행위를 만들어 가는 핵심 수단이다.

며, 악인에게 보상하기를 의인에게 하듯이 하고, 의인에게 보상하기를 악인에게 하듯이 하며,(7) 문서 위조,(8) 진실 은폐, 정당한 소송에 있어서 부당한 침묵,(9) 불법행위에 대해 우리 스스로가 책망하고,(10) 다른 사람들에게 항의해야 할 때 잠잠하며,(11) 진실을 불합리하게 말하거나,(12) 그릇된 목적을 위하여 악의적으로 말하고,(13) 혹은 진리를 곡해하여 그릇된 의미로 만들거나,(14) 혹은 의심스럽고 애매한 표현으로 진실과 공의를 손상시키는 것이며,(15) 비진리를 말하고,(16) 거짓말하고,(17) 비방하고,(18) 험담하고,(19) 훼방하고,(20) 고자질하며,(21) 수군거리고,(22) 비웃고,(23) 욕하며,(24) 조급하고,(25) 가혹하고,(26) 편파적으로 비난하는 것이며,(27) 사람의 의향과 말을 오해하며,(28) 아첨하며,(29) 헛된 영광을 자랑하고,(30) 우리들 자신이나 다른 사람들을 과대히 혹은 낮게 생각하거나 말하는 것이며,(31) 하나님이 주신 은사와 장점들을 부인하고,(32) 작은 실수들을 더욱 악화시키고,(33) 자유롭게 자백하라고 호출될 때에 죄를 숨기거나, 변명하거나, 경감시키는 것이며,(34) 약점을 쓸데없이 찾아내는 것이며,(35) 거짓 소문을 내는 것,(36) 악한 소문들을 받아들이고 찬성하며,(37) 공정한 변호에 귀를 막고,(38) 악한 의심을 품으며,(39) 누구든지 받을 만해서 받는 명예에 대하여 시기하거나 질투하는 것이며,(40) 그것을 손상시키려고 노력하거나 바라고,(41) 그들의 불명예와 오명을 기뻐하는 것이며,(42) 조소하는 멸시와 지나친 칭찬이며,(43) 정당한 약속을 위반하며,(44) 명예를 얻는 일들에 소홀히 하고,(45) 불명예를 초래할 일들은 실행하고, 스스로 피하지 않거나, 다른 사람들을 못하도록 능히 할 수 있음에도 불구하고 막지 아니하는 것이다.(46)

(1) 삼상 17:28; 삼하 16:3, 1:9, 10, 15, 16 (2) 레 19:15; 합 1:4 (3) 잠 19:5, 6:16, 19 (4) 행 6:13 (5) 렘 9:3, 5; 행 24:2, 5; 시 12:3, 4, 52:1–4 (6) 잠 17:15; 왕상 21:9–14 (7) 사 5:23 (8) 시 119:69; 눅 19:8, 16:5–7 (9) 레 5:1; 신 13:8; 행 5:3, 8, 9; 딤후 4:6 (10) 왕상 1:6; 레 19:17 (11) 사 59:4 (12) 잠 29:11 (13) 삼상 22:9, 10; 시 52:1 (14) 시 56:5; 요 2:19; 마 26:60, 61 (15) 창 3:5, 26:7, 9 (16) 사 59:13 (17) 레 19:11; 골 3:9 (18) 시 50:20 (19) 시 15:3 (20) 약 4:11; 렘 38:4 (21) 레 19:16 (22) 롬 1:29, 30 (23) 창 21:9;

갈 4:29; (24) 고전 6:10 (25) 마 7:1 (26) 행 28:4 (27) 창 38:24; 롬 2:1 (28) 느 6:6–8;
롬 3:8; 시 69:10; 삼상 1:13–15; 삼하 10:3 (29) 시 12:2, 3 (30) 딤후 3:2 (31) 눅 18:9,
11; 롬 12:16; 고전 4:6; 행 12:22; 출 4:10–13 (32) 욥 27:5, 6, 4:6 (33) 마 7:3–5 (34)
잠 28:13; 잠 30:20; 창 3:12, 13; 렘 2:35; 왕하 5:25; 창 4:9 (35) 창 9:22; 잠 25:9, 10
(36) 출 23:1 (37) 잠 29:12 (38) 행 7:56, 57; 욥 31:13, 14 (39) 고전 13:5; 딤전 6:4 (40)
민 11:29; 마 21:15 (41) 스 4:12, 13 (42) 렘 48:27 (43) 시 35:15, 16, 21; 마 27:28, 29;
유 1:16; 행 12:22 (44) 롬 1:31; 딤후 3:3 (45) 삼상 2:24 (46) 삼하 13:12, 13; 잠 5:8, 9

Q 146. 제10계명은 무엇인가?

답: 제10계명은 "네 이웃의 집을 탐내지 말라. 네 이웃의 아내나 그의 남종
이나 그의 여종이나 그의 소나 그의 나귀나 무릇 네 이웃의 소유를 탐내지
말라"이다.(1)

(1) 출 20:17

Q 147. 제10계명이 명령하는 의무는 무엇인가?

답: 제10계명이 명령하는 의무는 우리 자신의 형편에 대하여 온전히 만족하
는 것과,(1) 우리의 이웃에 대하여 온 심령이 인자한 마음을 가짐으로써 우
리의 모든 내면적 동기와 애정이 이웃에게 가닿을 정도로 그의 소유 전체를
더욱더 잘 돌보라는 것이다.(2)[200]

(1) 히 13:5; 딤전 6:6 (2) 욥 31:29; 롬 12:15; 시 122:7–9; 딤전 1:5; 에 10:3; 고전
13:4–7

---

200) 10계명은 탐욕과 욕심, 욕망을 제어하고 주어진 형편 안에서 만족하는 '섭리적 삶'을 제시한다. 10계명은 단순히
욕심을 버리라는 단편적 윤리가 아니라 섭리 안에서 하나님이 허락하신 삶을 존중하며 우리 인생 전부가 하나님
의 주권과 다스림 속에 있음을 가르치는 기독교적 세계관을 소개한다. 특히 탐심하지 말라는 삶의 소극적 자세와
수동적 태도만을 가르치는 것이 아니다. 즉, 더 성장하고, 더 소유하고 싶으면 열심히 노력해서 한 단계씩 성장하
라는 적극적 자세와 능동적 태도를 포함한다. 성도들은 주어진 형편을 원망하지 말고 하나님의 뜻과 섭리 속에서
허용된 것임을 알고, 수용하며, 잘 대처하고, 또한 미래를 준비하기 위해서 더 노력하며 꿈과 비전을 가지고 새로
운 섭리적 형편을 향해 나아갈 수 있다.

Q 148. 제10계명이 금지하는 죄들은 무엇인가?

답: 제10계명이 금지하는 죄들은 우리 자신의 재산을 불만스러워하며,(1) 이웃의 재산을 질투하고,(2) 시기하며,(3) 이웃의 소유에 대하여 탐내는 마음과 행동이다.(4)²⁰¹

(1) 왕상 21:4; 에 5:13; 고전 10:10 (2) 갈 5:26; 약 3:14, 16 (3) 시 112:9, 10; 느 2:10 (4) 롬 7:7, 8, 13:9; 골 3:5; 신 5:21

Q 149. 어떤 사람이든지 하나님의 계명을 완전히 지킬 수 있는가?

답: 아무도 자기 스스로든지,(1) 혹은 이 세상에서 받은 어떤 은혜로든지 하나님의 계명을 완전히 지킬 수 없고,(2) 오히려 생각과 말과 행동으로 매일 계명을 범한다.(3)

(1) 약 3:2; 요 15:5; 롬 8:3 (2) 전 7:20; 요일 1:8, 10; 갈 5:17; 롬 7:18, 19 (3) 창 6:5, 8:21; 롬 3:9-19

Q 150. 하나님의 법을 어긴 모든 범죄가 그 자체적으로 또는 하나님 보시기에 동등하게 악한가?

답: 하나님의 법을 어긴 모든 범죄가 동등하게 악하지 않고, 어떤 죄들은 그 자체적으로, 그리고 여러 가지 악화시키는 원인들 때문에 다른 죄보다 하나님 보시기에 더 악하다.(1)²⁰²

(1) 요 19:11; 겔 8:6, 13, 15; 요일 5:16; 시 78:17, 32, 56

---

201) 10계명을 '상대적 세계관'과 '절대적 세계관'을 소개한다. 상대적 세계관은 남과 자신을 비교하면서 부족함에 대해 불평하지만 절대적 세계관은 하나님의 주권과 섭리를 인정하며 주어진 것에 만족한다. 인간의 욕망은 절대적 세계관을 통해서만 극복될 수 있다.

202) 개혁주의는 죄론에서 로마 가톨릭처럼 소(小)죄와 대(大)죄로 등급을 나누지 않는다. 그러나 죄의 경중과 정도는 얼마든지 말할 수 있다. 그래서 가벼운 죄들이 있고, 보다 심각하고 큰 죄들이 있으며, 그 결과 권징과 치리에서도 죄의 정도에 따라서 다르게 대처할 수 있다.

Q 151. 어떤 죄들을 다른 죄들보다 더 흉악하게 만들고 악화시키는 것들이 무엇인가?

답: 죄들은 다음과 같은 상황에서 더 악화된다.

① 범죄 하는 사람들 때문에(1): 그들의 연령이 높거나,(2) 보다 더 많은 경험 혹은 은혜를 가졌거나,(3) 직업,(4) 재능,(5) 직위,(6) 직분에서 탁월하고,(7) 다른 사람들의 인도자들이고,(8) 그때문에 다른 사람들이 그들을 따르기가 쉬운 경우이면 더 악화된다.(9)

② 범죄한 대상 때문에(10): 하나님과 그의 속성과 예배에 직접 대항하며,(11) 그리스도와 그의 은혜와 성령과 그의 증거와 사역들에 대항하며,(12) 윗사람들, 높은 지위에 있는 사람들,(13) 특별히 우리와 인륜관계를 따라 관계된 윗사람들을 대항하며,(14) 성도들과 특히 연약한 형제들과 그들의 영혼이나 다른 사람의 영혼에 대항하며,(15) 모든 사람들 혹은 다수의 공통적 유익에 대항하여 죄를 지으면 더욱 악화된다.(16)

③ 범죄의 본질과 성격 때문에(17): 그들의 죄가 율법에 분명히 명시된 것을 대항하며,(18) 많은 계명을 함께 범했거나, 그 속에 많은 죄들이 포함되어 있거나,(19) 마음에 품었을 뿐 아니라 말과 행동으로 쏟아져 나오고,(20) 다른 사람들을 중상하고,(21) 배상할 의지가 없다든지,(22) 은혜의 수단들,(23) 자비,(24) 심판,(25) 본성의 빛,(26) 양심의 가책,(27) 공적 혹은 사적 충고,(28) 교회의 권징,(29) 국가의 징벌에 대항하며,(30) 우리들의 기도, 삶의 목적, 약속,(31) 서원,(32) 언약과,(33) 하나님이나 사람에 대한 약속을 범하며,(34) 그리고 일부러,(35) 고의적으로,(36) 뻔뻔스럽게,(37) 파렴치하게,(38) 자랑스럽게,(39) 악의를 가지고,(40) 자주,(41) 고집스럽게,(42) 기쁘게,(43) 계속적으로,(44) 또는 회개한 후에 다시 죄를 범한다면 더 악화된다.(45)

④ 때와 장소의 상황 때문에(46): 주일이나 다른 예배 시에 죄를 짓든지,(47) 예배 직전이나 직후에 하든지,(48) 그런 범죄를 예방하거나 극복할 수 있는 다른 도움이 있음에도 죄를 짓는 경우에,(49) 그리고 공개적으로 남들 앞에

서 죄를 지음으로써 그들이 그 죄에 의해 자극을 받거나 오염될 수 있는 경우에 죄를 짓는다면 더 악화된다.(50)

(1) 렘 2:8 (2) 욥 32:7, 9; 전 4:13 (3) 왕상 11:4, 9 (4) 삼하 12:14; 고전 5:1 (5) 약 4:17; 눅 12:47, 48 (6) 렘 5:4, 5 (7) 삼하 12:7-9; 겔 8:11, 12 (8) 롬 2:17-24 (9) 갈 2:11-14 (10) 마 21:38, 39 (11) 삼상 2:25; 행 5:4; 시 51:4; 롬 2:4; 말 1:8, 14 (12) 히 2:2-3, 12:25, 10:29; 마 12:31, 32; 엡 4:30; 히 6:4-6 (13) 유 1:8; 민 12:8, 9; 사 3:5 (14) 잠 30:17; 고후 12:15; 시 55:12-15 (15) 스 2:8, 10, 11; 마 18:6; 고전 6:8; 계 17:6; 고전 8:11, 12; 롬 14:13, 15, 21; 겔 13:19; 고전 8:12; 계 18:12, 13; 마 23:15 (16) 살전 2:15, 16; 수 22:20 (17) 잠 6:30-33 (18) 스 9:10-12; 왕상 11:9, 10 (19) 골 3:5; 딤전 6:10; 잠 5:8-12, 6:32, 33; 수 7:21 (20) 약 1:14, 15; 마 5:22; 미2:1 (21) 마 18:7; 롬 2:23, 24 (22) 신 22:22, 28, 29; 잠 6:32-35 (23) 마 11:21-24; 요 15:22 (24) 사 1:3; 신 32:6 (25) 암 4:8-11; 렘 5:3 (26) 롬 1:26, 27 (27) 롬 1:32; 단 5:22; 딛 3:10, 11 (28) 잠 29:1 (29) 딛 3:10; 마 18:17 (30) 잠 27:22, 23:35 (31) 시 78:34-37; 렘 2:20, 42:5, 6, 20, 21 (32) 전 5:4-6; 잠 20:25 (33) 레 26:25 (34) 잠 2:17; 겔 17:18, 19 (35) 시 36:4 (36) 렘 6:16 (37) 민 15:30; 출 21:14 (38) 렘 3:3; 잠 7:13 (39) 시 52:1 (40) 요삼 1:10 (41) 민 14:22 (42) 슥 7:11, 12 (43) 잠 2:14 (44) 사 57:17 (45) 렘 34:8-11; 벧후 2:20-22 (46) 왕하 5:26; 렘 7:10; 사 26:10 (47) 겔 23:37-39; 사 58:3-5; 민 25:6, 7 (48) 고전 11:20, 21; 렘 7:8-10; 잠 7:14, 15; 요 13:27, 30 (49) 스 9:13, 14 (50) 삼하 16:22; 삼상 2:22-24

Q 152. 모든 죄가 하나님으로부터 마땅히 받을 보응이 무엇인가?

답: 모든 죄는 지극히 작은 것이라도 하나님의 주권과 선과 거룩 또는 그의 의로운 율법에 대항하는 것이므로(1) 현세와 내세에서 하나님의 진노와 저주를 받아 마땅한 것이며,(2) 그것은 그리스도의 피가 아니고는 속죄될 수 없다.(3)

(1) 약 2:10, 11; 출 20:1, 2; 합 1:13; 요일 3:4; 롬 7:12; 엡 5:6; 갈 3:10; 애 3:39 (2) 신 28:15-17; 마 25:41 (3) 히 9:22; 벧전 1:18, 19

Q 153. 하나님의 법을 위반했기 때문에 우리가 마땅히 받아야 할 그의 진노와 저주를 피하도록 하나님이 우리에게 요구하시는 것은 무엇인가?

답: 하나님의 법을 위반했기 때문에 우리가 마땅히 받아야 할 그의 진노와 저주를 피하도록 하나님은 그를 향한 우리의 회개와 우리 주 예수 그리스도를 향한 믿음과,(1) 그리고 그리스도가 자기의 중보의 혜택을 우리에게 전달하시는 외적 수단들을 부지런히 사용할 것을 우리에게 요구하신다.(2)

(1) 행 20:21; 마 3:7, 8; 눅 13:3, 5; 행 16:30, 31; 요 3:16 (2) 잠 2:1-5, 8:33-36

Q 154. 그리스도께서 자신의 중보의 혜택을 우리에게 전달하시는 외적 수단은 무엇인가?

답: 그리스도께서 자신의 중보의 혜택을 우리에게 전달하시는 외적 또는 일반적인 수단은 그의 모든 규례들인데, 특별히 말씀과 성례 및 기도다. 이 모든 것은 택함을 받은 자들이 구원받는 데 효력 있게 한다.(1)[203]

(1) 마 28:19, 20; 행 2:42, 46, 47

Q 155. 말씀이 어떻게 구원에 효력 있게 되는가?

답: 성령 하나님은 말씀을 읽는 것, 특별히 말씀의 설교를 효력 있는 수단으로 사용하여,(1) 죄인들을 깨닫게 하고, 확신하게 하고, 겸손하게 하며,(2) 그들을 자기 자신들로부터 몰아내어 그리스도께로 가까이 이끄신다.(3) 또한 성령은 그들로 하여금 그리스도의 형상을 본받게 하며,(4) 그의 뜻에 복종케 하며,(5) 그들을 강건케 하여 시험과 부패에 빠지지 않게 하고,(6) 은혜 안에서 자라게 하고,(7) 믿음을 통하여 구원에 이르도록 그들의 마음을 거룩함과

---

203) '수단'(means)의 개념은 양극단을 주의해야 한다. 로마 가톨릭은 수단과 구원 자체를 동일시하여 교회적 수단을 집행하는 사제권을 절대화했다. 반대로 재세례파는 사제권에 반대하여 교회의 외적인 모든 은혜의 수단을 제거했다. 개혁파는 성경에서 약속한 정도에서는 은혜의 '수단'(instrument), '도구', '기구'는 인정했다.

위로로 굳게 세우신다.(8)[204]

(1) 느 8:8; 행 26:18; 시 19:8 (2) 고전 14:24, 25; 대하 34:18, 19, 26-28 (3) 행 2:37, 41, 8:27-39 (4) 고후 3:18 (5) 고후 10:4-6; 롬 6:17 (6) 마 4:4, 7, 10; 엡 6:16, 17; 시 19:11; 고전 10:11 (7) 행 20:32; 딤후 3:15-17 (8) 롬 16:25; 살전 3:2, 10, 11, 13; 롬 15:4, 10:13-17, 1:16

Q 156. 하나님의 말씀을 모든 사람이 읽어야 하는가?

답: 비록 모든 사람이 다 공적으로 회중에게 말씀을 읽도록 허락되어 있지는 않으나,(1) 누구든지 각각 홀로,(2) 그리고 가족들과 함께 말씀을 읽어야할 의무가 있다.(3) 이 목적을 위해 성경이 원어에서 각 나라 백성의 자국어들로 번역되어야 한다.(4)

(1) 신 31:9, 11-13; 느 8:2, 3, 9:3, 4 (2) 신 17:19; 계 1:3; 요 5:39; 사 34:16 (3) 신 6:6-9; 창 18:17, 19; 시 78:5-7 (4) 고전 14:6, 9, 11, 12, 15, 16, 24, 27, 28

Q 157. 하나님의 말씀을 어떻게 읽어야 하는가?

답: 성경은 높이 경외하는 마음으로 읽어야 한다.(1) 성경은 곧 하나님의 말씀이며, 하나님만이 우리로 성경을 깨달을 수 있게 하실 수 있다는 굳은 신념과(2) 거기에 계시되어 있는 하나님의 뜻을 알고, 믿고, 순종하고자 하는 소원과(3) 성경의 내용 및 의도에 대해 부지런함과 주의함과 묵상과(4) 적용과 자기 부정과 기도함으로 성경을 읽어야 한다.(5)[205]

---

204) 성경은 모든 은혜의 수단에 있어서 기초요 뿌리다. 특별히 말씀과 관련해서는 "설교를 효력 있는 수단"으로 사용하심을 명심해야 한다. 따라서 성경을 개인적으로 읽는 것도 중요하지만, 더 중요한 것은 하나님께서 교회를 세우시고 그 안에 설교라는 질서를 통해서 말씀을 깨닫게 하신다는 사실이다. 설교는 개인의 독서나 성경공부보다 더 중요한 보편적인 외적 수단의 핵심이다.

205) 157문은 성경을 읽을 때 "하나님의 뜻을 알고, 믿고, 순종"이라는 원리를 소개한다. 성경을 통해서 소개되는 하나님의 뜻은 반드시 먼저 바르게 아는 것이 중요하다. 성경은 특정한 주제들을 교리적 체계로 소개한다. 따라서 마구잡이로 읽어서는 안 되며, 교리적 지식을 바르게 이해하고 아는 형태로 출발해야 한다. 다음으로 바로 그 교리를 믿고 실천하는 단계로 나아간다. 더불어 성경을 해석할 때는 '성경의 내용 및 의도'를 헤아려야 한다. 감동되

(1) 시 19:10; 느 8:3-6, 10; 출 24:7; 대하 34:27; 사 66:2 (2) 벧후 1:19-21; 눅 24:45; 고후 3:13-16 (3) 신 17:10, 20 (4) 행 17:11, 8:30, 34; 눅 10:26-28 (5) 시 1:2, 119:97; 대하 34:21; 잠 3:5; 신 33:3; 잠 2:1-6; 시 119:18; 느 7:6, 8

Q 158. 하나님의 말씀은 누가 설교할 수 있는가?

답: 하나님의 말씀은 충분한 은사를 받았을 뿐만 아니라,(1) 정식으로 공인되어 이 직분에 부름을 받은 자만이 설교할 수 있다.(2)

(1) 딤전 3:2, 6; 엡 4:8-11; 호 4:6; 말2:7; 고후 3:6 (2) 렘 14:15; 롬 10:15; 히 5:4; 고전 12:28, 29; 딤전 3:10, 4:14, 5:22

Q 159. 설교로 부름을 받은 사람들은 하나님의 말씀을 어떻게 설교해야 하는가?

답: 말씀의 사역에 수고하도록 부름을 받은 자들은 때를 얻든지 못 얻든지,(1) 부지런히(2) 올바른 교리를 설교하되,(3) 분명하게(4) 사람의 지혜의 권하는 말로 하지 아니하고, 성령의 나타남과 능력으로 할 것이며,(5) 신실하게(6) 하나님의 모든 뜻을 알게 할 것이며,(7) 지혜롭게(8) 청중들의 필요와 이해 능력에 적용시켜,(9) 열심히(10) 하나님과(11) 그의 백성들의 영혼에 대한 뜨거운 사랑으로 할 것이며,(12) 성실하게,(13) 하나님의 영광과(14) 백성들의 회심,(15) 건덕과(16) 구원을(17) 목표로 삼고 설교해야 한다.[206]

(1) 딤후 4:2 (2) 행 18:25 (3) 딛 2:1, 8 (4) 고전 14:19 (5) 고전 2:4 (6) 렘 23:28; 고전 4:1, 2 (7) 행 20:27 (8) 골 1:28; 딤후 2:15 (9) 고전 3:2; 히 5:12-14; 눅 12:42 (10) 행

는 부분을 주관적으로 읽는 것이 아니라 문법과 문맥적 해석을 통해서 전체 내용과 의도가 무엇인지를 살피는 것이 바른 해석이다.

206) 성경적 설교란 '올바른 교리'를 설교하는 것이다. 즉 강해설교란 성경을 주관적으로 해석하여 자기 식대로 전달하는 것이 아니라 공교회적 해석규범인 신조(사도신경, 웨스트민스터 신앙고백서)에 기초해서 객관적으로 해석하여 깨달은 '교리'(doctrine)를 전달하는 것이다. 따라서 개혁주의 강해설교는 '교리설교'임을 명심해야 한다. 이런 이유 때문에 웨스트민스터 신조, 교리문답, 예배모범 등에서 '교리'라는 말을 반복적으로 강조하고 있다.

18:25 (11) 고후 5:13, 14; 빌 1:15-17 (12) 골 4:12; 고후 12:15 (13) 고후 2:17, 4:2 (14) 살전 2:4-6; 요 7:18 (15) 고전 9:19-22 (16) 고후 12:19; 엡 4:12 (17) 딤전 4:16; 행 26:16-18

Q 160. 설교를 듣는 자들에게 요구되는 것은 무엇인가?

답: 설교를 듣는 자들에게 요구되는 것은 근면과 준비와 기도로서 설교에 유념하고,(1) 들은 것을 성경으로 살펴보고,(2) 믿음과 사랑과 온유와 준비된 마음을 가지고 하나님의 말씀으로 진리를 받고,(3) 그것을 묵상하고,(4) 서로 논의하며,(5)[207] 그것을 그들의 마음속에 간직하고,(6) 그들의 생활에서 말씀의 열매를 맺어야 한다.(7)[208]

(1) 잠 8:34; 벧전 2:1, 2; 눅 8:18; 시 119:18; 엡 6:18, 19 (2) 행 17:11 (3) 히 4:2; 살후 2:10; 약 1:21; 행 17:11; 살전 2:13 (4) 눅 9:44; 히 2:1 (5) 눅 24:14; 신 6:6, 7 (6) 잠 2:1; 시 119:11; (7) 눅 8:15; 약 1:25

Q 161. 성례가 어떻게 구원의 효력 있는 수단이 되는가?

답: 성례가 구원의 효력 있는 수단이 되는 것은 성례 자체 안에 있는 어떤 능력이라든지, 혹은 그것들을 시행하는 자의 경건이나 의도에서 나오는 어떤 덕행 때문이 아니고, 다만 성령의 역사와 성례를 제정하신 그리스도의 복주심 때문이다.(1)

---

207) 설교듣기 항목에서 '서로 논의'(confer)라는 단어는 개혁파 교회에만 있는 매우 특이한 용어다. 설교를 듣고 난 후 성도는 목사와 설교에 대해서 대화해야 하고, 성도들 사이에서도 서로 논의하며, 마지막으로는 가정에서도 아이들과 함께 토론하고 대화하면서 설교를 묵상하고 숙고해야 한다.

208) 성도들의 설교 듣기는 결코 가벼운 일이 아니다. 개혁주의 설교는 강해설교이기 때문에 들을 때도 항상 집중하여 성경으로 살펴봐야 한다. 하지만 설교의 내용을 매순간마다 따지고 비평하고 분석하는 방식으로 듣게 되면 설교를 하나님의 말씀으로 듣지 못한다. 노회를 통해서 공적으로 권위를 얻으면 그 목사의 설교를 하나님의 말씀으로 들어야 한다. 본문은 지나친 주관적 설교듣기의 이런 위험성을 경고하기 위해서 "믿음과 사랑과 온유와 준비된 마음"으로 설교를 들어야 한다고 말한다. 즉, 목사의 어떤 부분의 해석이 나와 조금 다르고, 아직 이해되지 않는다 할지라도 전체 내용이 근본 교리에 위배되지 않으면 사랑과 온유함으로 받아야 한다.

(1) 벧전 3:21; 행 8:13, 23; 고전 3:6, 7; 고전 12:13

Q 162. 성례란 무엇인가?

답: 성례는 그리스도께서 자기 교회 안에 제정하신 거룩한 규례이다.(1) 이 규례는 은혜언약 안에 있는 자들에게 주님의 중보의 혜택을 표시(表)하고(2) 인(印)치고 나타내기 위한 것이며,(3) 그들의 믿음과 다른 모든 은혜들을 강화하고 더하게 하기 위한 것이며,(4) 그들로 하여금 순종하게 하고,(5) 그들의 상호 간에 사랑과 교제를 증거하고 소중히 간직하며,(6) 그들을 은혜언약 밖에 있는 자들과 구별하기 위한 것이다.(7)[209]

(1) 창 17:7, 10; 출 12장; 마 28:19, 26:26-28 (2) 행 2:38; 고전 10:16 (3) 롬 4:11; 고전 11:24, 25; 롬 15:8; 출 12:48 (4) 롬 4:11; 갈 3:27 (5) 롬 6:3, 4; 고전 10:21 (6) 엡 4:2-5; 고전 12:13 (7) 엡 2:11, 12; 창 34:14

Q 163. 성례에는 어떤 부분들이 있는가?

답: 성례의 부분들은 두 가지이니, 첫째는 그리스도 자신의 명령에 따라 사용하는 외부적이고 눈에 보이는 표시이며, 둘째는 이것으로 표시하는 내적이고 영적인 은혜이다.(1)

(1) 마 3:11; 벧전 3:21; 롬 2:28, 29

Q 164. 신약에서 그리스도는 몇 가지 성례를 그의 교회에 제정하셨는가?

답: 신약에서 그리스도는 그의 교회 안에 오직 두 가지 성례만을 제정하셨으니, 곧 세례와 성찬이다.(1)

(1) 마 28:19; 고전 11:20, 23; 마 26:26-28

---

209) 성례는 은혜의 수단으로서 예수님과의 연합과 교제를 나타낸다. 외적인 수단을 통해서 이 은혜를 보여주는 것이기 때문에 '표시(表)'하는 것이며, 그럼에도 이 표시는 아무런 의미가 없는 외적 표시가 아니라 실제적 열매를 보증하고 확증하는 것이기 때문에 '인(印)치'는 것이며, 두 가지가 잘 연합하고 결합하여 성도들에게 그리스와 그의 은혜를 실제적으로 '나타내' 준다.

Q 165. 세례란 무엇인가?

답: 세례는 그리스도께서 성부와 성자와 성령의 이름으로 제정하신 물로 씻는 신약의 성례이다.(1) 이것은 그리스도 자신에게 접붙여지고,(2) 그의 피로 죄 사함을 받고,(3) 그의 영으로 거듭나고,(4) 양자가 되어,(5) 영생에 이르는 부활의 표시와 인침이다.(6) 이로써 세례 받은 당사자들은 보이는 교회에 엄숙하게 받아들여지고,(7) 전적으로 오직 주님께만 속한 사람이 되겠다는 공개적이며 고백적인 약속을 맺는다.(8)

(1) 마 28:19 (2) 갈 3:27 (3) 막 1:4; 계 1:5 (4) 딛 3:5; 엡 5:26 (5) 갈 3:26, 27 (6) 고전 15:29; 롬 6:5 (7) 고전 12:13 (8) 롬 6:4

Q 166. 누구에게 세례를 베풀어야 하는가?

답: 세례는 그리스도를 믿는 믿음과 그에 대한 순종을 고백할 때 베풀 수 있다. 따라서 아직 유형교회 밖에 있어 약속의 언약에 외인이 된 자들에게는 그 누구에게도 세례를 베풀어서는 안 된다.(1) 그러나 그리스도를 믿는 신앙과 그를 향한 순종을 고백하는 양편 또는 한편 부모에게서 태어난 유아들에게는 그런 면에서 언약 안에 있으므로 세례를 베풀 수 있다.(2)[210]

(1) 행 8:36, 37, 2:38 (2) 창 17:7, 9; 갈 3:9, 14; 골 2:11, 12; 행 2:38, 39; 롬 4:11, 12; 고전 7:14; 마 28:19; 눅 18:15, 16; 롬 11:16

Q 167. 우리는 세례를 어떻게 잘 증진할 수 있는가?

답: 꼭 필요하면서도 대단히 무시된 세례를 증진시킬 의무는 우리가 평생에 행해야 할 것이다. 이 의무는 특별히 시험을 당할 때와 다른 사람들이

---

210) 유아세례는 은혜언약의 혜택을 부여해 주는 것이기 때문에 '약속의 언약'이라고 표현한다. 장로교는 언약론을 고백하기 때문에 유아세례를 준다. 즉, 유아세례는 부모의 신앙을 따라 자손에게까지 구원의 은총을 베푸시는 하나님의 언약적 혜택이다. 따라서 자손들을 교리문답 교육을 통해 양육해야 하는 책임과 의무는 유아세례에 필수적으로 따라오는 열매다.

세례 받고 있는 자리에 참석했을 때,(1) 세례의 본질과 그리스도께서 그것을 제정하신 목적과 세례에 의해 우리에게 주어지고 보증된 특권과 혜택과 그것에서 행한 엄숙한 서약 등을 신중히 그리고 감사히 생각함으로써 해야 한다.(2) 또한 우리 죄악의 더러움과 세례의 은혜와 우리 맹세의 미진함 또는 역행하는 것 때문에 겸손함으로써 하고,(3) 그 성례 안에서 우리에게 보증된 죄 사함과 다른 모든 행복에 대한 확신에 이르기까지 성숙함으로써 해야 한다.(4) 그리고 그리스도와 합하여 세례를 받은 우리는 죄를 죽이고 은혜를 소생시키기 위해서 그의 죽음과 부활로부터 힘을 얻음으로써 행하고,(5) 믿음으로 살기를 힘쓰며,(6) 그리스도께 자신의 이름들을 바친 자들로서(7) 거룩함과 의로움으로 성도의 교제를 하고,(8) 같은 성령으로 세례를 받아 한 몸을 이룬 자들로서 형제의 사랑으로 행하기를 노력함으로써 해야 한다.(9)[211]

(1) 골 2:11, 12 (2) 롬 6:4, 6, 11, 6:3-5 (3) 고전 1:11-13; 롬 6:2, 3 (4) 롬 4:11, 12; 벧전 3:21 (5) 롬 6:3-5 (6) 갈 3:26, 27 (7) 행 2:38 (8) 롬 6:22 (9) 고전 12:13, 25-27

Q 168. 성찬이란 무엇인가?

답: 성찬은 예수 그리스도께서 제정하신 대로 떡과 포도주를 주고받음으로써 그의 죽으심을 보여주는 신약의 성례이다.(1) 성찬에 합당하게 참여하는 자는 주님의 살과 피를 먹고 마심으로 영적 양식을 먹고, 은혜 가운데 자라며, 주님과의 연합과 교제를 확신하고,(2) 하나님께 대한 감사와 헌신과(3) 신비로운 몸의 지체로서 서로 사랑과 교제를 증거하고 새롭게 한다.(4)[212]

---

211) 개혁주의는 중생의 표시로 세례를 준다. 따라서 '성령으로 세례를 받아'라는 표현은 중생의 표시인 물세례에 속한 것으로 보기 때문에 물세례를 은혜의 수단으로써 매우 강조한다. 그러나 오순절파는 능력세례를 주장하면서 중생과 별개로 진행되는 제2의 '성령세례'를 주장하여 물세례를 무시하고 신비주의적 세례, 신사도운동적 세례, 은사주의적 세례를 강조한다.

212) 개혁주의 성찬론은 '영적임재설'이다. 영적임재설은 성령의 도우심을 따라 믿음으로 참여할 때 비록 상징적인 떡과 포도주를 사용하지만 실제적으로 주님과 연합하며 교제하는 은혜를 누린다는 것이다. 즉, 단순 기념이 아니라

(1) 눅 22:20; 마 26:26-28; 고전 11:23-26 (2) 고전 10:16 (3) 고전 11:24, 10:14-16, 21 (4) 고전 10:17

Q 169. 성찬식을 통하여 그리스도는 떡과 포도주를 어떻게 주고받으라고 명령하셨는가?

답: 그리스도께서는 성찬의 성례를 시행함에 있어서 자신의 말씀을 맡은 목사들에게 명령하여 성찬 제정의 말씀과 감사와 기도로 떡과 포도주를 일반적 용도에서 성별하고, 떡을 취하여 떼어서 떡과 포도주를 성찬에 참여하는 자들에게 나누어 주도록 하셨다. 또한 수찬자들은 동일한 주님의 명령을 따라 그리스도 몸이 그들을 위하여 찢겨지고 주어졌으며, 그의 피가 흘려지신 것을 감사히 기억하면서 떡을 취하여 먹고 포도주를 마시라고 하셨다.(1)[213]
(1) 고전 11:23, 24; 마 26:26-28; 눅 22:19, 20

Q 170. 성찬에 합당하게 참여하는 사람들은 이 예식을 통해서 그리스도의 몸과 피를 어떻게 먹고 마시는가?

답: 주의 성찬에서 그리스도의 몸과 피가 떡과 포도주 안에, 함께, 혹은 아래에 물질적으로나 육체적으로 임재하는 것이 아니고,(1) 그 외형적 도구들이 받는 자들의 외부 감각에 실제로 느껴지듯이 참으로 그리고 실제적으로 믿음으로 받는 자들에게 영적으로 임재한다.(2) 그러므로 성찬의 성례에 합당히 참여하는 자들은 물질적으로나 육체적으로가 아니고, 영적으로 그리스도의 몸과 피를 받아먹고 마시는 것이다.(3) 하지만 그들은 십자가에 달려 죽으신 그리스도와 그의 죽음에서 오는 모든 혜택을 믿음으로 자신들에게

그리스도의 몸과 실제적인 '연합과 교제'를 나누는 것이 핵심이다.

213) 성찬 시행의 핵심 순서는 성찬 제정의 말씀 선언, 감사와 기도로 떡과 포도주 성별, 떡을 떼어 주고, 포도주를 나눠 주는 것이다. 4가지 순서 중 어느 것이라도 빠지면 개혁주의 성찬론이 아니다.

받아 적용하는 한에서 참으로 그리고 실제적으로 먹고 마시는 것이다.(4)²¹⁴

(1) 행 3:21 (2) 마 26:26, 28 (3) 고전 11:24-28 (4) 고전 10:16

Q 171. 성찬의 성례를 받고자 하는 사람들은 성찬에 참여하기 전에 어떻게 준비를 해야 하는가?

답: 성찬의 성례를 받고자 하는 사람들은 성찬에 참여하기 전에 자신이 그리스도 안에 있는지에 대해,(1) 자신들의 죄와 부족함,(2) 진실함, 자신들의 지식과,(3) 믿음과,(4) 회개의(5) 분량에 대해서 자신을 살핌으로써 준비해야 한다.(6) 또한 그들은 하나님과 형제들에 대한 사랑,(7) 모든 사람을 향한 자비,(8) 자기에게 잘못한 사람들을 용서함,(9) 그리스도를 따르고자 하는 갈망함과(10) 그들의 새로운 순종을 검토함으로,(11) 그리고 깊은 묵상과(12) 간절한 기도와(13) 이런 은혜들의 실행을 계속 새롭게 함으로,(14) 성찬 준비를 해야 한다.

(1) 고후 13:5 (2) 고전 5:7; 출 12:15 (3) 고전 11:29 (4) 고전 13:5; 마 26:28 (5) 슥 12:10; 고전 11:31 (6) 고전 11:28 (7) 고전 10:16, 17; 행 2:46, 47 (8) 고전 5:8, 11:18, 20 (9) 마 5:23, 24 (10) 사 55:1; 요 7:37 (11) 고전 5:7, 8 (12) 고전 11:24, 25 (13) 대하 30:18, 19; 마 26:26 (14) 고전 11:25, 26, 28; 히 10:21-24; 시 26:6

Q 172. 자신이 그리스도 안에 있는지 혹은 성찬에 합당한 준비가 되어 있는지를 의심하는 자도 성찬에 참여할 수 있는가?

---

214) 성찬 참여 방식은 4가지로 구별된다. 첫째로 로마 가톨릭의 '화체설'이다. 이들은 떡과 포도주가 실제적으로 그리스도의 몸으로 변화된다고 주장한다. 둘째로 루터파의 '공재설'이다. 이들은 예수님의 몸과 피가 떡과 포도주 '안에', '함께', 혹은 '아래에' 물질적으로나 육체적으로 임재한다고 주장한다. 셋째로 츠빙글리와 재세례파의 '기념설'이다. 이들은 성찬은 단순 기념일뿐이지 그 이상의 의미가 없다고 주장한다. 로마 가톨릭과 루터파와 개혁파는 실제적 참여를 주장하는 부분에서는 동일하다. 하지만 예수님의 몸이 어디에 임하시는가라는 문제는 다르다. 로마 가톨릭과 루터파는 성찬식을 진행하는 '이 땅에서' '물질적으로'나 '육체적으로' 임재한다고 주장하지만, 개혁파는 예수님의 몸이 계신 '저 곳에서' 임재하신다고 주장한다. 따라서 개혁파는 '믿음으로', '영적으로'으로 참여할 때 공간적으로 떨어져 있지만 그리스도의 몸과 '참으로' 그리고 '실제적으로' 참여한다고 말한다.

답: 자신이 그리스도 안에 있는지 혹은 성찬의 성례에 합당한 준비가 되어 있는지를 의심하는 사람도 비록 그분에 대한 확신이 아직 없을지라도(1) 그리스도에 대한 진정한 관심을 가질 수 있다. 만약 그가 이런 결핍을 매우 염려하여(2) 그리스도 안에서 발견되고(3) 악에서 떠나기를 간절히 원한다면,(4) 그는 하나님 보시기에 준비가 되어 있는 것이다. 그럴 경우, 약하고 의심하는 신자들조차도 도움 받을 수 있도록 약속이 주어진 것이며 또한 성례가 제정된 것이기 때문에,(5) 그는 자신의 불신앙을 애통하고(6) 의심을 해결하도록 노력해야 한다.(7) 그렇게 함으로써 앞으로 더욱더 신앙을 강화하기 위하여 성찬에 참여할 수 있을 뿐 아니라, 반드시 참여해야 한다.(8)[215]

(1) 사 50:10; 요일 5:13; 시 88편, 77:1-12; 욘 2:4, 7 (2) 사 54:7-10; 마 5:3, 4; 시 73:13, 22, 23 (3) 빌 3:8, 9; 시 10:17, 42:1, 2, 5 (4) 딤후 2:19; 사 50:10; 시 66:18, 19 (5) 사 40:11, 29, 31; 마 11:28, 12:20, 26:28 (6) 막 9:24 (7) 행 2:37, 16:30 (8) 롬 4:11; 고전 11:28

Q 173. 신앙을 고백하고 성찬을 받고 싶어 하는 사람에게 성찬을 못 받게 할 수 있는가?

답: 신앙을 고백하고 성찬을 받고 싶어 하는 마음이 있을지라도 무지하거나 잘못된 일이 드러나면, 그들이 가르침을 받고 변화되기까지는(1) 그리스도가 자신의 교회에 맡기신 권세로 그들로 하여금 성찬을 못 받게 할 수도 있고, 또 반드시 못 받게 해야 한다.(2)[216]

---

215) 성찬은 은혜의 수단으로 주신 교회의 거룩한 예식이기 때문에 "주의 몸을 분변치 못하고 먹고 마시는 자는 자기의 죄를 먹고 마시는 것이니라"(고전 11:29)는 말씀처럼 참여를 위해서는 엄숙하고 바른 준비가 있어야 한다. 하지만 참여 기준을 너무 엄격하게 높여서 이 혜택을 누리지 못하게 하는 엄격주의도 멀리해야 한다. 의도적인 악한 죄인들은 함부로 참여하지 못하게 해야 하지만, 연약한 성도들은 언제라도 참여할 수 있는 균형을 맞춰야 한다.

216) 유아세례는 구원의 표시이기 때문에 신앙을 고백하지 못하는 자녀들일지라도 은혜언약에 기초하여 세례를 준다. 하지만 성찬은 은혜의 충만함을 누리는 영적 부요함의 열매이기에 반드시 은혜언약의 내용을 이해하고 받아들이는 지식을 요구한다. 따라서 유아세례자들은 장로교 헌법에 따라서 12-13세 정도에 입교식을 거친 후 성찬에 참여한다. 또한 유아뿐만 아니라 성인신자도 당회를 통해서 엄격히 살펴진 후 참석을 허락받는다.

(1) 고후 2:7 (2) 고전 11:27-31; 마 7:6; 고전 5:23; 딤전 5:22

Q 174. 성찬의 성례를 시행할 때 그것을 받는 자들에게 요구되는 것이 무엇인가?

답: 성찬의 성례를 받는 자들에게 요구되는 것은 그것을 시행하는 동안에 모든 거룩한 경외심과 집중력을 가지고 그 규례에서 하나님을 바랄 것이다.(1) 성례의 도구들과 동작을 부지런히 따르고,(2) 주님의 몸을 주의 깊게 분별하고,(3) 그의 죽음과 고난을 정성스럽게 묵상하며,(4) 그 은혜가 왕성하게 역사하도록 자신들을 강화시켜야 한다.(5) 그리고 자신을 살펴서(6) 죄를 슬퍼하고,(7) 그리스도에 대하여 진정으로 주리고 목말라 하고,(8) 믿음으로 그리스도를 받아먹고,(9) 그의 충만을 받으며,(10) 그의 공로를 의지하고,(11) 그의 사랑을 기뻐하며,(12) 그의 은혜에 대하여 감사하고,(13) 하나님과의 언약과(14) 모든 성도들에(15) 대한 사랑을 새롭게 해야 한다.[217]

(1) 레 10:3; 히 12:28; 시 5:7; 고전 11:17, 26, 27 (2) 출 24:8; 마 26:28 (3) 고전 11:29 (4) 눅 22:19 (5) 고전 11:26, 10:3-5, 11, 14 (6) 고전 11:31 (7) 슥 12:10 (8) 계 22:17 (9) 요 6:35 (10) 요 1:16 (11) 빌 1:16 (12) 시 63:4, 5; 대하 30:21 (13) 시 22:26 (14) 렘 50:5; 시 50:5 (15) 행 2:42

Q 175. 성찬의 성례를 받은 후에 그리스도인들의 의무는 무엇인가?

답: 성찬의 성례를 받은 후에 그리스도인들의 의무는 그들이 성찬의 성례에서 어떻게 행동했으며, 어떤 열매를 거두었는지를 신중히 생각해야 한다.(1) 만일 그들이 소생함과 위로를 받았으면 하나님을 찬송하며,(2) 이 은혜의 계속됨을 간구하며,(3) 다시 이 은혜에서 떨어지지 않도록 주의하며,(4) 맹세한

---

217) 개혁주의 성찬론인 영적임재설은 성경의 가르침을 정확히 이해하고 믿음으로 참여할 때 그 혜택을 누릴 수 있다. 이 신비로운 성찬의 은혜를 맛보고 잘 간직하기 위해서는 174-175문에서 요구하는 다양한 의무들을 기억하며 반복적으로 훈련해야 한다.

것을 실천하며,(5) 이 예식에 자주 참여하도록 힘써야만 한다.(6) 그러나 그 당시에 아무런 혜택을 얻지 못했다면, 성례를 위한 준비와 거기에 임하는 자세를 더 정확히 검토해야 할 것이다.(7) 만일 그들이 두 가지에서 하나님 앞과 자신의 양심에 비추어 떳떳하다면, 적절한 때에 그 열매가 나타날 것을 믿고 기다려야 한다.(8) 만일 그들이 어느 편으로 보나 실패했음을 깨달았으면, 그들은 스스로 낮아져서(9) 차후에 더 많은 주의함과 부지런함으로 성찬의 성례에 임해야 한다.(10)[218]

(1) 시 28:7, 85:8; 고전 11:17, 30, 31 (2) 대하 30:21-26; 행 2:42, 46, 47 (3) 시 36:10; 아 3:4; 대상 29:18 (4) 고전 10:3-5, 12 (5) 시 50:14 (6) 고전 11:25, 26; 행 2:42, 46 (7) 아 5:1-6; 전 5:1-6 (8) 시 123:1, 2, 42:5, 8, 43:3-5 (9) 대하 30:18, 19; 사 1:16, 18 (10) 고7:11; 대상 15:12-14

Q 176. 세례와 성찬의 성례들은 어떠한 점에서 일치하는가?

답: 세례와 성찬의 성례들이 일치하는 것은 두 가지 모두 하나님께서 창시자이시며,(1) 둘의 영적 부분은 그리스도와 그의 혜택이며,(2) 둘 다 같은 언약의 인침이며,(3) 둘 다 복음의 교역자, 즉 목사에 의해 시행되고, 그 밖의 누구에 의해서도 시행될 수 없다는 것과(4) 주님께서 재림하실 때까지 그리스도의 교회에서 계속되어야 하는 것이다.(5)

(1) 마 28:19; 고전 11:23 (2) 롬 6:3,4; 고전 10:16 (3) 롬 4:11; 골 2:12; 마 26:27, 28 (4) 요 1:33; 마 28:19; 고전 4:1, 11:23; 히 5:4; (5) 마 28:19, 20; 고전 11:26

Q 177. 세례와 성찬의 성례들은 어떠한 점에서 다른가?

답: 세례와 성찬의 성례들이 다른 점은 세례는 우리의 중생과 그리스도께 접붙임이 되는 표시(sign)와 인침(seal)으로써 물을 가지고 단 한 번만 시행되

---

218) 성찬의 횟수는 성경에 정해져 있지 않다. 따라서 대요리문답도 '자주' 참석하라고만 권면한다. 보통 매주, 한 달이나 두 달에 한 번, 계절별로 1년에 4번 정도 나누기도 한다.

며,(1) 심지어는 어린아이에게까지도 동일하게 시행된다.(2) 하지만 성찬은 떡과 포도주라는 도구들을 가지고 자주 시행되며, 영혼의 신령한 양식이 되시는 그리스도를 표현하고 나타내며,(3) 우리가 그분 안에 계속하여 살고 자라감을 확증하는 것으로,(4) 오직 자신을 검토할 수 있는 연령에 이르고 또한 그런 능력에 도달한 사람들에게만 시행되는 점에서 다르다.(5)

(1) 마 3:11; 딛 3:5; 갈 3:27 (2) 창 17:7,9; 행 2:38, 39; 고전 7:14 (3) 고전 11:23-26 (4) 고전 10:16 (5) 고전 11:28, 29

Q 178. 기도란 무엇인가?

답: 기도는 그리스도의 이름으로(1) 성령의 도우심에 의해(2) 우리의 소원을 하나님께 올리는 것인데,(3) 우리 죄들을 자백함과(4) 그분의 긍휼을 감사하게 생각하면서 해야 한다.(5)

(1) 요 16:23 (2) 롬 8:26 (3) 시 62:8 (4) 시 32:5, 6; 단 9:4 (5) 빌 4:6

Q 179. 우리는 하나님께만 기도할 것인가?

답: 오직 하나님만이 마음을 감찰하시고,(1) 우리의 요구를 들으며,(2) 죄들을 용서하고,(3) 모든 사람의 소원을 이루어 주실 수 있으며,(4) 오직 그분만이 신앙과(5) 종교적 예배의 대상이 되실 수 있으므로(6) 그런 예배의 특별한 요소인 기도는(7) 모든 사람에 의해 오직 그에게만 올려야 하고,(8) 그 외에 아무에게도 기도해서는 안 된다.(9)

(1) 왕상 8:39; 행 1:24; 롬 8:27 (2) 시 65:2 (3) 미 7:18 (4) 시 145:18, 19 (5) 롬 10:14 (6) 마 4:10 (7) 고전 1:2 (8) 시 50:15 (9) 롬 10:14

Q 180. 그리스도의 이름으로 기도하는 것은 무엇인가?

답: 그리스도의 이름으로 기도하는 것은 그의 명령에 순종하고, 그의 약속들을 신뢰하는 가운데, 그의 공로로 긍휼을 간구하는 것이다.(1) 이것은 그의 이름을 단순히 말함으로 되는 것이 아니고,(2) 기도할 때 그리스도와 그

의 중보로부터 우리가 기도할 용기를 얻고, 담대함과 능력과 그리고 기도의 응답에 대한 소망을 얻음으로써 하는 것이다.(3)[219]

(1) 요 14:13, 14, 16:24; 단 9:17 (2) 마 7:21 (3) 히 4:14-16; 요일 5:13-15

Q 181. 우리는 왜 그리스도의 이름으로 기도해야 하는가?

답: 사람의 죄악성과 이로 인하여 하나님과 사람 사이에 생긴 거리가 심히 크기에 중보자 없이는 하나님 앞에 접근할 수 없다.(1) 오직 그리스도 한 분 밖에는 그 영광스러운 사역에 임명받았거나 그것에 적합한 자가 하늘이나 땅에 없으므로(2) 우리는 다른 어떤 이름이 아닌 오직 그분의 이름으로만 기도해야 한다.(3)

(1) 요 14:6; 사 59:2; 엡 3:12 (2) 요 6:27; 히 7:25-27; 딤전 2:5 (3) 골 3:17; 히 13:15

Q 182. 성령은 어떻게 우리의 기도를 도우시는가?

답: 우리가 마땅히 기도해야 할 것을 알지 못하기 때문에 성령은 우리가 누구를 위하여, 무엇을, 어떻게 기도할 것인지를 우리에게 깨닫게 하심으로 우리의 연약함을 도우신다. 성령은 비록 모든 사람에게나 어느 때든지 다 같은 분량 정도로 역사하시는 것은 아닐지라도, 기도의 의무를 바르게 이행하는 데 필요한 이해와 열정과 은혜를 우리 마음 가운데 일으키시고 소생시킴으로써 우리를 도와주신다.(1)

(1) 롬 8:26, 27; 시 10:17; 슥 12:10

Q 183. 우리는 누구를 위하여 기도해야 하는가?

답: 우리는 지상에 있는 그리스도의 전체 교회를 위하여,(1) 공직자들과(2)

---

219) 178문은 기도를 "우리의 소원을 하나님께 올리는 것"이라고 정의했다. 이 표현은 기복주의적 약속을 담보하는 것이 아니다. 오히려 기도는 하나님께서 그의 자녀들의 소원과 소망을 살펴주시며 자녀로서 누리는 은혜와 특권을 맛보게 해주심으로 하나님을 알아가게 하는 거룩한 초대다. 그래서 우리의 소원은 "그의 뜻대로 무엇을 구하면 들으심이라"(요일 5:14)는 말씀처럼 180문에서 "명령에 순종하고, 그의 약속들을 신뢰"하는 전제하에 이루어지는 소원들이어야 한다. 그 약속들은 '십계명'을 기본으로 한다. 따라서 개혁주의 성도들은 기도훈련에서 경건주의나 신비주의처럼 무작정 소리 지르는 기도가 아니라 십계명을 묵상하면서 기도하는 법을 배워야 한다.

목사들을 위하여,(3) 우리 자신과(4) 우리 형제들뿐만 아니라,(5) 원수들을 위해서,(6) 살아 있는(7) 혹은 장차 살아 있을 모든 종류의 사람들을 위하여 기도해야 한다.(8) 그러나 죽은 자들이나(9) 사망에 이르는 죄를 범한 것으로 알려져 있는 사람들을 위하여 기도해서는 안 된다.(10)[220]

(1) 엡 6:18; 시 28:9 (2) 딤전 2:1, 2 (3) 골 4:3 (4) 창 32:11 (5) 약 5:16 (6) 마 5:44 (7) 딤전 2:1,2 (8) 요 17:20; 삼하 7:29 (9) 삼하 12:21-23 (10) 요일 5:16

Q 184. 우리는 무엇을 위하여 기도해야 하는가?

답: 우리는 하나님께 영광을 돌릴 수 있는 모든 것과(1) 교회의 평화와(2) 우리 자신과(3) 다른 사람들의 유익을 위하여 기도해야 한다.(4) 하지만 무엇이든지 불법적인 것을 위해서는 기도하지 말아야 한다.(5)

(1) 마 6:9 (2) 시 51:18, 122:6 (3) 마 7:11 (4) 시 125:4 (5) 요일 5:14

Q 185. 우리는 어떻게 기도해야 하는가?

답: 우리는 하나님의 위엄에 대한 엄숙한 이해와(1) 우리 자신의 무가치함과(2) 빈궁함과(3) 죄들에 대한 깊은 의식과(4) 통회하며(5) 감사하는(6) 열린 마음과(7) 바른 이해,(8) 믿음,(9) 진실,(10) 열정,(11) 사랑과(12) 인내로(13) 하나님을 바라며,(14) 그의 뜻에 겸손히 복종함으로써 기도해야 한다.(15)

(1) 전 5:1 (2) 창 18:27, 32:10 (3) 눅 15:17-19 (4) 눅 18:13, 14 (5) 시 51:17 (6) 빌 4:6 (7) 삼상 1:15, 2:1 (8) 고전 14:15 (9) 막 11:24; 약 1:6 (10) 시 145:18, 17:1 (11) 약 5:16 (12) 딤전 2:8 (13) 엡 6:18 (14) 미 7:7 (15) 마 26:39

---

220) '사망에 이르는 죄'는 남용하면 안 된다. 이 죄는 일반적인 죄와 다른 특수하고 예외적인 죄들이다. 그래서 교리문답도 그 죄들이 무엇인지는 구체적으로 언급하지 않았다. 일반적으로 성화 속에서 발생하는 모든 죄들은 회개하면 용서받는다. 하지만 사망에 이르는 죄는 지속적이며, 의도적이면서도 기본적인 기독교의 의미를 알면서도 교회를 파괴하고자 하는 목적으로 아주 강퍅하게 짓는 죄들이다. 웨스트민스터 신조에서 25항에서 교황을 적그리스도 평가하여 이 죄를 적용하기도 했으나 아주 제한적인 정도였지, 일반 성도들을 향해서 함부로 확대하지 않았다.

Q 186. 하나님께서 기도의 의무에 관한 우리의 지침으로 주신 규칙은 무엇인가?

답: 하나님의 말씀 전체가 기도의 의무에 관한 지침으로 사용되지만,(1) 특별히 지시하신 기도규칙은 우리 구주 그리스도께서 자기 제자들에게 가르친 기도의 양식인데,(2) 보통 '주기도문'이라고 부른다.

(1) 요일 5:14 (2) 마 6:9-13; 눅 11:2-4

Q 187. 주기도문은 어떻게 사용해야 하는가?

답: 주기도문은 하나의 표본으로서 우리가 그것에 따라 다른 기도를 만드는 지침일 뿐만 아니라, 그 자체를 사용할 수도 있다. 따라서 주기도문은 이해, 믿음, 경외, 그리고 기도의 의무를 바르게 이행하는 데 필요한 다른 덕목들을 가지고 사용해야 한다.(1)

(1) 마 6:9; 눅 11:2

Q 188. 주기도문은 몇 부분으로 구성되어 있는가?

답: 주기도문은 세 부분으로 구성되어 있으니, 머리말과 간구와 결론이다.

Q 189. 주기도문의 머리말은 무엇을 가르치고 있는가?

답 "하늘에 계신 우리 아버지여"(1)라고 한 주기도문의 머리말이 가르치는 것은 우리가 기도할 때, 아버지 같은 그의 선하심에 대한 신뢰와 그것에 대한 우리의 관심과 경외심과 아이와 같은 모든 태도와(2) 신령한 열정과(3) 그리고 그의 주권적 능력, 위엄과 은혜로운 낮아지심에 대한 바른 이해를 가지고(4) 하나님께 가까이 나아가야 할 것을 가르치며,(5) 그리고 다른 사람들과 함께 또는 그들을 위하여 기도할 때에도 그와 동일하게 할 것을 가르친

다.(6)[221]

(1) 마 6:9 (2) 사 64:9 (3) 시 123:1; 애 3:41 (4) 사 63:15, 16; 느 1:4-6 (5) 눅 11:13 롬 8:15 (6) 행 12:5

Q 190. 첫째 간구에서 우리가 기도하는 것은 무엇인가?

답: "이름이 거룩히 여김을 받으시오며"(1)라는 첫째 간구에서 우리는 우리 자신들이나 모든 사람들이 하나님을 옳게 공경할 수 없을 정도로 전적으로 무능하고 부적당하다는 것을 인정하면서,(2) 하나님께서 그의 은혜로 하나님과(3) 그의 이름들,(4) 속성,(5) 규례들과 말씀,(6) 사역과 자기를 알리시기를 기뻐하시는 모든 수단을 우리가 알고, 인정하고, 높이 평가하도록 우리와 다른 사람들을 능력 있게 하시며, 자발적으로 행할 수 있게 해주시기를 기도한다.(7) 또한 우리의 생각과 말과(8) 행위에서(9) 하나님을 영화롭게 하며, 하나님이 무신론,(10) 무지,(11) 우상숭배,(12) 신성모독과(13) 그에게 모독되는 모든 일을 막고, 제거하시며,(14) 그의 주권적인 섭리로 그 자신의 영광을 위하여 모든 것을 지도하시고 처리하실 것을 기도한다.(15)[222]

(1) 마 6:9 (2) 고후 3:5 (3) 시 51:15, 67:2, 3 (4) 시 83:18 (5) 시 86:10-15 (6) 살후 3:1; 시 147:19, 20, 138:1-3; 고후 2:14, 15 (7) 시 145편 (8) 시 8편, 103:1, 19:14 (9) 빌 1:9, 11 (10) 시 67:1-4 (11) 엡 1:17, 18 (12) 시 97:7 (13) 시 74:18, 22, 23 (14) 왕하 19:15, 16 (15) 대하 20:6, 10-12; 시 83편, 140:4, 8

---

221) 주기도문 머리말에서도 개혁주의가 이해하는 신관이 전제된다. 개혁주의는 루터파처럼 단순히 이신칭의만을 강조하여 하나님을 구원자로만 제한하지 않고, '하늘에 계신'을 먼저 고백하여 주권적인 능력과 위엄을 가지신 창조주 하나님을 소개한다. 이와 함께 '우리 아버지'라고 하여 우리의 구원주 하나님도 고백한다. 앞서 성경론에서 소개한 것처럼 주기도문에서도 창조주와 구속주로 균형을 갖춘다.

222) 주기도문의 첫째 기도 원리는 개혁파 신본주의 신관의 연속이다. 종교개혁의 핵심고백인 '오직 하나님께 영광'이라는 주제가 주기도문에서는 "이름이 거룩히 여김을 받으시오며"라는 고백 속에 담긴다. 즉, "하나님을 영화롭게 하며"라는 설명에 나오듯 우리의 전 삶의 목적은 오직 하나님을 높이고 영화롭게 하는 것이기에 이것을 첫째 기도 제목으로 삼았다.

Q 191. 둘째 간구에서 우리가 기도하는 것은 무엇인가?

답: "나라가 임하시오며"(1)라는 둘째 간구에서 우리는 우리 자신들과 모든 인류가 본질상 죄와 사단의 지배 아래에 있음을 인정하면서,(2) 우리는 죄와 사단의 나라가 파멸되고,(3) 복음이 전 세계를 통하여 전파되고,(4) 유대인들이 부르심을 받고,(5) 이방 사람들의 충만한 수가 들어오기를 기도한다.(6) 또한 교회가 모든 복음의 사역자들과 규례들을 갖추고,(7) 부패로부터 정화되고,(8) 국가 공직자의 칭찬과 지지를 받도록 기도하고,(9) 그리스도의 규례들이 순수하게 시행되고, 아직 죄 가운데 있는 자들의 회심과 그리고 이미 회심된 자들의 확립, 위안, 양육이 효력 있게 되기를 기도한다.(10) 그리고 그리스도가 이 세상에서 우리의 마음을 주관하시고,(11) 속히 재림해 주셔서 우리가 그로 더불어 영원히 왕 노릇할 수 있도록 서둘러 주시기를 기도하며,(12) 아울러 이 목적들을 가장 잘 이루기 위해서 그리스도께서 자기 나라의 권세를 온 세계에서 기쁘신 뜻대로 역사하시기를 기도한다.(13)[223]

(1) 마 6:10 (2) 엡 2:2, 3 (3) 시 67:1, 18; 계 12:9-11 (4) 살후 3:1 (5) 롬 10:1 (6) 요 17:9, 20; 롬 11:25, 26; 시 67편 (7) 마 9:38; 살후 3:1; (8) 말 1:11; 습 3:9 (9) 딤전 2:1, 2 (10) 행 4:29, 30; 엡 6:18-20; 롬 15:28-32; 살후 1:11, 2:16, 17 (11) 엡 3:14-19 (12) 계 22:20 (13) 사 64:1, 2; 계 4:8-11

Q 192. 셋째 간구에서 우리가 기도하는 것은 무엇인가?

답: "뜻이 하늘에서 이루어진 것같이 땅에서도 이루어지이다"(1)라는 셋째 간구에서 우리는 본질상 우리와 모든 사람들이 하나님의 뜻을 알며 행하는 데 전적으로 무능하고 원하지도 않을 뿐만 아니라,(2) 그의 말씀에 대항하여

---

223) 하나님 나라에 대한 정의에 주의해야 한다. 하나님 나라는 신비체험을 강조하는 것도 아니요, 인권이나 정의를 확립하는 정치적·사회적 나라도 아니고, 유대 영토를 회복하는 민족적 국가적 나라도 아니다. 특히 유대인들도 혈통적으로가 아니라 복음으로 구원받아야 하나님 나라의 구성원이 된다고 밝힌다. 성경적 하나님 나라는 장차 그리스도의 재림을 통하여 완성된다. 하지만 이 땅에서는 교회의 설립, 확장, 부흥을 통해서 세워지는 것으로 교리문답은 정의했다.

반역하며,(3) 그의 섭리에 원망하고 불평하며,(4) 육신과 마귀의 뜻을 행하기에 전적으로 기울어진다는 것을 먼저 인정한다.(5)

따라서 우리는 하나님이 그의 성령으로 우리 자신들과 다른 사람들에게서 모든 무분별함,(6) 연약함,(7) 완고함과(8) 사악함을 제거하시어,(9) 그의 은혜로 우리로 하여금 하늘에서 천사들이 하는 것처럼(10) 동일한 겸손,(11) 기쁨,(12) 신실함,(13) 근면,(14) 열심,(15) 성실,(16) 꾸준함(17)을 가지고, 범사에 하나님의 뜻을 알고 행하며 복종하는 것을 즐겨할 수 있게 해주시기를 기도한다.(18)[224]

(1) 마 6:10 (2) 롬 7:18; 욥 21:14; 고전 2:14 (3) 롬 8:7 (4) 출 17:7; 민 14:2 (5) 엡 2:2 (6) 엡 1:17, 18 (7) 엡 3:16 (8) 마 26:40, 41 (9) 렘 31:18, 19 (10) 사 6:2, 3; 시 103:20, 21; 마 18:10 (11) 미6:8 (12) 시 100:2 (13) 사 38:3 (14) 시 119:4, 5 (15) 롬 12:11 (16) 시 119:80 (17) 시 119:112 (18) 시 119:1, 8, 35, 36; 행 21:14

Q 193. 넷째 간구에서 우리가 기도하는 것은 무엇인가?

답: "오늘 우리에게 일용할 양식을 주시옵고"(1)라는 넷째 간구에서 우리는 아담 안에서와 우리 자신의 죄로 말미암아 이 세상의 모든 외적인 복을 누릴 권리를 상실하였으므로 하나님께서 그것들을 전적으로 박탈하시는 것이 마땅하고, 우리가 이것을 사용할 때에 우리에게 저주가 되는 것도 마땅하다는 것과(2) 그 복들 자체가 우리를 유지할 수도 없고,(3) 우리가 그것들을 받을 공로도 없으며,(4) 우리들 자신의 노력으로 획득할 수도 없고,(5) 오히려 불법적으로 그것들을 구하며(6) 획득하고(7) 사용하려는 경향이 있다는 것을 인정한다.(8)

따라서 우리는 우리 자신과 다른 사람들을 위해서 기도하되, 그들과 우리가

---

224) 셋째 간구에서 '뜻이 하늘에서'라고 할 때 하늘은 "하늘에서 천사들이 하는 것처럼"라는 설명에서 보듯이 천사를 의미한다. 즉, 천사들처럼 하나님의 말씀에 온전히 순종하는 자들이 될 수 있도록 기도해야 한다는 의미다. 그리고 그 뜻은 성경을 말하는 것이기에 셋째 기도는 종교개혁의 '오직 성경'이라는 표어처럼 우리의 신앙과 삶 전체가 오직 성경을 통해서, 성경과 함께 세워지도록 기도하는 것이다.

다 합법적 수단들, 즉 하나님이 거저 주시는 선물을 사용함에 있어서 매일 하나님의 부성적인 지혜에 가장 적합하게 하나님의 섭리가 이루어지기를 기다리면서, 그 복들의 합당한 몫을 받아 누리기를 기도한다.(9) 그리고 그와 동일한 섭리가 우리가 그 선물들을 거룩하고 편리하게 사용하면서,(10) 그것들로 만족을 누릴 때에(11)그것들을 계속하여 복되게 주시고, 우리의 현세적 유지와 위로에 반대되는 모든 것에서 우리를 지켜 주시도록 기도한다.(12)[225]

(1) 마 6:11 (2) 창 2:17, 3:17; 롬 8:20-22; 렘 5:25 (3) 신 28:15-17, 8:3 (4) 창 32:10 (5) 신8:17, 18 (6) 렘 6:13; 막 7:21, 22 (7) 호 12:7 (8) 약 4:3 (9) 창 43:12-14, 28:20; 엡 4:28; 살후 3:11, 12; 빌 4:6 (10) 딤전 4:3-8 (11) 딤전 6:6-8 (12) 잠 30:8, 9

Q 194. 다섯째 간구에서 우리가 기도하는 것은 무엇인가?

답: "우리가 우리에게 죄 지은 자를 사하여 준 것같이 우리 죄를 사하여 주시옵고"(1)라는 다섯째 간구에서 우리는 우리와 다른 모든 사람들이 원죄와 자범죄를 지어 하나님의 공의에 빚진 자가 되었다는 것과 우리나 다른 아무 피조물이라도 그 빚을 조금도 갚을 수 없다는 사실을 인정한다.(2)

따라서 우리는 우리 자신과 다른 사람들을 위하여 기도하는데, 하나님께서 거저 주시는 은혜로 믿음에 의하여 이해되고 적용되는 그리스도의 순종과 대속을 통하여 우리를 죄책과 죄의 형벌에서 사면하시고,(3) 그의 사랑하시는 자 안에서 우리를 받아 주시기를 기도한다.(4) 또한 우리는 그의 은총과 은혜를 우리에게 계속 주시며,(5) 우리가 날마다 범하는 죄들을 용서하시고,(6) 사죄의 확신을 매일 더욱더 주심으로써 우리를 화평과 기쁨으로 채우시기를 기도한다.(7) 이 사죄는 우리가 다른 사람의 죄를 진심으로 용서한다

---

225) 넷째 간구는 성도의 생활과 의식주, 문화와 관련된 기도제목이다. 이 주제와 관련해서 교리문답은 의식주는 "거저 주시는 선물"이라고 고백하여 의식주 자체를 죄악시하지 않고 '일반은총'으로 소개했다. 역사 속에서 의식주를 더럽고 악한 것으로 취급한 금욕주의가 있었고, 반대로 의식주가 구원과 복의 본질인 것처럼 주장하는 기복주의, 번영주의의 양극단이 있었다.

는 증거가 우리에게 있을 때, 우리는 더 담대히 구할 수 있고 더 용기를 가지고 기대할 수 있게 된다.(8)[226]

(1) 마 6:12 (2) 롬 3:9-22 마 18:24, 25; 시 130:3, 4 (3) 롬 3:24-26; 히 9:22 (4) 엡 1:6, 7 (5) 벧후 1:2 (6) 호 14:2; 렘 14:7 (7) 롬 15:13; 시 51:7-12 (8) 눅 11:4; 마 6:14, 15, 18:35

Q 195. 여섯째 간구에서 우리가 기도하는 것은 무엇인가?

답: "우리를 시험에 들게 하지 마시옵고, 다만 악에서 구하옵소서"(1)라는 여섯째 간구에서 우리는 가장 지혜로우시고, 의로우시며, 은혜로우신 하나님께서 여러 가지 거룩하고 의로운 목적을 위하여 우리가 시험에 들고, 실패하고, 잠시 동안 사로잡히고, 또한 사단과(2) 세상과(3) 육신이 강력하게 우리를 곁길로 이끌어 함정에 빠뜨리게 하는 것에(4) 섭리하신다는 사실을 인정한다.(5) 우리는 심지어 죄 사함을 받은 후에도 우리의 부패성과(6) 연약함과 부주의함으로(7) 시험에 빠지기도 하고, 더 나아가 우리 자신들을 시험에 내어줄 뿐만 아니라,(8) 우리들 스스로가 그것들에 저항하거나 그것들에서 회복되어 나오거나 또 그것들을 활용하지도 못하고, 원하지도 아니하며,(9) 그런 권세 밑에 버림받아 마땅하다는 것을 인정한다.10)

따라서 우리는 하나님이 세상과 그 안에 있는 모든 것을 통치하고,(11) 육신을 복종시키고,(12) 사단을 제어하며,(13) 만물을 섭리하고,(14) 모든 은혜의 수단들을 베풀고, 그것들에 복을 주며,(15) 우리가 그것들을 사용할 때 우리 안에 경각심을 일깨워 주셔서 우리와 그의 모든 백성이 하나님의 섭리로 죄의 시험에 빠지지 않게 지켜 주시기를 기도한다.(16) 만일 우리가 시험을 받

---

226) 다섯째 기도는 회개를 통한 성화의 삶을 촉구한다. 따라서 "우리가 우리에게 죄 지은 자를 사하여 준 것같이 우리 죄를 사하여 주시옵고"라는 표현은 로마 가톨릭처럼 칭의와 용서의 원인이나 근거로 해석하면 안 된다. 오히려 교리문답이 "용서한다는 증거가 우리에게 있을 때"라고 고백하듯이 칭의와 용서의 증거, 열매로 해석해야 한다. 즉, 우리가 이웃의 죄를 용서했기 때문에 용서받을 수 있는 것이 아니라 이웃의 죄를 용서하면 할수록 하나님의 은혜를 받았다는 사실과 증거를 더욱 확인하게 되고, 그 결과 더 성화에 열심을 낼 수 있다.

으면, 우리를 그의 영으로 강력히 붙드심으로 시험 당할 때에 든든히 설 수 있게 하시며,(17) 넘어질 때도 다시 일으킴을 받아 회복됨으로(18) 시험 당함이 도리어 성화의 방편으로 활용될 수 있게 하시며,(19) 우리의 성화와 구원을 완성하고,(20) 사단이 우리 발밑에 짓밟히게 되고,(21) 우리가 죄와 시험과 모든 악에서 영원토록 완전히 해방되기를 기도한다.(22)[227]

(1) 마 6:13 (2) 대상 21:1 (3) 눅 21:34; 막 4:19 (4) 약 1:14 (5) 대하 32:31 (6) 갈 5:17 (7) 마 26:41 (8) 마 26:69-72; 갈 2:11-14; 대하 18:3, 19:2 (9) 롬 7:23, 24, 대상 21:1-4, 대하 16:7-10 (10) 시 81:11, 12 (11) 요 17:15, (12) 시 51:10; 119:133 (13) 고후 12:7, 8 (14) 고전 10:12, 13 (15) 히 13:20, 21 (16) 마 26:41; 시 19:13 (17) 엡 3:14-17, 살전 3:13; 유 1:24 (18) 시 51:12 (19) 벧전 5:8-10 (20) 고후 13:7, 9 (21) 롬 16:20; 슥 3:2; 눅 22:31, 32 (22) 요 17:15; 살전 5:23

Q 196. 주기도문의 결론이 우리에게 가르치는 것은 무엇인가?

답: "나라와 권세와 영광이 아버지께 영원히 있사옵나이다"(1)라는 주기도문의 결론은 우리는 우리 자신이나 다른 어떤 피조물 안에 있는 어떤 가치로부터 취한 것이 아니고,(2) 오직 하나님께서 주신 약속만 의지하여 우리의 간구들을 간청할 것이며,(3) 오직 하나님께만 영원한 주권과 전능과 영화로운 탁월성을 돌리는(4) 찬송이 담긴 기도로(5) 간청할 것을 우리에게 가르친다. 그리고 이런 주권과 전능과 위엄으로 인해 하나님이 우리를 도우실 수 있고, 또 돕고자 하시기 때문에,(6) 우리는 우리의 요청들을 이루어 주실 것을 믿음으로 담대히 호소하며,(7) 하나님이 우리의 기도제목들을 이루어 주시도록 고요히 그만을 신뢰할 수 있다.(8) 그뿐만 아니라 이것이 우리의 소

---

227) 여섯째 간구는 섭리 속에서 살아가는 성화적 삶의 성장을 위한 기도다. 성도의 삶은 "우리를 곁길로 이끌어 함정에 빠뜨리게 하는 것에 섭리하신다는 사실을 인정한다."라는 고백처럼 하나님의 특별한 섭리 안에서 살아감을 제시한다. 우리 자신의 잘못 때문에 일어나는 일까지 포함하여 모든 일들이 "성화의 방편으로 활용"된다는 사실을 깨우친다. 즉, 성도의 삶은 자신만을 위한 삶이 아니라 신적 작정과 섭리의 주권적 역사 속에서 다스려져 가는 청지기적 성화의 삶이다.

원이며 확신임을 증언하기 위하여 우리는 "아멘" 하는 것이다.(9)

(1) 마 6:13 (2) 단 9:4, 7-9, 16-19 (3) 롬 15:30 (4) 대상 29:10-13 (5) 빌 4:6 (6) 엡 3:20, 21; 눅 11:13 (7) 대하 20:6, 11 (8) 대하 14:11 (9) 고전 14:16; 계 22:20, 21

3

웨스트민스터 소요리문답

Q 1. 사람의 제일 되는 목적은 무엇입니까?

답: 사람의 제일 되는 목적은 하나님을 영화롭게 하는 것과 영원토록 그를 즐거워하는 것입니다.[228]

고전 10:31; 롬 11:36; 시 73:25-28

Q 2. 하나님을 영화롭게 하고 즐거워하도록 하나님이 우리에게 주신 규칙은 무엇입니까?

답: 하나님을 영화롭게 하고 즐거워하도록 가르치는 유일한 규칙은 신약과 구약 성경에 기록된 하나님의 말씀입니다.[229]

딤후 3:16; 엡 2:20; 요일 1:3, 4

Q 3. 성경이 제일 중요하게 가르치는 것은 무엇입니까?

답: 성경이 제일 중요하게 가르치는 것은 하나님께 대한 신앙과 하나님이 인간에게 요구하는 의무입니다.

딤후 1:13, 3:16

---

228) 소요리문답 1문은 개혁파 신학의 신본주의, 하나님 중심 신앙을 가장 잘 요약해 주는 문장이다. 창조주와 구속주로 하나님을 바라보며 신적작정과 섭리 역사를 토대로 성경 전체를 바라본다. 특히 "이는 만물이 주에게서 나오고 주로 말미암고 주에게로 돌아감이라 영광이 그에게 세세에 있으리로다 아멘"(롬 11:36)이라는 말씀은 이 모든 신앙관에 중심이다. 루터파는 이신칭의의 강조 때문에 로마서 전체를 1장 17절 "믿음으로 구원"에 초점을 맞추지만 개혁파는 구원을 넘어서 '하나님의 영광'이라는 주제에 초점을 맞추기 때문에 11장 36절을 더 강조한다.

229) '유일한 규칙'이란 성경 외의 그 어떤 계시적 행위도 금지시키기 위한 제한적 표현이다.

Q 4. 하나님은 어떤 분이십니까?

답: 하나님은 영이시며, 그의 존재와 지혜와 능력과 거룩과 공의와 선함과 진실은 끝이 없고, 영원하며, 변함이 없습니다.[230]

요 4:24; 욥 11:7-9; 시 90:2; 약 1:17; 출 3:14; 시 147:5; 계 4:8, 15:4; 출 34:6, 7

Q 5. 하나님 한 분 외에 다른 신들이 있습니까?

답: 살아 계시고 참되신 하나님은 오직 한 분이십니다.[231]

신 6:4; 렘 10:10

Q 6. 하나님의 신성 안에 몇 위(位)가 계십니까?

답: 하나님의 신성 안에 삼위(三位)가 계시니, 곧 성부와 성자와 성령이십니다. 이 삼위는 한 하나님이시며, 본체가 동일하고, 능력과 영광은 동등하십니다.[232]

요일 5:7(KJV); 마 28:19

Q 7. 하나님의 작정은 무엇입니까?

답: 하나님의 작정은 그 뜻의 결정에 따른 영원한 목적인데, 이것으로 하나님은 자신의 영광을 위하여 일어날 모든 일을 미리 정하셨습니다.[233]

---

230) 4문은 성경 전체에서 나타나는 하나님의 속성을 '1:3:7' 형태로 간략하게 소개한다. 즉, 하나님의 스스로 자존하시는 절대주권자이다. 그분은 무한, 불변, 영원이라는 3가지 절대적 속성과 7가지의 인격적인 속성들을 가지고 계시다.

231) 신론의 핵심은 하나님이 누구신가를 가르치는 '존재론'과 하나님은 어떤 일을 하시는가를 가르치는 '사역론'이다. 존재론에는 속성과 삼위일체를 소개하고, 사역론에서는 작정과 섭리를 소개한다.

232) 삼위일체 고백의 핵심은 3가지다. 각 위격의 고유성을 가지신 구별된 삼위가 계시다는 것과 그럼에도 각 위격은 등급의 차이가 없고 '동등'하시며, '동일본체'이시다. '한 분'(one) 하나님은 수에 있어서도 '1'을 의미하며 신성의 단일성에 있어서도 '동일한'(same) 본질이시다.

233) 개혁파 신학은 작정과 섭리를 중심으로 인간의 구원과 창조 역사 전체를 살피는 하나님 중심적 신학체계다. 그래서 소요리문답은 하이델베르크 요리문답이 '인간의 위로'를 우선적으로 언급하는 것과 달리 신적작정과 섭리를 전

엡 1:4, 11; 롬 9:22, 23

Q 8. 하나님께서 자신의 작정을 어떻게 이루십니까?

답: 하나님께서 자신의 작정을 창조와 섭리로 이루십니다.[234]

Q 9. 창조는 무엇입니까?

답: 창조는 하나님이 6일 동안 능력의 말씀으로 아무것도 없는 데서 모든 것을 지으신 것인데, 이 모든 것이 매우 좋았습니다.

창 1장; 히 11:3

Q 10. 하나님께서는 사람을 어떻게 창조하셨습니까?

답: 하나님께서는 사람을 남자와 여자로 창조하시되, 자신의 형상대로 지식과 의와 거룩함이 있게 지으사 다른 피조물들을 다스리게 하셨습니다.

창 1:26–28; 골 3:10; 엡 4:24

Q 11. 하나님의 섭리는 무엇입니까?

답: 하나님의 섭리는 자신의 모든 창조물과 그들의 모든 행동을 가장 거룩하고, 지혜롭고, 능력 있게 보존하시며 다스리시는 일입니다.

시 145:17, 104:24; 사 28:29; 히 1:3; 시 103:19; 마 10:29–31

Q 12. 하나님께서 사람을 창조하고 사람에게 특별히 섭리하신 것은 무엇입니까?

답: 하나님께서 사람을 창조한 후, 사람과 언약을 맺어 완전한 순종을 하면

면에 배치했다.

234) 개혁파는 인간의 구원만을 강조하는 '구속사 중심'의 신앙관이 아니라 '구속사'와 '일반역사' 전체를 하나님의 작정 안에서 살피는 '섭리사'적 신앙관이다.

영생을 주고, 선악과를 먹으면 죽음의 벌을 내린다고 말씀하셨습니다.

갈 3:12; 창 2:17

Q 13. 우리의 첫 조상은 창조된 상태로 계속 살았습니까?

답: 우리의 첫 조상은 자유의지를 가지고 하나님께 죄를 범하므로 창조된 상태에서 타락했습니다.

창 3:6–8, 13; 전 7:29

Q 14. 죄는 무엇입니까?

답: 죄는 하나님의 법을 순종함에 부족한 것이나 어기는 것입니다.[235]

요일 3:4

Q 15. 우리의 첫 조상이 창조된 상태에서 타락하게 된 죄는 무엇입니까?

답: 우리의 첫 조상이 창조된 상태에서 타락하게 된 죄는 금지된 열매를 먹은 것입니다.

창 3:6, 12

Q 16. 모든 인류는 아담의 첫 범죄로 타락했습니까?

답: 아담과 맺은 언약은 아담만이 아니라, 그의 후손과도 맺은 것이므로 보통의 출생방법으로 태어난 모든 인류는 아담이 처음 범죄할 때 아담 안에서 범죄하였고, 그와 함께 타락했습니다.[236]

창 2:16–17; 롬 5:12; 고전 15:21, 22

---

235) 죄는 물질적인 것도 아니며, 단순한 선의 결핍도 아니며, 상대적인 도덕적 자책도 아니며, 하나님의 법을 거역한 도덕적이며 인격적인 범죄다. "죄를 짓는 자마다 불법을 행하나니 죄는 불법이라"(요일 3:4).

236) 개혁파의 죄론은 아담의 언약적 대표론에 기초하여 '아담 안에서', '아담과 함께'라고 표현한다. 모든 후손에 대한 죄의 전가도 바로 이 대표론에 기초한다. "이러므로 한 사람으로 말미암아 죄가 세상에 들어오고 죄로 말미암아 사망이 왔나니 이와 같이 모든 사람이 죄를 지었으므로 사망이 모든 사람에게 이르렀느니라"(롬 5:12).

Q 17. 아담의 타락은 인류를 어떤 상태로 빠뜨렸습니까?

답: 아담의 타락은 인류를 죄와 비참한 상태에 빠뜨렸습니다.

롬 5:12

Q 18. 타락한 상태에서 죄는 어떤 것들이 있습니까?

답: 타락한 상태에서 죄는 원죄와 자범죄입니다. 원죄는 아담의 첫 범죄에 대한 책임과 원래의 의로움이 없는 것과 온 성품이 부패한 것이며, 자범죄는 원죄로부터 나오는 모든 실제적인 죄들입니다.[237]

롬 5:10-20; 엡 2:1-3; 약 1:14, 15; 마 15:19

Q 19. 타락한 인간의 비참은 무엇입니까?

답: 모든 인류는 타락으로 하나님과의 교제를 잃었고, 하나님의 진노와 저주 아래 빠졌으며, 그 결과 이 세상에서 비참하게 살다가 죽고, 지옥에서 영원히 고통을 받게 되었습니다.

창 3:8, 10, 24; 엡 2:2-3; 갈 3:10; 애 3:39; 롬 6:23; 마 25:41, 46

Q 20. 하나님께서는 모든 인류를 죄와 비참한 상태에서 멸망하도록 버려두셨습니까?

답: 하나님께서는 자신의 기쁘신 뜻을 따라 영원부터 어떤 사람들을 영생하도록 선택하셨으며, 구원자를 통해 선택한 자들을 죄와 비참에서 건져내어 구원에 이르게 하려고 은혜언약을 맺으셨습니다.[238]

---

237) 죄는 원죄와 자범죄로 나눠진다. 원죄는 죄책과 오염으로 구성됐다. 원죄는 아담의 첫 범죄이며, 이 죄는 전가(轉嫁) 형태로 후손에게 전달된다.

238) 신앙고백서는 3장 6항 "택함을 받은 사람들이 아담 안에서 타락하였고"라고 소개하면서 6장 죄론보다 앞서 예정론을 3장에서 소개한다. 하지만 교리문답은 14문 죄론 이후에 20문에서 예정론을 소개한다. 타락전 선택론과 타락후 선택론이 절묘하게 조화를 이루는 방식이다.

엡 1:4; 롬 3:20-22; 갈 3:21, 22

Q 21. 하나님께서 선택하신 자들의 구원자는 누구십니까?

답: 하나님께서 선택하신 자들의 유일한 구원자는 주 예수 그리스도이십니다. 그는 하나님의 영원한 아들로서 사람이 되셨고, 한 인격 안에 구별된 두 본성을 가졌으며, 과거나 지금이나 계속해서 영원토록 하나님이요 사람이십니다.[239]

딤전 2:5, 6; 요 1:14; 갈 4:4; 롬 9:5; 눅 1:35; 골 2:9; 히 7:24, 25

Q 22. 하나님의 아들인 그리스도께서는 어떻게 사람이 되셨습니까?

답: 하나님의 아들인 그리스도께서는 참된 몸과 이성 있는 영혼을 가지고 사람이 되셨으니, 성령의 능력으로 동정녀 마리아에게 잉태되어 탄생하셨으나 죄는 없으십니다.[240]

히 2:14, 16, 10:5, 마 26:38; 눅 1:31, 35, 42; 갈 4:4; 히 4:15, 7:26

Q 23. 그리스도께서는 우리의 구원자로서 어떤 직무를 행하십니까?

답: 그리스도께서는 우리의 구원자로서 낮아지고 높아지신 두 상태에서 선지자와 제사장과 왕의 직무를 행하십니다.[241]

행 3:21, 22; 히 12:25; 고후 13:3; 히 5:5-7, 7:25; 시 2:6; 사 9:6, 7; 마 21:5; 시 2:8-11

---

239) 한 인격에 구별된 두 본성(신성과 인성)을 가지신 예수님은 '이성일인격'이란 교리용어로 표현된다.

240) 예수님의 인성은 우리와 동일한 몸과 영혼을 가지신 참된 인성이다. 하지만 죄의 유혹이나 갈등이나 행함을 가지지 않으시는 인성이다. "우리에게 있는 대제사장은 우리 연약함을 체휼하지 아니하는 자가 아니요 모든 일에 우리와 한결같이 시험을 받은 자로되 죄는 없으시니라"(히 4:15).

241) 예수님에 대한 핵심 교리는 존재론에서 '이성일인격'이시며, 사역론에서 선지자, 제사장, 왕의 직무를 낮아지신 '비하'(卑下)와 높아지신 '승귀'(承貴)의 상태에서 중보자로서 일하시는 내용이다.

Q 24. 그리스도께서는 선지자의 직무를 어떻게 행하십니까?

답: 그리스도께서는 우리를 구원하시려는 하나님의 뜻을 말씀과 성령으로 우리에게 나타내어 선지자의 직무를 행하십니다.

요 1:18; 벧전 1:10-12; 요 15:15, 20:31

Q 25. 그리스도께서는 제사장의 직무를 어떻게 행하십니까?

답: 그리스도께서는 우리를 위해 단번에 자신을 희생제물로 드려, 하나님의 공의를 만족시키고, 우리를 하나님과 화목케 하시며, 항상 간구하심으로 제사장의 직무를 행하십니다.[242]

히 9:14, 28, 2:17; 7:24, 25

Q 26. 그리스도께서는 왕의 직무를 어떻게 행하십니까?

답: 그리스도께서는 우리를 자신에게 복종케 하고, 다스리고, 보호하며, 그분과 우리의 모든 적들을 억제하고 정복함으로 왕의 직무를 행하십니다.

행 15:14-16; 사 33:22, 32:1, 2; 고전 15:25; 시 110편

Q 27. 그리스도께서는 어떻게 낮아지셨습니까?

답: 그리스도께서는 비천한 환경에서 태어나시어,[243] 율법에 복종하고, 인생의 비참함과 하나님의 진노와 십자가에서 저주의 죽음을 당하시고, 무덤에 묻히어 잠시 동안 죽음의 세력 아래 계심으로 낮아지셨습니다.[244]

---

242) 예수님의 죽으심은 '형벌 대속적 죽음'이며, 택한 자들만을 위한 '제한속죄'적 죽음이다.

243) 예수님의 낮아지심은 신성을 포기하거나 버리는 방식이 아니고 신성의 본질은 여전히 가지고 계심에도 중보사역 때문에 그 외적인 영광스러움을 잠시 낮추신 것이다. "그는 근본 하나님의 본체시나 하나님과 동등됨을 취할 것으로 여기지 아니하시고, 오히려 자기를 비어 종의 형체를 가져 사람들과 같이 되었고, 사람의 모양으로 나타나셨으매 자기를 낮추시고 죽기까지 복종하셨으니 곧 십자가에 죽으심이라"(빌 2:6-8).

244) 사도신경에 "지옥에 내려가셨고"라는 '지옥강하' 표현이 소요리문답에서는 "잠시 동안 죽음의 세력 아래 계심으로"라고 표현됐다. 개혁파의 지옥강하교리는 "하나님께서 사망의 고통을 풀어 살리셨으니 이는 그가 사망에게 매

눅 2:7; 갈 4:4; 히 12:2, 3; 사 53:2, 3; 눅 22:44; 마 27:46; 빌 2:8; 고전 15:3, 4; 행 2:24-27, 31

Q 28. 그리스도께서는 어떻게 높아지셨습니까?

답: 그리스도께서는 3일 만에 죽은 자 가운데서 부활하시고, 하늘에 오르사, 하나님 우편에 앉으시며, 마지막 날에 세상을 심판하기 위해 다시 오심으로 높아지셨습니다.

고전 15:4; 막 16:19; 엡 1:20; 행 1:11, 17:31

Q 29. 우리는 그리스도께서 값을 주고 사신 구원에 어떻게 참여합니까?

답: 그리스도께서 값을 주고 사신 구원에 참여할 수 있는 것은 성령이 우리에게 구원을 효력 있게 적용하시기 때문입니다.[245]

요 1:11, 12; 딛 3:5, 6

Q 30. 성령은 그리스도께서 값을 주고 사신 구원을 우리에게 어떻게 적용하십니까?

답: 성령은 효력 있는 부르심으로 우리 안에 믿음을 주시고, 그 믿음으로 우리를 그리스도와 연합시켜서 그리스도께서 값을 주고 사신 구원을 우리에게 적용하십니다.

엡 1:13, 14; 요 6:37, 39; 엡 2:8, 3:17; 고전 1:9

여 있을 수 없음이라"(행 2:24)는 말씀에 기초하여 상징적 의미로 해석한다. 즉, 인간의 죄 때문에 지옥과 같은 고통을 맛보셨다는 의미이다.

245) 개혁파의 구원론은 성령의 효력적 역사를 강조하는 '성령론'이다. "우리를 구원하시되 우리의 행한바 의로운 행위로 말미암지 아니하고 오직 그의 긍휼하심을 좇아 중생의 씻음과 성령의 새롭게 하심으로 하셨나니"(딛 3:5).

Q 31. 효력 있는 부르심은 무엇입니까?

답: 효력 있는 부르심은 성령 하나님께서 하시는 일입니다. 성령은 우리의 죄와 비참을 깨닫게 하며, 우리의 마음을 밝혀 그리스도를 알게 하고, 우리의 의지를 새롭게 하고, 복음 안에서 값없이 주신 예수 그리스도를 영접하도록 우리를 설득하시고 능력 있게 이끄십니다.[246]

딤후 1:9; 살후 2:13, 14; 행 2:37, 26:18; 겔 36:26, 27; 요 6:44, 45; 빌 2:13

Q 32. 효력 있는 부르심을 받은 자들은 이 세상에서 어떤 유익을 얻습니까?

답: 효력 있는 부르심을 받은 자들은 이 세상에서 칭의와 양자와 성화를 얻고, 이것들과 함께 받거나 또는 거기서 나오는 여러 유익을 얻습니다.[247]

롬 8:30; 엡 1:5; 고전 1:30

Q 33. 칭의는 무엇입니까?

답: 칭의는 하나님의 값없는 은혜인데, 이것으로 하나님은 우리의 모든 죄를 용서해 주시며, 그분 앞에서 우리를 의롭게 여겨 받아 주십니다. 이는 오직 그리스도의 의를 우리의 것으로 돌려주시기 때문이며, 우리는 오직 믿음으로 받습니다.[248]

롬 3:24, 25, 4:6, 7; 고후 5:19, 21; 롬 5:17-19, 갈 2:16; 빌 3:9

---

246) 성령의 효력 있는 역사는 오순절파식의 체험 위주의 신앙이 아니라 성경의 교리를 믿는 믿음에서 나온다. 그래서 소요리문답은 '깨닫게 하며', '마음을 밝혀', '알게 하고', '의지를 새롭게 하고', '설득하시고 능력 있게 이끄신다'라는 표현을 거듭 반복한다.

247) 신앙의 본질은 신비체험이나 부귀영화가 아니라 "또 미리 정하신 그들을 또한 부르시고 부르신 그들을 또한 의롭다 하시고 의롭다 하신 그들을 또한 영화롭게 하셨느니라"(롬 8:30)는 말씀처럼 칭의, 양자, 성화는 구원의 은총에 있다.

248) 칭의는 법정적·단회적·확정적 칭의며 전적인 은혜에 기초한다. "사람이 의롭게 되는 것은 율법의 행위에서 난 것이 아니요 오직 예수 그리스도를 믿음으로 말미암는 줄 아는 고로 우리도 그리스도 예수를 믿나니 이는 우리가 율법의 행위에서 아니고 그리스도를 믿음으로서 의롭다 함을 얻으려 함이라. 율법의 행위로서는 의롭다 함을 얻을 육체가 없느니라"(갈 2:16).

Q 34. 양자는 무엇입니까?

답: 양자는 하나님의 값없는 은혜인데, 이것으로 우리는 하나님의 자녀로 받아들여져 모든 특권을 누립니다.

요일 3:1; 요 1:12; 롬 8:17

Q 35. 성화는 무엇입니까?

답: 성화는 하나님의 값없는 은혜인데, 이것으로 우리의 모든 인격이 하나님의 형상으로 새롭게 되고, 점점 더 죄에 대하여 죽고, 의를 향해 사는 것입니다.[249]

살후 2:13; 엡 4:23, 24; 롬 6:4, 6, 8:1

Q 36. 이 세상에서 칭의와 양자와 성화와 함께 받거나, 거기서 나오는 유익들은 무엇입니까?

답: 이 세상에서 칭의와 양자와 성화와 함께 받거나, 거기서 나오는 유익들은 하나님의 사랑에 대한 확신과 양심의 평안과 성령 안에서의 기쁨과 은혜의 증가와 끝까지 보호되는 것입니다.

롬 5:1, 2, 5, 14:17; 잠 4:18; 요일 5:13; 벧전 1:5

Q 37. 믿는 자들이 죽을 때 그리스도에게 받는 유익은 무엇입니까?

답: 믿는 자들이 죽을 때 영혼은 완전히 거룩하게 되고, 즉시 영광중에 들어가며, 몸은 그리스도와 연합되어 부활할 때까지 무덤에서 쉽니다.

히 12:23; 고후 5:1, 6, 8; 빌 1:23; 눅 23:43; 살전 4:14; 사 57:2; 욥 19:26, 27

---

249) 성화는 실제적·연속적·점진적 미확정이며 전적인 은혜에 기초한다. "우리가 알거니와 우리 옛 사람이 예수와 함께 십자가에 못 박힌 것은 죄의 몸이 멸하여 다시는 우리가 죄에게 종노릇 하지 아니하려 함이니"(롬 6:6).

Q 38. 믿는 자들이 부활할 때 그리스도에게 받는 유익은 무엇입니까?

답: 믿는 자들이 부활할 때 영광중에 다시 살아나서, 심판 날에 공개적으로 인정되고,[250] 무죄판결을 받으며, 영원토록 하나님을 흡족하게 즐거워하므로 완전한 복을 누립니다.

고전 15:43; 마 25:23, 10:32; 요일 3:2; 고전 13:12; 살전 4:17, 18

Q 39. 하나님께서 인간에게 요구하시는 의무는 무엇입니까?

답: 하나님께서 인간에게 요구하시는 의무는 자신의 나타내신 뜻에 복종하는 것입니다.[251]

미 6:8; 삼상 15:22

Q 40. 인간이 복종하도록 하나님께서 처음 나타내신 규칙은 무엇입니까?

답: 인간이 복종하도록 하나님께서 처음 나타내신 규칙은 도덕법입니다.[252]

롬 2:14, 15, 10:5

Q 41. 이 도덕법은 어디에 요약되어 있습니까?

답: 이 도덕법은 십계명에 요약되어 있습니다.[253]

---

250) 신자들의 칭의는 종말에 완성되는 것이 아니라 이미 완성된 것을 최후심판 때 공개적으로 '인정하고', 무죄판결로 '드러내는 것'이다.

251) '복종'(obedience)이란 단어는 앞으로 소개되는 십계명과 관련하여 개혁파 신앙에서 가장 중요한 표현이다. 하나님은 창조주로서 전 우주와 세계를 통치하시며 모든 피조물들이 하나님의 뜻에 복종하도록 명령하신다. '복종'이란 단어는 인간의 의지를 더 중요하게 취급하는 알미니안주의 원리에서는 가장 받아들이기 어려운 단어다.

252) '도덕법'(the moral law)이란 영원히 지켜야 하는 하나님의 뜻을 말한다. 다양한 통치 경륜 때문에 제사법과 같은 '임시법'과 '특별법'들이 성경에 존재한다. 하지만 하나님의 본질적인 뜻은 처음부터 도덕법의 성격을 갖는다. "이런 이들은 그 양심이 증거가 되어 그 생각들이 서로 혹은 송사하며 혹은 변명하여 그 마음에 새긴 율법의 행위를 나타내느니라"(롬 2:15).

253) 십계명을 단순한 율법으로 보지 않고 '도덕법'으로 이해하는 것은 개혁주의의 독특한 율법관이다. 율법은 사용하는 용도에 따라서 죄를 지적하는 '정죄 기능'으로써 '1용도', 양심에 내재된 율법들을 통해 '죄를 억제'하는 '2용도', 성도에게 성화의 규범으로 사용되는 '3용도'로 나눠진다. "여호와께서 그 총회 날에 산 위 불 가운데서 너희에게

웨스트민스터 다섯 가지 표준문서

신 10:4; 마 19:17

Q 42. 십계명의 핵심은 무엇입니까?

답: 십계명의 핵심은 우리의 마음과 영혼과 힘과 뜻을 다하여 우리 주 하나님을 사랑하고, 우리 이웃을 내 몸처럼 사랑하는 것입니다.

마 22:37-40

Q 43. 십계명의 머리말은 무엇입니까?

답: 십계명의 머리말은 "나는 너를 애굽 땅, 종 되었던 집에서 인도하여 낸 네 하나님 여호와니라"입니다.

출 20:2

Q 44. 십계명의 머리말이 우리에게 가르치는 것은 무엇입니까?

답: 십계명의 머리말이 우리에게 가르치는 것은 하나님이 주님이요, 우리 하나님이며, 구원자이시기 때문에 우리는 하나님의 모든 명령을 반드시 지켜야 한다는 것입니다.[254]

눅 1:74, 75; 벧전 1:15-19

Q 45. 1계명은 무엇입니까?

답: 1계명은 "너는 나 외에는 다른 신들을 네게 두지 말라"입니다.

출 20:3

이르신 십계명을 처음과 같이 그 판에 쓰시고 그것을 내게 주시기로"(신 10:4), "예수께서 가라사대 네 마음을 다하고 목숨을 다하고 뜻을 다하여 주 너의 하나님을 사랑하라 하셨으니, 이것이 크고 첫째 되는 계명이요, 둘째는 그와 같으니 네 이웃을 네 몸과 같이 사랑하라 하셨으니, 이 두 계명이 온 율법과 선지자의 강령이니라"(마 22:37-40).

254) 십계명의 머리말은 구원의 조건이나 칭의의 조건으로 십계명을 지키는 것이 아니라 "우리 하나님이며, 구원자이시기 때문에"라는 언급처럼 구원 받았기 때문에 감사해서 지키는, 즉 거룩함을 위한 성화의 열매로 지키는 것임을 강조한다.

Q 46. 1계명이 명령하는 것은 무엇입니까?

답: 1계명이 명령하는 것은 하나님만이 유일하고 참된 신이요, 우리의 하나님이심을 알고, 인정하며, 합당하게 예배하며, 영화롭게 하라는 것입니다.[255]

대상 28:9; 신 26:17; 마 4:10; 시 29:2

Q 47. 1계명이 금지하는 것은 무엇입니까?

답: 1계명이 금지하는 것은 참되신 하나님을 하나님이요, 우리 하나님으로 인정하지 않거나, 예배하지 않고, 영화롭게 하지 않으며, 오직 하나님께 돌릴 합당한 예배와 영광을 다른 것에 돌리는 것입니다.[256]

시 14:1; 롬 1:21; 시 81:10, 11; 롬 1:25, 26

Q 48. 1계명 중에 '나 외에'라는 말씀이 특별히 가르치는 것은 무엇입니까?

답: 1계명 중에 '나 외에'라는 말씀이 특별히 가르치는 것은 온 세상을 다 보시는 하나님이 다른 신을 섬기는 죄를 심각히 보시고 매우 싫어한다는 것입니다.

겔 8:5, 6; 시 44:20, 21

Q 49. 2계명은 무엇입니까?

답: 2계명은 "너를 위하여 새긴 우상을 만들지 말고 또 위로 하늘에 있는 것

---

255) 1문은 오직 하나님만을 섬기며, 오직 예수님만으로 구원 받는 기독교의 절대성을 강조한다. 소요리문답은 하나님을 섬기는 방식에 있어서 4개의 동사를 순서적으로 배치했다. 성경을 통해서 하나님을 '알고', '인정'하는 것이 먼저요. 다음은 '예배'하며, '영화롭게'하는 것이다. 성경이 가르치는 하나님에 대한 지식을 앎으로 하나님을 인격적으로 알게 된다. 이처럼 기독교의 믿음은 바르게 '앎'으로부터 출발한다. "네가 오늘날 여호와를 네 하나님으로 인정하고 또 그 도를 행하고 그 규례와 명령과 법도를 지키며 그 소리를 들으리라 확언하였고"(신 26:17).

256) "하나님을 알되 하나님으로 영화롭게도 아니하며 감사치도 아니하고 오히려 그 생각이 허망하여지며 미련한 마음이 어두워졌나니"(롬 1:21).

이나 아래로 땅에 있는 것이나 땅 아래 물속에 있는 것의 어떤 형상도 만들지 말며 그것들에게 절하지 말며 그것들을 섬기지 말라. 나 네 하나님 여호와는 질투하는 하나님인즉 나를 미워하는 자의 죄를 갚되 아버지로부터 아들에게로 삼사 대까지 이르게 하거니와 나를 사랑하고 내 계명을 지키는 자에게는 천대까지 은혜를 베푸느니라"입니다.

출 20:4-6

Q 50. 2계명이 명령하는 것은 무엇입니까?

답: 2계명이 명령하는 것은 하나님께서 말씀으로 정하신 모든 종교적 예배와 규칙을 받아 지키며 순수하고 완전하게 보존하라는 것입니다.[257]

신 32:46; 마 28:20; 행 2:42

Q 51. 2계명이 금지하는 것은 무엇입니까?

답: 2계명이 금지하는 것은 형상을 만들거나 말씀으로 정하지 않은 다른 방법으로 하나님을 예배하는 것입니다.

신 4:15-19; 출 32:5, 8; 신 12:31, 32

Q 52. 2계명을 잘 지키도록 첨가된 이유들은 무엇입니까?

답: 2계명을 잘 지키도록 첨가된 이유들은 하나님께서 우리의 주권자이며, 소유자이고, 자신에게 드리는 예배에 대한 열심을 가지고 계시다는 것입니다.

시 95:2, 3, 6, 45:11; 출 34:13, 14

---

257) 2계명은 비성경적 예배인 형상적 우상숭배를 거부하고 성경적 예배원리를 지키라는 예배 명령이다. 개혁파 예배 원리는 성경이 명령하는 것을 지키고 보존하는 '규정적 원리'다. 지키는 방식에서 '순수하게'(pure)를 요구한다. 즉, 선한 의도라 할지라도 원래의 예배가 변형, 남용되지 않게 해야 한다. 다음은 '완전하게'(entire)를 요구한다. 즉, 예배 요소 일부분을 축소하거나 제거하지 말고 모든 요소를 보존하고 지켜야 한다. "저희가 사도의 가르침을 받아 서로 교제하며 떡을 떼며 기도하기를 전혀 힘쓰니라"(행 2:42).

Q 53. 3계명은 무엇입니까?

답: 3계명은 "너는 네 하나님 여호와의 이름을 망령되게 부르지 말라. 여호와는 그의 이름을 망령되게 부르는 자를 죄 없다 하지 아니하리라"입니다.

출 20:7

Q 54. 3계명이 명령하는 것은 무엇입니까?

답: 3계명이 명령하는 것은 하나님의 이름과 칭호와 성품과 규례와 말씀과 행사를 거룩함과 경외함으로 사용하라는 것입니다.[258]

마 6:9; 신 28:58; 시 68:4; 계 15:3, 4; 말 1:11, 14; 시 138:1, 2; 욥 36:24

Q 55. 3계명이 금지하는 것은 무엇입니까?

답: 3계명이 금지하는 것은 하나님께서 자신에 대해 알려준 것들을 모독하거나 악용하는 것입니다.

말 1:6, 7, 12, 2:2, 3:14

Q 56. 3계명을 잘 지키도록 첨가된 이유는 무엇입니까?

답: 3계명을 잘 지키도록 첨가된 이유는 이 계명을 어긴 자가 비록 사람의 형벌은 피할지라도, 우리 주 하나님의 공의로운 심판은 피할 수 없다는 것입니다.

삼상 2:12, 17, 22, 29, 3:13; 신 28:58, 59

Q 57. 4계명은 무엇입니까?

답: 4계명은 "안식일을 기억하여 거룩히 지키라. 엿새 동안은 힘써 네 모든

---

258) 3계명은 예배와 신앙의 태도와 자세를 가르친다. '행사'(works)는 예배질서와 정치질서를 포함한 모든 신앙적 질서와 규칙들이다. "주여 누가 주의 이름을 두려워하지 아니하며 영화롭게 하지 아니하오리까. 오직 주만 거룩하시니이다. 주의 의로우신 일이 나타났으매 만국이 와서 주께 경배하리이다 하더라"(계 15:4).

일을 행할 것이나, 일곱째 날은 네 하나님 여호와의 안식일인즉 너나 네 아들이나 네 딸이나 네 남종이나 네 여종이나 네 가축이나 네 문안에 머무는 객이라도 아무 일도 하지 말라. 이는 엿새 동안에 나 여호와가 하늘과 땅과 바다와 그 가운데 모든 것을 만들고 일곱째 날에 쉬었음이라. 그러므로 나 여호와가 안식일을 복되게 하여 그날을 거룩하게 하였느니라"입니다.

출 20:8-11

Q 58. 4계명이 명령하는 것은 무엇입니까?

답: 4계명이 명령하는 것은 하나님께서 자신의 말씀에 정하신 대로 특별히 일주일 중 하루를 종일토록 거룩한 안식일로 구별하여 하나님께 거룩하게 지키라는 것입니다.[259]

신 5:12-14

Q 59. 하나님께서는 일주일 중 어느 날을 안식일로 정하셨습니까?

답: 하나님께서는 세상의 시작부터 그리스도의 부활까지는 일주일 중 일곱째 날을 안식일로 정하셨고, 그 후 세상 끝 날까지는 일주일 중 첫째 날을 그리스도인의 안식일로 정하셨습니다.

창 2:2, 3; 고전 16:1, 2; 행 20:7

Q 60. 안식일을 어떻게 거룩히 지킬 수 있습니까?

답: 안식일을 거룩히 지키는 것은 다른 날에 할 수 있는 세상일과 오락을 그치고, 부득이한 일과 자비를 베푸는 일 외에는 하루 종일 공적으로나 사적으로 하나님을 예배하며 거룩하게 쉬는 것입니다.[260]

---

259) 4계명은 거룩한 주일성수를 요구한다. 주일을 거룩하게 지키기 위해서는 주일이 주중의 일반 날들과 '구별하여' 분리되게 하는 것이 핵심이다.

260) 60문은 58문에서 명령한 '구별성'의 개념을 설명한다. 주일의 구별성은 주중에 개인적으로 할 수 있던 일을 주일

출 20:8, 10, 16:25-28; 느 13:15-19, 21, 22; 눅 4:16; 행 20:7; 시 92편; 사 66:23; 마 12:1-31

Q 61. 4계명이 금지하는 것은 무엇입니까?

답: 4계명이 금지하는 것은 정해진 의무를 소홀히 하거나, 잘못 행하는 것이며, 또한 게으름으로 거룩한 날을 더럽게 하거나, 세상일과 오락에 대한 쓸데없는 생각과 말과 행동을 하는 것입니다.

겔 22:26; 암 8:5; 말 1:13; 행 20:7, 9; 겔 23:38; 렘 17:24-26; 사 58:13

Q 62. 4계명을 잘 지키도록 첨가된 이유들은 무엇입니까?

답: 4계명을 잘 지키도록 첨가된 이유들은 하나님께서 일주일 중 6일 동안은 우리의 일들을 하도록 허락하셨으나 일곱째 날은 자신의 특별한 소유로 정하고, 친히 모범을 보이고, 복을 주셨다는 것입니다.[261]

출 20:9, 11

Q 63. 5계명은 무엇입니까?

답: 5계명은 "네 부모를 공경하라. 그리하면 네 하나님 여호와가 네게 준 땅에서 네 생명이 길리라"입니다.

출 20:12

에는 하지 못하는 '제약성'이 기본원칙이다. 다만 부득이한 일과 자비의 일은 제외된다. "그때에 내가 본즉 유다에게 어떤 사람이 안식일에 술틀을 밟고 곡식단을 나귀에 실어 운반하며 포도주와 포도와 무화과와 여러 가지 짐을 지고 안식일에 예루살렘에 들어와서 식물을 팔기로 그날에 내가 경계하였고"(느 13:15), "안식일 전 예루살렘 성문이 어두워 갈 때에 내가 명하여 성문을 닫고 안식일이 지나기 전에는 열지 말라 하고 내 종자 두어 사람을 성문마다 세워서 안식일에 아무 짐도 들어오지 못하게 하매"(느 13:19).

261) 4계명 준수를 위한 4가지 근거들은, 6일을 주시고 1일을 요구하시는 '공평성', 복을 주시기 위한 '축복성', 하나님의 특별한 '소유권', 친히 쉼의 모범을 보여주신 '배려성' 등이다.

Q 64. 5계명이 명령하는 것은 무엇입니까?

답: 5계명이 명령하는 것은 윗사람이나 아랫사람, 혹은 동등한 사람들은 그 지위나 관계에 따라서 의무들을 행하고 서로의 명예를 보존하라는 것입니다.[262]

엡 5:21; 벧전 2:17; 롬 12:10

Q 65. 5계명이 금지하는 것은 무엇입니까?

답: 5계명이 금지하는 것은 여러 지위나 관계에서 각 사람에게 속한 존경과 의무를 소홀히 하거나 행하지 않는 것입니다.

마 15:4-6; 겔 34:2-4; 롬 13:8

Q 66. 5계명을 잘 지키도록 첨가된 이유는 무엇입니까?

답: 5계명을 잘 지키도록 첨가된 이유는 이 계명을 지키는 모든 사람에게 하나님께 영광이 되고 그들에게 선을 이루는 범위 내에서 장수와 번영을 주시겠다고 약속한 것입니다.[263]

신 5:16; 엡 6:2, 3

Q 67. 6계명은 무엇입니까?

답: 6계명은 "살인하지 말라"입니다.

출 20:13

---

262) 5계명은 창조질서의 보존을 요구한다. 창조질서는 지위와 신분에 따라서 상하좌우의 관계가 형성되어 '권위'와 '복종' 개념이 나온다. 예외적인 '저항원리'도 포함된다. "뭇 사람을 공경하며 형제를 사랑하며 하나님을 두려워하며 왕을 공경하라"(벧전 2:17).

263) 5계명은 창조질서 명령이기 때문에 그 실제적 혜택은 "네 생명이 길리라"는 약속처럼 장수와 번영이다.

Q 68. 6계명이 명령하는 것은 무엇입니까?

답: 6계명이 명령하는 것은 합법적인 노력을 다해 자신과 다른 사람의 생명을 지키라는 것입니다.

엡 5:28, 29; 왕상 18:4

Q 69. 6계명이 금지하는 것은 무엇입니까?

답: 6계명이 금지하는 것은 자신의 생명이나 이웃의 생명을 악하게 빼앗는 것과 해치려는 모든 마음입니다.[264]

행 16:28; 창 9:6

Q 70. 7계명은 무엇입니까?

답: 7계명은 "간음하지 말라"입니다.

출 20:14

Q 71. 7계명이 명령하는 것은 무엇입니까?

답: 7계명이 명령하는 것은 생각과 말과 행동에서 우리와 이웃의 순결을 지키라는 것입니다.[265]

고전 7:2, 3, 5, 34, 36; 골 4:6; 벧전 3:2

---

264) 6계명은 생명존중의 원리를 가르친다. 생명의 주인은 하나님이시며, 인간은 하나님의 형상으로 창조됐기에 존중 받아야 한다. 다만 특벽한 경우 전쟁, 정당방위가 허용된다. "무릇 사람의 피를 흘리면 사람이 그 피를 흘릴 것이니 이는 하나님이 자기 형상대로 사람을 지었음이니라"(창 9:6).

265) 7계명은 결혼과 성(性)의 순결과 거룩함을 가르친다. 성(性)은 결혼이라는 합법적인 범위에서 사용하면 가정을 세우는 거룩한 삶의 도구다. 성(性)을 더러운 것으로 취급하는 금욕주의와 반대로 성적 자유분방함을 주장하는 세속주의는 모두 비성경적이다. "음행의 연고로 남자마다 자기 아내를 두고 여자마다 자기 남편을 두라, 남편은 그 아내에게 대한 의무를 다하고 아내도 그 남편에게 그렇게 할지라"(고전 7:2–3). "이것은 죄 짓는 것이 아니니 혼인하게 하라"(고전 7:36).

Q 72. 7계명이 금지하는 것은 무엇입니까?

답: 7계명이 금지하는 것은 모든 나쁜 생각과 말과 행동입니다.

마 15:19, 5:28; 엡 5:3, 4

Q 73. 8계명은 무엇입니까?

답: 8계명은 "도둑질하지 말라"입니다.[266]

출 20:15

Q 74. 8계명이 명령하는 것은 무엇입니까?

답: 8계명이 명령하는 것은 우리와 이웃의 부와 재산을 합법적으로 모으고 늘리라는 것입니다.[267]

창 30:30; 딤전 5:8; 레 25:35; 신 22:1-5; 출 23:4-5; 창 47:14, 20

Q 75. 8계명이 금지하는 것은 무엇입니까?

답: 8계명이 금지하는 것은 우리와 이웃의 부와 재산을 악하게 빼앗거나 또는 빼앗으려는 일들입니다.[268]

잠 23:20, 21, 28:19; 엡 4:28

---

266) 8계명은 합법적인 노동과 경제활동을 가르친다. 노동은 더러운 것이 아니라 창조의 명령인 '노동명령'을 실천하는 직업소명이다. 합법적인 노동은 거룩한 것이며 반대로 게으름은 죄다. 구제와 나눔의 원리를 포함한다.

267) 8계명은 "합법적으로 모으고 늘리라는 것"이란 표현처럼 사유재산을 인정하며, 노동에는 육체노동과 지식노동, 자본을 통한 경제활동 모두 포함한다. 따라서 합법적인 경제활동을 통해서 '모으고', '늘리기'(투자) 위한 은행, 보험, 증권, 부동산 활동들은 허락된다. "내가 오기 전에는 외삼촌의 소유가 적더니 번성하여 떼를 이루었나이다. 나의 공력을 따라 여호와께서 외삼촌에게 복을 주셨나이다. 그러나 나는 어느 때에나 내 집을 세우리이까"(창 30:30), "그러므로 요셉이 애굽 전지를 다 사서 바로에게 드리니 애굽 사람이 기근에 몰려서 각기 전지를 팔았다. 땅이 바로의 소유가 되니라"(창 47:20).

268) "자기의 토지를 경작하는 자는 먹을 것이 많으려니와 방탕을 좇는 자는 궁핍함이 많으리라"(잠 28:19).

Q 76. 9계명은 무엇입니까?

답: 9계명은 "네 이웃에 대하여 거짓 증거하지 말라"입니다.

출 20:16

Q 77. 9계명이 명령하는 것은 무엇입니까?

답: 9계명이 명령하는 것은 특별히 증언할 때, 서로 간에 진실함과 우리와 이웃의 명예를 지키고 높이는 것입니다.[269]

슥 8:16; 요삼 1:12; 잠 14:5, 25

Q 78. 9계명이 금지하는 것은 무엇입니까?

답: 9계명이 금지하는 것은 진실을 해치거나 혹은 우리나 이웃의 명예를 떨어뜨리는 것입니다.

삼상 17:28; 레 19:16; 시 15:3

Q 79. 10계명은 무엇입니까?

답: 10계명은 "네 이웃의 집을 탐내지 말라. 네 이웃의 아내나 그의 남종이나 그의 여종이나 그의 소나 그의 나귀나 무릇 네 이웃의 소유를 탐내지 말라"입니다.

출 20:17

Q 80. 10계명이 명령하는 것은 무엇입니까?

답: 10계명이 명령하는 것은 이웃과 그의 소유에 대해 바르고 너그러운 마

---

269) 9계명은 정직, 신용, 명예의 가치를 가르친다. 정직은 1–8계명 전체를 움직이는 내적인 원동력이다. 반대로 거짓말은 가정, 직장, 국가, 교회의 질서 전체를 붕괴시킨다. "너희가 행할 일은 이러하니라. 너희는 각기 이웃으로 더불어 진실을 말하며 너희 성문에서 진실하고 화평한 재판을 베풀고"(슥 8:16).

음을 가지며 우리 형편에 전적으로 만족하라는 것입니다.[270]

히 13:5; 딤전 6:6; 욥 31:29; 롬 12:15; 딤전 1:5; 고전 13:4-7

Q 81. 10계명이 금지하는 것은 무엇입니까?

답: 10계명이 금지하는 것은 우리의 형편을 불평하며, 이웃의 재산을 시기하거나 질투하며, 그 소유를 탐내는 마음과 행동입니다.

왕상 21:4; 에 5:13; 고전 10:10; 갈 5:26; 약 3:14, 16; 롬 7:7, 8; 13:9; 신 5:21

Q 82. 사람은 하나님의 계명을 완전하게 지킬 수 있습니까?

답: 타락 이후로 어떤 사람도 이 세상에서 하나님의 계명을 완전히 지킬 수 없고 생각과 말과 행동으로 날마다 계명을 어깁니다.

전 7:20; 요일 1:8, 10; 갈 5:17; 창 6:5, 8:21; 롬 3:9-21; 약 3:2-13

Q 83. 율법을 어기는 모든 죄가 똑같이 악합니까?

답: 어떤 죄는 그 자체로 보거나, 여러 악들의 원인이 되는 것에서 다른 죄보다 더 악합니다.[271]

겔 8:6, 13, 15; 요일 5:16; 시 78:17, 32, 56

Q 84. 모든 죄가 마땅히 받아야 할 형벌은 무엇입니까?

답: 모든 죄가 마땅히 받아야 할 형벌은 이 세상과 오는 세상에서 하나님의

---

270) 10계명은 탐욕과 불평을 금지시킨다. 반대로 주어진 형편에 만족하는 '섭리적 삶'을 가르친다. 욕심과 욕망은 억제하지만 합법적인 소망, 욕구, 희망은 허락된다. 즉, 노력해서 정당하게 가질 것을 명령한다. 따라서 합법적인 노력 속에서 발생하는 정당한 '경쟁'은 허락된다. "그러나 지족하는 마음이 있으면 경건이 큰 이익이 되느니라"(딤전 6:6), "내가 궁핍하므로 말하는 것이 아니라 어떠한 형편에든지 내가 자족하기를 배웠노니, 내가 비천에 처할 줄도 알고 풍부에 처할 줄도 알아 모든 일에 배부르며 배고픔과 풍부와 궁핍에도 일체의 비결을 배웠노라"(빌 4:11-12).

271) 로마 가톨릭의 소죄(小罪)와 대죄(大罪)는 거부하지만 죄의 경중과 정도는 인정한다. 따라서 가벼운 죄와 심각한 죄의 구별은 가능하며, 또한 죄의 경중에 따라서 교회의 권징과 치리가 나눠질 수 있다(훈계, 수찬정지, 출교). "그가 또 내게 이르시되 인자야 네가 그것을 보았느냐 너는 또 이보다 더 큰 가증한 일을 보리라 하시더라"(겔 8:15).

진노와 저주입니다.

엡 5:6; 갈 3:10; 애 3:39; 마 25:41

Q 85. 우리의 죄 때문에 마땅히 받을 진노와 저주를 피하게 하려고 하나님께서 우리에게 요구하시는 것은 무엇입니까?

답: 우리의 죄 때문에 마땅히 받을 진노와 저주를 피하게 하려고 하나님께서 우리에게 요구하시는 것은 그리스도가 우리에게 구원의 유익을 전하는데 사용하는 모든 외적 수단들을 힘써 사용하여 예수 그리스도를 믿고 생명에 이르는 회개를 하는 것입니다.[272]

행 20:21; 잠 2:1-5, 8:33-36; 사 55:3

Q 86. 예수 그리스도를 믿는 믿음은 무엇입니까?

답: 예수 그리스도를 믿는 믿음은 구원의 은혜인데, 이 은혜로 말미암아 복음에 제시된 대로 구원을 얻기 위해 우리가 예수를 받아들이고 오직 그분만 의지하는 것입니다.[273]

히 10:39; 요 1:12; 사 26:3, 4; 빌 3:9; 갈 2:16

Q 87. 생명에 이르는 회개는 무엇입니까?

답: 생명에 이르는 회개는 구원의 은혜인데, 이 은혜로 말미암아 죄인은 자기 죄를 바로 알고, 그리스도 안에 있는 하나님의 자비를 깨달아, 죄를 슬퍼하고, 미워하므로 죄에서 떠나, 하나님께로 돌이켜 굳센 결심과 노력으로

---

272) '모든 외적 수단들'은 54문 3계명에서 언급하는 내용들이다. 즉, 교회에게 주신 외적인 예배질서와 정치질서들이다. 예를 들면 성경, 설교, 성례, 기도, 예배, 찬송, 교리문답, 장로정치 등이다.

273) 참된 믿음은 자신의 경험과 체험을 의지하는 것이 아니라 '복음에 제시된', 즉 성경에서 가르치는 예수 그리스도를 구원자로 믿고 의지하는 것이다. "그 안에서 발견되려 함이니 내가 가진 의는 율법에서 난 것이 아니요 오직 그리스도를 믿음으로 말미암은 것이니 곧 믿음으로 하나님께로서 난 의라"(빌 3:9), "그러므로 믿음은 들음에서 나며 들음은 그리스도의 말씀으로 말미암았느니라"(롬 10:17).

새롭게 순종하는 것입니다.

행 11:18, 2:37, 38; 욜 2:12; 렘 3:22, 31:18, 19; 겔 36:31

Q 88. 그리스도께서 우리에게 구원의 유익을 주려고 사용하는 외적인 보통수단은 무엇입니까?

답: 그리스도께서 우리에게 구원의 유익을 주려고 사용하는 외적인 보통수단은 그리스도의 정하신 규례들인데, 특별히 말씀과 성례와 기도이며 이 모두가 택한 자들을 구원하는 데 효과적입니다.[274]

마 28:19, 20; 행 2:42, 46, 47

Q 89. 말씀이 구원을 위하여 어떻게 효과적으로 역사합니까?

답: 성령이 성경읽기와 특히 설교를 효력 있는 수단으로 사용하여 죄인을 깨닫게 하고, 회개시키며, 거룩과 위로를 더하사 믿음으로 구원에 이르게 하십니다.

느 8:8; 고전 14:24, 25; 행 26:18; 시 19:8; 행 20:32; 롬 15:4; 딤후 3:15-17; 롬 10:13-17, 1:16

Q 90. 말씀이 구원에 효과가 있으려면 어떻게 읽고 들어야 합니까?

답: 말씀이 구원에 효과가 있으려면 우리는 부지런함과 준비와 기도로 말씀에 집중하며, 믿음과 사랑으로 말씀을 받아, 마음에 간직하고, 생활에서 실천해야 합니다.

잠 8:34; 벧전 2:1, 2; 시 119:18; 히 4:2; 살후 2:10; 시 119:11; 눅 8:15; 약 1:25

---

274) 죄인을 구원하는 '외적인 보통수단'은 유형교회에 주신 질서다. 따라서 유형교회의 외적 수단들은 가장 소중하고 거룩하게 사용되며 보존되어야 한다. 따라서 소요리문답은 마태복음 28장 19-20절의 마지막 대 사명도 성도 각 개인에게 준 전도사명이 아니라 공교회에 주신 공적 사명으로 제시한다. "그러므로 너희는 가서 모든 족속으로 제자를 삼아 아버지와 아들과 성령의 이름으로 세례를 주고, 내가 너희에게 분부한 모든 것을 가르쳐 지키게 하라"(마 28:19-20).

Q 91. 성례가 어떻게 구원의 효과적인 수단이 됩니까?

답: 성례가 구원의 효과적인 수단이 되는 것은 성례 자체나 성례를 시행하는 자의 힘이 아니라, 그리스도께서 복을 주시고 믿음으로 성례를 받는 자의 마음에 성령이 역사하시기 때문입니다.[275]

벧전 3:21; 마 3;11; 고전 3:6, 7, 12:13

Q 92. 성례가 무엇입니까?

답: 성례는 그리스도께서 세우신 거룩한 예식인데, 이 성례에서 그리스도와 새 언약의 유익들이 눈에 보이는 표시(標)들을 통해 신자에게 나타나고, 인(印)쳐지며, 적용됩니다.[276]

창 17:7, 10; 고전 11:23, 26; 출 12장

Q 93. 신약의 성례들은 무엇입니까?

답: 신약의 성례들은 세례와 성찬입니다.

마 28:19, 26:26-28

Q 94. 세례는 무엇입니까?

답: 세례는 성부와 성자와 성령의 이름으로 물로 씻는 성례인데, 이것으로

---

275) 말씀은 신앙을 '일으키는', '시작하는' 구원의 효과적인 수단이며, 성례는 신앙을 '강화하는', '증가시키는' 구원의 효과적인 수단이다. 따라서 성례가 소홀히 취급되면 성도들의 신앙이 지속적으로 자라가지 못한다. "물은 예수 그리스도의 부활하심으로 말미암아 이제 너희를 구원하는 표니 곧 세례라. 육체의 더러운 것을 제하여 버림이 아니요 오직 선한 양심이 하나님을 향하여 찾아가는 것이라"(벧전 3:21), "우리가 축복하는바 축복의 잔은 그리스도의 피에 참예함이 아니며 우리가 떼는 떡은 그리스도의 몸에 참예함이 아니냐, 떡이 하나요 많은 우리가 한 몸이니 이는 우리가 다 한 떡에 참예함이라(고전 10:16~17).

276) 성찬은 은혜언약을 나타내는 표시(signs)이며, 확증하는 인침(seals)이다. "내가 너희에게 전한 것은 주께 받은 것이니 곧 주 예수께서 잡히시던 밤에 떡을 가지사, 축사하시고 떼어 가라사대 이것은 너희를 위하는 내 몸이니 이것을 행하여 나를 기념하라 하시고"(고전 11:23~24), "너희가 이 떡을 먹으며 이 잔을 마실 때마다 주의 죽으심을 오실 때까지 전하는 것이니라"(고전 11:26).

그리스도와의 연합과 은혜언약의 유익에 참여와 주님께 속한 사람이 되기로 약속함을 표시하며 인치는 것입니다.[277]

마 28:19; 롬 6:4; 갈 3:27

Q 95. 세례는 누구에게 베풀어야 합니까?

답: 세례는 불신자들이 그리스도에 대한 신앙고백과 순종을 고백할 때에 베푸는 것이며, 보이는 교회 회원들의 유아에게도 베풀 수 있습니다.

행 8:36, 37, 2:38, 39; 창 17:10; 골 2:11, 12; 고전 7:14

Q 96. 주의 성찬이 무엇입니까?

답: 주의 성찬은 그리스도께서 정하신 대로 떡과 포도주를 주고받음으로 그리스도의 죽음을 나타내는 성례입니다. 성찬을 합당하게 받는 사람은 물질적이며 육신적인 방식이 아니라, 오직 믿음으로 그리스도의 몸과 피에 참여하여, 그의 모든 혜택을 받아, 영적인 양식을 먹고, 은혜 안에서 자라갑니다.[278]

고전 11:23-26, 10:16

Q 97. 주의 성찬에 합당하게 참여하려면 어떻게 해야 합니까?

답: 주의 성찬에 합당하게 참여하려면, 주님의 몸을 분별하는 지식과 주님

---

277) 세례는 '그리스도와의 연합'을 표시한다. 따라서 '성령의 이름으로 세례', '성령으로 세례'는 중생을 표시하는 것이지 제2의 능력세례나 은사체험을 말하지 않는다. 물세례만이 은혜언약의 표시요 확증이다. "그러므로 너희는 가서 모든 족속으로 제자를 삼아 아버지와 아들과 성령의 이름으로 세례를 주고"(마 28:19), "내가 주의 말씀에 요한은 물로 세례를 주었으나 너희는 성령으로 세례 받으리라 하신 것이 생각났노라"(행 11:16).

278) 성찬에서 가장 주의해야 할 부분은 그리스도의 몸과 피가 '물질적이며 육신적인 방식'으로 임재한다는 화체설과 공재설이다. 소요리문답은 "오직 믿음으로 그리스도의 몸과 피에 참여하는" 영적임재설을 제시한다. 영적임재설은 영적으로, 믿음으로 참여하며 성찬을 통하여 '실제적으로' 예수님의 몸에 연합하는 은혜를 말한다. "축사하시고 떼어 가라사대 이것은 너희를 위하는 내 몸이니 이것을 행하여 나를 기념하라 하시고, 식후에 또한 이와 같이 잔을 가지시고 가라사대 이 잔은 내 피로 세운 새 언약이니 이것을 행하여 마실 때마다 나를 기념하라 하셨으니"(고전 11:24-25), "우리가 축복하는바 축복의 잔은 그리스도의 피에 참예함이 아니며 우리가 떼는 떡은 그리스도의 몸에 참예함이 아니냐"(고전 10:16).

을 의지하는 믿음과 회개와 사랑과 새로운 순종이 있는지를 스스로 살펴야 합니다. 만약 합당하지 않게 참여하면 자신에게 임하는 심판을 먹고 마시게 됩니다.[279]

고전 11:28, 29; 고후13:5, 고전 11:31, 10:16, 17, 5:7, 8, 11:28, 29

Q 98. 기도는 무엇입니까?

답: 기도는 하나님의 뜻에 합당한 것들에 대해 우리의 소원을 그리스도의 이름으로 하나님께 드리는 것인데, 우리 죄에 대한 고백과 하나님의 자비에 대한 감사함으로 해야 합니다.[280]

시 62:8; 요일 5:14; 요 16;23; 시 32:5, 6; 단 9:4; 빌 4:6

Q 99. 기도를 가르치기 위해 하나님이 주신 규칙은 무엇입니까?

답: 하나님의 모든 말씀이 우리에게 사용되지만, 특별한 규칙은 그리스도께서 제자들에게 가르쳐 주신 것으로 보통 '주기도문'이라는 기도의 형식입니다.

요일 5:14; 마 6:9-13; 눅 11:2-4

Q 100. 주기도문의 머리말이 가르치는 것은 무엇입니까?

답: 주기도문의 머리말은 "하늘에 계신 우리 아버지여"인데, 이는 언제나 도울 능력과 준비가 된 아버지에게 나아가는 아이처럼, 거룩한 경외심과 확신

---

279) 성찬은 단순한 기념의식이 아니라 예수님의 몸과 실제적으로 연합하고 참여하는 은혜를 허락한다. 따라서 성찬은 너무나 중요한 것이기 때문에 "합당하지 않게 참여하면 자신에게 임하는 심판을 먹고 마시게 된다." 하물며 성찬을 소홀히 취급하고 등한시하면 더 큰 징계를 받는다. "주의 몸을 분변치 못하고 먹고 마시는 자는 자기의 죄를 먹고 마시는 것이니라"(고전 11:29).

280) 기도는 단지 내 소원을 강요하고 요구하는 것이 아니라 하나님의 뜻에 우리의 소원을 맞추는 것이다. 하나님의 뜻은 십계명에 도덕법으로 제시됐다. 따라서 성도의 기도는 항상 십계명을 토대로 이뤄져야 한다. "그를 향하여 우리의 가진바 담대한 것이 이것이니 그의 뜻대로 무엇을 구하면 들으심이라"(요일 5:14).

을 가지고 하나님께 가까이 나아갈 것과 우리가 다른 사람과 함께, 그리고 다른 사람들을 위하여 서로 기도할 것을 가르칩니다.

마 6:9; 롬 8:15; 눅 11:13; 행 12:5; 딤전 2:1, 2

Q 101. 주기도문의 첫 번째 간구는 무엇입니까?

답: 첫 번째 간구는 "이름이 거룩히 여김을 받으시오며"입니다. 이는 하나님 께서 자신을 알리는 모든 것에서 우리와 다른 사람들이 하나님을 영화롭게 하도록 하시고, 모든 것이 하나님께 영광이 되도록 다스려 주실 것을 기도 하는 것입니다.[281]

마 6:9; 시 67:2, 3; 시 83편

Q 102. 주기도문의 두 번째 간구는 무엇입니까?

답: 두 번째 간구는 "나라가 임하시오며"입니다. 이는 사단의 나라가 멸망하 며, 은혜의 나라가 확장되고, 우리와 다른 사람들이 그곳에 들어가 보호를 받고, 영광의 나라가 속히 오기를 기도하는 것입니다.[282]

마 6:10; 시 68:1, 18; 계 12:10, 11; 살후 3:1; 롬 10:1; 요 17:9, 20; 계 22:20

Q 103. 주기도문의 세 번째 간구는 무엇입니까?

답: 세 번째 간구는 "뜻이 하늘에서 이루어진 것같이 땅에서도 이루어지이 다"입니다. 이는 하늘에 있는 천사처럼 은혜로 우리가 모든 일에서 힘과 의 지를 가지고 하나님의 뜻을 알고, 기꺼이 순종하고, 복종할 수 있게 해달라

---

281) 첫째 기도는 "하나님을 영화롭게 하도록"이라는 문장이 두 번 반복될 정도로 '오직 하나님께 영광'이 초점이다. 이 고백은 개혁파 신앙의 시작이며 결론이다. "여호와라 이름하신 주만 온 세계의 지존자로 알게 하소서"(시 83:18).

282) 하나님 나라는 '사단의 나라'와 대조를 이루며, '은혜의 나라', '영광의 나라'로 표현된다. 이 땅에서는 '유형교회'가 하나님 나라다. "내가 또 들으니 하늘에 큰 음성이 있어 가로되 이제 우리 하나님의 구원과 능력과 나라와 또 그의 그리스도의 권세가 이루었으니 우리 형제들을 참소하던 자 곧 우리 하나님 앞에서 밤낮 참소하던 자가 쫓겨났고"(계 12:10).

고 기도하는 것입니다.[283]

마 6:10; 시 67:1-7, 119:36; 마 26:39; 삼하 15:25; 욥 1:21; 시 103:20, 21

Q 104. 주기도문의 네 번째 간구는 무엇입니까?

답: 네 번째 간구는 "오늘 우리에게 일용할 양식을 주시옵고"입니다. 이는 하나님께서 거저 주신 선물로서 사는 동안 좋은 것 중에서 알맞은 몫을 받고, 하나님의 복을 누리게 해달라고 기도하는 것입니다.[284]

마 6:11; 잠 30:8, 9; 창 28:20; 딤전 4:4, 5

Q 105. 주기도문의 다섯 번째 간구는 무엇입니까?

답: 다섯 번째 간구는 "우리가 우리에게 죄 지은 자를 사하여 준 것같이 우리의 죄를 사하여 주시옵고"입니다. 이는 그리스도로 인해 하나님께서 은혜를 베푸사 우리의 모든 죄를 용서해 달라는 기도입니다. 우리가 하나님의 은혜로 다른 사람의 죄를 진심으로 용서할 수 있었기 때문에 더욱 담대하게 간구하는 것입니다.[285]

마 6:12; 시 51:1, 2, 7, 9; 단 9:17-19; 눅 11:4; 마 18:35

---

283) '하나님의 뜻'은 성경 전체를 통해서 나타난다. 개혁파는 성경을 통해서 하나님의 뜻을 찾을 때 '오직 성경'과 '전체 성경'의 원리에 기초하며, 핵심은 '십계명'에 도덕법으로 요약됐음을 고백한다. "능력이 있어 여호와의 말씀을 이루며 그 말씀의 소리를 듣는 너희 천사여 여호와를 송축하라. 여호와를 봉사하여 그 뜻을 행하는 너희 모든 천군이여 여호와를 송축하라"(시 103:20-21).

284) '일용할 양식'은 의식주(衣食住)를 말한다. 합법적으로 주어지는 '의식주'는 악하거나 더러운 것이 아니다. '금욕주의'는 디모데전서 4장 1절에서 "미혹케 하는 영과 귀신의 가르침"이라고 엄히 경고한 것처럼 비성경적이다. 일반은총으로 주어지는 의식주는 '선물'이며 '하나님의 복'이다. 또한 이 고백에는 '기복주의'도 경계한다. 무조건적인 부자가 아니라 "알맞은 몫을 받고,…누리게 해달라"는 기도다. "하나님의 지으신 모든 것이 선하매 감사함으로 받으면 버릴 것이 없나니, 하나님의 말씀과 기도로 거룩하여짐이니라"(딤전 4:4).

285) 다섯째 기도는 성화를 위한 회개기도다. 매일매일 범죄하는 "우리의 모든 죄를 용서해 달라"는 기도다. 매일 죄와 싸워야 하는 영적싸움은 성도들의 실제적인 신앙의 삶이다. "하나님이여 주의 인자를 좇아 나를 긍휼히 여기시며 주의 많은 자비를 좇아 내 죄과를 도말하소서. 나의 죄악을 말갛게 씻기시며 나의 죄를 깨끗이 제하소서"(시 51:1).

Q 106. 주기도문의 여섯 번째 간구는 무엇입니까?

답: 여섯 번째 간구는 "우리를 시험에 들게 하지 마옵시고 다만 악에서 구하시옵소서"입니다. 이는 우리를 죄에 빠지지 않게 하시고, 시험 받을 때 보호하사 구원해 주시기를 기도하는 것입니다.[286]

마 6:13, 26:41; 고후 12:8

Q 107. 주기도문의 마지막 말씀은 무엇을 가르칩니까?

답: 마지막 말씀은 "나라와 권세와 영광이 아버지께 영원히 있사옵나이다. 아멘"입니다. 이는 기도할 때 우리가 하나님으로부터만 기도의 용기를 얻고, 그를 찬양하며, 나라와 능력과 영광을 하나님께 돌려야 한다는 것입니다. 그리고 우리의 소원과 응답의 확신을 증거하는 표시로서 '아멘'이라고 말한다는 것을 가르쳐 줍니다.

마 6:13; 단 9:4, 7–9, 16–19; 대상 29:10–13; 고전 14:16; 계 22:20, 21

---

286) 성도들의 구원이나 칭의가 취소되지는 않는다. 하지만 '죄에 빠져' '시험'에 들 수 있고, 그로 인해서 하나님의 부성애적인 책망과 징계를 받을 수 있다. "시험에 들지 않게 깨어 있어 기도하라. 마음에는 원이로되 육신이 약하도다 하시고"(마 26:41).

4

장로교회 정치와
목사 임직의 형태(조례)
요약 해설

교회정치는 크게 3가지로 나뉜다. 첫째로 로마 가톨릭처럼 1인이 모든 교회들을 다스리는 감독정치며, 둘째로 모든 회중이 결정하고 다스리는 독립파적 회중정치며, 셋째로 목사와 장로와 같은 교회의 대표자들이 다스리는 장로정치다. 웨스트민스터 정치형태(조례)는 이중에서 세 번째인 '장로정치'를 가장 성경적인 정치원리로 제시하였다.

교회정치와 관련된 교회 역사 속에서는 "내가 천국 열쇠를 네게 주리니 네가 땅에서 무엇이든지 매면 하늘에서도 매일 것이요 네가 땅에서 무엇이든지 풀면 하늘에서도 풀리리라 하시고"(마 16:19)라는 말씀을 어떻게 이해하는가에 따라서 교회정치 형태가 달라졌다.

'천국 열쇠'는 성경을 말하는 것으로 일치하였지만 이 '열쇠권'을 누가 소유하였는가에 대한 해석은 서로 달리했다. 감독정치는 전체 교회를 대표하는 1인이 가진다고 주장했으며, 회중정치는 교인들 전체가 가지는 것으로, 장로정치는 목사와 장로와 같은 '장로회'(지도자)가 가진다고 주장했다.

웨스트민스터 표준문서는 "교회의 왕이자 머리이신 주 예수 그리스도께서는 국가 공직자와는 구별하여 교회 직원들의 손에 정치를 제정해 주셨다."(신앙고백서 30장 1항)라고 고백하여 열쇠권은 회중에게 있지 않고 교회지도자들에게 있음을 명확히 했다. 그리고 그 근거들은 다음과 같은 구절들에 두었다. "잘 다스리는 장로들을 배나 존경할 자로 알되 말씀과 가르침에 수고하는 이들을 더할 것이니라"(딤전 5:17), "네 속에 있는 은사 곧 장로의 회에서 안수 받을 때에 예언으로 말미암아 받은 것을 조심 없이 말며"(딤전 4:14).

웨스트민스터 '정치형태(조례)'는 종교개혁 이후로 발전한 교회정치원리와 교회법을 확립했고, 또한 17세 이후의 장로교회 교회법의 토대를 만들어 주었다. 여기서 제시하는 장로정치의 원리들은 칼빈의 제네바교회 교회법(1561)과 스코틀랜드 제1치리서(1560) 및 제2치리서(1578)를 통해서 제시되었던 중요한 원리들에 기초한다. 특히 정치형태(조례)는 성경적인 근거를 충분하게 확보하여 구약과 신약 전체를 통해서 장로정치원리를 확립했다.

웨스트민스터 정치형태(조례)에서는 제2치리서를 통해서 드러난 장로교회의 통치원리인 '노회제도'를 교리적으로나, 적용 면에서나 거의 완벽하게 정립해 주었다. 제2치리서가 가지고 있었던 노회제도의 중요한 원리를 그대로 수용하면서도 제2치리서가 미처 제시하지 못했던 노회업무의 구체적인 내용까지 정립해 줌으로써 당회의 역할과 노회의 역할을 구분해 주었고, 이로써 교회회의의 단계적 구성원리가 정확하게 자리 잡을 수 있도록 해주었다.

스코틀랜드 제2치리서는 제네바교회 교회법(1561) 이후에 장로정치원리를 보다 더 성숙시켰던 중요한 교회법이다. 칼빈이 원리적으로 소개했던 내용들이 스코틀랜드에 와서 국가적인 전국 범위로 확대되어 노회와 총회라는 상회적 장로회 원리로 자리 잡았다.

이것은 존 낙스로부터 시작되었던 스코틀랜드 신앙고백서와 제1치리서의 열매이다. 제2치리서는 교회정치의 기초(오직 성경), 장로들에 의한 통치, 회의의 단계적 구성, 장로들의 평등성, 치리권의 독립성, 목사, 장로, 집사로 구성되는 3직분론 등 중요한 장로정치원리들을 확립시켰다. 그중에서도 상회로서의 '노회제도'의 완성은 스코틀랜드 교회가 장로교회로 자리매김을 하는 결정적인 토대였다.

웨스트민스터 정치형태(조례)에서는 제2치리서를 통해서 완성된 기본적인 내용을 토대로 상회로서 노회와 총회제도의 구체적인 업무를 성경적 근거에 따라서 세분화함으로 장로정치원리를 더욱 완성시켰다.

예를 들면 첫째로 장로정치원리의 기틀이 되는 '교회의 머리'와 '오직 성경' 개념의 확립이다. 먼저 '교회의 머리'란 교회의 주인은 회중도 아니며, 목사나 장로도 아니고, 오직 예수 그리스도만이 교회의 왕이시며 머리이시라는 의미다. 다음으로 '오직 성경'이란 교회법이 사람들의 생각이나 국가나 사회의 규범이 아니라 '오직 성경' 말씀을 통해서만 만들어지며 적용되어야 한다는 의미다.

이 원리들은 그들이 회의에 참석할 때마다 고백했던 다음의 고백에서 더 잘 드러난다. "나는 교리와 관련하여서 하나님의 말씀에 가장 일치하다고 믿는 것 이외에 어떠한 것도 주장하지 않을 것이다. 정치형태에 관련하여서도 하나님의 영광과 교회의 평화와 선을 위해서 최선으로 행할 수 있는 것 이외에 어떤 것도 주장하지 않을 것이다."

두 번째로 '장로회'를 통한 교회통치원리를 마련했다. '장로회'란 목사와 장로들로 구성되는 교회지도자들을 의미한다. 세 번째로 장로회를 구성하는 장로들의 '평등성' 원리를 정립했다. 평등성이란 당회, 노회, 총회 등 모든 회의에서 지도자들의 평등성을 말한다. 특히 한 개인이나 개교회가 모든 권한을 독점하지 못하도록 강력히 제한시켰다.

네 번째로는 치리권의 '독립성'을 마련했다. 독립성이란 국가와 교회의 관계 속에서 국가의 간섭을 배제하는 것이다. 노회제도를 완성하기 위해서는 국가 위정자의 관여를 막고 교회치리는 오직 교회의 구별된 직원들을 통해서만 이루어져야 한다. 치리권이 독립되지 않으면 교회는 국가의 부속 기관처럼 변질된다.

'표준문서'는 교회와 국가관에서 어거스틴과 칼빈의 두 왕국론(교회와 국가)에 기초하여 정교분리와 상호협조의 원칙을 정립했다. 즉, 국가와 교회는 각각의 고유한 영역과 부르심을 가지고 있기 때문에 서로 침해하거나 간섭하면 안 된다. 다만 서로 협력하며 협조하는 상호 도움적 역할은 가능하다. 이런 차원에서 '표준문서'는 국가의 총회소집권을 허용했다. 스코틀랜드 총회는 신앙고백서 23장 3절(국가의무)과 31장 2절(국가 총회 소집권)의 내용을 1647년 승인할 때 "확고한 교회정치체제가 확립되어 있지 않은 교회에게 국한시킨다."라고 제한하였다. 스코틀랜드 총회는 국가소집권이 국가의 지배권이 아니라 교회를 도와 주고 협력해 주는 것임을 분명히 했다.

1647년 초판의 국가 총회소집권은 국가가 교회를 지배하는 방식의 소집권이 아니다. 정교분리와 상호협조의 원칙 아래서 교회의 어려움을 돕고 협조하기 위한 범위에서 소집권을 말한다. 즉, 교회를 돕고 교회와 '함께'(with) 협력하는 권한이지 교회 '위에'(over) 군림하기 위한 권한도 아니요, 교회 '안에'(in)에서 모든 것을 운영하고 결정하는 권한도 아니다. 이 소집권은 항상 23장 3항에서 "국가의 공직자들은 말씀과 성례의 집례나 천국열쇠의 권세를 자기들의 것으로 취해서는 안 된다."라고 말하는 부분과 조화를 이뤄야 한다.

다섯 번째로 직분자들의 종류와 성격을 정립하였다. 치리권의 독립성을 확립하기 위해서는 국가 위정자와 교회 직분자가 어떻게 다른지를 분명하게 드러내야 했고, 또한 각각의 직분이 가지고 있는 고유한 역할을 분명히 해주어야만 독립된 치리권이 보장될 수 있었던 것이다.

여섯 번째로 당회, 노회, 총회와 같은 장로회의체들의 단계적 구성 원리를 제시했다. 각 회의체들은 고유한 권한을 가지면서도 상회로서의 권한을 갖는다. 하지만 이 상회는 로마 가톨릭처럼 위계적 계급적 상회가 아니라 하회의 의견을 수렴하고 존중하는 단계적 회의체. 개교회는 독립적으로 존재할 수 없고 "성경은 교회가 속해 있는 노회(장로회)를 제시한다."라는 '정치형태(조례)'의 표현처럼 반드시 상회로서 노회와 총회에 속해야 한다. 그리고 이 소속관계는 회중정치처럼 넓은 연합회적 성격이 아니라 "교회정치를 위하여 당회, 노회, 지방회(대회), 전국적 회의(총회)가 종속관계를 가지는 것은 합법적이요 말씀에 일치하는 것이다."(정치형태)라는 고백처럼 '종속적이다.

이상과 같이 웨스트민스터 정치형태(조례)는 성경적인 교회정치 원리인 '장로정치' 개념을 확립해 주기 위해서 핵심적인 내용들을 정리해 주었다. 특히 '목사들의 임직식에 대하여', '임직식에 대한 교리에 대하여', '임직식의 권한에 대하여', '목사 임직식의 교리적 부분에 대하여', '목사 임직식을 위한 규칙서', '시험하는 규칙은 다음과 같다.' 등과 같은 추가적인 항목들은 상회로서 노회와 총회의 권위를 정립해 주는 중요한 개념들이면서도 장로교회의 목사로서 갖춰야 할 높은 실력과 권위를 강조해 주는 중요한 개념들이다.

4

장로교회 정치와
목사 임직의 형태(조례)

스코틀랜드 교회로부터 파견된 대표들의 협조로
웨스트민스터에 모인 성스러운 총회에서
스코틀랜드, 잉글랜드, 아일랜드 왕국에 있는 그리스도의 교회 간에
약속한 신앙 일치의 한 부분으로 가결됨.

1645년 총회와 의회의 법령으로 상술한 정치 모범을 채택 인준함.

"만일 그들이 자기의 행한 모든 일을 부끄러워하거든 너는 이 전의 제도와
식양과 그 출입하는 곳과 그 모든 형상을 보이며 또 그 모든 규례와 그 모든
법도와 그 모든 율례를 알게 하고 그 목전에 그것을 써서 그들로 그 모든 법
도와 그 모든 규례를 지켜 행하게 하라"(겔 43:11).

에딘버러 총회, 1645년 2월 10일, 회기 16.
교회정치와 목사 임직에 관한 안건을 승인하는 스코틀랜드 교회 총회 법령

총회는 하나님의 말씀과 권징의 책과 총회 법령과 국민언약에 따라 스코틀랜드 왕국이 교회 정치 모범(조례)을 채택하고 보전할 뿐만 아니라, 최근에 체결된 엄숙한 동맹과 언약에 의하여 이제는 더욱 엄중하고 확고부동하게 하나가 된 이 세 왕국(스코틀랜드, 잉글랜드, 아일랜드) 사이의 교회정치가 일치되기를 가장 바라고 갈망한다.

그리고 과거와 마찬가지로 미래에도 잉글랜드 교회의 타락한 정치 형태로 인하여 전염의 위험이 높아져 스코틀랜드 교회에도 많은 해악들이 일어날 것을 신중히 고려하고, 또한 이 세 왕국에 있는 모든 그리스도의 교회들을 단일한 교회정치로 결속할 수 있는 귀중한 기회가 옛날보다 오늘날 더 적절하게 있는 것처럼 생각하는데, 이는 그런 일치가 하나님의 축복에 의해서 현재의 어려움과 피비린내 나는 전쟁을 초래한 최초의 원인을 제거함으로써 안전하고 튼튼한 화해를 이루는 효과적인 방법이요 건전한 기초로 생각하기 때문이다.

그래서 지금에 이르러 총회는 본 교회에서도 대표들이 참석한 웨스트민스터에서 개회한 성직자 총회에서 단일 협정을 위하여 오래 연구 토의된 결과로서 여기에 첨부되어 우리에게 가져온 직분자와 총회와 교회정치와 목사임직에 관한 안건을 세 번 읽고 부지런히 검토하였다. 오랜 심사숙고 후에, 또한 앞서 언급한 안건에 반대하는 어떤 다른 의견을 가지고 있는 모든 사람들이 그 안건을 받아들일 수 있도록, 그리고 그 반대들을 알릴 수 있도록 시기적절한 소집요구와 통보를 할 수 있게 한 후에, 우리는 교회정치와 목사임직과 관련하여 앞에서 언급한 안건들을 가결하고 인준하였다.

그리고 이 결과로서, 잉글랜드의 존경하는 의회 양원이 어떤 실질적인 내용도 변경하지 않고 그 동일한 안건들을 법령으로 승인한다면, 에딘버러에서 만날 본 총회의 대표자들에게 앞서 언급한 각각의 안건들에 대해 두 왕국에 있는 교회들 사이에 일치한 것들을 본 총회의 이름으로 가결하고 결정할 권한을 부여한다. 그리고 런던에 있는 본 스코틀랜드 교회 대표들은 알맞은 때에 그 승인을 보고하고 알려야 한다.

단, 이 법령은 목사와 마찬가지로 박사와 교사들도 성례를 집행할 권한이 있다고 제안한 그 조항과 또한 목사 청빙에 있어서 노회와 회중 각각의 권한과 권리가 있는 것에 대한 추가적인 토의와 검토를 막지 않는다. 그러나 하나님께서 더욱 빛을 비춰 주시기를 기뻐하실 때에 이 문제들을 자유롭게 토의하고 검토할 수 있다는 것을 항상 전제로 한다.[287]

서 문

예수 그리스도, 그분의 어깨에는 정사(政事)를 메었고, 그분의 이름은 기묘자라, 모사라, 전능하신 하나님이라, 영존하시는 아버지라, 평강의 왕이시며, 그분의 정사와 평강의 더함이 무궁할 것이다.[288] 게다가 지금 이후로 영원토록 그 나라를 공평과 정의로 굳게 세우시려고 다윗의 왕좌 위에 그리고 다윗의 왕국 위에 앉아 계신다.

그리스도를 죽은 자들 가운데서 다시 살리시고 자기의 오른편에 앉히신 하나님 아버지께서 하늘과 땅의 모든 권세를 그에게 주셨고, 모든 통치권과 권세와 능력과 주권과 이 세상에서뿐 아니라 오는 세상에서도 일컫는 모든 이름 위에 뛰어나게 하시고, 또 만물을 그 발아래 복종하게 하시고, 그를 만물 위에 교회의 머리로 주셨으니, 교회는 그의 몸이며, 만물 안에서 만물을 충만케 하시는 자의 충만이니라. 예수 그리스도는 만물을 충만케 하려고 모든 하늘 위로 오르셨으니, 그의 교회를 위하여 선물을 받으시어, 그의 교회

---

287) 웨스트민스터의 교회정치 원리도 예배모범처럼 '정치모범', '형태', '지침', '조례'(Form)이다. '정치모범'이란 로마 가톨릭과 같은 율법주의인 절대적 교회법이 아니다. 반대로 재세례파처럼 어떤 교회질서도 인정하지 않는 자유선택 원리도 아니며, 회중파처럼 아무런 구속력도 없는 넓은 협의적 조언이나 권면적 성격도 아니다. '정치모범'이란 교회질서와 관련하여 성경이 명시적으로 가르치는 것들은 철저히 보존하지만 그 외 세부적 조항들은 '사려분별원리'로 적용한다. 이런 접근 방식은 신앙고백서 1장 6항에서 "예배와 교회정치와 사람의 행동과 사회적 공통규범에 관한 여러 가지 상황들이 있다는 것도 인정한다. 이런 상황들도 항상 순종해야 할 말씀의 일반법칙에 따라 본성의 빛과 그리스도인의 신중한 사려 분별을 통해 규정해야 한다."라고 언급한 원리다.

288) 사 9:6, 7

를 세우고 자기 성도를 온전케 하기 위하여 필요한 직분들을 주셨다.[289]

교회에 대하여

신약은 하나이며 보편적이고 눈에 보이는 교회(유형교회)를 제시한다.[290] 신약의 목사와 설교와 규례는 예수 그리스도께서 보편적인 유형교회에 두신 것이요,[291] 이는 이 세상에서 그의 재림하실 때까지 성도를 모으고 온전케 하시기 위함이다.[292] 또한 신약은 보편적 교회의 일원인 개별적인 유형교회도 제시하고 있다.[293] 초대시대의 개별적 교회들은 눈에 보이는(유형) 성도들로 구성되었는데, 즉 성인 나이가 되어 그리스도를 믿는 신앙과 그리스도에 대한 순종을 그리스도와 사도들이 가르치신 신앙과 생활의 규칙에 따라 고백한 사람들과 그들의 자녀들이었다.[294]

교회의 직분자들에 대하여

그리스도께서 자신의 교회를 세우고 성도들을 온전케 하시기 위하여 임명하신 직분자들 중 사도들과 복음 전하는 자들과 선지자들 같은 임시 직분자들이 있는데, 이제 이들의 사역은 중단되었다. 그 밖에 목사들과 교사들과

---

289) 마 28:18-20; 엡 1:20-23; 비교. 엡 4:8, 11; 시 68:18

290) 고전 12:12, 13, 28; 12장 나머지 구절

291) '목사와 설교와 규례'는 유형교회를 세워가는 핵심적 질서다. 장로교회는 설교와 성례를 오직 목사의 직분에 한정한다. 이 때문에 목사 없이는 눈에 보이는 유형교회가 존재할 수 없다. 왜냐하면 목사는 성경을 가르치고 적용하는 말씀의 사역과 관련되어 있기 때문이다. 결국 목사의 존재유무는 성경의 존재유무와 연결된다. 따라서 목사가 없다는 것은 그 교회에 성경이 없다는 것과 같은 의미다. 교회의 정의론 첫 장에 이 표현은 매우 중요하다.

292) 고전 12:28; 엡 4:4, 5; 엡 4:10-13, 15, 16

293) 갈 1:21, 22; 계 1:4, 20, 2:1

294) 행 2:38, 41, 47; 비교. 행 5:14; 고전 1:2; 고후 9:13, 행 2:39; 고전 7:14; 롬 11:16; 막 10:14; 마 19:13, 14; 눅 18:15, 16

또 다른 교회의 치리자들(장로)과 집사들이 있는데, 이들의 사역은 일반적이며 영구적이다.[295]

목사

목사는 교회의 일반적이며 영구적인 직분인데 복음 시대에 지시한 것이다.[296]

첫째로, 이 직분의 임무는 기도하는 것이다. 즉, 하나님께 백성을 대신하여 자신의 양떼를 위하여 그리고 자신의 양떼와 함께 기도하는 것이다. 사도행전 6장 2-4절과 20장 36절에 보면 설교하는 것과 기도하는 것이 목사 직분의 각각 요소로 결합되어 있다. 장로, 곧 목사의 직분은 병든 자를 위하여 기도하는 것인데, 사사로이 할지라도 특별히 축복이 약속되어 있다.[297] 그러므로 목사는 자기 직무를 공적으로 실행할 때, 그 직무의 일부로서 이것을 더욱 많이 실천해야 한다.

둘째로, 성경을 공적으로 읽어 주는 것이다. 그것의 증거는 다음과 같다.

1. 유대교회의 제사장들과 레위인들에게는 신명기 31장 9-11절과 느헤미야 8장 1-3절, 13절에서 증언된 것처럼 공적으로 말씀을 읽는 일이 맡겨졌다.

2. 복음시대의 목사에게도 율법시대의 제사장들과 레위인들처럼 다른 규

---

295) 교회직분은 구약과 신약에서 하나님의 섭리 경륜으로 인하여 임시직과 항존직으로 나눠진다. 신구약의 직분은 특수 직분이 존재한다. 구약은 선지자나 레위지파, 신약은 사도들처럼 교회질서를 위해서 특별히 구별된 직분들이 있다. 이 특별한 직분들은 구약은 성전제도와 관련해서, 신약은 예수님의 사역과 관련해서 사용된 직분이기 때문에 영구적이지 않고 임시적인 직분들이다. 따라서 직분론에서는 이런 신구약의 섭리 경륜을 잘 고려하여 통상적이며 일반적(ordinary)인 직분과 그리고 시간과 관련해서는 지속적이며 영구적(perpetual)인 직분의 특징을 살펴야 한다.

296) 렘 3:15-17; 벧전 5:2-4; 엡 4:11-13

297) 약 5: 14, 15

례들뿐만 아니라 말씀도 분배할 광대한 책임과 임무가 주어졌다. 이사야 66장 21절과 마태복음 23장 34절에 증거되듯이 우리의 구주께서 그가 보내실 신약의 직분자들에게도 구약의 교사와 동일한 이름의 칭호를 붙여주셨다.[298]

그러므로 당연한 결론을 얻을 수 있는 것은, 성경을 읽어주는 그 의무가 도덕적 성질을 지니고 있기에, 위의 진술들은 공적으로 성경을 읽는 것이 목사의 직무에 속한다는 것을 입증한다.

셋째로, 말씀을 설교함으로써 양떼를 먹이는 것이다. 목사는 말씀에 따라 가르치고 설득시키고 책망하고 권면하며 위로해야 한다.[299]

넷째로, 교리문답을 가르치는 것이다. 이것은 하나님 말씀의 근본 원리들이나 혹은 그리스도에 관한 교리를 쉽게 문답식으로 가르치는 것이며, 설교의 일부분이다.[300][301]

다섯째로, 하나님의 다른 비밀들을 베풀어주는 것이다.[302]

여섯째로, 성례를 집례하는 것이다.[303]

일곱째로, 하나님의 명을 받아 백성을 축복하는 것이다. 민수기 6장 23-26절과 요한계시록 1장 4-5절을 비교하면 동일한 축복들과 그 축복을 주시는 삼위 하나님이 분명히 표현되어 있다. 특히 이사야 66장 21절에서 제사장과 레위인이라는 이름으로 복음시대에 계속되는 것은 복음적인 목사들을 의미한다. 그렇기 때문에 목사는 그 직분으로 말미암아 그 백성을

---

298) 구약의 직분론은 특별직이며 임시직이기 때문에 형식적 내용을 오늘날까지 적용할 수 없다. 하지만 그 사역의 본질적 내용은 신약 이후로도 적용될 수 있다.

299) 딤전 3:2; 딤후 3:16, 17; 딛 1:9

300) 히 5:12

301) 장로교회는 주중이나 주로 주일 오후 시간은 신조나 교리문답을 배우도록 교회법으로 의무화시켰다.

302) 고전 4:1

303) 마 28:19, 20; 막 16:15, 16; 고전 11:23-25; 비교. 고전 10:16

축복해야 한다.[304][305]

여덟째로, 가난한 자들을 돌아보는 것이다.[306]

아홉째로, 목사는 자신의 양떼를 목사로서 다스릴 권세를 가지고 있다.[307][308]

교사 혹은 박사

성경은 목사와 마찬가지로 교사라는 이름과 직위를 제시한다. 교사는 역시 목사와 마찬가지로 말씀을 맡은 교역자이며, 따라서 성례를 집례할 권한이 있다.[309] 주님은 말씀의 사역을 위해서 여러 가지 다른 은사를 주셨으며, 이 은사들에 맞게 다양한 직책을 주셨다.[310] 비록 한 명의 동일한 목사가 이러한 여러 가지 은사를 가지고 있을 수 있으며 그리고 그것에 알맞게 행할 수 있다 하더라도[311], 한 교회에 여러 목사들이 있는 경우에, 그들 중 각자가 가장 뛰어나게 가지고 있는 다양한 은사에 따라서 여러 가지 일을 나누어 할

---

304) 신 10:8; 고후 13:13; 엡 1:2

305) 축복기도는 '축도'라고 표현한다. 축도는 단순한 기도가 아니라 목회자 하나님을 향하여 간구하는 기도를 포함하면서도 백성들에게 하나님을 대신하여 복을 선언해 주는 강복선언의 의미다.

306) 행 11:30, 4:34-37, 6:2-4; 고전 16:1-4; 갈 2:9,10

307) 딤전 5:17; 행 20:17, 28; 살전 5:12; 히 13:7, 17

308) "목사는 자신의 양떼를 '다스릴 권세를 가진다'(a ruling power over the flock)라는 표현은 장로교회의 중요한 문장이다. 목사는 구원론에서는 만인제사장처럼 성도들과 동등한 신자이다. 하지만 교회론에서는 성도들을 다스리고 치리하는 구별된 지도자다. 이후로 계속 소개되겠지만 목사와 성도와 관련해서 구별성을 강조하기 위해서 목사의 '양떼'(his flock), 성도 '위에'(over), 다스리는 '권세'(power)라는 표현을 정치모범에서는 의도적으로 반복해서 사용한다. 이 외에도 목사를 '그리스도의 종', '그리스도께 속한 목사', '말씀을 맡은 목사', '저희를 다스리는 자'라는 표현으로 강조한다.

309) 고전 12:28; 엡 4:11

310) 롬 12:6-8; 고전 12:1, 4, 5, 7

311) 고전 14:3; 딤후 4:2; 딛 1:9

수도 있다.[312]

그리고 성경을 해석하는 것과 건전한 교리를 가르치는 일과 반론하는 사람들을 논박하는 데 다른 누구보다도 가장 뛰어나고, 그런 일에 알맞게 사역하는 자는 교사 혹은 박사라 불릴 수 있다. 그렇지만 한 교회에 목사 한 사람만 있는 경우에, 디모데후서 4장 2절, 디도서 1장 9절, 디모데전서 6장 2절에 언급되듯이 그는 그 능력이 허락하는 한 그 목회사역의 모든 일을 수행해야 한다. 교사나 박사는 구약시대의 선지학교에서 그리고 가말리엘과 다른 이들이 박사로서 가르쳤던 예루살렘에서처럼 학교와 대학에서 가장 우수하게 쓰임 받을 수 있다.

교회의 다른 치리자들(장로)

역대하 19장 8-10절에 언급되듯이 유대교회에서 백성의 장로들이 제사장들과 레위사람들과 함께 교회의 정치를 한 것처럼, 교회 안에 교회정치와 교회를 다스리는 치리자들을 제정하셨던 그리스도께서는 그의 교회에 말씀을 맡은 목사들 외에 다스리는 은사를 어떤 사람에게 주셨으며, 또한 그 사람이 다스리는 일로 부르심을 받았을 때 그 동일한 은사를 시행할 권한도 주셨고, 교회와 정치에 있어서 목사와 연합하게 하셨다.[313][314] 이 직분자들을 개혁교회에서는 보통 '장로'라고 부른다.

---

312) 롬 12:6-8; 벧전 4:10, 11

313) 롬 12: 7, 8; 고전 12:28

314) 장로는 설교와 성례권을 침해할 수 없고, 단지 '교회와 정치에 있어서 목사와 연합'한다. 즉, 치리권에 대한 행정권을 함께 섬기는 권리다. 당회의 평등성은 바로 이 행정권에 대한 평등성을 말한다. 따라서 장로들이 목사의 설교권을 함부로 침해하면 안 된다.

집사들

성경은 집사를 교회에서 구별된 직분자들로 제시한다.[315] 그 직분은 영구적이다.[316] 또한 말씀을 설교하거나 성례를 집례하는 것은 이 직분에 속한 것이 아니고, 다만 가난한 자의 필요에 맞춰 필수품을 나눠 주는 특별한 돌봄의 일을 행한다.[317]

개별적 교회들에 대하여

일정한 교회들, 즉 정기적으로 공적인 예배를 드리기 위하여 한 집회로 모이는 그리스도인들의 어떤 모임이 있는 것은 합법적이요 마땅한 일이다.[318] 신자들의 수가 많아져서 그들이 한 장소에서 편리하게 모일 수 없다면, 저희에게 속한 모든 규례를 더 잘 행하고 상호 의무들을 더욱 잘 수행하기 위하여 그들이 서로 구별되고 고정된 회중으로 나눠져도 합법적이요 마땅한 것이다.

구별된 회중으로 그리스도인들을 나눌 때 덕을 세우기에 가장 알맞고 일반적인 방법은 각각 그들의 거주지의 경계를 따르는 것이 좋다. 그 이유는 다음과 같다.

첫째로, 함께 거주하는 자들은 서로 모든 도덕적 의무들에 얽매어 있는데, 그렇게 함께 거주함으로써 의무들을 수행할 더 좋은 기회를 가지기 때문이고, 그리스도께서 율법을 폐하러 오신 것이 아니요 완성하러 오셨으므로 그

---

315) 빌 1:1; 딤전 3:8

316) 딤전 3:8–15; 행 6:1–4

317) 행 6:1–4

318) 고전 14:26, 33, 40

도덕적 연결은 영원하기 때문이다.[319]

둘째로, 성도의 교제는 사람을 외모로 취하지 말고 가장 좋은 방법으로 규례를 행하며, 도덕적 의무를 시행하도록 질서가 있어야만 한다.[320]

셋째로, 목사와 교인들은 각각 서로의 의무를 가장 편리하게 수행할 수 있도록 근처에 함께 살아야 한다. 이 회중 가운데서 어떤 사람들은 직분을 맡기 위하여 구별되어야 한다.

개별적 교회의 직분자들에 대하여

개교회에는 직분자들로서 말씀과 교리 면에서 수고하며 다스릴 사람이 적어도 한 사람 있어야 하며,[321] 또한 교회정치를 함께 할 다른 이들도 필수적으로 있어야 한다.[322] 마찬가지로 가난한 자를 구제하는 일에 특별히 봉사할 이들도 필수적으로 있어야 한다.[323] 이 직분자의 각각의 숫자는 교회의 형편에 따라 균형 있게 결정한다. 그리고 이 직분자들은 각자의 직무에 따라 교회의 모든 일을 잘 다스리기 위해서 편리하고 정해진 시간에 함께 모여야 한다. 이들의 모임에서 말씀과 교리에 사역하는 직무를 맡은 목사가 그들의 회의진행을 인도하는 것이 가장 마땅하다.[324]

---

319) 신 15:7, 11; 마 22:39, 5:17

320) 고전 14:26; 히 10:24, 25; 약 2:1, 2

321) 잠 29:18; 딤전 5:17; 히 13:7

322) 고전 12:28

323) 행 6:2, 3

324) 딤전 5:17

개별적 교회의 규칙에 대하여

개교회의 지킬 규칙은 기도와 감사와 시편찬송과 성경을 읽는 것(읽은 말씀에 대한 즉각적인 설명을 진행하지 않지만)과 성경해석과 적용과 교리문답 교육과 성례 집행과 가난한 자를 위한 헌금과 축도로 교인을 해산하는 것이다.[325]

교회정치와 그 일을 위한 여러 종류의 회의체들

그리스도께서는 교회 안에 교회정치와 교회를 다스리는 치리자들을 제정하셨으며, 그 목적을 위하여 사도들은 예수 그리스도의 손에서 직접 열쇠를 받았고, 전 세계 모든 교회에서 다양한 기회에 그 열쇠를 사용하고 행사했다. 그리고 그리스도께서는 그 후 계속해서 자신의 교회 중에 어떤 사람에게 다스리는 은사를 주셨으며, 그리고 그 사람이 다스리는 일로 부르심을 받았을 때에 그것을 행사할 권한도 주셨다. 교회가 여러 종류의 회의체들 즉, 당회와 노회와 총회 등에 의하여 다스려지는 것은 합법적이며 하나님의 말씀에 일치한다.[326]

이 회의체들의 공통된 권한에 대하여

앞에서 언급한 여러 가지 회의체들이 회의를 소집하여, 각각의 범위에 속한 성도들 중 당면한 교회 문제에 관련된 사람이면 누구라도 그들 앞에 소환할 권리가 있는 것은 합법적이요 하나님의 말씀에 일치한다.[327] 이 회의체들은

---

325) 딤전 2:1; 고전 14:15, 16

326) 정치모범은 이 항목부터 본격적으로 교회정치질서를 소개한다. 장로교회 정치원리는 '당회'와 '노회'와 '총회' 등에 의하여 다스려지는 '회의체' 질서다. 개교회는 반드시 노회와 총회라는 상회와 연합하는 장로들에 의한 회의체를 구성해야 한다. 이런 회의체 질서를 강조하기 위해서 "합법적이며 하나님의 말씀에 일치한다."라는 표현을 거듭 반복하였다.

327) 마 18:15-20

질서정연하게 그들 앞에 제출된 소송들과 분쟁들을 듣고 결정할 권한을 가지고 있다. 앞서 언급한 모든 회의체들이 교회치리를 시행할 각각의 권리가 있는 것은 합법적이요 하나님의 말씀에 일치한다.[328]

당회, 즉 각 개교회의 정치를 위해 개별적 교회를 다스리는 직분자들의 회의

개교회의 다스리는 직분자들은 교인 중 누구라도 당회가 정당한 경우라고 판단하면 그들 앞에 권위 있게 소환할 수 있는 권한을 가지고 있다.[329] 그리고 교회 회중들 각각의 지식과 영적 상태를 조사하고 권면하고 꾸짖는 권한도 가지고 있다. 이 세 가지 내용은 히브리서 13장 17절과 데살로니가전서 5장 12, 13절과 에스겔 34장 4절로 증명된다.

---

328) 웨스트민스터 총회 당시 교회정치에 대한 심각한 논쟁이 있었다. 첫째 논쟁은 여러 정치 중 어떤 정치가 가장 성경적인가 하는 논쟁이다. 결론은 장로정치가 가장 성경적이라는 판단을 내렸다. 이 때문에 독립파들이 비판했고, 특히 존 오웬을 중심으로 1658년에 독립파들은 회중정치원리인 '사보이 선언'을 제시하면서 장로정치를 거부했다. 둘째 논쟁은 장로정치만 '유일한'(only) 정치인가, 아니면 가장 '우수한'(special) 정치인가에 대한 논쟁이다. 당시 장로정치 개념을 'only'로 주장하는 자들은 다른 정치는 비성경적이요, 틀린 것이요, 나쁜 것이라고 주장했다. 신조는 '유일한'(only)만을 강조하면 4개의 신학분파(독립파, 에라스티안, 회중파, 장로파)가 모인 총회 자체가 깨질 위험이 있고, 다른 정치를 하는 교회를 이단으로 돌릴 위험이 있기 때문에 'only'는 성경적 주장이 아니라고 결론 맺고 여러 정치 중 가장 우수하고 뛰어난 '특별한'(special) 정치라는 의미로 기록을 남겼다. 이런 위험을 웨스트민스터 신조가 잘 파악했기 때문에 극단적 주장보다는 보다 더 신중한 방식으로 장로정치의 우수성을 고백한 것이다. 웨스트민스터 신조나 정치모범 그 어디에도 '유일한'(only)이란 단어가 없고, 가장 우수하고 뛰어난 특별한(special) 정치, '합법적이요 하나님의 말씀에 일치'하는 정치라고만 말한다. 이와 같은 장로정치 이해가 한국 장로교회 교회법에 그대로 정립됐다. 합동도 "우위를 자랑하는", "정당한 것으로"라고 했지 '장로정치만'이라고 하지 않았다. 역시 대신측도 '고유한 정치체제임', 즉 고유한, 특별한, 우수한(special) 정치이지 '유일한'이라고 하지 않았다.

329) 장로교회는 모든 천국 열쇠와 치리권이 교회직원들에 맡겨져 있다. 그리고 교회직원들은 목사와 장로로 구성되는 '당회'를 말한다. 따라서 장로교회에서 당회는 교회정치에 있어서 모든 권한을 갖는 고유한 회의체. 노회와 총회라는 상회조차도 당회의 권한을 함부로 제한하거나 억압할 수 없다. 따라서 상회조차도 반드시 의사결정에 있어서는 하회인 당회의 의견절차를 묻는 '수의(收議)절차를 거쳐야 한다. 당회의 이 고유한 권세와 권위를 강조하기 위해서 정치모범은 "권위 있게(authoritatively) 소환할 수 있는 권한(power)을 가지고 있다."라는 표현을 강조한다. 특히 권세, 권위(power)라는 단어를 의도적으로 반복하여 강조한다. 당회의 수의절차가 없는 상회는 로마 가톨릭처럼 위계적 계급적 교권주의적 상회가 되고, 노회와 같은 상회 없이 개교회의 당회적 자유만 강조하면 독립파, 회중파가 된다.

그리고 교회로부터 아직 출교당하지 않은 사람에게 행하는 권위 있는 성찬금지도 성경과 일치한다. 그 이유는 다음과 같다.

첫째로, 성찬 자체가 모독을 받아서는 안 되기 때문이다.

둘째로, 우리는 무질서하게 행하는 자들로부터 떠나도록 명령을 받았기 때문이다.

셋째로, 합당치 않게 성찬에 참여하는 자와 그로 인해서 온 교회에 닥치는 심각한 죄와 진노 때문이다.[330]

구약시대에도 부정한 자를 거룩한 것에서 격리시킬 권능과 권위가 있었고,[331] 그와 같은 권능과 권위는 유사성에서 볼 때 신약 시대에도 계속된다.

개교회를 다스리는 당회원들이 아직 교회로부터 출교당하지 않은 자를 권위 있게 성찬금지 시키는 권한을 가지고 있다. 다음과 같은 이유 때문이다.

첫째로, 성찬을 받기에 합당한 사람인지를 판단하고 승인하는 권한을 가진 당회는 합당치 않은 사람을 막을 수 있는 권한도 가지고 있기 때문이다.

둘째로, 성찬은 개교회에 속해 있는 정규적인 예배의식으로서 교회의 일이기 때문이다.

교회가 나눠져서 새로 정착될 때는, 그들의 본질적인 연약함과 상호 의존성을 고려하고, 또한 외부에 있는 원수들을 고려하여 그들은 저마다 전적으로 서로 협조해야 할 필요가 있다.

---

330) 마 7:6; 살후 3:6, 14, 15; 고전 11:7-34; 비교. 유 1:23; 딤전 5:22

331) 레 13:5; 민 9:7; 대하 23:19

노회에 대하여

성경은 교회가 속해 있는 노회(장로회)를 제시한다.[332][333] 노회는 말씀을 맡은 목사들과 교회정치에 있어서 하나님의 말씀에 일치하고 보장되어 교회의 치리자로서 목사와 함께 하는 공적인 다른 직분자들로(장로) 구성된다.[334] 그리고 성경은 많은 개교회들이 하나의 노회정치 아래에 있도록 제시하고 있다.[335] 이 진술은 다음의 예들을 통해 입증된다.

첫째로, 예루살렘 교회를 보면, 한 개 이상의 여러 교회들로 구성되어 있었고, 이 모든 교회들은 한 노회정치 아래 있었다. 즉, 우선 예루살렘 교회가 한 개 이상의 여러 교회들로 구성되어 있었다는 증거들은 다음과 같이 분명하다.

---

332) 딤전 4:14; 행15:2, 4, 6

333) '노회'는 장로정치에서 가장 중요한 핵심원리며 회중정치와 장로정치를 구별하는 초점이다. 독립파와 회중파는 조언과 협의적 형태의 형식적 노회는 인정하지만 복종해야 하고 법적 책임을 함께 짊어진 상회로서의 노회를 인정하지 않는다. 정치모범은 노회와 총회와 같은 회의체가 단순한 협의기구가 아니라 넓은 회의적 성격과 함께 법적 책임으로 묶여진 상회임을 강조하기 위해서 여러 중요한 표현들을 강조한다. 첫째로 '교회가 속해 있는 노회(장로회)'(a presbytery in a church)로 노회를 정의한다. 교회는 반드시 노회에 속해(in) 있어야 진정한 장로교회가 된다. 둘째로, '하나의 노회정치 아래 있어야 한다'(may be under one presbyterial government)로 관계성을 표현한다. 셋째로 '하나의 노회정치 아래 있었다'(were under one presbyterial government), 넷째로 '그들은 하나의 교회였다'(They were one church), 다섯째로 '많은 장로들이 이 많은 개교회들 위에 있다.'(many elders over these many congregations), 여섯째로 상회의 권위를 '권세'(power)로 여러 번 강조한다. 일곱째로 '당회, 노회, 지방회(대회), 전국적 회의(총회)가 종속관계를 가지는 것은 합법적이다.'(there be a subordination of congregational, classical, provincial, and national assemblies). 특히 마지막 문장은 각 회의체들 소개한 결론적 문장이며, 이 문장에서 각 회의 관계를 단순한 넓은 광대회의 수준이 아니라 단계별 회의체이면서 동시에 상회와 하회로서 교회법적으로 묶여 있는 '종속관계'(subordination)임을 명확히 했다.

334) 롬 12:7, 8; 고전 12:28

335) '있어야 한다', '있을 수 있다'(may be)는 노회 아래 '반드시 있어야만 한다'(must be) 보다는 약한 표현이지만 이 표현은 노회에 속해야 할지 말아야 할지를 결정하는 개교회의 자유권을 강조한 것이 아니라 당회의 항소와 수의 절차 권리를 보존해 주기 위한 정치적 표현이다. 정치모범은 뒤 문장에서 각 회의들이 반드시 단계적 '종속관계'(subordination)를 형성해야 한다는 강한 문장을 사용하고 있기 때문에 당회의 고유한 권리를 보존하기 위해서 'may be'라는 용어도 허용해 준 것이다. 즉, 장로회는 하회와 상회의 고유한 권리가 조화를 이뤄야 한다. 하회는 상회에 복종해야 하고 상회는 하회의 의사결정을 침해해서는 안 된다. 이 두 개념을 중 하회의 권한을 보존하기 위한 표현으로 'may be'를 채택한 것이다.

1) 박해 때문에 신자들이 예루살렘에서 흩어지기 전이나 흩어진 후에, 여러 곳에 있던 신자들의 무리를 언급하는 증거들.[336]
2) 예루살렘 교회 안에 많은 사도들과 다른 설교자들이 있었다는 증거들. 만일 거기에 하나의 교회만 있었다면, 그때 각각의 사도는 드물게 설교했다는 것인데, 그것은 사도행전 6장 2절과 일치하지 않는다.
3) 신자들 가운데 여러 가지 언어들을 사용한 것이 사도행전 2장, 6장에 언급되어 있는데, 그것은 그 교회 안에 한 개 이상의 여러 교회들이 있었음을 논증하는 것이다.

다음으로 이 모든 교회들이 하나의 노회정치 아래 있었다는 증거는 다음과 같다.

1) 그들은 한 교회였다.[337]
2) 예루살렘 교회의 장로들이 언급되었다.[338]
3) 사도들은 예루살렘 교회의 장로들처럼 장로들의 일반적인 기능을 수행했다. 이것은 사도행전 6장에 나오는 흩어짐 전에 이미 장로제의 교회가 있었음을 증거한다.
4) 예루살렘 안에 있는 여러 교회들이 한 교회였기에, 그 교회의 장로들이 교회정치의 일을 수행하기 위해 함께 모인 것처럼 언급되었다.[339] 이것은 그 여러 교회들이 하나의 노회정치 아래 있었다는 것을 증거한다.

직분자들이나 회원들을 고려해 보면, 이 교회들이 정착된 교회였든지 아

---

336) 행 1:15, 2:41, 46, 47, 4:4, 5:14, 6:1, 7, 9:31, 12:24, 21:20

337) 행 8:1, 2:47; 비교, 행 5:11, 12:5, 15:2

338) 행 11:30, 15:4, 6, 22, 21:17-18

339) 행 11:30, 15:4, 6, 22, 21:17-18

직 정착되지 않은 교회였든지 간에, 사실상 그것은 모두 하나였다. 예루살렘 안에 있던 여러 교회들 사이에 어떤 실질적인 차이점이 나타나지 않으며, 직분자들이나 회원들에게 요구되었던 고정된 요구사항과 관련해서도 그때 많은 교회들은 예루살렘 교회의 일반적인 제약 안에 있었다.

마침내, 그러므로 성경은 여러 교회들이 하나의 노회정치 아래 있도록 제시한다.[340]

둘째로, 에베소 교회의 예를 들면 다음과 같다.

1) 에베소 교회 안에도 한 개 이상의 여러 교회들이 있었던 것이 사도행전 20장 31절에 나타난다. 그 구절에서 바울이 3년 동안 설교하면서 에베소에 머무른 것으로 언급된다. 사도행전 19장 18-20절에는 그 말씀의 특별한 효과가 언급되어 있으며, 또한 19장 10, 17절에는 유대인들과 헬라인들의 구별이 있다. 그리고 고린도전서 16장 8-9절에는 바울이 오순절까지 에베소에 머무는 이유가 있고, 16장 19절에는 아굴라와 브리스길라의 집에 있던 개별적 교회에 대한 언급이 있고, 그 다음에는 에베소에 있던 것을 언급한 것이 사도행전 18장 19, 24, 26절에도 나타난다. 함께 제시된 모든 구절은 많은 수의 신자들이 에베소 교회 안에서 한 개 이상의 많은 교회들을 만들었다는 것을 증거 한다.

2) 한 양떼처럼 이 많은 교회들을 다스린 많은 장로들이 있었다는 것이 사도행전 20장 17, 28절에 나타난다.

3) 이 많은 교회들은 한 교회였다는 것과 그리고 그들은 다 하나의 노회정치 아래 있었다는 것이 요한계시록 2장 1-6절에 나타난다.[341]

---

340) 장로정치의 핵심원리는 3가지다. 첫째 목사와 장로에 의한 장로들의 정치, 둘째 교직평등성원리, 셋째 당회와 노회와 총회의 단계별 회의체 구성 원리.

341) 행 20:17, 28

총회에 대하여

성경은 당회와 노회 이외에도 교회정치를 위한 또 다른 종류의 회의체를 제시하고 있는데, 우리는 이 모든 것을 총회라고 부른다.[342] 목사들과 교사들과 또 다른 교회 치리자들이(게다가 알맞다고 생각될 때는 다른 적당한 사람들이) 우리가 총회라고 부르는 이 회의체의 회원들인데, 그들이 이 총회에 합법적으로 부르심을 받는다. 총회는 지방적, 전국적, 범세계적 회의처럼 합법적으로 여러 가지 종류들이 있을 수 있다. 교회정치를 위하여 당회, 노회, 지방회(대회), 전국적 회의(총회)가 종속관계를 가지는 것은 합법적이요 말씀에 일치하는 것이다.

목사들의 임직식에 대하여

목사들의 임직이라는 항목에서는 임직식에 대한 교리와 임직식의 권한이 살펴져야 한다.

임직식에 대한 교리에 대하여

어느 누구도 합법적인 소명 없이 말씀 사역자의 직분을 스스로 취해서는 안 된다.[343] 임직식은 항상 교회에서 계속 진행되어야 한다.[344] 임직식은 어떤 공적인 교회의 직분을 위하여 엄숙하게 사람을 구별하는 것이다.[345] 모든 말씀의 사역자는 임직식을 시행하는 권한을 가진 설교하는 노회원들이 금식

---

342) 행 15:2, 6, 22, 23

343) 요 3:27; 롬 10:14, 15; 렘 14:14; 히 5:4

344) 딛 1:5; 딤전 5:21, 22

345) 민 8:10, 11, 14, 19, 22; 행 6:3, 5, 6

하고, 기도하며 안수를 함으로써 임직을 받아야 한다.[346] 목사로 안수 받는 사람이 어떤 개교회나 혹은 다른 목회적 임무를 수행하도록 계획을 세우는 것은 하나님의 말씀에 일치하고 아주 마땅한 것이다.[347] 목사로 임명될 사람은 사도들의 규칙에 따라서 생활과 목회적 능력들에 있어서도 반드시 충분한 자격이 있어야만 한다.[348] 또한 그는 자신을 목사로 임명할 수 있는 노회원들에 의해서 시험을 치루고 승인을 얻어야 한다.[349] 개교회에 속한 교인들이 그를 거부하는 정당한 반대 이유를 제시할 수 있다면, 어느 누구도 개별적 교회를 위하여 목사로 임명될 수 없다.[350][351]

임직식의 권한에 대하여

임직식은 노회에 속한 일이다.[352][353] 그리고 임직식의 모든 일을 결정하는 권한도 노회 전체에 있다.[354] 노회가 한 개교회보다 더 많은 교회들을 다스리고 있기 때문에, 이런 교회들이 직분자들이나 교인들과 관련해서 정착이

---

346) 딤전 5:22; 행 14:23, 13:3

347) 행 14:23; 딛 1:5; 행 20:17, 28

348) 딤전 3:2–6; 딛 1:5, 6–9

349) 딤전 3:7, 10, 5:22

350) 딤전 3:2; 딛 1:7

351) 목사의 소명은 '개인적 소명'과 '공적 소명'으로 나눠진다. 장로정치는 목사의 소명과 관련하여 1차는 교회를 통해서 검증하고 2차는 노회를 통해서 최종 확정하는 공적 소명 절차를 더 중요하게 취급한다.

352) 딤전 4:14

353) 장로정치는 목사의 시험, 임직, 파송, 면직의 모든 권한을 노회가 갖는다. 따라서 목사의 교회법적 소속도 개교회가 아니라 노회소속이다.

354) 임직식의 권한은 노회에 속한 한 개인에게 있지 않고 '노회 전체'(in the whole presbytery)에 있다. 이 말은 노회의 '교직평등'을 강조하는 말이다. 장로정치의 두 번째 원리는 '교직평등'이다. 한 개인이나 특정한 교회가 노회의 결의권과 인사권과 재정권을 독점하면 감독교회처럼 될 수 있다. 따라서 정치모범은 노회의 권한이 노회원들 '전체'(unitas)에 속하는 교직평등원리를 전면에 강조했다.

되었든지 안 되었든지 간에 임직의 조건에 관해서는 아무런 차이가 없다.[355] 편리하게 연합할 수 있는 어떤 개교회가 단독으로 임직식에 관련된 모든 권한이나 혹은 일부의 권한이라도 가질 수 없다.

1. 그 이유는 편리하게 연합할 수 있는 어떤 개교회가 단독으로 임직식에 관련된 모든 권한이나 혹은 일부의 권한이라도 가졌다는 실례가 성경에 없으며, 그런 행위를 보장할 수 있는 어떤 규칙도 없기 때문이다.
2. 그 이유는 예루살렘 안에 많은 교회들이 있었고, 이 많은 교회들은 한 노회 아래에 있었고, 그리고 이 노회가 임직을 행했던 예루살렘 교회처럼, 여러 교회들을 다스리는 노회에서 임직한 실례가 성경에 있기 때문이다.

　도시에서나 가까운 마을에서든지 질서 있게 연합된 설교하는 노회원들은 그들의 경내에 있는 이런 교회들을 대표하여 안수할 권위를 가진 사람들이다.

목사 임직식의 교리적 부분에 대하여

1. 아무도 합법적인 부르심 없이 말씀 사역자의 직분을 스스로 취할 수 없다.[356]
2. 임직식은 언제나 교회에서 계속 시행되어져야 한다.[357]
3. 임직식은 어떤 교회의 공적인 직분을 위하여 사람을 엄숙하게 구별하는 것이다.[358]
4. 모든 말씀의 사역자는 임직을 시행하는 권한을 가진 설교하는 노회원들

---

355) 딤전 4:14

356) 요 3:27; 롬 10:14, 15; 렘 14:14; 히 5:4

357) 딛 1:5; 딤전 5:21, 22

358) 민 8:10, 11, 19, 22; 행 6:3, 5, 6

이 금식하고, 기도하며 안수를 함으로써 임직을 받아야 한다.[359]

5. 임직식의 모든 일을 결정하는 권한도 노회 전체에 있다. 노회가 한 개교회보다 더 많은 교회들을 다스리고 있기 때문에, 이런 교회들이 직분자들이나 교인들과 관련해서 정착이 되었든지 안 되었든지 간에 임직의 조건에 관해서는 아무런 차이가 없다.[360]

6. 목사로 안수 받는 사람이 어떤 개교회나 혹은 다른 목회적 임무를 사역하도록 계획을 세우는 것은 하나님의 말씀에 일치하고 아주 마땅한 것이다.[361]

7. 목사로 임명될 사람은 사도들의 규칙에 따라서 생활과 목회적 능력들에 있어서도 반드시 충분한 자격이 있어야만 한다.[362]

8. 그는 자신을 목사로 임명할 수 있는 노회원들에 의해서 시험을 치루고 승인을 얻어야 한다.[363]

9. 개교회에 속한 교인들이 그를 거부하는 정당한 반대 이유를 제시할 수 있다면, 어느 누구도 개별적 교회를 위하여 목사로 임명될 수 없다.[364]

10. 도시에서나 가까운 마을에서든지 질서 있게 연합된 설교하는 노회원들은 그들의 경내에 있는 이런 교회들을 대표하여 안수할 권위를 가진 사람들이다.[365]

11. 특별한 경우에 안정된 질서가 세워질 때까지는 특별한 어떤 일을 행할 수 있지만, 그럼에도 불구하고 그것은 가능한 한 확립된 규칙에 가깝게 지

---

359) 딤전 5:22; 행 14:23, 13:3

360) 딤전 4:14

361) 행 14:23; 딛 1:5; 행 20:17, 28

362) 딤전 3:2–6; 딛 1:5–9

363) 딤전 3:7, 10, 5:22

364) 딤전 3:2; 딛 1:7

365) 딤전 4:14

켜야 한다.[366]

12. 우리가 겸손히 생각하는 대로, 지금으로선 필요한 목사들을 공급하기 위하여 임직 방법에 있어서 특별한 방법을 사용해야 하는 경우다.

목사 임직식을 위한 규칙서

합법적으로 부르심을 받고 목사로 임직을 받기 전까지는 아무도 복음의 사역자의 직분을 스스로 취할 수 없다는 것과 그리고 임직식의 일은 필요한 모든 조심과 지혜와 신중함과 엄숙함을 가지고 수행해야 한다는 것이 하나님의 말씀에 분명히 나타났기 때문에, 우리는 반드시 지켜야 할 것으로 이 규칙을 겸손히 제출한다.

1. 임직 받을 자는 교인들로 말미암아 지명을 받았든지 혹은 어떤 자리를 위하여 노회의 추천을 받았든지, 반드시 노회에 자신이 스스로 청원을 하고, 세 왕국의 언약을 수락하는 서약서를 제출해야 한다.[367] 또한 자신의 공부에 있어서 부지런함과 능숙함과 대학에서 무슨 학위를 했으며, 거기에 체류한 동안에 무슨 일이 있었는지, 게다가 나이가 24세 이상이 될 예정이라는 것과[368] 그 외에 특별히 그의 생활과 교제에 관한 증명서를 함께 제출해야 한다.

2. 이 모든 것을 노회가 검토한 후에, 노회원들은 그 사람 안에서 일어난 하나님의 은혜에 관하여 묻고, 복음의 사역자로서 필요한 생활의 성화가 이루어졌는지를 검토하고, 그의 학문과 능력을 시험하며, 거룩한 목회사역에 부

---

366) 대하 29:34–36, 30:2–5

367) 예배모범 서문에서 요구한 내용이다. "'엄숙한 동맹과 언약'에서 약속한 대로 하나님의 예배에 통일성을 이루기 위하여 노력하는 우리의 공적인 증거를 보이기를 원한다."

368) 한국장로교회는 교회법에서 30세 이상 정도를 요구한다.

르심을 받은 증거에 관하여, 또한 특별히 그 자리로 정당하고 명백한 부르심을 받았다는 증거도 시험해야 한다.

시험하는 규칙은 다음과 같다.

1) 시험받을 자를 형제의 예로 다루되, 온유한 심령을 가지고, 그리고 임명될 그 사람의 진지함과 겸손과 자질에 특별한 관심을 가지고 다루어야 한다.

2) 그는 원어를 다루는 실력에 관하여 시험을 받아야 한다. 시험은 히브리어와 헬라어 성경을 읽음으로써,[369] 그리고 어떤 책의 어느 부분을 라틴어로 번역함으로써 행해진다. 만일 그가 원어실력에서 결함이 드러나면, 다른 지식도 더욱 철저히 살피고, 그리고 그가 논리학과 철학의 실력을 습득했는지도 철저히 시험해야 한다.[370]

3) 그가 신학 책 중에 누구의 것을 읽었으며, 어느 신학 책을 가장 잘 숙달했는지를 시험해야 한다.[371] 그리고 시험은 종교의 기초에 관한 지식과, 그 기초 안에 포함된 정통 교리를 모든 불건전하고 잘못된 견해들, 특별히 오늘날의 이러한 견해들에 맞서 잘 변호할 능력이 있는지, 그리고 그에게 제시될 성경구절들의 의도와 의미를 양심의 문제와 성경의 연대기(年代記)와 교회사적 면에서 잘 해석하는지를 시험해야 한다.

---

369) 예배모범에서도 언급했듯이 개혁파 교회의 설교는 '강해설교'를 기본으로 진행하기 때문에 성경 원전에 대한 공부는 필수적이다.

370) 개혁파 신학은 공교회적 신앙고백을 통한 교리학적 체계, 즉 조직신학적 교리체계를 요구한다. 따라서 교리를 이해하고 설명하기 위해서는 논리학과 철학 공부가 필수적이다. 개혁파 신학은 하나의 사상체계를 가지고 있는 '스콜라주의'적 철학은 반대하지만 합리적이고 이성적 표현으로 학문적 개념을 잡아 주고 설득해 가는 인문학적 철학(스콜라)은 수용한다. 글자와 논리를 가진 인간은 학문적(스콜라) 표현을 사용하지 않으면 의사소통 자체를 할 수 없다.

371) 개혁파 신학은 성경을 자기 마음대로 해석하여 전달하는 것이 아니라 공교회적인 객관적 해석을 추구한다. 즉, 각 교단이 추구하는 신학적 체계를 따라서 공교회적으로 함께 고백하고 지켜 가는 공적 신앙고백을 가르치는 것이 목사요 신학자의 의무다. 따라서 목사는 각 교단이 성경해석의 규범으로 채택한 신조, 교리문답에 대한 학습능력과 신학공부의 교과서로 인정한 책들에 대한 학문적 능력을 검증 받아야 한다. 한국장로교회는 웨스트민스터 표준문서 5개와 J. 칼빈의 기독교강요, H. 바빙크, L. 벌콥, C. 핫지, 박형룡, 조석만 교수 등의 조직신학 공부를 요구한다.

4) 만일 그가 이전에 판단할 수 있는 시험관의 승인을 얻어 공적으로 설교하지 않았다면, 그는 자신에게 배정된 적당한 시간에 노회 앞에서 자기에게 주어질 성경 구절을 강해해야 한다.

5) 그는 또한 자기에게 배정될 신학에 관한 일반 주제나 논쟁에 대한 라틴어 논문을 요구하는 시간 안에 작성하여, 그 논문의 요약을 나타낸 논제들을 노회에 제출해야 하고, 그리고 그 논제들에 대한 논박을 방어해야 한다.

6) 그는 노회원들 앞에서 설교를 해야 하는데, 즉 노회 앞에서나 혹은 노회가 지명한 말씀을 맡은 목사들 중 몇몇이 참석한 앞에서 설교를 해야 한다.

7) 그가 부름 받은 자리와 관련해서 그의 은사가 그 자리에 적합한지를 심사받아야 한다.

8) 설교의 은사를 시험하는 것 외에도, 노회가 필요하다고 판단하는 대로 앞서 언급한 제2항의 내용에 있어서 수일간 혹은 더 여러 날 시험을 쳐야 한다.

9) 이전에 목사로 임직 받았다가 다른 사역지로 옮겨질 예정인 목사에 대해서 말할 것 같으면, 그는 임직식과 능력과 교제에 대한 증명서를 가지고 와야 하고, 그가 그 사역지에 적임자인지 여부는 그 사역지에서 설교함으로써 시험하고, 필요하다고 판단되면 더 시험할 수 있다.

3. 이 모든 것에서 그가 승인을 받으면, 그는 섬길 교회로 파송될 것이요, 거기서 그는 3주 동안 설교를 하고 교인들과 교제할 것이다. 그로 인해서 교인들은 자신들의 건덕을 위하여 목사의 은사를 조사해 보고, 그의 생활과 교제에 대하여 물어도 보고, 더 잘 알 수 있는 시간과 기회를 가진다.

4. 설교에 있어서 그의 은사를 조사하기로 정해진 3주 동안의 마지막에, 노회는 그 교회에 서면으로 공적인 통지서를 보낼 것이요, 이것을 회중 앞에서 공적으로 읽고, 나중에는 교회 문에 붙일 것이다. 이는 그날 교인들 회원 가운데서 그들 자신이 지명한 적당한 숫자의 사람들이 노회에 출두하라는 것을 알리기 위함이며, 또한 그를 자신들의 목사로 동의 및 찬성하는 것을 표시하기 위함이며, 아니면 모든 그리스도인의 분별과 온유함을 가지고 그

를 거부할 어떤 반대의견을 제시하기 위함이다. 그리고 약속한 그날에 그를 반대할 만한 정당한 반대의견이 없고 교인들이 찬성한다면, 노회는 임직식을 진행해야 한다.

5. 임직 받을 예정인 그 사람이 섬기기로 되어 있는 그 교회에서 임직식을 거행한다. 임직식을 위해 정해진 날에, 그리스도께서 제정한 임직식 위에와 그들의 유익을 위하여 행하는 그리스도의 종의 수고 위에 복을 내려달라는 기도에 더욱 열심히 참여할 수 있도록 온 교회는 엄숙히 금식해야 한다. 노회가 임직 장소에 오거나, 적어도 서너 명의 말씀을 맡은 목사들이 노회로부터 거기에 파송되어야 하며, 그리고 노회가 임명한 사람들 중 한 사람은 교인들에게 그리스도께 속한 목사들의 직분과 의무에 대하여 또한 교인들이 그들 자신들의 일을 위해서 목사를 어떻게 받아들여야 하는지에 대하여 설교해야 한다.

6. 설교 후에, 설교한 목사는 교인들 앞에서 임직 받을 예정인 사람에게 요구하되, 예수 그리스도를 믿는 믿음과 개혁파 신앙의 진리에 대한 확신에 관하여 성경을 따라서 요구해야 한다.[372] 즉 이 소명에 임하는 그의 진지한 의도와 목적을 요구하고, 기도와 독서하는 것과 숙고하는 것, 설교하는 것, 성례를 집례하는 것, 권징을 집행하며 그의 책임으로 맡은 바 모든 목회적 의무를 행하는 근면함을 요구해야 한다. 그리고 모든 오류와 분파에 맞서 복음의 진리와 교회의 일치를 보존하는 일에 대한 그의 열심과 성실을 요구하고, 그 자신과 그 가족이 양떼에게 흠이 없고 본이 될 수 있도록 주의할 것, 그의 형제들의(노회원) 권면과 교회의 권징에 온유한 심령으로 기꺼이 겸손하게 복종할 것, 모든 고난과 핍박에 대항하여 자신의 의무를 끝까지 계속

---

372) '개혁파 신앙'(reformed religion)이란 "개혁파 신학은 개인 신앙의 주관적 학적 표명(表明)이 아니라 역사적 기독교회의 교회성을 본질로 하는 교회신조(教會信條)에 의한 객관적 학적 표명이다. 따라서 개혁파 신앙은 역사적 기독교회의 공동신조(共同信條), 어거스틴과 츠빙글리, 칼빈, 16–17세기 개혁교회의 신조들(제네바, 프랑스, 스코틀랜드 신조, 벨직 신조, 하이델베르크 요리문답, 도르트 신조, 웨스트민스터 신조)과 신학자들(베자, 불링거, 튜레틴 등), 19–20세기의 A. 카이퍼, H. 바빙크, C. 핫지, B. 워필드, L. 벌콥, G. 메이첸, C. 반틸, 박형룡, 박윤선, 조석만 등을 통해서 계발되고 변증, 보존되어 온 신앙이다.

하고자 하는 그의 결심을 요구해야 한다.

7. 이 모든 것에 대하여 그 사람이 하나님의 도우심으로 자신의 소신을 표명하며, 그의 의지를 고백하고, 힘써 노력할 것을 약속했다면, 그 설교한 목사는 교인들에게도 마찬가지로 요구해야 한다. 즉, 그를 그리스도께 속한 목사로 받아들이고 인정하며, 그가 주님 안에서 그들을 다스릴 때 그에게 순종하고 복종하며, 그의 직분의 모든 부분에서 그를 지지하고 격려하며 돕고자 하는 교인들의 자발적인 의지를 요구해야 한다.

8. 그 교인들이 이것을 서로 약속한다면, 노회와 혹은 임직을 위해 노회로부터 파송 받은 목사들은 그에게 손을 얹음으로써 저를 목사의 직분과 일을 위하여 엄숙하게 구별한다. 그리고 안수할 때 다음과 같은 요지로 간단한 기도와 축복을 해야 한다.

> 자기 백성을 구원하시기 위하여 예수 그리스도를 보내 주신 하나님의 크신 긍휼을 인정하오며 감사하옵니다. 또한 그리스도를 하나님 아버지의 우편으로 오르게 하사, 거기로부터 그리스도의 성령을 부어 주시고, 그리스도의 교회를 모으고 세우시기 위해 사람들에게, 즉 사도들과 복음 전하는 자들과 선지자들과 목사들과 교사들에게 은사를 주셔서 감사하오며, 이 위대한 일에 이 사람을 적합하게 하시고 일하고자 하는 소원을 주셔서 감사하옵니다. 간구하옵는 것은, 성령으로 이 일에 그를 적합하게 하시고, 하나님의 이름으로 우리가 이 거룩한 섬김을 위해 이와 같이 구별하는 그 사람이 자신뿐만 아니라 자기에게 맡겨진 사람들도 구원할 수 있도록, 모든 일에서 그의 목회 사역을 충분히 완성하게 하옵소서.

> 그리고 노회원들은 그의 머리에 안수할 것이다.

9. 이 축복기도나 또는 그런 종류의 기도와 축복이 끝나면, 설교한 목사가

간단히 그를 권면하되, 그의 직분과 사역의 위대함을 생각나게 하고, 게을리 하면 자기 자신과 그의 회중에게 닥칠 위험과 성실하면 이 세상과 오는 세상에서 받을 축복을 생각하게 하고, 더불어 교인들에게 저를 주님 안에서 자신들의 목사로 받아, 전에 엄숙히 한 약속대로 그 앞에서 행동하도록 권면할 것이다. 그러고 나서 목사와 목사의 양떼를 하나님의 은혜에 부탁하는 기도를 하고, 시편 찬송을 부른 후에 축도로 회중을 해산시킨다.

10. 만일 잉글랜드 국교회에 있던 임직형식을 따라 이전에 이미 감독교회의 목사로 임직 받은 한 목사가 개혁파 교회에 부임한다면,[373] 그리고 우리가 그의 임직은 본질적으로 유효하며, 임직을 받은 어느 누구도 취소되지 않는 것으로 판단한다면, 그때에는 시험과 관련해서는 신중한 처리가 있어야 하지만, 그 목사로 하여금 어떤 새로운 임직 없이 입회를 허락받도록 한다.

11. 스코틀랜드나 혹은 다른 개혁파 교회에서 이미 목사로 임직된 목사가 잉글랜드에 있는 다른 교회로 부임할 때에, 그 목사는 이전 교회로부터 부임할 교회가 속해 있는 현지 노회로 그의 임직과 생활과 거기 사는 동안의 교제에 대한 충분한 증명서와 이동하는 사유서를 제출해야 한다. 그리고 그의 적합성과 능력에 대한 시험을 치르도록 하고, 다른 항목들에서는 시험과 입회에 관하여 바로 전에 언급한 법칙에 기록된 동일한 절차를 밟도록 한다.

12. 여러 노회들마다 임직된 목사들의 이름과 증명서들, 임직 날짜와 장소, 안수했던 노회원들의 이름, 임명받은 교회 이름에 대한 기록들을 주의 깊게 간수해야 한다.

13. 노회에 속한 어떤 사람이나 혹은 그 사람과 관련된 어떤 사람이라도 임

---

373) '개혁파 교회'(reformed church)란 3개 신조(3폼–form)을 고백하는 유럽 개혁교회와 웨스트민스터 표준문서를 고백하는 장로교회를 말한다. 개혁파 교회의 정의는 성경에 기초한 역사적 신앙고백주의. 신앙고백주의란 성경적 교리들을 기독교 역사 속에서 공교회적으로 고백하고 보존하는 신앙을 말한다. 따라서 개혁교회와 장로교회의 '개혁파 신학'이란 "구주대륙(유럽)의 칼빈 개혁주의에 영미의 청교도 사상을 가미하여 웨스트민스터 표준에 구현된 신학이며, 한국장로교회의 신학적 전통이란 이 웨스트민스터 표준에 구현된 영미장로교회의 청교도 개혁주의 신학이 한국에 전래되고 성장한 과정이다."라고 박형룡 목사가 설명한 것처럼 웨스트민스터 신앙고백에 기초한다.

직 받을 사람들에게서나 혹은 그를 대신하는 어떤 사람에게서든지, 임직이나 혹은 임직에 관련된 무슨 일로라도, 돈이나 선물 또는 무슨 종류의 것이든 어떤 핑계로도 받을 수 없다.

지금까지는 평상시를 위한 임직의 일반적인 규칙과 절차에 대한 것이고, 현재 실행되어야 할 필요가 있는 임시적인 방식은 다음과 같다.

1. 현재와 같은 긴급한 때에, 즉 우리가 노회 전체의 권한과 일을 시행할 어떤 노회들도 구성할 수 없고, 게다가 많은 목사들이 육군, 해군의 군목으로 임명되어야 하고, 또는 목사가 전혀 없는 많은 교회에 임명되어야 하는 경우가 있다. 그리고 국가적인 갈등 때문에 교인들은 자신들을 위한 신실한 목사가 될 수 있는 사람을 스스로 조사하거나 구할 수도 없고, 또한 일반적인 규칙에 대해 앞에서 언급한 엄숙한 시험을 치르기 위해 어떤 사람도 안전하게 노회에 보낼 수 없는 경우도 있다. 특별히 개교회 가까이에 어떤 노회도 있을 수 없고, 그로 인해서 그들이 노회에 청원을 할 수 없거나, 또는 노회가 그 교인들을 위해 그 회중들 가운데서 임명될 적합한 사람을 교인들에게 보내어 일을 시작하게 할 수 없을 경우도 있다. 그럼에도 불구하고 하나님께서 목회직의 사역을 위하여 목사들을 구별시켰기 때문에, 적합하고 합당한 다른 사람들을 구별하는 일에 참가할 권한을 가진 어떤 사람들이 개교회를 위하여 목사들을 임명하는 것이 필요하다.

이런 경우에 하나님의 축복으로 말미암아 이미 말한 어려움들을 아주 충분히 제거할 수 있을 때까지는, 런던시 안에 있거나 그 부근에 있는 몇몇 경건한 목사들이 공적인 권위를 부여받게 하라. 즉, 그들이 함께 연합하여 그 도시와 주변에 있는 교회를 위하여 목사들을 임명하게 하되, 가능한 한 이미 언급한 일반적의 규칙들에 가깝게 준수하게하며, 그리고 이 연합은 다른

웨스트민스터 다섯 가지 표준문서

의도나 목적으로가 아니라 단지 임직식의 일을 위해서만 있게 하라.[374]

2. 그와 같은 연합이 다른 큰 도시와 현재 조용하고 말썽 없는 여러 지방 안에 인접해 있는 행정교구 안에서도 위와 동일한 권위를 갖게 하고, 인접한 지역들을 위하여 같은 일을 하게 하라.

3. 육군이나 해군에 군목으로 일하기 위해서 택함을 받거나 혹은 임명되는 사람들은 미리 말한 대로 런던이나 혹은 지방의 몇몇 다른 도시에 있는 연합된 목사들에 의해서 임직을 받게 하라.

4. 어떤 사람이 정당하고 합법적으로 어느 교회의 목사로 그들에게 추천되어졌으나, 그 교회가 그 사람의 신분이나 능력을 시험 칠 자유를 가질 수 없어서, 그래서 위와 같이 연합된 목사들의 도움을 요청할 때는, 그 연합된 목사들이 그 교회와 교인들을 섬기기에 적합하다고 판단하는 사람을 그들에게 보내 주기 위하여, 그 목사들이 위와 같은 방식으로 임직하게 하라.

---

374) '공적인 권위를 부여받게 하라'(designed by publick authority)라는 표현은 앞서 언급했던 노회와 총회의 상회적 권위(authority)와 권세(power)의 중요성을 언급하는 표현이다. 아무리 목사가 없는 특수하고 어려운 형편이라 할지라도 독립파처럼 개별회중이 스스로 목사를 세울 수 없고, 반드시 노회나 노회에서 임시로 권위를 허락해 준 임시적 노회원들을 통해서 공적으로 임직을 받아야 한다.

5

웨스트민스터
예배모범
요약 해설

교회 역사에서 '예배론'은 가장 뜨거운 논쟁 주제였다. 어떻게 드리는 것이 가장 바른 성경적 예배인가? 예배론 논쟁은 항상 양극단을 주의해야 한다. 먼저 로마 가톨릭처럼 성경을 넘어서 자의적으로 예배요소(골 2:23)를 만들고 강요하는 동일한 '예식서' 중심의 율법주의적 예배관이다. 다음으로 루터파나 재세례파처럼 성경에 문자적으로 금지되지 않은 것은 자유롭게 허용하는 '허용적 원리', 즉 어떤 예식서나 예배모범도 거부하는 무율법주의적 예배관이다.

개혁파의 예배관은 "하나님께서는 참된 하나님을 예배하는 합당한 방법을 스스로 제정하셨고, 그 자신의 계시된 뜻으로 제한하셨다."라는 원칙에서 출발한다. 즉, 예배에서 성경이 언급한 것만으로 제한하고 언급하지 않은 것은 금지된 것으로 해석하는 '규정적 원리', '제한적 원리'를 표방한다. 이 '규정적 원리'는 오직 성경에서 명령하는 예배의 요소들만 받아들이는 태도다.

이 '제한적 원리'는 "우상숭배하지 말라", "형상을 만들지 말라"라는 2계명의 경고와 같은 방식이다. 인간의 죄와 어리석음으로 수많은 우상과 형상을 만들어 낼 위험이 있기 때문에 하나님은 성경을 통해서 자신이 원하는 예배 방법을 제한시켰다. 이 때문에 신앙고백서는 "사람의 어떤 상상들이나 고안들과 사탄의 제안에 따라, 또는 보이는 표현이나 성경에 규정되어 있지 않은 어떤 방법을 통해 하나님을 예배해서는 안 된다."라고 엄히 경고하였다. 이 고백에는 좋은 의도와 실용적인 목적으로도 함부로 예배의 요소를 변형하면 안 되고, 특히 이미지나 그림 등 보이는 형태를 예배의 도구로 사용해서도 안 된다고 엄격히 제한하였다.

예배에서 이미지 금지는 하이델베르크 요리문답 제97-98문에서도 엄히 경고한다. "97문: 그러면 아무 형상도 만들지 말아야 합니까? 답: 하나님은 눈에 보이는 어떠한 모양을 가진 분으로 그려질 수 없으며 그려져서도 안 됩니다. 피조물은 그림으로 그려질 수 있으나, 그것들이 예배의 대상이 되거나 하나님을 섬기는 수단으로 사용되지 못하도록 하나님은 그러한 형상들을 만들거나 가지지 말라고 하셨습니다.", "제98문 : 그렇다면 그 형상들을 교회에서 학습보조 교재로 사용하는 것도 안 됩니까? 답 : 그렇습니다. 우리가 하나님 보다 더 현명해지려고 해서도 안 됩니다. 하나님께서는 말 못하는 우상에 의해서가 아니라 살아있는 말씀의 전파를 통해서 자기 백성들이 가르침 받기를 원하십니다."

위의 표현 중 형상 금지는 교회의 성경공부 방법에까지 영향을 끼친다고 경고하는데, 이것은 매우 중요한 지적이다. 하나님을 형상화하고 성경공부를 이미지화하는 시청각적 시도들은 설교의 자리와 권위를 잃게 하고 교리문답을 통해서 성경을 가르치던 장로교회의 성경공부 방법을 파괴하는 치명적인 위협이 된다.

오늘날 다양한 시청각적 예배와 만화나 지나친 일러스트와 같은 이미지화된 성경공부들은 실용적이라는 명분으로 교회 안으로 들어오고 있다. 이런 실용성과 예배성을 구분하던 방식은 로마 가톨릭이 형상과 이미지를 어린아이들과 문맹자들을 위해서 '평신도의 책'이라면서 각종 조각과 그림을 사용하던 옛 방법들이다.

이들은 754년 콘스탄티노플 공의회의 '성상금지결의'를 번복하고 787년에 제7차 에큐메니칼 공회를 니케아에서 소집하여 그림과 조각의 성상(聖像)을 '숭배'(latria) 또는 '예배'할 수는 없지만 예배의 보조도구와 성경공부를 위한 목적으로 '존경'(dulia)하며 절하며 입 맞출 수 있음을 결의하였다. 로마 가톨릭의 그림과 조각을 통한 형상문제는 종교개혁과 웨스트민스터 예배모범의 가장 중요한 개혁의 대상이었다.

하지만 '규정원리'란 모든 예배 요소와 순서를 동일하게 만들어 지키게 하는 '예식서'적 개념은 아니다. 오히려 규정원리는 율법주의적 예식서는 거부하되, 성경의 원리를 담아 낼 수 있는 '예배모범, 지침'(Directory)을 수용하는 방식이다. 웨스트민스터 '예배모범'은 바로 이런 성경적 원리를 정확히 정립해 주었다.

'예배모범', '예배지침'(Directory)이란 "하나님께서 제정하신 것들은 고수하고, 그 외 다른 일들은 하나님의 말씀의 일반적인 법칙에 일치하는 성도의 사려분별의 법칙을 따라 제시"하는 원리다. 즉, '예배모범'의 2가지 원리는 첫째로 문자적으로 명백한 명령은 고수하는 것이며, 둘째로 세부적 규칙은 '사려분별의 원칙' 아래서 적용하는 것이다. 특히 후자가 무시되면 율법주의적 예식서로 치우친다. 이런 예배론은 고린도전서 14장 40절 "모든 것을 적당하게 하고 질서대로 하라."와 고린도전서 14장 26절 "모든 것을 덕을 세우기 위하여 하라."에 기초한다. 결국 개혁파 예배론은 '성경 원칙'과 '덕스러움' 속에서 규정하는 '규정원리'다.

웨스트민스터 '예배모범'은 이런 규정원리의 성경적 근거를 2개의 구절로 제시했다. 첫 번째 예배원리는 "모든 것을 적당하게 하고 질서대로 하라."(고전 14:40)는 말씀에 기초로 한다. '적당'(decently)은 '합당', '예의 바른', '경외'라는 뜻이며, 여기서 엄숙하고 경건한 개혁교회 예배 정신이 나온다. '질서대로'(in order)는 '성경대로', '단순하게'라는 뜻이며, 여기서 로마 가톨릭의 복잡한 예식을 제거하고 성경이 가르치는 단순한 순서를 지키는 예배 정신이 나온다.

두 번째 예배원리는 "모든 것을 덕을 세우기 위하여 하라."(고전 14:26)라는 말씀에 기초한다. 이것은 첫째 원리 중 '적당하게'라는 부분을 다시 추가적으로 언급한 구절이다. 예배가 품위 있고 경건하게 드려지기 위해서는 성경의 원칙을 토대로 성도들의 건덕을 위하는 방향으로 교회정치에서 선택해야 한다는 것이다.

'예배모범'은 성경적인 예배라는 '규정적 원리'의 토대에서 예배의 요소들을 '지침', '모범' 형태로 몇 가지 소개한다. 칼빈은 "저희가 사도의 가르침을 받아 서로 교제하며 떡을 떼며 기도하기를 전혀 힘쓰니라."(행 2:42)는 말씀에 기초하여 '기도', '설

교', '성례', '교제'라는 4개 요소를 제시했다. '예배모범'은 칼빈이 제시한 성경적 요소
들 위에 성도들의 신앙교육과 덕을 위해서 대략 15개 정도의 규범적 형식을 소개하였
다. 이런 원리에 기초해서 개혁파 교회는 로마 가톨릭처럼 동일한 '예배 의식서'를 사
용하지 않고 '예배 지침서'를 추천하는 것이다.

5

웨스트민스터
예배모범

스코틀랜드 교회로부터 파견된 대표들의 협조로
웨스트민스터에 모인 성스러운 총회에서
스코틀랜드, 잉글랜드, 아일랜드 왕국에 있는 그리스도의 교회 간에
약속한 신앙 일치의 한 부분으로 가결됨.

1645년 총회와 의회의 법령으로 상술한 예배 모범을 채택 인준함.

고린도전서 14:40
"모든 것을 적당하게 하고 질서대로 하라."
고린도전서 14:26
"모든 것을 덕을 세우기 위하여 하라."

서 문

복된 종교 개혁 초기에 우리의 지혜롭고 경건한 조상들은 많은 것을 시정하기 위하여 예식서를 진술하였는데, 이는 그때에 저희가 하나님께 드리는 공적 예배에 헛되고 잘못되고 미신적이요 우상숭배적인 것들이 있음을 말씀을 통해서 발견했기 때문이다. 이것은 많은 경건하고 유식한 사람들로 하여금 당시에 진술된 공동기도서를 기뻐하게 했다.

왜냐하면 미사와 라틴어의 나머지 예배가 제거되었고, 모든 공적 예배가 우리말로 드려지게 되었기 때문이다. 이전에는 그들에게 닫힌 책이었던 성경을 그들 자신의 언어로 낭독되는 것을 들을 때 많은 사람들이 크게 유익을 얻게 되었다. 하지만 계속된 슬픈 경험을 통하여 더욱 명백해진 것은 그것을 작성한 사람들의 고생과 경건한 의도에도 불구하고 잉글랜드 교회의 의식이 본국에 있는 교인들에게뿐만 아니라 외국에 있는 개혁파 교회들에게까지 장애물이 되었다는 것이다.

그 이유는 모든 기도문들을 읽으라고 강요하는 것은 말할 것도 없고, 그 때문에 그것이 예식서에 대한 부담을 크게 증가시켰으며, 거기에 있는 쓸데없고 짐스러운 의식들은 그 의식들을 따를 수 없었던 많은 경건한 목사들과 교인들의 양심을 편치 못하게 함으로써, 또한 하나님의 규례들을 빼앗음으로써 큰 손해를 끼쳤다. 이는 그들이 이 의식들에 순종하거나 서명하지 않으면 예배에 참여할 수 없었기 때문이다. 그러므로 여러 성도들이 주의 성찬을 받지 못하게 되었고, 여러 유능하고 성실한 목사들은 목회사역에 금지되었으며, 더구나 신실한 목사들이 부족한 이때에 수많은 영혼을 위험에 빠뜨렸고, 또한 생계수단을 빼앗겨 저희와 저희 가족이 파멸하게 되었다.

고위 성직자들과 그 당파는 우리 가운데 하나님을 예배하는 다른 예배나 방법이 이 예식서 외에 다른 것이 없는 것처럼 그 예식서를 높이 평가하려고 노력했다. 따라서 그 예식서는 말씀을 전파하는 것에 큰 방해가 되었고, 더구나 어떤 곳에서나 특히 최근에는 말씀이 필요 없는 것으로 혹은 말씀은 공동기도서를 읽는 것보다 열등한 것으로 등한시하는 경우가 생겼다. 그리고 많은 무지하고 미신적인 사람들은 그 예식서를 우상이나 다름없는 것으로 만들었는데, 저희는 예배에 참석하여 입술로만 한몫하다가 구원의 지식과 참된 경건에 대한 그들의 무지와 부주의로 자신을 강퍅하게 만들었다.

그러는 동안에 로마 가톨릭인들은 그 예식서가 자신들의 예배와 대부분 일치한다고 자랑했고, 그로 인해서 그들은 개혁할 노력은 하지 않고, 오히려 우리가 그들에게 돌아오기를 기대하며 자신들의 미신과 우상숭배에 적지 않게 더욱 자신감을 가졌다. 그런 기대 속에서 그들은 최근에 와서는 대단히 힘을 얻어서 이전의 예식들을 시행한다는 핑계로 새로운 것들을 매일 교회에 억지로 강요하였다.

예견되지는 않았으나 지금까지 일어났던 이 일들에 더하여, 한편으로 그 예식서는 게으르고 덕을 세우지 못하는 목회사역을 증가시키는 큰 수단이 되었다. 그들은 다른 사람들이 만들어 준 형식을 손에 들고 만족하였으며, 우리 주 예수 그리스도께서 그 직분에 불러 주시고 그분의 모든 종들에게 주시기를 기뻐하신 기도의 은사도 사용하지 않고 있다.

이와 마찬가지로 다른 면에서 그 예식서는 계속 남아 있다면 이제까지 그래왔던 것처럼 교회의 끊임없는 싸움과 논쟁의 문제가 되어 왔고, 경건하고 신실한 목사들의 올무가 되어 왔다. 그러한 경우에 저희는 핍박을 받아 침묵을 지키게 되었고, 아니면 소망이 있는 지역의 다른 목사들에게도 올무가 되었으니, 그 지역의 많은 목사들이 전에도 그랬고 앞으로도 그럴 것이지만, 목회사역에 대한 모든 생각에서 다른 공부로 정신을 팔게 되었다. 그 점에서 특별히 지금은 하나님께서 잘못과 미신을 발견하고 믿음의 비밀에 관해서 지혜를 얻고 설교와 기도의 은사를 얻기에 더 좋은 방법을 그 백성에게 허락하셨다.

우리는 결코 무슨 새로운 것을 좋아하거나 우리의 초대 개혁자들을 비방하려고 하는 것이 아니라, 그 예식서에 있는 여러 가지 세부적 문제 때문에, 그리고 앞서 말한 것들과 또 일반적으로 그 전체 예식서에 대한 그와 같은 많은 중대한 문제점들을 고려하여 이전의 예식서를 버리기로 결의했다. 이 문제에 있어서는 초대 개혁자들이 지금 살아 있다면 저희도 이 일에서 우리를 도울 것이라고 우리는 확신하며, 또한 우리는 그 개혁자들에 관해서 주의 집을 정결케 하고 세우시려고 하나님이 일으키신 우수한 도구들임을 인정하고 우리와 우리 후손이 저희를 늘 감사와 존귀로 영원히 기념하기를 소망한다.

우리는 어느 정도 하나님의 은혜로우신 섭리에 응답하기를 원하며, 하나님이 이때에 우리를 부르사, 종교개혁을 더욱 발전시켜 우리의 양심을 만족케 하고 다른 개혁파 교회의 기대에 응하며 우리 가운데 있는 많은 경건한 자들의 소원을 만족케 하며, 그렇게 함으로써 우리가 '엄숙한 동맹과 언약'에서 약속한 대로 하나님의 예배에 통일성을 이루기 위하여 노력하는 우리의 공적인 증거를 보이기를 원한다. 이를 위하여 우리는 열심히 여러 번 하나님의 이름을 부른 후 많이 의논한 후에, 혈육으로 하지 아니하고 하나님의 거룩하신 말씀으로 가결하였다. 즉, 앞서 사용했던 예식서를 그 여러 가지 의례와 이전에 하나님의 예배에 사용하던 예식들과 함께 버리고, 아래에 소개되는 '예배모범'을 보통 때나 특별한 때에 공적 예배에서 사용하기로 했다.[375]

그 예배모범에서 우리의 주된 관심은 모든 규례에 있어서 하나님께서 제정하신 것들은 고수하고, 그 외 다른 일들은 하나님의 말씀의 일반적인 법칙에 일치하는 성도의 사려분별의 법칙을 따라 제시하려고 노력하였다.[376]

---

375) 예배론 논쟁은 항상 양극단을 주의해야 한다. 먼저 로마 가톨릭처럼 성경을 넘어서 자의적으로 예배요소를 만들고 강요하는 '예식서' 중심의 율법주의적 예배관이다. 다음으로 루터파나 재세례파처럼 성경에 문자적으로 금지되지 않은 것은 자유롭게 허용하는 '허용적 원리', 즉 어떤 예식서나 예배모범도 거부하는 무율법주의적 예배관이다. 개혁주의는 오직 성경이 제시하는 예배만을 보존한다는 '규정적 원리'를 표방한다. 하지만 '규정원리'란 모든 예배 요소와 순서를 동일하게 만들어 지키게 하는 '예식서'적 개념이 아니다. 오히려 규정원리는 율법주의적 예식서는 거부하되, 성경의 원리를 담아 낼 수 있는 '예배모범, 지침'(Directory)을 수용하는 방식이다.

376) '예배모범', '예배지침'(Directory)이란 "하나님께서 제정하신 것들은 고수하고, 그 외 다른 일들은 하나님의 말씀의 일반적인 법칙에 일치하는 성도의 사려분별의 법칙을 따라 제시"하는 원리다. 즉, '예배모범'은 2가지 원리를 잘 이해해야 한다. 첫째는 문자적으로 명백한 명령은 고수하는 것이며, 둘째로 세부적 규칙은 '사려분별의 원칙' 아래서 적용한다. 특히 후자가 무시되면 율법주의적 예식서로 치우친다. 이런 예배론은 고린도전서 14:40 "모든 것을 적

이것을 하는 데 있어서 우리의 의도는 총괄적 제목, 기도의 의미와 범위 그리고 공적 예배의 다른 부분들이 모두에게 발표될 때, 하나님께 대한 예배와 예식의 내용을 포함하고 있는 이 일들에서 모든 교회가 승인하기를 바라는 것이다.

이것으로 인해서 목사들은 예배의 집례에서 교리와 기도에 있어서 동일하게 건전함을 지키도록 지도를 받고, 필요하면 어떤 도움과 보조를 얻게 하려 함이다. 그러나 이것 때문에 그들이 그들 안에 있는 그리스도의 은사를 발휘하는 것에 게을러지거나 무관심하라는 것이 아니다. 오히려 모든 경우에 필요한 대로 목사들 각자가 신앙적 묵상으로써, 자기 자신과 저희에게 맡겨진 하나님의 양떼를 주의함으로써, 그리고 하나님의 섭리하시는 방식을 잘 살핌으로써, 그의 생각과 말을 더 깊은 혹은 또 다른 내용의 기도와 설교로 준비하도록 힘써야 한다는 것이다.[377]

회중의 모임과 하나님께 대한 공적 예배의 태도

회중이 공적 예배를 위하여 모일 때, 백성들은 그 장소에 참여하기 위하여 미리 그들의 마음을 준비하고 모두 나와서 함께 참여해야만 한다. 무관심으로 기억하지 못하는 습관 때문이거나 사사로운 모임을 구실로 공적인 규례에 빠져서는 안 된다. 모든 사람이 다 예배당에 들어가되 불경건하게 말고 엄숙하고 품위 있는 태도로 들어가고 이곳저곳을 향하여 예배하거나 절하지 말고 자리를 잡거나 제자리에 앉는다. 회중이 다 모이면, 목사는 위대한

당하게 하고 질서대로 하라."와 고린도전서 14:26 "모든 것을 덕을 세우기 위하여 하라."에 기초한다. 결국 개혁파 예배론은 '성경 원칙'과 '덕스러움' 속에서 규정하는 '규정원리'다.

377) '규정적 원리'가 잘못 이해되면 모든 개혁주의 교회들이 동일한 예식서를 가지고 예배하는 것으로 오해할 수 있다. 따라서 예배모범 서론은 성경의 명시적 예배요소를 준수하되(칼빈: 말씀, 성례, 기도, 교제·헌금, 웨스트민스터 신조 21항 5항), 세부적 규정들은 각 교단과 교회가 섭리와 사려분별 속에서 자유롭게 결정할 수 있는 자유를 훼손하지 않도록 마지막 문장을 추가했다.

하나님의 이름을 예배하자고 엄숙하게 요구한 후에, 다음과 같은 기도로 시작해야 한다.

모든 경건과 겸손으로 주님의 무한한 위대성과 위엄을 인정하고, 반면에 우리 자신의 악함과 주님께로 가까이 갈 수 없는 무자격을 인정하고, 그때 그들은 하나님의 보좌에 예배하기 위해서 특별한 태도로 나온다. 더불어 그러한 위대한 예배를 해낼 수 없는 저희의 전적인 무능력을 인정한 후 겸손히 용서를 간구하고, 이제 드리는 예배의 모든 순서마다 용서하시고 도와 주시고 받아 주시며, 그때 낭독될 그 특별한 하나님의 말씀에 복 주실 것을 겸손히 간구하고, 이 모든 것을 주 예수 그리스도의 이름과 중보로 기도할 것이다.

공적 예배가 시작되면, 회중은 전적으로 예배에 주의를 기울여서 목사가 그때 읽거나 인용하는 것 외에 다른 것을 읽지 말아야 한다. 그리고 모든 개인적인 속삭임, 대화, 인사나, 거기 참석한 사람이나 늦게 들어오는 사람에게 인사하는 행동을 더욱더 하지 말아야 한다. 게다가 멍하니 바라보거나 잠자거나 그런 보기 흉한 행동을 하지 말아야 하는데, 그런 행동은 목사나 회중에게 폐를 끼치고 그들 자신이나 남들도 하나님을 섬기지 못하게 하는 일이다. 어떤 사람이 부득이하여 예배에 처음부터 참석하지 못했으면, 그들이 교회 안으로 들어왔을 때 개인적으로 예배를 드려서는 안 되고, 그때 진행되고 있는 하나님의 규례에 회중과 함께 예배드려야 한다.

공적인 성경 낭독에 대하여

회중 가운데서 말씀을 읽는 것은, 그 낭독을 통해서 우리가 하나님께 의존되어 있는 것과 그분에게 종속되어 있는 것을 승인하는 것으로서 하나님께 드리는 공적 예배의 요소이며, 주님께서 그의 백성을 바르게 세우기 위하여 성별하신 수단이기에, 목사들과 교사들은 실행해야 한다.[378] 그러나 목사후보생(강도사, 전도사)도 특별한 경우에 노회가 허락하면 회중 가운데서 말씀을 읽는 것과 설교하는 은사를 행할 수도 있다. 모든 신구약 성경은 최상의 것으로 인정된 번역본을 사용하여 자기 나라 말로 회중 가운데서 공적으로 분명하게 읽어서 모든 사람이 듣고 이해하게 해야 한다. 하지만 일반적으로 외경이라고 불리는 것은 그 어떤 것도 성경이 아니다.

한 번에 얼마나 많은 부분을 낭독해야 하는지는 목사의 지혜에 맡겨져 있다. 그러나 모일 때마다 보통 신구약에서 각각 한 장씩 읽을 것이요, 때로는 장수가 짧거나 또는 그 내용의 연관성이 요구되면 더 읽는 것도 적절하다. 사람들이 성경 전체를 더 잘 알 수 있도록 성경의 모든 책을 순서대로 읽어 주는 것이 필요하다. 따라서 보통 신구약 어디든지 한 주일에 읽기가 끝난 경우에 다음 주일에는 그다음부터 시작해야 한다.

우리는 낭독하는 자가 듣는 이들의 건덕을 위하여 가장 좋다고 생각되는 그런 성경책들, 즉 시편이나 그와 비슷한 성경을 더 자주 읽어 주기를 권한다. 성경을 읽는 목사가 낭독된 어느 부분이라도 해석해 줄 필요가 있다고 판단될 때는 한 장 전체나 시편 낭독이 끝난 후에 해야 한다. 또 항상 주의할 것은 성경을 읽는 동안 시간을 잘 고려하여 설교나 또 다른 규례에 지장이 있거나 지루하게 만들지 않도록 해야 한다. 이 규칙은 다른 모든 공적인 행사에서도 지켜져야 한다.

성경을 공적으로 읽어 주는 것 외에도, 읽을 줄 아는 사람은 누구나 다 개인적으로 성경을 읽으라고 권면해야 한다. 즉, 읽을 줄 모르는 사람들은 나이나 무슨 특별한 일 때문에 읽을 수 없는 것이 아닌 한 읽는 법을 배우도록 권하고 또한 성경을 각각 소유하라고 훈계해야 한다.

---

378) '성경 낭독'은 문맹자와 아이들을 위한 배려도 있지만 더 중요한 원인은 "하나님께 의존되어 있는 것과 그분에게 종속되어 있는 것을 승인"하는 것에 담겨 있다. 즉, 성경을 읽고 들음으로써 우리 모두는 말씀 앞에, 말씀 아래에 복종하고 순종하겠다는 승인과 다짐을 하는 것이다.

설교 전 공적인 기도에 대하여

말씀을 읽은 후 시편을 찬송하고 그리고 설교할 목사는 자신과 청중의 마음이 지은 죄를 바로 깨닫고 그들이 다 함께 주님 앞에서 죄를 애통하고, 수치심과 거룩한 황송한 마음으로 죄를 완전히 자백함으로써 예수 그리스도 안에 있는 하나님의 은혜에 굶주리고 목마르게 되도록 노력하되, 다음과 같은 내용으로 주님께 기도드려야 한다.

우리의 큰 죄악성을 고백해야 하는데, 첫째는 원죄 때문이다. 이 원죄는 우리로 하여금 영원한 형벌을 면할 수 없게 하는 죄책 외에도 다른 모든 죄악의 씨앗이며, 영혼과 육신의 모든 기능과 힘을 부패시키고 망가뜨렸으며, 우리의 제일 선한 행위도 더럽혔다. 따라서 그 죄가 억제되지 않거나 우리의 마음이 은혜로 새롭게 되지 않는다면, 헤아릴 수 없는 범죄를 저지르며 사람의 자녀 중에 가장 악한 자라도 이제까지 저지르지 않은 가장 큰 반역을 주님께 대항하여 뿜어낼 것이다.

다음에, 실제로 짓는 자범죄들 때문이다. 즉, 여러 면에서 우리가 그 자범죄들에 결합된 우리 자신의 죄, 관리들의 죄, 목사들의 죄, 나라 전체의 죄들 때문이다. 우리의 죄는 무섭게도 더욱 악화되었으니, 우리는 하나님의 거룩하시고 공의로우시고 선하신 율법을 깨뜨렸고, 하지 말라 하신 것은 하고, 하라 명하신 것은 하지 않는 자들이며, 무지나 연약에서뿐만 아니라 주제넘게 우리 마음의 빛을 거스르고 양심의 가책을 누르며 성령의 감동을 역행하여 죄를 지었다. 그 결과 우리는 자신의 죄를 가리울 수 없고, 진실로 우리는 하나님의 선하심과 인내와 오래 참으심의 부요하심을 멸시했을 뿐 아니라 주님의 많은 초대와 복음 안에서 제공하시는 은혜를 대적하고, 믿음으로 그리스도를 우리 마음속에 영접하거나 우리 생활 가운데서 주님께 합당하게 행하려고 노력하지도 않았다.

또한 우리의 마음의 눈먼 것과 마음이 굳은 것과 불신앙과 회개하지 않음과 육신의 안일함과 미지근한 것과 메마른 것과 죄에는 죽고 생명으로 새롭게 되도록 노력하지 않는 것과 경건의 능력을 얻기 위해 경건을 연습하지 않은 것을 몹시 슬퍼해야 한다. 그리고 우리 가운데 가장 선한 자조차도 마땅히 행해야 하는 것만큼 하나님과 꾸준하게 동행하지 않는 것과 우리 자신의 의의 옷을 흠 없이 지키지 못한 것과, 하나님의 영광과 다른 이들의 유익을 위해서 열심을 다하지 못한 것을 애통해야 한다. 또한 우리 하나님의 많고 크신 긍휼과 그리스도의 사랑과 복음의 빛과 종교개혁을 주셨음에도 불구하고 우리 자신의 목적과 약속과 서원과 엄숙한 계약과 다른 특별한 의무에 역행하여 그 회중이 특별히 잘못한 다른 죄들을 슬퍼해야 한다.

우리는 우리의 죄를 확실히 아는 만큼 깊이 뉘우치는 마음으로 죄를 인정하고 고백해야 한다. 즉, 우리는 가장 작은 은혜조차도 받을 자격이 없고, 하나님의 맹렬한 진노와 모든 율법의 저주와 가장 반역적인 죄인에게 선고되는 최고의 엄한 판단을 받아야 마땅하다고 고백해야 한다. 그리고 비록 하나님께서 그분의 왕국과 복음을 우리에게서 취하여 가시며, 우리를 이생에서 영육 간에 온갖 심판을 하시고 우리를 바깥 어두운 곳에 내어 던지심으로 인해서 우리가 불과 유황이 타는 못에서 영원히 슬피 울며 이를 갈게 된다 하더라도 아주 공의롭게 하신 것임을 고백해야 한다.

이 모든 것에도 불구하고 주 예수 그리스도께서 드리신 그 부요하시고 완전히 충분하신 유일의 희생제물, 곧 속죄와 자신의 아버지이며 우리의 아버지이신 하나님의 오른편에서 간구하심으로써 우리의 기도에 응답하시리라는 은혜로운 소망으로 우리 자신을 격려하면서 은혜의 보좌로 가까이 나아가야 한다. 그리고 새 언약 안에서 대단히 크고 귀한 긍휼과 은혜의 약속들을 주실 것을 신뢰함으로 새 언약의 그 동일한 중보자를 통하여 우리의 힘으로써는 피할 수도 없고 질 수도 없는 하나님의 그 엄하신 진노와 저주에서 벗어나기를 구해야 한다. 그리고 우리의 모든 죄를 값없이 온전히 씻어 주시되, 우리의 유일하신 구세주 예수 그리스도의 쓰라린 고통과 보배로운 공로만 보시고 받아 주시기를 겸손하게 열심히 간구해야 한다.

또한 주님께서 우리 마음에 성령으로 그분의 사랑을 쏟아 부어 주시고, 동일한 양자의 성령으로 죄 용서 받음과 하나님과 화해됨의 완전한 확신으

웨스트민스터 다섯 가지 표준문서

로 우리를 인쳐 주시며, 시온에서 슬퍼하는 모든 자를 위로하시고, 상하고 괴로운 심령에 평강을 말해 주시고, 마음에 낙심한 자를 싸매 주시기를 간구해야 한다. 안일하고 뻔뻔한 죄인들과 관련해서는, 주님께서 그들의 눈을 열어 주시고 저희 양심으로 죄를 깨닫게 하시며 어두움에서 빛으로 사탄의 권세에서 하나님께로 돌이켜 주셔서, 그 결과 저희로 죄 사함을 받고 예수 그리스도를 믿음으로 거룩하게 된 자들 가운데서 기업을 얻게 해주시기를 기도해야 한다.[379]

그리스도의 피를 통한 죄 사함과 더불어, 그분의 성령으로 이루어지는 성화를 위해서도 기도해야 한다. 우리 속에 거하여 자주 우리를 억압하는 죄를 죽여주시고, 우리의 죽은 심령을 그리스도 안에 있는 하나님의 생명으로 살리사, 은혜를 주셔서 믿는 자의 모든 의무와 하나님과 사람에 대한 소명을 감당하게 하옵시며, 시험을 이길 힘을 주시고, 하나님의 축복과 고난들을 성화의 수단으로 사용하게 하옵시며, 끝까지 믿음과 순종으로 견인하게 하옵시기를 간구해야 한다.

복음과 예수 그리스도의 왕국이 모든 족속에게 전파되도록 기도해야 한다. 즉, 유대인들이 예수 믿고 돌아오는 것과 이방인의 수가 차는 것과 적그리스도가 무너지는 것과 우리 주님의 재림이 속히 이뤄질 것과 고통 받고 있는 외국 교회들을 '반기독교적 파당의 압제'와 '오스만 터키족(이슬람) 사람의 잔인한 핍박'과 신성모독으로부터 구해 주시기를 기도해야 한다.

모든 개혁파 교회들에게, 특별히 지금 '엄숙한 국가 동맹과 언약'으로 더욱 엄격하게 신앙적으로 연합된 스코틀랜드와 잉글랜드와 아일랜드 왕국들과 교회들에게 하나님의 축복이 임할 것을 간구하고, 세계 먼 지방에 있는 우리의 식민지들과 더욱 특별히 우리의 지체로 있는 나라와 교회를 위하

---

379) '공적기도'의 우선적 내용은 죄의 고백과 그리스도의 은혜와 성령의 도우심이다. 특히 공적기도는 나라, 교회, 가정과 개인의 기도제목이 균형을 이루도록 제시했고 성부, 성자, 성령 하나님에 대한 고백도 삼위 중 한쪽으로 치우치지 않고 균형을 이루도록 했다.

여 기도해야 한다.[380] 즉, 그 교회에 하나님께서 평화와 진리와 하나님의 모든 규례의 순수성과 경건의 능력을 확립시켜 주시고 이단과 분파와 신성모독과 미신과 안일함과 은혜의 수단 아래서 열매 맺지 못함을 방지하고 제거해 주시며, 우리의 찢어진 것과 분열된 것을 싸매 주시며, 우리의 엄숙한 언약이 깨어지지 않도록 우리를 지켜 주시기를 간구해야 한다.

또 권위를 가진 모든 자들, 특별히 국왕을 위하여 기도해야 한다. 즉, 하나님께서 국왕 자신과 국왕의 정부에 축복이 넘치게 하시고 국왕의 왕권을 신앙과 의로 세우시고 악한 계획에서 그를 건지시며, 그가 복음을 보수하고 전파하는 복되고 영광스러운 도구가 되도록 하시고, 선을 행하는 자들에게는 격려와 보호가 되고 악을 행하는 자들에게는 공포가 되며, 모든 교회와 왕국들에게 큰 유익이 되게 하시며, 왕비가 예수님을 믿고 왕자와 그 외 모든 왕족이 종교교육을 받게 하시기를 간구해야 한다.

우리 국왕의 자매인 고난 받는 '보헤미아의 왕비'에게 위로를 주시고, 또한 라인의 팔츠 선제후(選帝侯) 찰스 왕자가 자기 영토와 위엄을 회복하고 확립하도록 기도해야 하며, 세 왕국 중 어느 왕국의 의회이든지 각각 참석한 때에 그 상원 의회의 축복을 위하여 기도하고, 귀족과 하급 재판관들과 관원들과 지배층들과 모든 평민들을 위하여 기도하고, 모든 목사와 교사들에게 성령으로 충만케 하사, 저희로 하여금 거룩하고 절제 있고 공의로우며 평화롭고 은혜로운 생활의 모범이 되게 하시며, 그들의 목회사역에 있어서 건전하고 성실하며, 능력 있게 하시고, 저희 수고에 성공과 축복이 풍성하게 하시며, 하나님의 모든 백성들에게 하나님의 마음에 합당한 목사를 주시도록 기도해야 한다.

그리고 대학교와 교회와 공화국에 속한 모든 학교와 신학교를 위하여 기도하되, 저희로 배우는 일과 경건에 점점 성장하게 하시며, 또한 특정한 도

---

380) 17세기 당시까지만 해도 '식민지' 통치방식은 국가관의 관계에서 허용되는 것으로 이해했다.

시나 회중들을 위하여 기도하되, 하나님께서 말씀과 성례와 치리의 목회사역에 복을 부어 주시고 시민 정부와 거기서 있는 모든 각각의 가족들과 사람들을 축복하시고, 어떤 내적이거나 외적인 고통 때문에 고난 받는 자를 불쌍히 여기시고, 계절에 맞는 날씨와 풍작을 맺는 때를 필요한 대로 허락하시고, 기근과 전염병과 전쟁 등과 같이 우리가 느끼거나 두려워하거나 이제 받아야 하는 심판들을 제거해 주시도록 간구해야 한다.

주님의 모든 교회에 주실 그분의 긍휼과 우리의 대제사장인 주 예수의 공로와 중보를 통하여 우리를 받아 주실 것을 확신하면서 경외하는 마음으로 정당하게 하나님의 거룩하신 규례를 사용함으로써 우리의 심령이 하나님과 교통하기를 원한다고 고백해야 한다. 그리고 그 목적을 위하여, 하나님의 은혜롭고 효력 있는 도우심으로 말미암아 주님의 거룩하신 안식일인 주님의 날을 거룩하게 하사 공적이며 사적인 모든 의무를 다하게 하시되, 우리 자신과 주님의 백성 중 모든 다른 교회들이 복음의 부요함과 우수함을 따라서 이날을 기념하며 즐길 수 있게 해주시기를 열심히 간구해야 한다.

그리고 우리는 과거에 무익한 청중으로 있었으며, 지금도 우리 자신으로는 하나님의 깊은 것들, 즉 영적으로라야 분별하는 예수 그리스도의 비밀을 마땅히 받을 만큼 받을 수 없기 때문에, 유익을 얻도록 가르치시는 주님께서 은혜롭게 외부적인 은혜의 방편과 함께 은혜의 성령을 부어 주시기를 매우 기뻐하사, 우리 주 예수 그리스도를 아는 지식이 탁월한 정도에까지 이르게 하시고, 그 안에서 우리의 평강에 속한 일들을 알게 하사, 그리스도와 비교해서는 모든 것을 배설물같이 여기게 하시기를 기도해야 한다. 또한 우리는 이제 장차 나타날 영광의 첫 열매를 맛보면서 주님과 더욱 충만하고 온전한 사귐을 사모하게 하시며, 주님 계신 곳에 우리도 있고, 영원히 하나님의 우편에 있는 기쁨과 즐거움의 충만을 누리게 해주시기를 간구해야 한다.

더욱 특별히 하나님의 가족들에게 생명의 떡을 나누어 주라고 지금 부르신 주의 종에게 하나님께서 지혜와 믿음과 열심과 말씀을 넣어 주사, 주의

종이 하나님의 말씀을 바로 해석해서 성령과 능력의 증거가 나타남으로 각자에게 그의 몫을 주게 하시고, 듣는 자의 마음과 귀에 주님께서 할례를 행하사, 저희 영혼을 능히 구원하는 말씀, 즉 그들의 마음에 심겨진 말씀을 온유함으로 받고 사랑으로 듣게 하시기를 기도해야 한다. 그리고 말씀이라는 좋은 씨앗을 받아들일 수 있는 좋은 땅으로 만들어 주시어, 사탄의 유혹과 이생의 염려와 저희 마음의 완악함 및 그들을 유익하게 하고 구원받게 하는 설교청취를 방해할 수 있는 것은 무엇이든지 맞서 싸울 수 있도록 강건하게 해주시기를 간구해야 한다. 그 결과 그들의 모든 생각이 사로잡혀 그리스도에게 복종하게 하시고, 그들의 마음이 모든 선한 말과 행실에 영원토록 서게 될 정도로 그리스도의 형상이 그들 안에서 이뤄지고 그리스도께서 그들 안에 사시기를 기도해야 한다.

우리는 이것이 일반적인 공적 기도를 위해 적합한 지침이라고 판단한다. 그러나 목사가 모인 사람들을 신중하게 살펴보고서 이 기도의 어느 부분을 설교 이후로 늦추어도 되고, 설교 전에 하는 기도에서 장차 정해질 감사기도의 일부를 하나님께 올려도 된다.

말씀의 설교에 대하여

말씀의 설교는 구원에 이르게 하는 하나님의 능력이요 복음의 사역에 속하는 가장 위대하고 가장 탁월한 역사에 속하므로, 그 일하는 자가 부끄럽게 여길 필요가 없고, 그와는 달리 자기 자신과 그 말씀을 듣는 자들을 구원하도록 수행되어야 한다.

임직의 규칙에 따라서 예상되는 것은, 그리스도께 속한 목사는 그런 중대한 봉사를 할 수 있도록 성경원어들과 신학에 종속된 인문학과 자연과학에 관한 습득과[381] 신학 전체의 구조에 대한 지식과[382] 무엇보다도 성경에 보통 신자들 이상으로 마음과 뜻을 쏟아 연습하고 하나님의 성령의 조명과 그 외 다른 건덕의 은사들로 말미암아, 어느 정도 상당한 은사를 받은 사람이어야 한다는 것이다. 게다가 그는 하나님의 말씀을 읽고 연구함과 동시에 하나님께서 그에게 알게 하고자 하시면 언제든지 아직까지 이르지 못한 진리를 인정하고 받을 결심을 하면서 기도와 겸손한 마음으로 성령의 조명과 건덕의 은사를 간구해야 한다. 목사는 그가 준비한 설교를 공적인 예배에 전하기 전에, 개인적인 준비 과정에서 이 모든 것들을 사용하고 활용할 것이다.

보통으로 목사의 설교 주제는 신앙의 어떤 원칙이나 핵심 항목을 설명하는 성경 본문이어야 하고, 아니면 그때에 긴급하게 일어난 특별한 경우에 맞는 것이거나, 혹은 그가 적합하다고 생각하는 대로 성경의 어떤 장이나 시편이나 각각의 성경을 계속해서 설교할 수도 있다.[383] 또한 본문의 서론은 간단명료하게 하고, 본문 그 자체나 문맥 혹은 비슷한 병행구절이거나 성경의 전반적인 문장에서 이끌어내야 한다. 만일 역사서나 비유를 다룰 때 본문이 긴 경우 그는 간단한 핵심을 말해 주고, 짧은 경우 필요하면 많은 말로 쉽게 설명해 줄 수도 있다. 본문이 길든지 짧든지 어떤 경우에서든지 본문의 의도를 부지런히 살피고 거기에서 그가 드러내고자 하는 교리의 주요 항

---

381) 목사는 철학과 문학, 논리학, 과학, 경제학, 예술 등에 대한 기초적인 인문학 지식이 필수적이다.

382) 성경 전체는 논리 구조와 교리 체계를 가지고 있다. 따라서 성경을 바르게 이해하기 위해서는 성경의 각 주제와 내용에 대한 "전체의 구조에 대한 지식"이 필수적이다. 신학공부는 바로 이 전체구조를 습득하는 훈련이다. 개혁파 신학의 전체구조는 공교회적 신조를 통해서 규범화됐다. 즉, 성경, 하나님, 죄, 예수님, 구원, 교회, 종말과 같은 7개의 교리를 웨스트민스터 신앙고백의 구조를 따라서 이해하고, 이 구조 안에서 성경을 해석하고 적용하는 것이 개혁파 신학구조다.

383) 개혁파 교회의 설교는 성경의 각 장을 연속적으로 설명해 가는 '강해설교'를 우선한다. 그러나 이 강해설교는 단어나 문장을 원문적으로 분석하고 설명하는 단편적인 해설이 아니라 "신앙의 어떤 원칙이나 핵심 항목"으로 정립하여 전달하는 교리적 강해설교다. 즉, "단어의 순서보다는 내용의 순서(문맥)를 더욱 중시"하여 교리적 개념과 내용을 전달해야 한다.

목과 근거를 지적해야 한다.[384]

본문을 분석하고 분해함에 있어서 설교자는 단어의 순서보다는 내용의 순서(문맥)를 더욱 중시하고, 설교 초반에 본문을 너무 많은 세부항목으로 나눠서 듣는 자들의 기억력에 부담을 주지 말고, 기교를 부리는 애매한 용어로 저희의 마음을 괴롭히지 말아야 한다. 본문에서 교리를 끌어내는 경우에 조심해야 할 것들이 있다. 첫째로 그것이 하나님의 진리일 것과 둘째로 그 진리가 본문에 포함되어 있거나 근거한 것이 되어 듣는 자들로 하여금 하나님께서 어떻게 그 본문에서 그 교리를 가르치시는지를 청중이 분별하도록 해야 하며, 셋째로 본문에서 우선적으로 의도되고 또한 듣는 이들의 덕을 세우는 데 가장 도움이 되는 교리들을 주로 강조해야 한다.

교리는 평범한 용어로 설명하고, 만일 그것과 관련된 어떤 것이라도 설명이 필요하면 그것을 설명하고, 그 결론도 역시 본문으로부터 입증되어야 한다. 그 교리를 확증하는 성경의 병행구절들은 많기보다는 명백하고 적절해야 하며, 필요하면 현재 다루고 있는 목적을 어느 정도 주장하는 것이어야 하고 또한 그 목적에 적합해야 한다. 논점이나 근거는 견고해야 하고, 할 수 있는 대로 최대한의 설득력이 있어야 한다. 예화들은 어떤 종류를 막론하고 진리의 빛으로 충만해야 하고, 듣는 이의 마음에 영적 기쁨을 주며 진리를 전달할 수 있는 것이어야 한다.

만일 듣는 사람들 가운데 성경에 대한 어떤 명백한 의심이나, 이유나 편견이 일어나는 것 같으면 그것은 반드시 제거해 줘야 하는데, 서로 어울리지 않는 것처럼 보이는 것을 일치시켜 주거나, 그 이유에 대답을 해주거나, 편견과 오류의 원인을 찾아내서 제거해 줌으로써 해야 한다. 그렇게 하지 않고 헛되고 악한 반론을 내놓거나 답변함으로써 청중을 의심한 상태로 그대

---

384) '교리적 강해설교'란 "본문의 의도를 부지런히 살피고 거기에서 그가 드러내고자 하는 교리의 주요 항목과 근거를 지적"하는 방식이다. 단어와 문장만 해설하는 것이 아니라 문맥 전체를 통해서 본문의 의도와 목적을 찾아내고 그 본문의 의도와 연관된 교리를 정립해 주는 것이다. 이런 개혁파 설교의 독특성을 드러내기 위해서 예배모범은 '교리'(Doctrine)라는 말을 의도적으로 반복하면서 여러 문장에 배치했다.

로 두는 것은 적합하지 않으며, 게다가 그 반론도 끝이 없으므로 반론을 내놓거나 답변하는 것은 덕을 세우기보다는 오히려 듣는 이들을 방해한다.

비록 아무리 많이 밝혀지고 확증되었다 하더라도 목사는 일반적인 교리 설명으로 만족할 것이 아니라, 교리를 청중에게 적용함으로써 그 특별한 소명을 깨닫도록 해야 한다.[385] 이것은 설교자에게 대단히 힘든 일이고 많은 신중함과 열심과 숙고함이 필요한 것이고 본성적으로 타락한 사람에게는 대단히 불쾌한 일이 분명하지만, 그래도 목사는 그것을 다음과 같은 태도로 수행하도록 노력해야 한다. 즉, 그의 청중들이 하나님의 말씀은 살았고 권능이 충만하여 마음의 생각과 뜻을 감찰하는 것을 느끼고, 만일 그중에 불신자나 무식한 자들이 출석하였으면 자기 마음의 비밀을 고백하고 하나님께 영광을 돌리게 해야 한다. 그 교리의 결말로 어떤 진리에 관한 지식을 가르치거나 알려줄 때, 그는 편리 한대로 그것을 현재의 본문과 또 다른 성경 구절들이나 그 진리가 속한 분야의 신학이 지닌 일반적인 주제의 본질에서 취한 몇몇 확고한 이론을 가지고 그것을 확증해야 한다.

그리고 거짓된 교리를 반박할 때, 목사는 옛날 이단을 무덤에서 다시 일으켜서도 안 되고, 신성모독적인 견해를 불필요하게 언급하지 말며, 하지만 회중이 오류에 빠질 위험이 있으면, 그는 그 오류를 확실하게 반박해야 하며, 모든 반대를 대항하기 위해서 그들의 판단과 양심을 지키도록 힘써야 한다. 의무를 감당하도록 권면할 때, 목사는 그 정당한 이유를 제시하는 것과 마찬가지로 그 의무를 수행하는 데 도움이 되는 방법까지도 역시 가르쳐야 한다. 특별한 지혜를 필요로 하는 충고와 책망 그리고 공적 권면에 관해서는, 그렇게 해야 할 정당한 이유가 있어야 할 때, 목사는 그 죄의 본질과 심각성과 거기에 따르는 비참함을 나타낼 뿐만 아니라, 청중이 죄에 사로잡혀

---

385) '교리적 강해설교'는 "일반적인 교리 설명으로 만족할 것이 아니라"는 지적처럼 강의식 개념 설명에 그치는 것이 아니다. 예배모범은 교리에 대한 기초설명뿐만 아니라 "교리를 청중에게 적용함으로써 그 특별한 소명을 깨닫도록 해야 한다."라고 언급하여 각 교리가 개교회와 성도들의 형편에 섭리적으로 정확히 구체적으로 적용될 수 있도록 요구한다.

경악하게 되는 위험성도 제시하고, 동시에 구제책과 그것을 피할 가장 좋은 방법을 알려주어야 한다.

위로를 할 때, 그것이 모든 시험에 대비하는 일반적인 것이거나 어떤 특별한 고통이나 공포에 대비한 특수한 것이든지, 목사는 시련을 당하는 마음과 곤고한 심령이 반대로 제시할 수 있는 반대의견들을 고려해서 주의 깊게 대답해야 한다. 또한 때로는 다가올 시련을 예고하는 것이 필요한데, 이것은 특별히 유능하고 경험 많은 목사들이 신중함과 지혜로움과 성경에 분명하게 근거한 표징들을 제시하면서 하면 대단히 유익하다.[386] 그렇게 함으로써 청중들이 각각 자신이 그런 은혜에 도달하였는지, 또한 그가 권면하는 의무를 감당했는지, 혹은 책망 받는 죄를 범하여 경고된 심판의 위험에 처해 있는지, 아니면 위로 받기로 명시된 사람들 가운데 속하였는지 자신을 살펴볼 수 있다. 그로 인해서 자신을 검토한 결과 자기의 처지에 따라서 그들은 의무를 이행하도록 격려를 받으면서 서두르게 되고, 자기들의 부족함과 죄를 생각하고 자신을 낮추기도 하며, 위험에 처했을지라도 위로를 받아 강하게 될 수 있다.

그리고 본문에 있다고 모든 교리를 다 설명해야 하는 것은 아니므로, 목사는 그의 양떼들과 함께 살며 교제를 함으로써 가장 필요하고 적절하다고 판단한 교리들과 교리들 중에서도 그들의 영혼을 빛과 거룩함과 위로의 근원되시는 그리스도에게로 가장 잘 이끌 수 있는 교리들을 지혜롭게 선택해야 한다. 이 설교방법은 모든 사람에게 혹은 모든 본문에 필수적인 것으로 규정된 것이 아니라 추천된 것뿐이다. 이는 하나님의 많은 축복을 받고 사람들의 이해와 기억을 돕는 데 아주 유익한 것으로 경험을 통하여 깨달았기 때문이다.

---

386) 교리를 각 성도들에게 섭리 안에서 구체적으로 적용하는 일은 많은 훈련과 경험과 숙련됨이 필요한 설교적 수고다. 이 때문에 예배모범은 "유능하고 경험 많은 목사들이 신중함과 지혜로움으로 더 잘 할 수 있다."라고 권면하여 후배목사들이 선배목사들과 깊은 유대 관계 속에서 이런 숙련됨을 배울 수 있도록 권고했다. 그리고 이 훈련은 정치모범에서 제시하는 노회와 총회의 구조에서 더 잘 이뤄진다.

그러나 그리스도의 종은 설교 방법이 무엇이든 간에 그의 모든 설교사역을 다음과 같이 수행해야 한다.

1. (부지런히), 주의 일을 게으르게 하지 말고 '부지런히' 해야 한다.
2. (쉽게), 가장 뒤떨어진 사람도 이해할 수 있도록 진리를 '쉽게' 전해야 하며, 사람의 지혜에서 나온 매혹적인 말로 하지 않고, 성령의 나타나심과 능력으로 하여 그리스도의 십자가를 효력 없게 만들지 않도록 주의해야 한다. 또한 알지 못할 말, 이상한 문구, 소리와 단어의 운율을 함부로 사용하지 말아야 한다. 교회의 작가든지, 그 밖의 인간의 작가든지, 고대나 현대의 작가든지, 그들의 글이 아무리 세련될지라도 그 글들을 신중하게 인용하라.
3. (신실하게), 자기의 유익이나 영광을 바라보지 말고, 그리스도의 존귀와 사람들의 회심과 건덕과 구원을 '신실하게' 바라보라. 그 거룩한 목적들을 촉진시킬 수 있는 것은 아무 것도 막지 말고, 각 사람에게 그들 자신의 몫을 나눠주며, 가장 미천한 자라도 멸시하지 않고 가장 위대한 자라도 죄를 지으면 용서하지 말고 모든 사람을 공평하게 대해야 한다.
4. (지혜롭게), 그가 가르치는 모든 교리들과 권면, 특별히 책망을 '지혜롭게' 구성하여 가장 잘 설득할 태도로 하되, 각 사람의 인품과 지위에 합당한 경의를 표하고, 자기 자신의 감정이나 원한을 섞지 말아야 한다.
5. (신중하게), 하나님의 말씀에 합당하게 '신중한' 태도로 하여, 부패한 사람들에게 목사와 목회사역을 멸시하게 할 수 있는 그런 몸짓이나 목소리나 표현을 일절 피해야 한다.
6. (사랑하는 마음을 가지고), 사람들로 하여금 모든 것이 목사 자신의 경건한 열심과 그들을 유익하게 하려는 간절한 소원에서 나오는 것임을 볼 수 있도록 '사랑하는 마음을 가지고' 해야 한다.
7. (하나님에 관하여 배운 대로 그리고 그 자신의 마음으로 확신한 대로), 그리스도의 진리를 가르쳐야 한다. 그리고 그들에게 본이 되도록 그의 양떼에 앞서 걷고, 개인적으로나 공적으로나 자기의 수고를 하나님의 축복에 진심으로 맡기고,

자신을 주의 깊게 살피며, 주님께서 그를 감독자로 세우신 그 양떼들을 주의 깊게 돌아보아야 한다. 이와 같이 하면 진리의 교리가 타락하지 않고 보전되어 많은 영혼들이 회개하여 돌이켜 세워지게 되며, 자신도 그의 수고로 이 세상에서도 많은 위로를 받고, 후에 장차 올 세계에서 자기를 위하여 준비된 영광의 면류관을 받을 것이다.

한 교회에 한 명 이상의 여러 목사가 있고 그들이 각각 다른 은사를 가지고 있을 경우에, 각각의 목사는 자기의 가장 우수한 은사에 따라서 또한 그들 가운데서 합의하는 대로 교리를 가르치는 일이나 권면하는 일 중 한 가지에 더욱 특별히 전념할 수 있다.

설교 후 기도에 대하여

설교가 끝나면 목사는 다음과 같이 기도해야 한다. "그의 아들 예수 그리스도를 우리에게 보내 주신 하나님의 크신 사랑에 감사하오며, 성령의 교통하심과 영광스러운 복음의 빛과 자유와 그리고 복음 안에 드러난 풍성하고 신령한 복, 즉 선택과 부르심과 양자와 칭의와 성화와 영광의 소망에 감사하오며, 이 나라를 적그리스도의 흑암과 억압에서 자유하게 하시는 하나님의 놀라운 선하심과 다른 모든 나라들의 구원과 그리고 종교개혁과 언약과 이 세상의 많은 축복에 감사하옵나이다."

그리고 "복음과 거기에 있는 모든 규례가 순결과 권능과 자유 안에서 계속되게 하옵소서", 설교의 중요하고 가장 유용한 항목들을 몇 가지 간구 제목으로 만든 다음에 "그것이 마음에 심겨져 열매를 맺게 해 주옵소서"라고 기도해야 한다.

또한 "사망과 심판을 예비하시고, 우리 주 예수 그리스도의 오심을 깨어 기다리게 하시고, 우리가 거룩한 일들을 더럽힌 죄악을 용서해 주시고, 우리의 대제사장 구주 예수 그리스도의 공로와 중보를 통하여 우리의 영적 제사를 받아 주옵소서"라고 하나님께 간청해야 한다. 그리고 그리스도께서 제자들에게 가르치신 기도는 기도의 모형일 뿐만 아니라 그것이 바로 가장 포괄적인 기도이므로, 우리는 주기도문을 교회에서 기도할 때 사용할 것을 추천한다.

이에 반해서 성례 집례시나 공적 금식 혹은 감사일의 시행이나 그 밖의 특별한 일이 있을 때, 그때에는 특별한 간구와 감사의 내용으로 기도할 수 있다. 우리의 공적인 기도에서 특별한 기도를 어느 정도 표현하는 것은 필요하다. 예를 들면, 현재에 성직자들 총회와 바다와 육지의 군대에게 은총 베푸시기를 기도하고 왕과 의회와 왕국을 보호해 주실 것을 기도하는 것이 우리의 의무이다. 그리고 이런 점에서 모든 목사마다 설교 전이나 후에 그런 우발적인 필요들을 위하여 기도해야 한다.

그러나 어떤 태도로 할 것인가에 대해서는 목사의 자유에 맡겨져 있다. 이는 목사가 경건하고 지혜롭게 의무를 수행할 수 있도록 하나님께서 목사를 지도하시고 능력 주실 것이기 때문이다. 기도가 끝났을 때, 시편찬송을 쉽게 부를 수 있다면 그 찬송을 부르게 하라. 그 후에 그때에 회중에 관계되는 그리스도의 어떤 다른 규례가 없으면 목사는 엄숙한 축도로 회중을 해산시켜라.

성례의 집례에 대하여

첫째, 세례에 대하여

세례는 필요 없이 늦출 것이 아니요 어떤 경우라도 사적인 사람이 집례할 것이 아니고 하나님의 비밀을 맡고 청지기로 부르심을 받은 그리스도께 속한 목사가 집례해야 한다. 또한 세례는 개인 집에서 사사로이 집례할 것이 아니요 공적 예배 시에 회중 앞에서 사람들이 가장 편리하게 보고들을 수 있는 곳에서 집례할 것이며, 교황 시대처럼 성수반(세례대)이 합당치 않게 미신적으로 설치된 곳에서 집례하지 말아야 한다.

세례 받을 어린아이는 하루 전에 목사에게 통지를 하고, 아버지가 데리고 나올 것이요, 아버지가 피치 못할 사정으로 없을 경우에는 그 대신 다른 신자의 친구가 데리고 나와서 어린아이가 세례받기를 원한다는 진지한 소원을 말해야 한다. 세례 전에 목사는 이 성례의 제정과 성격과 용도와 목적에 관하여 몇 가지 교훈의 말을 아래와 같이 언급해야 한다.

세례는 우리 주 예수 그리스도께서 제정하신 것이다. 세례는 우리가 그리스도께 접붙임을 받은 것과 그분과 연합된 것과 죄를 사함 받은 것과 중생과 양자 됨과 영원한 생명을 받은 것과 은혜언약에 대한 인치심이다. 세례의 물은 원죄와 실제로 짓는 모든 죄(자범죄)의 죄책을 제거하는 그리스도의 피뿐만 아니라, 죄의 권세와 우리의 죄악 된 본성의 부패성을 대적하는 그리스도의 성령의 거룩하게 하시는 능력도 나타내고 상징한다.

침례나 물을 뿌리는 것이나 혹은 물로 씻음은 예수 그리스도의 피와 공로로 죄를 깨끗하게 하신 것을 상징하고, 또한 그리스도의 죽으심과 부활의 효력으로 죄가 죽는 것과 새 생명으로 일어나는 것을 상징한다. 세례는 신자와 그들의 후손에게 약속을 준다. 교회 안에서 태어난 믿는 자의 자녀와 후손은 구약시대의 아브라함의 자손들과 마찬가지로 복음 아래에서도 출생에 의해 은혜언약에 참여하고, 그 언약의 인치심과 교회의 외적인 특권에 참여하는 권한을 가진다.[387]

은혜언약은 구약이나 신약에서 본질상 같지만, 신약시대에는 하나님의 은혜와 믿는 자들에게 주시는 위로가 구약시대보다 더욱 풍성하다. 하나님의 아들은 어린아이들이 그 앞에 나오는 것을 허락하시

---

387) 개혁파의 유아세례는 성경대로 바르게 세례의 수단을 사용하면 출생과 동시에 하나님의 자녀로 확증해 주는 은혜언약의 표시와 인침이다. 하지만 로마 가톨릭처럼 무조건 100퍼센트 세례와 구원을 동일시하는 것도 아니요, 알미니안주의처럼 세례를 받았다 할지라도 신앙교육을 통해서 자녀가 신앙을 수용하기 전까지는 불신자로 취급하는 것도 아니다.

고 그들을 껴안고 축복하시며, "하나님의 나라가 이런 자의 것이니라."라고 말씀하셨다. 어린아이들은 세례를 받음으로 보이는 교회의 품안에 엄숙하게 받아들여지고, 세상과 외인들에게서 구별되어 모든 믿는 자들과 연합된다.

그리스도의 이름으로 세례를 받은 모든 사람은 마귀와 세상과 육신을 거부하고, 그리고 이 세례에 의해 그것들과 싸워야만 한다. 그들은 세례 받기 전에 이미 그리스도인들이요, 언약적으로 거룩하므로 세례를 받는다. 세례의 내적 은혜와 효력은 세례가 집행되는 그 순간에 매인 것이 아니고, 세례의 열매와 권능은 우리 일생 전체를 통하여 영향을 끼친다. 유아세례를 받을 수 있는 시간과 장소가 있었을 때 그들이 그리스도의 규례를 멸시하거나 무시하지만 않았다면, 그 유아가 세례를 받지 않았다는 이유로 형벌의 위험에 빠지거나 부모가 정죄 받을 만큼 외적인 세례는 필수적이지 않다.

세례의 교리에 대하여 무지와 잘못이 있거나 사람들의 건덕을 세우기 위해서 필요하다면 이런 가르침이나 또는 이와 같은 동일한 가르침으로 목사는 자신의 권위와 경건한 지혜를 사용해야 한다. 또한 목사는 참석한 모든 사람에게 다음과 같이 권고해야 한다.

각자 자신의 세례를 돌아볼 것과, 하나님과 맺은 언약을 배반한 그들의 죄를 회개할 것과 자신의 믿음을 힘 있게 할 것과 자신의 세례와 하나님과 저희 영혼 사이에 인쳐진 언약을 잘 지키고 올바르게 사용하라고 권고해야 한다.

목사는 부모들에게 다음과 같이 훈계해야 한다.

자신과 자기 자녀에게 주신 하나님의 크신 긍휼을 생각하고, 자녀를 기독교 신앙에 근거한 지식과 주님의 교훈과 훈계로써 기르게 하고, 만일 게으르면 그 자신과 자녀에게 내려질 하나님의 진노의 위험성이 있음을 깨우치고, 자신의 의무를 이행하겠다는 엄숙한 약속을 받아 내야 한다.[388]

이런 훈계 이후에, 세례제정에 대한 말씀을 소개하고, 이어서 이 영적 용도를 위하여 물을 성별해 주실 것을 기도해야 한다. 이를 위해서 목사는 다음과 같이 혹은 그와 비슷한 내용으로 기도해야 한다.

우리를 약속 없는 외인들같이 남겨 두시지 않고, 주님의 규례의 특권을 누리도록 불러 주신 주여! 이 시간에 주께서 베푸신 세례의 규례를 은혜로 성별해 주시고 복 내려주옵소서. 주님께서 이 외적인 물세례에 주님의 성령으로 내적인 세례를 결합시켜 주시고, 유아에게 베푼 세례가 양자됨과 죄 사함과 중생과 영생과 모든 다른 은혜언약의 약속들을 받는 인치심이 되게 하옵소서. 그리고 이 아이가 그리스도의 죽으심과 부활하심을 본받아, 죄의 몸은 그리스도 안에서 죽고 새 생명으로 그의 일생을 통하여 하나님을 섬기게 해주시옵소서.

그다음에 목사는 아이의 이름을 묻고, 대답을 듣고 나면 아이의 이름을 부르면서 다음과 같이 말한다. "나는 성부와 성자와 성령의 이름으로 그대에게 세례를 주노라." 이런 말로 공표하면서 목사는 아이에게 물로 세례를 준다. 세례를 시행하는 방식에 관해서는, 어떤 다른 의식을 첨가하지 않고 그 아이의 머리에 물을 붓거나 뿌림으로써 베풀어진 세례는 합법적일 뿐만 아

---

388) '자신의 의무를 이행'은 교리문답 교육과 예배생활의 정규적인 훈련을 의미한다. 유아세례는 은혜언약의 열매로 주어진 선물이지만 반드시 신앙의 기초와 예배생활을 훈련시켜야 한다는 부모의 책임을 동반한다. 그래서 장로교회는 교회법 서언에서 "그중에 소요리문답은 더욱 우리 교회 문답 책으로 채용하는 것이다."라고 언급하듯이 반드시 소요리문답 교육을 필수적으로 요구한다.

니라 충분하고 가장 적합한 것이다. 이렇게 한 후에, 목사는 다음과 같이 혹은 그와 비슷한 내용으로 감사를 드리며 기도를 해야 한다.

주님은 그 언약과 긍휼을 지키시는 데 참되시고 미쁘신 것을 감사히 인정하오며, 하나님은 선하시고 은혜로우사 우리를 그의 성도들 중 하나로 여겨 주실 뿐만 아니라 우리의 자녀들에게까지도 그리스도 안에서 하나님의 특별하신 이런 사랑의 징표와 표식을 허락해 주심을 감사합니다. 또한 하나님의 진리와 특별하신 섭리 가운데서 주님의 교회의 지속과 성장을 위해서 주님께서는 날마다 하나님의 사랑하시는 아들의 피로 값 주고 사신 사람들을 주님의 교회 품으로 더해 주시사, 주님의 헤아릴 수 없는 은택을 받을 수 있게 하심을 감사합니다.

그리고 주님께서는 주님의 이 말할 수 없는 은총을 더욱더 계속 부어 주시고, 지금 세례 받고 엄숙하게 믿음의 가족에게 들어온 이 아이를 하나님 아버지의 가르치심과 보호하심으로 영접해 주시고, 주께서 자기 백성에게 보여 주시는 은총으로 그를 기억해 주옵소서. 또한 만일 이 아이가 어렸을 때 이 세상으로부터 취해져야 한다면 긍휼에 풍성하신 주여, 이 아이를 영광중에 받아 주시를 바라오며, 그가 살아서 분별하는 연령에 이르거든 주께서 말씀과 성령으로 그를 가르치사, 그가 받은 세례가 그에게 효력이 되게 하옵소서. 그리고 하나님의 신적 권능과 은혜로써 그를 붙드사, 그가 믿음으로 마귀와 세상과 육신을 이기고 마침내 최후의 완전한 승리를 거둘 때까지 우리 주 예수 그리스도로 말미암아 구원에 이르는 믿음을 통하여 하나님의 권능으로 그를 지켜 주시기를 기도합니다.

성찬식, 즉 주님의 만찬의 성례에 대하여

성찬식, 즉 주님의 만찬은 자주 시행되어야 한다. 그러나 얼마나 자주 해야 하는지는 목사와 각 회중의 다른 교회 치리자들(장로)이 자신들의 손에 맡겨진 사람들의 위로와 건덕에 가장 알맞은 대로 판단하여 결정할 것이다.[389] 그리고 성찬식을 집례할 때는 아침 설교 후에 하는 것이 알맞은 줄로 우리는 판단한다.

무식한 자와 수치스러운 자는 성만찬의 성례를 받는 것이 합당치 못하다. 형편상 이 성례를 자주 집례할 수 없을 때는 반드시 성찬식 집례 일주일 전에 공적으로 경고하는 것이 필요하다. 또한 그때 혹은 그 주간 어느 날이라도 그 규례에 관하여, 그리고 성찬 참여와 그에 따른 합당한 준비에 관한 내용을 가르쳐야 한다. 그 결과 이와 같은 목적을 위해 하나님께서 성별하신 모든 수단을 공적이며 사적으로 부지런히 사용함으로써, 모든 회중은 천국 잔치에 들어갈 준비를 더욱 잘 할 수 있게 된다. 성찬식 집례의 날이 오면, 목사는 설교와 기도를 끝내고 다음과 같은 간단한 권고를 해야 한다.

우리가 이 성례를 통하여 받는 측량할 수 없는 은택과 성찬의 용도와 목적을 같이 설명하고, 우리의 인생행로와 영적싸움에서 성찬을 통하여 위로와 새 힘을 받는 것이 얼마나 필요한가를 설명해야 한다. 그리고 우리가 지식과 믿음과 회개와 사랑과 그리스도와 그분의 은혜에 굶주리고 목마른 마음을 가지고 성찬식에 나오는 것이 얼마나 필요한지도 설명하고, 더불어 합당치 않게 먹고 마시는 것이 얼마나 위험한 것인지도 설명해야 한다.

그다음, 목사는 먼저 모든 무식한 자, 수치스러운 자, 신성모독적인

---

389) 321p 첫째 세례 다음의 둘째이지만, 원문에 둘째라는 표기는 없다. 성찬의 시행은 '규정적 원칙'이지만, 횟수의 선택은성찬의 시행은 '규정적 원칙'이지만, 횟수의 선택은 앞서 예배론 원리에서 언급한 것처럼 당회나 총회가 교회법을 통해서 자유선택으로 결정할 수 있는 '사려분별의 원칙'으로 결정한다.

웨스트민스터 다섯 가지 표준문서

자, 혹은 그들의 지식이나 양심에 어긋나는 어떤 죄나 행위 가운데 살고 있는 자들에게 "합당하지 않게 먹고 마시는 사람은 자신에게 임할 심판을 먹고 마신다."는 것을 지적하면서 "그런 사람들은 그 거룩한 식탁에 나오는 것을 생각지 말라."고 그리스도의 이름으로 경고해야 한다.[390]

다음으로 자신의 죄악에 대한 부담감에 사로잡혀 있고 진노의 두려움에 눌리어 그들이 이제까지 은혜에 이를 수 있었던 것보다 더 큰 성장에 이르기를 사모하며 수고하는 모든 사람들에게 목사는 극진한 태도로 주의 만찬에 나오라고 격려하며 초대해야 한다. 그 결과 그들의 연약하고 피곤한 심령에 평강과 새로움과 힘이 주어질 것이라고 주의 이름으로 그들에게 확신을 주어야 한다.

이렇게 권고와 경고와 초대를 한 후에, 매우 적합하게 배치하고 단정하게 덮어두었던 성찬상에 성도들은 질서 있게 둘러앉았거나 마주 앉고, 목사는 자기 앞에 차려진 떡과 포도주를 성별하고 축복함으로써 예식을 시작해야 한다. 떡은 알맞고 편리한 그릇에 담고 포도주도 역시 큰 잔에 담아서 준비하고 목사가 떼어 주면 성도들 사이에 분배가 되도록 한다.[391] 목사는 우선 간단한 말로 이 떡과 포도주는 보통 것과 같은 것인데 이제 성찬제정의 말씀과 기도로 이 거룩한 용도에 사용하도록 구별되어 성별된 것임을 알려주어야 한다.

---

390) 성찬은 구원의 표시가 아니라 은혜의 충만함과 영적 양식에 대한 표시이기 때문에 유아세례 받은 자라도 성찬의 미에 대한 일정한 지식을 갖추기 전까지는 '무지한 자'로 취급되어 참여할 수 없다. 유아세례자는 각 교단의 교회 법에 따라서 12–13세 정도에 입교식을 거친 후 참여 가능하다.

391) 성찬 시행의 방식에서 성찬 제정 말씀, 성별기도, 떡과 포도주 나눠 주기는 '규정적 원리'에 속하고 구체적으로 나누는 방식은 '사려분별의 원리'에 속한다. 그래서 예배모범은 성찬상 주변에 빙 '둘러앉거나', 또는 성찬상을 바라보는 형태로 '마주 앉는' 방식 모두 허용한다. 떡을 뗄 때는 방식도 '목사가 모두 뗄 방식'을 선택할지, 아니면 '미리 떼어 놓는 방식'이나 목사가 떼어준 후 '성도들이 돌아가면서 떼는 방식'을 선택할지는 자유선택에 맡겼다. 포도주를 나누는 방식도 '큰 잔에 담아서 준비'할지, '미리 작은 잔에 나눠서 준비'해 놓을지 자유선택이다.

성찬제정의 말씀으로는 복음서 가운데서나 사도 바울의 고린도전서 11
장 23절 "내가 너희에게 전한 것은 주께 받은 것이니"에서 27절까지 읽을
것이요, 목사가 필요하다고 생각되면 설명하고 적용해 줄 수 있다. 그리고
떡과 포도주에 대하여 다음과 같이 기도하고 감사, 혹은 축복한다.

우리 인간의 비참함이 너무 큰 것과 거기에서 우리를 구원할 사람도
없고 천사도 없으며, 또한 하나님의 긍휼을 받을 가치가 우리에게 조
금도 없다는 것을 겸손히 또한 진심으로 인정하옵니다. 그리고 그분
의 모든 은택에 대하여 하나님께 감사하오며, 특별히 우리를 구원해
주신 크신 은혜와 하나님 아버지의 사랑과 하나님의 아들 주 예수 그
리스도의 받으신 고난과 공로와 그로 말미암아 우리가 받은 구원과
모든 은혜의 수단들, 즉 말씀과 성례에 감사하옵니다. 또한 특별히
이 성례에 대해서 감사하오며, 그로 말미암아 그리스도와 그의 모든
은총이 우리에게 적용되고 인쳐지게 하시며, 다른 사람들에게는 은
혜의 수단들을 주지 않으셨음에도 불구하고, 우리에게는 그 모든 것
을 우리가 그토록 아주 오랫동안 너무 남용했는데도 크신 자비하심
으로 계속 주신 것을 감사하옵니다.
예수 그리스도의 이름 외에 천하 인간에 우리가 구원받을 수 있는 다
른 이름이 없는 것을 고백하오며, 그 예수의 이름만 의지하여 우리가
자유와 생명을 얻고 은혜의 보좌에 나아감을 얻고 주의 식탁에서 먹
고 마실 허락을 받았으며, 그리스도의 성령으로 말미암아 행복과 영
생에 대한 확신을 가지도록 인침 받았음을 고백합니다.
모든 긍휼의 아버지여, 모든 위로의 하나님께서 은혜로 임하시고, 우
리 안에서 성령으로 효력 있는 역사를 이루사, 이 떡과 포도주를 성
별하시고, 주의 규례를 축복하사, 우리 때문에 십자가에 돌아가신 예
수 그리스도의 몸과 피를 우리가 믿음으로 받아먹게 하시고, 주님께
서 우리와 하나가 되시고, 우리는 주님과 하나가 되어 주님께서 우리

안에 사시고, 우리는 우리를 사랑하사 자신을 주신 주님 안에 그리고 주님을 위해서 살게 하시기를 간절히 하나님께 기도합니다.[392]

이 모든 것을 목사는 거룩한 행동에 일치하는 합당한 감정을 가지고 실행하려고 노력해야 하며, 회중들 안에서도 같은 감정을 품을 수 있도록 노력해야 한다. 떡과 포도주는 이제 말씀과 기도로 성별되었기에, 목사는 성찬상에 서서 손으로 떡을 잡고, 다음과 같은 말이나 아니면 예수님이나 사도들이 이런 예식 때 사용한 그와 비슷한 말을 해야 한다.

"우리의 복되신 구주 예수 그리스도의 거룩한 제정과 명령과 모범을 따라, 나는 이 떡을 취하여 감사하고 떼어 너희에게 주노라." 여기서 그 자신도 성찬에 참여하는 목사는 떡을 떼어 성도들에게 주면서 "받아먹으라. 이것은 너희를 위하여 깨뜨려진 그리스도의 몸이니라. 이것을 행하여 그를 기념하라."고 말한다. 동일한 방식으로, 목사는 잔을 취하고 다음과 같이 말하거나, 혹은 예수님이나 사도들이 이런 예식 때 사용한 그와 비슷한 말을 해야 한다. "우리 주 예수 그리스도의 제정과 명령과 모범을 따라, 나는 이 잔을 취하여 그것을 너희에게 주노라." 그리고 목사는 잔을 성찬에 참여하는 성도들에게 준다. 그러면서 "이 잔은 많은 사람들의 죄 사함을 얻게 하려고 흘리신 예수 그리스도의 피로 세운 새 언약이라. 너희가 다 이것을 마시라."라고 말한다.

모든 사람이 성찬을 마친 후에, 목사는 간단한 말로 저들의 마음에 다음과

---

392) 마지막 문장은 영적임재설을 대표하는 핵심 기도문이다. 이 내용이 빠지면 단순 기념설이 된다. 즉, 성찬을 통해서 단순히 그리스도의 구원 은혜와 혜택들만을 누리게 해달라고 기도하면 기념설적 기도가 된다. 반드시 성찬기도에서는 그리스도를 통해서 주어지는 은혜들뿐만 아니라 그리스도의 몸과 피에 참여하고 교제하며 연합하는 하나 됨의 실제적인 만남과 교제가 일어나도록 기도해야 한다.

같은 것을 권면할 수 있다.

"하나님의 은혜로 말미암아 예수 그리스도 안에서 이 성례를 시행했으니, 이제 성례에 합당하게 살도록 권하노라."

그리고 목사는 다음과 같이 엄숙하게 감사를 하나님께 드려야 한다.

이 성례를 그대들에게 허락하신 하나님의 풍성한 긍휼과 헤아릴 수 없는 선하심을 감사하오며, 전체 예식에서 부족했던 점을 용서해 주시기를 간구하오며, 하나님의 선하신 성령께서 은혜로 도와 주셔서, 모든 사람들이 그 은혜로 그렇게 위대한 구원의 징표들을 받은 자들이 되었으므로, 이제 그 은혜를 힘입어 행할 수 있도록 도와 주옵소서.

가난한 자들을 위한 헌금은 공적인 예배의 어느 부분도 그것 때문에 방해를 받지 않도록 순서가 정해져야 한다.

주님의 날의 거룩함에 대하여

우리는 주일을 미리 꼭 기억하여, 우리의 평범한 소명에 속한 그 모든 세상의 일이 잘 정돈될 수 있도록 하며, 적당한 때에 적절하게 일시 중지될 수 있도록 하고, 주일이 오면 그날을 합당하고 거룩하게 지키는 데 방해가 되지 않도록 해야 한다. 하루 종일 주의 날로 거룩히 지키되, 공적으로도 사적으로도 그리스도인의 안식일로 지켜야 한다. 그 목적을 위하여 모든 불필요한 노동들을 거룩하게 중지하고 하루 종일 쉬어야 하며, 모든 스포츠와 오락을 금지할 뿐만 아니라, 세속적인 말과 생각까지 금지해야 한다.

그날의 식사는 잘 정돈되도록 하여, 하인들이 필요 없이 하나님을 섬기는 공적 예배에 참석하지 못하는 일이 없게 하고, 어느 누구도 그날을 거룩하게 지키는 데 방해를 받지 않게 할 것이다. 각 사람과 가족마다 개인적인 준비를 하되, 자신들을 위한 기도와 목사를 하나님께서 도와 주실 것과 그의 목회사역에 축복해 주실 것을 위하여 기도하고, 또 다른 경건한 연습을 함으로써 하나님의 공적 규례에 참여할 때 하나님과 더 깊은 평안한 교제를 할 수 있게 처신해야 한다.

모든 사람은 시간을 맞추어 공적인 예배에 참석하여, 온 회중이 시작할 때부터 출석하도록 하고, 엄숙하게 한마음으로 공적 예배의 모든 부분에 함께 참여해야 하며, 축도를 마칠 때까지는 나가지 말아야 한다. 그리고 온 회중이 모여 엄숙하게 공적 예배드리기 전이나 후의 빈 시간 동안은 설교 내용들을 읽고, 묵상하고 기억하는 데 사용해야 한다. 특별히 저희 가족을 불러서 들은 바를 물어보고, 그들에게 교리문답을 가르치고, 경건한 대화를 하고, 공적인 규례에 축복해 주실 것을 기도하고, 시편찬송을 노래하며, 병든 자를 방문하고, 가난한 자를 구제하고, 그와 같은 경건과 자비와 긍휼의 의무를 감당하여 안식일을 기쁨으로 삼을 것이다.

결혼의 엄숙한 예식

비록 결혼은 성례도 아니요, 하나님의 교회에만 있는 독특한 것도 아니요, 인류 가운데에 일반적으로 있고 모든 나라에 공적인 관심사에 속한 것이지만, 그럼에도 결혼하는 자는 주님 안에서 결혼해야 하므로, 그리고 그와 같은 새로운 생활로 들어갈 때 하나님의 말씀을 통하여 교훈과 지도와 권고를 받을 특별한 필요가 있으므로, 게다가 새로운 생활로 들어간다는 점에서 하나님의 축복을 받아야 할 특별한 필요가 있으므로, 우리는 합법적으로 말씀을 맡은 목사가 결혼예식을 엄숙하게 거행하며, 그가 저희를 합당하게 상담하며 그들에게 복이 임하기를 기도하는 것이 타당하다고 판단한다.

결혼은 오직 한 남자와 한 여자 사이에만 이뤄져야 한다. 그리고 그들은 하나님의 말씀에 금한 혈족관계나 인척관계의 촌수들 내에 저촉되지 않는 사이어야 한다. 결혼할 사람들은 분별의 나이에 도달한 사람이어야 하고, 그래서 자신들이 선택을 하거나 건전한 근거 위에 상호 승낙을 하기에 적합해야 한다. 어느 누구라도 결혼식을 엄숙하게 거행하기 전에, 목사는 계속해서 3주일 동안 각각의 안식일에 회중에게 저들의 결혼 목적을 공고하되, 저희가 늘 자주 거처하는 곳이나 그런 장소들에 각각 공고해야 한다. 그리고 그들을 결혼시켜야 할 목사는 결혼식을 엄숙하게 거행하기 전에 이 공고에 대하여 충분한 증거를 가지고 있어야 한다.

결혼 목적을 발표하기 전에 만일 당사자들이 미성년자라면, 부모나 혹은 부모가 죽었을 경우에는 보호자가 승인한 것을 그 회중의 개교회 직원들에게 통지하여 그것을 기록하게 해야 한다. 비록 성인일지라도 그의 부모가 살아 있다면, 그들의 첫 번째 결혼인 경우에서는 다른 모든 절차 중에서도 부모가 승낙하는 절차가 더욱 지켜져야 한다. 결혼 당사자들 중 어느 한쪽이 재혼인 경우, 순탄하게 결혼이 진행될 수 있다면, 그들은 부모의 승낙을 얻으려고 노력할 때 먼저 부모에게 결혼 계획을 알리지 않고는 결혼 약속을 맺지 않도록 권고 받아야 한다.

부모들은 자기 자녀들을 그들의 자유로운 동의 없이 억지로 결혼하게 강요하지 말 것이며, 정당한 이유가 없이 부모 자신들의 승낙을 거부하지 말아야 한다. 또한 결혼 목적 혹은 약속이 그렇게 발표된 후에는 결혼식을 오래 지연시키지 말아야 한다. 그러므로 목사는 적절한 훈계를 한 후에, 결혼을 중지시킬 어떤 것도 제기되지 않는다면, 공적 금식의 날을 제외하고는 일 년 중 어느 날이라도 그날의 편리한 시간에, 권위자에 의해 공적 예배를 위하여 지정된 장소에서, 적당한 수의 믿을 만한 증인들 앞에서, 결혼식을 공적으로 엄숙히 거행해야 한다. 그러나 우리는 주일에는 하지 않도록 충고한다. 모든 결혼관계가 하나님의 말씀과 기도로 거룩해지기 때문에, 목사는 그들에게 다음과 같은 내용으로 축복을 위해 기도해야 한다.

웨스트민스터 다섯 가지 표준문서

우리의 죄로 인해서 우리는 하나님의 긍휼을 조금도 받을 수 없고, 오히려 하나님을 진노하시게 하여 우리의 모든 위로를 더 비참하게 만든 우리의 죄를 고백합니다. 예수 그리스도의 이름으로 주님께 간절히 간구하는 것은, 주의 임재와 은총이 모든 형편을 행복하게 만들고 모든 관계를 화목하게 하시오니, 주님께서 그들의 기업이 되사, 이제 그들의 하나님이 맺어 주신 언약, 즉 고귀한 결혼의 상태로 결합하게 된 저희를 그리스도 안에서 받으시고 하나님의 것으로 삼으시옵소서. 주님께서 주의 섭리로 저희를 결합케 하셨사오니, 주님의 성령으로 저희를 거룩하게 하시고, 새 생활에 적합한 새 마음의 자세를 저희에게 주시고, 모든 은혜로 풍성하게 하사, 그 은혜로 저희가 결혼생활의 의무들을 감당하고, 주님이 주시는 위로를 누리며, 모든 근심들을 견디고, 결혼생활에서 일어나는 시험을 신자답게 다 물리치게 하옵소서.

기도가 끝나면, 목사가 다음과 같이 저희에게 간단히 성경으로부터 몇 가지를 권고하는 것이 적합하다.

모든 성실함으로 그들이 서로 상대방에게 행해야 할 부부의 도리와 더불어 결혼 제도와 용도와 결혼의 목적을 설명한다. 즉, 하나님의 거룩한 말씀을 공부할 것과 믿음으로 사는 법을 배울 것과 결혼 생활의 모든 근심과 걱정 가운데서도 만족하는 법을 배울 것과 감사함과 근신함과 부부 사이에 위로를 주는 모든 것을 거룩하게 사용함으로써 하나님의 이름을 거룩하게 하며, 서로를 위하여 함께 많이 기도할 것과, 서로 살펴 서로를 사랑하게 하고 선행을 할 것과 영생의 은혜를 함께 상속할 자로 여기며 같이 살 것을 권한다.

모든 심령을 감찰하시고 마지막 날에 각자가 그 앞에서 자신들의 행위를 정확하게 설명해 드려야 하는 크신 하나님 앞에서, 이 두 사람 중 누구라도 미리 약혼을 했거나 다른 이유로 정당하게 결혼식을 할 수 없는 어떤 이유를 안다면 지금 말하라고 결혼할 두 사람에게 엄숙하게 물어본 후에, 어떤 방해할 이유도 없으면 목사는 먼저 신랑으로 하여금 신부를 오른손으로 잡고 이렇게 말하게 한다.

나는(신랑) 그대를(신부) 나의 아내로 삼아, 하나님께서 우리를 죽음으로 갈라놓으실 때까지 그대를 사랑하고 그대의 성실한 남편이 될 것을 하나님 앞과 이 회중 앞에서 약속하고 서약합니다.[393]

그다음 신부도 신랑을 오른손으로 잡고 이렇게 말하게 한다.

나는(신부) 그대를(신랑) 나의 남편으로 삼아, 하나님께서 우리를 죽음으로 갈라놓으실 때까지 그대를 사랑하고 그대의 성실하며 순종하는 아내가 될 것을 하나님 앞과 이 회중 앞에서 약속하고 서약합니다.

그 후에는 더 다른 의식 없이, 목사는 회중 앞에서 그들이 하나님의 규례대로 남편과 아내가 된 것을 선언하고 다음과 같은 기도로 식을 마친다.

주님께서 주의 지으신 규례에 기꺼이 복을 내리시사, 지금 결혼한 부부에게 주의 사랑의 다른 약속과 마찬가지로 풍성한 은혜를 부어 주시고, 특별히 결혼의 위로와 열매로 충만케 하사, 주님의 풍성하신 긍휼이 그리스도 안에서 그리고 그리스도를 통하여 찬송 받으시기

---

393) 결혼의 약속을 예배모범은 '약속'(promise)과 '서약'(covenant)으로 나눠 강조했다. 결혼의 '약속'은 보편적이고 일반적인 계약이면서도, 맹세와 '서약'의 개념이 더욱 강하고, 더불어 하나님과의 '언약'(covenant)이기도 하다.

를 간구하옵나이다.

결혼한 사람들의 기록이 주의 깊게 간직되어야 하고, 그곳에 결혼한 부부의 이름과 그들의 결혼한 날짜가 관계된 누구라도 필요하면 언제든지 읽을 목적으로 마련된 책에 즉시 공정하게 기록되어야 한다.

환자 심방에 대하여

목사는 자기에게 맡겨진 회중들을 공적으로뿐 아니라 또한 사적으로도 가르칠 의무가 있다. 그의 시간과 능력과 개인적인 안전이 허락하는 한 모든 시기적절한 때에 저희를 권고하고 권면하며 책망하고 위로해야 한다. 그는 저희가 건강할 때 죽음을 예비하도록 충고해야 하고, 그러한 목적 때문에 그들은 자주 자기 영혼의 상태에 관하여 목사와 상담을 해야 하며, 그리고 병중에 있을 때는 그들의 기운과 이해력이 없어지기 전에 목사의 충고와 도움을 시의적절하게 때맞춰 요구해야 한다.

질병과 환난의 때는 지친 영혼들에게 때에 맞는 말씀을 전할 수 있도록 하나님께서 목사의 수중에 주신 특별한 기회들이다. 왜냐하면 그때 사람들의 양심은 깨어나거나 더욱 각성되어 자신의 영적 상태가 영원에 적합한지를 생각해 보게 될 것이기 때문이다. 사탄도 역시 이 기회를 이용하여 더욱 괴롭고 힘든 시험으로 짐을 지운다. 그러므로 목사는 병자의 회복을 위해 부름을 받아 가면, 부드럽게 사랑을 가지고 환자의 영혼에 어떤 영적인 도움을 다음과 같이 베풀어야 한다.

목사는 현재의 질병을 살펴보고 성경으로부터 그를 가르치되, 질병은 우연히 혹은 육신의 고장으로만 오는 게 아니고 질병으로 고통 받고 있는 모든 각각의 사람을 도우시는 하나님의 지혜와 잘 조절된 인도하심의 선하신 손길로부터 온다는 것을 가르친다. 그리고 그 질병이 죄에 대한 진노 때문이든지, 개선과 교정 때문이든지, 그 사람의 인품을 시험하고 연단하기 위함이든지, 그 밖의 특별하고 좋은 목적 때문이든지, 어떤 경우라도 병자가 하나님의 징벌을 우습게 여기거나 그분의 징계를 싫증내지도 않으며 하나님으로부터 온 질병을 거룩하게 사용하려고 진정으로 애쓴다면, 그의 모든 고통은 유익으로 변하게 되며, 모든 것이 합력하여 선을 이룰 것이라고 가르친다.

목사가 보기에 환자가 신앙에 대하여 무지하다 싶으면 그는 신앙의 원리, 특별히 회개와 믿음에 관하여 환자를 시험해 보고, 필요한 대로 이 은혜의 성질과 용도와 우수성과 필요성을 가르치고, 또한 은혜언약과 은혜언약의 중보자이신 하나님의 아들 그리스도와 그리스도를 믿음으로 죄 사함 받는 원리를 가르쳐야 한다. 더불어 목사는 환자가 자신을 점검하여 전에 살던 행위와 하나님을 향한 그의 상태를 돌아보아 살피도록 권면해야 한다.

그리고 환자가 자기에게 닥친 어떤 양심의 가책이나 의심이나 시험이 있다고 고백하면, 그를 만족시키고 안정시킬 교훈이나 해결책을 주어야 한다. 만일 환자가 자기 죄에 대한 마땅한 죄의식을 느끼지 못하면, 그 환자의 죄와 죄책과 그 죄책의 상응하는 벌과 그 죄로 인하여 영혼을 물들이는 더러움과 오염과 그 죄에 합당한 율법의 저주와 거기에 따르는 하나님의 진노를 깨닫도록 노력해야 한다. 그 결과 환자가 진실로 그 죄로 인하여 마음이 상하여 자신을 겸비하게 해야 한다. 더욱이 회개를 미루는 위험과 어느 때고 구원이 주어졌을 때 그 기회를 멸시하는 위험을 알게 하여, 그의 양심을 깨우고 어리석고 안일한 상태에서 그를 불러일으켜서, 본래적으로 멸망한 자임에도 믿음으로 그리스도를 붙잡은 자 외에는 누구도 감히 그 앞에 설 수 없는 하나님의 공의와 진노를 깨닫게 해야 한다.

비록 실패도 많고 연약한 것도 많음에도 불구하고 환자가 하나님을 바르게 섬기려고 하고 거룩한 길로 행하려고 노력한다면, 또한 그의 심령이 죄의식으로 상하였거나 하나님의 은총을 받지 못한 것에 낙심하였으면, 그에게 하나님의 은혜를 값없이 주심과 충만하게 주심과 그리스도 안에 있는 의의 충분성과 복음에 나타난 은혜로운 제공, 즉 회개하고 자기의 의를 거부하고 그리스도를 통하여 오는 하나님의 긍휼을 전심을 다하여 믿는 자는 주 안에서 생명과 구원을 얻으리라는 복음을 보여 주어 그를 일으켜 세우는 것이 합당하다.

그리스도 안에 있는 자들에게는 사망조차도 그 안에 두려워할 어떤 영적 악함이 없다는 것을 그에게 보여 주면 유익하다. 왜냐하면 죄, 즉 사망의 쏘는 것이 그리스도에 의하여 제거되었기 때문이다. 또한 그리스도는 사망의 두려움에 매여 종노릇하는 사람을 구원하셨고, 무덤을 이기시고 우리에게 승리를 주셨으며, 자기 백성을 위하여 처소를 예비하려고 스스로 영광중에 들어가셨다. 그 결과 생명이나 사망이나 그리스도 안에 있는 하나님의 사랑에서 그들을 끊을 수 없고, 그리스도 안에서는 비록 그들이 지금 흙에 묻힌다 하더라도, 기쁘고 영광스러운 부활로 영생을 얻을 것이 확실하다는 것을 알려주는 것도 유익하다.

천국에 이를 수 있는 하나님의 긍휼이나 선하심에 대하여 근거가 빈약한 신념을 조심하라고 충고해야 한다. 그리고 자신에게 있는 모든 공로를 다 부인하고 전적으로 긍휼을 바라고 하나님께 자신을 의뢰하고, 진실과 진심으로 자기에게 오는 자들을 결코 버리지 않겠다고 약속하신 오직 예수 그리스도의 공로와 중보를 의지하도록 충고해야 한다. 더불어 회개하는 모든 신자마다 소망의 문을 주시는 그리스도와 그의 공로를 적절하게 제시해도 진정되지 못할 정도로, 죄 때문에 당연히 그에게 내리는 하나님의 진노를 너무 엄격하게 묘사하여 환자를 절망에 빠지게 하지 않도록 조심해야 한다.

환자의 마음이 가장 평온하고, 가장 적게 불안해하며, 또한 다른 필요한 일들로 인해 방해받는 것이 가장 적을 때, 환자가 원하면 목사는 환자와 함께 그리고 환자를 위하여 다음과 같이 기도해야 한다.

원죄와 자범죄, 즉 모든 사람이 본성적으로 진노의 자녀이며 저주 아래 있는 비참한 상태를 슬퍼하고 고백하오며, 모든 질병과 약함과 사망과 지옥 그 자체는 죗값으로 당연히 받아야 하는 것임을 인정하오며, 그리스도의 보혈을 통한 하나님의 긍휼을 환자를 위해서 간구합니다. 하나님께서 그의 눈을 열어 주시고, 그 자신의 죄를 보게 하시며, 자신이 본래적으로 멸망할 사람이라는 것을 알게 하시고, 의와 생명을 얻도록 예수 그리스도를 그의 심령에 나타내사, 왜 주께서 자기를 치셨는지 그 이유를 알게 하시고, 주의 성령을 그에게 주시어 그리스도를 단단히 붙잡을 수 있는 믿음을 세우시고 강하게 하옵소서. 주님의 사랑을 나타내는 위로의 증거를 그 안에서 역사하사 모든 시험에 맞서게 하시고, 그 마음을 세상에서 떠나게 하시며, 지금 받는 고난을 거룩하게 하사 그것을 견딜 수 있는 인내심과 능력을 주시어 끝까지 믿음을 지켜 갈 수 있게 해주옵소서.

하나님께서 그의 생존의 날을 더하시기를 기뻐하시면, 회복시키시는 수단들을 축복하시고 거룩하게 하셔서 병을 치료하시고, 그의 능력을 새롭게 하시고, 하나님께 합당히 행하게 하사, 사람들이 아플 때 주로 하는 경건의 실천과 복종을 다짐하는 그와 같은 서원과 약속을 성실하게 기억하고, 부지런히 실천하게 하옵시며, 또한 그의 평생 동안에 하나님을 영화롭게 하는 자가 될 수 있도록 하옵소서.

현재의 고난으로 그의 생명을 거두시기로 결정하셨으면,[394] 겉사람은 쇠퇴하나 속사람은 새로워지게 하시는 증거, 즉 그리스도 안에 있는 그의 분깃과 그리스도로 말미암는 영생과 그가 자신의 모든 죄에서 용서를 받았다는 증거를 갖게 하시고, 그가 죽음을 두려움 없이 보게 하시고, 의심 없이 전적으로 자기를 그리스도에게 의지하여, 차라리 몸을 떠나 그리스도와 함께 있기를 사모하게 하사, 그리하여 우리의 유일하신 구원자요 온전히 충분하신 구속자인 주 예수 그리스

---

394) 환자에 대한 위로와 기도는 기복주의처럼 무조건적인 치료의 은혜를 약속하는 것이 아니라 섭리적 형편과 상황을 잘 고려해서 권면해야 한다. 즉, 환자에게 치료에 대한 소망을 주면서도, 죽음에 임박한 섭리적 형편이 더욱 명백해지면 믿음의 소망을 가지고 죽음을 준비할 수 있도록 도와야 한다.

도의 공로와 중보하심을 통하여 그의 믿음의 목적, 즉 그 영혼의 구
원을 받게 하옵소서.

목사는 필요하면 환자에게 집안일을 정리하도록 권하고, 그렇게 함으로
써 남에게 폐가 되는 일이 없도록 하고, 빚을 갚게 하고, 잘못한 것이 있으면
보상하고 갚을 것은 갚게 하며, 관계가 좋지 않았던 사람들과는 화해하게
하고, 그 환자가 하나님의 손에서 용서를 바라는 것처럼 자신에게 잘못한
모든 사람들의 죄를 완전히 용서하도록 권고해야 한다.

마지막으로, 목사는 환자 주변에 있는 사람들로 하여금 자신의 죽음을 생
각해 보고 주께로 돌아와 하나님과 화평을 누리도록 권면하는 기회를 삼아
야 한다. 건강할 때 질병과 사망과 심판을 대비하게 하고, 그래서 자신들에
게 정해진 일생의 모든 날 동안 우리의 생명 되신 그리스도께서 나타나실
때 저희도 영광중에 그와 함께 나타날 그 변화를 기다리도록 권면해야 한다.

죽은 자의 매장에 대하여

어떤 사람이 이 세상을 떠나면, 죽은 몸을 매장하는 날에 그 집으로부터 공
동묘지로[395] 사용하기 위해 지정된 매장지까지 품위 있게 옮기고 거기서 어
떤 다른 의식을 하지 말고 즉시 매장하게 하라.[396] 왜냐하면 시신 옆에서나
또는 시신을 향해서 무릎을 꿇고 앉아서 기도하는 습관들과, 시신을 매장지

---

395) 매장과 공동묘지 문화는 17세기 당시의 문화를 고려해야 한다. 개혁파 종말론은 매장과 묘지문화를 도덕법으로 명
   령하지 않고 자유선택에 둔다.

396) 예배모범의 장례식 표현과 의미를 신앙고백서, 대·소요리문답의 전체 내용 아래서 살피지 않고 단편적인 문장으
   로만 이해하면 많은 오해를 낳기도 한다. 특히 예배모범의 표현을 어떤 장례식의 절차나 형식도 거부하는 것처럼
   이해하면 안 된다. 본 문장은 당시 로마 가톨릭의 '종부성사'(장례식 미사)나 그 외의 문화적 이유 때문에 허례허식과
   미신적으로 흐르는 지나침을 억제하는 것이다. 예배모범이 제시하는 장례식은 미신적이지 않고 검소하게 치르되,
   일반은총을 존중하는 차원에서 각 나라의 문화와 각자의 신분과 지위에 따라 절차와 형식을 허용한다. 장례식에
   대한 부분을 왜 예배모범에 두었는지를 깊이 생각해야 한다.

로 옮기기 전에 안치해 놓고 그곳에서 행하는 그와 같은 관습들은 미신적이기 때문이다.[397] 그리고 매장지까지 가는 동안이나 매장지에서 기도하고 성경을 읽고 찬송하는 것도 매우 악용되어 왔다. 그것은 죽은 자에게 아무 유익이 없고, 유가족에게도 많은 상처를 주는 폐단으로 증명됐으니, 그런 모든 일은 하지 않게 하라.

그럼에도 불구하고 우리는 공동묘지로 사용하기 위해 지정된 매장지까지 그 시신과 동행한 그리스도인 친구들이 그 경우에 합당한 말씀을 묵상하고 대화하는 것은 대단히 유용한 것이라고 판단한다. 그리고 목사가 다른 경우와 같이 이때에도 참석하였으면 저희의 의무를 기억하도록 하는 것도 좋다고 생각한다.[398] 그렇다고 해서 죽은 당사자가 살아 있을 동안 지녔던 지위와 신분에 적합한 어떤 시민적 존경 혹은 위엄조차도 장례식에서 거부할 정도로 지금까지 언급한 것이 확대되어서는 안 된다.[399]

공적인 엄숙한 금식에 대하여

어떤 크고 주목할 만한 심판들이 백성에게 내렸거나 또는 금방이라도 내릴 것이 분명하거나, 혹은 어떤 엄청난 범죄로 마땅히 심판 받을 것 같으면, 또한 그와 마찬가지로 어떤 특별한 축복을 구하여 얻기를 원할 때, 하루 종일 계속되는 공적인 엄숙한 금식은 하나님께서 그 민족이나 백성에게 원하시는 의무적인 것이다.

종교적 금식은 전적인 금욕을 요구한다. 다만 육체적으로 약하여 금식이 끝날 때까지 견딜 수 없다면, 그런 경우에 금방이라도 기절할 것 같을 때는

---

397) 이 경고는 장례식을 로마 가톨릭의 '종부성사'(장례식 미사)처럼 사용하려는 행동들을 제지시킨 것이다.

398) 장례식에서 어떤 찬송이나 말씀 나눔도 금지하는 것이 아니라 '악용'되고 '남용'된 부분을 지적하는 것이다.

399) 장례식의 절차와 형식은 일반은총 범위 안에서 각 나라와 사회의 문화적 관습을 허용한다. 그리고 신분과 지위에 따라서 장례식 절차의 정도와 범위를 결정할 수 있다.

체력을 유지할 어느 정도의 음식을 취할 수 있으나 아주 조금 취해야 한다. 음식뿐만 아니라 모든 세상적인 일과 말과 대화와 육체적 기쁨과 비록 다른 때에는 할 수 있는 것이라도 그와 같은 것들과 화려한 옷과 장신구 등도 금식하는 동안에는 전적으로 금지한다. 더구나 그 성질이나 용도에 있어서 수치스럽고 더러운 것은 무엇이든지 다 금해야 한다. 즉, 비싼 옷차림, 음탕한 의복들과 몸짓과 남자나 여자의 허영들을 다른 때도 그렇지만 특별히 금식 때는 그들의 목회지에서 기회가 허락되는 대로 사람을 차별하지 않고 부지런히 그리고 열정적으로 책망할 것을 우리는 모든 목사에게 권고한다.

공적으로 모이기 전에, 각 가정과 개인은 그 엄숙한 일을 위하여 개인적으로 저희의 마음을 예비하여 일찍 모임에 가도록 모든 종교적인 주의함을 사용해야 한다. 그날의 거의 대부분을 할 수 있는 대로 이런 의무에 알맞은 감정을 불러일으킬 말씀을 공적으로 읽고 설교하고 시편 찬송을 부르는 데 사용해야 한다. 그러나 특별히 다음과 같은 내용이나 그와 동일한 것으로 기도해야 한다.

모든 세상의 창조주시며, 지키시는 자시고, 최고의 통치자이신 지극히 엄위하신 하나님께 영광을 돌리며, 그렇게 함으로써 우리가 더욱 하나님을 경외하고 두려워하게 하옵소서. 하나님 앞에서 우리의 마음을 더욱더 효과적으로 부드럽게 하며 낮추기 위해서 주님의 많고 크고 사랑에 넘치는 긍휼을 특별히 교회와 국가에 넘치도록 주심을 인정합니다.

모든 종류의 죄와 죄를 더 가중시키는 여러 가지 악행들을 겸손히 자백하오며, 우리의 죗값에 비해 훨씬 적게 심판하시는 하나님의 의로우신 심판을 정당하게 받아들이며, 그럼에도 불구하고 하나님의 긍휼과 은혜를 우리에게와 교회와 국가와 왕과 권세 잡은 자들과 그 밖에 우리가 그들을 위하여 기도할 의무가 있는 모든 사람에게 내려 주시기를 겸손히 그리고 간절히 간구하오며, 또한 현재의 위급한 상황이 요구함에 따라서 다른 때보다도 더 특별히 오래도록 많이 기도하기를 원합니다.

우리 자신을 전적으로 영원히 주님께 헌신함으로써 용서와 도움과 지금 느끼고 있는, 두려워하고 있는, 또는 마땅히 받을 악으로부터의 구원을 위해서, 우리가 필요로 하고 기다리고 있는 축복을 받기 위해서, 믿음으로 하나님의 약속과 선하심을 의지합니다.

이 모든 것에 있어서 목사는 하나님을 향한 백성의 입이니만큼, 그 모든 것을 진지하고 철저하게 미리 생각해 보고 진심으로 기도해야 하며, 그리하여 목사와 백성이 함께 감동을 받고 함께 녹아지되, 특별히 그들의 죄들로 슬퍼하여, 진실로 깊은 겸손과 영혼을 괴롭게 하는 날이 될 수 있도록 해야 한다.

읽을 성경말씀과 또한 설교 본문을 특별히 선택하여, 듣는 이들의 마음에 그날의 특별한 목적을 더 이루도록 역사하고, 사람들을 겸손함과 회개로 이끌게 할 것이며, 목사 각자가 살피고 경험하는 대로 자기가 설교하는 회중의 덕을 세우고 바로 고치는 데 가장 필요한 사항들을 강조해 줘야 한다.

그리고 그 공적 금식을 마치기 전에, 목사는 자신과 그 백성의 이름으로 자기와 그들의 마음이 주님의 것임을 서약해야 한다. 그리하여 그들 가운데 잘못된 것은 무엇이나 고칠 목적과 결심을 고백하고, 특별히 저희가 눈에 띄게 잘못한 죄들에 대하여서는 더욱 그리하고, 하나님께 가까이 나아가서 전보다 더욱 새로운 순종으로 하나님과 함께 더 친밀하고 성실하게 행할 것을 고백하고 결심하게 해야 한다.

또한 목사는 모든 끈질긴 간청으로 그 백성에게 권면하되, 그날의 일이 금식일에 속한 공적인 의무들을 행함으로 끝나는 것이 아니라, 금식일의 남은 시간들 동안 다해야 하고, 더 나아가 그들의 전 생애를 통해서도 지속되는 것이라고 권면해야 한다. 그리하여 그들이 공적으로 고백한 경건한 사랑과 결심을 개인적으로 자신과 온 가족 위에 더욱 강화시키게 하고, 그 모든 것이 그들의 마음에 영원히 있게 하여, 하나님께서 그리스도 안에서 저희의 한 일을 흠향하셨다는 것을 깨닫게 해야 한다. 그리고 은혜로 응답하심과 죄를 사하심과 심판을 제거하심과 재앙을 거두시고 방지하심과 그분의 백성의 상태와 기도에 알맞은 복을 예수 그리스도로 말미암아 주심으로써 그들을 향하여 마음을 푸셨다는 것을 그들 자신이 더욱 명백히 깨닫게 해야 한다.

게다가 총회의 권위로 명령한 엄숙하고 일반적인 금식 외에, 다른 때에도 개교회들은 하나님의 섭리가 그들에게 특별한 기회를 만들어 주는 대로 금식일을 지키고, 또한 각 가정들도 그와 동일하게 금식하되, 그들이 속해 있는 교회가 금식을 하거나 다른 공적 예배의 의무들을 감당하는 기간은 피하는 것이 좋은 줄로 우리는 판단한다.

공적인 감사일을 지키는 것에 대하여

어느 날을 감사일로 지켜야 한다면, 사람들이 그날에 자기 자신을 더 잘 준비할 수 있도록 어떤 편리한 때에 미리 그날과 그날의 행사를 공포하라. 그날이 오면, 회중은 개별적으로 준비를 한 뒤 모이고, 목사는 권고의 말씀으로 시작하며, 그들이 모여서 하고자 하는 의무를 행하도록 사람들의 마음을 불러일으키고, 공적인 예배를 위한 다른 모임에서처럼 하나님의 도우심과 축복을 그들이 모인 특별한 이유에 맞게 내려 주시기를 기도해야 한다.

그다음에, 모든 사람이 그 모임을 잘 이해하도록 그리고 그 모임에 주의하도록, 혹은 그 모임에 더욱 감화를 받을 수 있도록, 목사는 구원받은 것과 긍휼을 얻은 것과, 혹은 그 회중이 모이게 된 동기가 무엇이든지 그것을 간결하게 말해 줘야 한다. 그리고 시편 찬송이 다른 규례 중에서 기쁨과 감사를 표현하는 데 가장 적합한 규칙이므로, 그 목적을 위하여 해당하는 어떤 시편이나 시편들을 부르되, 당면한 문제에 알맞은 말씀의 어떤 부분을 읽기 전이나 후에 부르도록 하라.

그 후에 설교하는 목사는 한 걸음 더 나가서 설교 전에 현재의 일에 특별히 관련을 지어서 권면과 기도를 하고, 그 후에 그때에 알맞은 어떤 성경 본문으로 설교하도록 하라. 설교가 끝나면, 그는 평소에 설교 후에 하던 규칙같이 교회와 왕과 국가에 필요한 것을 기억하고 기도할 뿐만 아니라, 설교 전에 이런 기도를 빠뜨렸다면, 범위를 넓혀서 전에 받은 긍휼과 구원에 대해서도 마땅하고 진지한 감사로 기도하되, 더욱 특별히 현재 그들이 함께 모여서 감사를 드리고 있는 제목에 대해서도 마땅하고 진지한 감사로 기도해야 한다. 또한 궁핍한 때에 하나님의 일상적인 긍휼을 계속 베풀어 주시며, 새롭게 해주시고, 그것을 바르게 사용할 수 있도록 해주는 성화의 은혜를 겸손히 청원하면서 기도해야 한다. 그리고 긍휼에 알맞은 다른 시편을 노래한 후, 목사는 회중이 식사를 하고 쉴 편리한 시간을 가질 수 있도록 축도로 회중을 해산시키도록 하라.

그러나 목사는 해산시키기 전에 그들을 엄숙히 권고하되, 음식의 폭식과 술취함에 빠지는 모든 난폭함과 방탕함을 피하고, 더구나 그들이 먹을 때와 쉴 때에 이 죄들을 더욱 피하고, 저희의 즐거움과 기뻐함이 육신적인 것이 되지 않고 영적인 것이 되도록 조심하게 해야 한다. 그것은 하나님의 찬송을 영광스럽게 하고, 그들 자신을 겸손하고 근신하도록 만들기 위함이며, 그들의 먹고 기뻐하는 것이 저희를 더욱 유쾌하게 하고 기쁘게 하여, 그들이 감사일의 남은 시간에 교회로 다시 돌아올 때까지 교회 가운데서 하나님을 더욱 찬송하게 하려는 것이다.

회중이 다시 모일 때 앞서 아침에 진행한 동일한 순서, 즉 기도, 성경읽기, 설교, 시편찬송, 그리고 더 많은 찬송과 감사를 드리는 것을 시간이 허락할 때까지 다시 새롭게 하여 계속 진행해야 한다.

그날 한 번이나 혹은 두 번의 공적 모임 중에 가난한 자를 위한 헌금을 거두어, 그들의 자녀들이 우리를 축복하고 우리와 함께 더욱 즐거워하게 해야 한다. 그리고 이런 헌금은 금식일에도 같은 방식으로 드려져야 한다. 마지막 모임의 끝에, 회중은 그날의 남은 시간동안 거룩한 의무들을 행하고 그리스도인의 사랑과 구제를 서로서로 베풀며 더욱 주님을 기뻐하는 열매를 맺도록 권면 받아야 한다. 이는 주님을 기뻐하는 것이 그들의 힘이 되기 때문이다.

시편 찬송에 대하여

회중 안에서 함께, 또는 가정 안에서 개인적으로 시편을 찬송함으로써 하나님을 공적으로 찬송하는 것은 그리스도인의 의무이다. 시편을 찬송하는 데 있어서 목소리는 곡조에 맞게 엄숙하게 조절되어야 한다. 그러나 주님께 노래를 드릴 때, 제일 조심할 것은 가사의 이해를 가지고 그리고 마음속에 은혜를 가지고 찬양해야 하는 것이다. 온 회중이 다 함께 불러야 하므로 읽을 수 있는 모든 자는 시편 책을 가지고 있어야 하고, 다른 모든 사람들도 나이나 다른 이유로 읽을 수 없는 상태가 되지 않는 한 읽는 법을 배우라고 권면 받아야 한다. 그러나 현재로서는 회중의 많은 사람들이 읽지 못하므로, 노래하기 전에 목사와 다른 치리 직분자들에 의해 임명된 다른 적합한 사람이나 목사가 시편을 한 줄씩 읽어 주는 것이 적절하다.[400]

---

400) 예배모범 시편찬송의 의무는 'only'(오직 시편찬송만)와 'and'(시편과 찬송가) 중 어떤 의미인가? 예배모범에서 시편찬송 개념은 'and'개념이다. 즉, 시편을 우선 기본으로 하고, 찬송가는 허용해 주는 원리다. 웨스트민스터 표준문서들은 시편찬송을 부르도록 예배규범에 제한했다. 하지만 '오직 시편만'(only)의 개념은 아니고 '시편과 찬송가'(and) 개념을 포함한다. 즉, 시편을 규범적으로 부르고, 구약이나 신약 중에 좋은 부분을 찬송가로 부를 수 있도록 허용했다. 총회 당시 'only'와 'and'의 논쟁이 있었지만 본문에는 'only'를 삭제하고 그저 '시편찬송'이라고 기록했다. 시편찬송을 규범으로 하고 찬송가를 비판하지 않고 암묵적으로 허용해 주는 방식을 채택한 것이다. 자칫 '오직'(only) 시편찬송가만 불러야 하고 나머지는 배제해야 한다는 주장을 하면 시편찬송 못 부르는 교회를 정죄하게 된다.

공적인 예배의 날과 장소에 대하여

그리스도인의 안식일인 주님의 날 외에, 복음 시대에는 거룩하게 지켜지도록 성경에 명령된 어떤 날도 없다. 일반적으로 '성스러운 날'이라고 불리는 축제일들은 하나님의 말씀에 어떤 근거도 가지고 있지 않으므로 지속되지 말아야 한다. 그럼에도 불구하고 여러 가지로 탁월하고 비상한 하나님의 섭리의 경륜이 그분의 백성들에게 금식하고 감사할 이유와 기회를 베풀어 주실 때에, 즉 특별하고 아주 긴급한 경우에 하루나 여러 날을 공적인 금식이나 감사의 날로 구별하는 것은 합법적이요 필요한 것이다.[401]

무슨 봉헌이나 성별케 함을 핑계 삼더라도 거룩함의 능력을 가질 수 있는 어떠한 장소도 없다. 마찬가지로 이전에 미신적으로 썼어도 이제 구별하여 쓰면, 그리스도인이 하나님께 공적 예배를 드리기 위해 모이는 것을 불법적이거나 부적합하게 만들 수 있는 그러한 더러움에 빠지게 하는 장소도 없다. 그러므로 우리는 우리 가운데 예배를 위하여 사용하고 있는 공적인 모임의 장소들이 그런 용도로 계속해서 사용되어져야 한다고 주장한다.

---

401) 이 표현은 개혁파의 교회력과 관련해서 많은 오해를 불러일으킨다. 이 표현은 주일 외에 어떤 교회적인 모임도 가질 수 없다는 제한적이고 폐쇄적인 의미가 아니다. 이 경고는 주일의 의미와 중요성을 훼손하는 당시 로마 가톨릭의 미신적인 교회력들을 거부하기 위한 조치였다. 표준문서 여러 곳에서 교회력과 관련된 특별한 '감사일'과 '금식일'을 허용하고 있다. 주일이 바르게 보존되기만 하면 주중과 연중에 얼마나 자주, 반복적으로 특별한 날들을 지킬 것인지, 또한 주중에 성도들의 건덕을 위해서 어떤 모임들을 가질 것인지는 '사려분별원리'에 기초하여 당회나 총회의 자유에 맡겨졌다.